# Duelo

# Tariq Ali

# Duelo
## O PAQUISTÃO NA ROTA DE VOO DO PODER AMERICANO

Tradução de
RODRIGO PEIXOTO

EDITORA RECORD
RIO DE JANEIRO • SÃO PAULO
2010

CIP-BRASIL. CATALOGAÇÃO-NA-FONTE
SINDICATO NACIONAL DOS EDITORES DE LIVROS, RJ

A389d   Ali, Tariq
        Duelo / Tariq Ali; tradução de Rodrigo Peixoto. – Rio de Janeiro: Record, 2010.

        Tradução de: The duel
        ISBN 978-85-01-08855-0

        1. Paquistão – Política e governo. I. Título.

                                CDD: 954.9105
10-2343                         CDU: 94(549.1)

Título original em inglês:
THE DUEL

Copyright © 2008 by Tariq Ali

Todos os direitos reservados. Proibida a reprodução, armazenamento ou transmissão de partes deste livro através de quaisquer meios, sem prévia autorização por escrito. Proibida a venda desta edição em Portugal e resto da Europa.

Texto revisado segundo o novo Acordo Ortográfico da Língua Portuguesa.

Direitos exclusivos de publicação em língua portuguesa para o Brasil adquiridos pela
EDITORA RECORD LTDA.
Rua Argentina 171 – 20921-380 Rio de Janeiro, RJ – Tel.: 2585-2000 que se reserva a propriedade literária desta tradução

Impresso no Brasil

ISBN 978-85-01-08855-0

Seja um leitor preferencial Record.
Cadastre-se e receba informações sobre nossos lançamentos e nossas promoções.

EDITORA AFILIADA

Atendimento e venda direta ao leitor:
mdireto@record.com.br ou (21) 2585-2002

*Para*
*Tahira, Tauseef, Kamila e Mishael,*
*quatro gerações de lahoris.*

# SUMÁRIO

*Prefácio* 9

1. Paquistão aos sessenta anos: A conflagração do desespero    15

2. Rebobinando o Paquistão: O nascimento de uma tragédia    49

3. O Quarteto de Washington: O homem que seria marechal de campo    75

4. O Quarteto de Washington: O general que perdeu um país    99

5. O Quarteto de Washington: O soldado do Islã    131

6. O Quarteto de Washington: O general como chefe executivo    175

7. A Casa de Bhutto: Filha do Ocidente    205

8. Na rota de voo do poder americano    243

9. Operação Liberdade Duradoura: Miragem de uma guerra "boa"    275

10. Poderia o Paquistão ser reciclado?    313

*Índice* 349

# Prefácio

Os livros têm um destino. Este é o meu terceiro estudo sobre o Paquistão. O primeiro, *Pakistan: Military Rule or People's Power?*, foi escrito em 1969 e previu o esfacelamento do Estado. Foi banido no Paquistão. Críticos de várias crenças, mesmo os que tinham gostado do livro, disseram que o texto ia longe demais ao sugerir que o Estado poderia se desintegrar, mas poucos anos depois foi exatamente o que aconteceu. Passada apenas uma década, escrevi *Can Pakistan Survive?* O ponto de interrogação não foi posto gratuitamente, mas ainda assim atingiu no Paquistão um nervo do general Zia, onde o simples fato de apresentar tal questão era inaceitável. O próprio general ficou extremamente irritado com a publicação do livro, bem como setores da burocracia, que são instrumentos complacentes em qualquer despotismo. Zia pronunciou-se contra mim e contra o livro em uma entrevista coletiva na Índia, o que ajudou na divulgação e foi muito bem-visto no departamento de vendas da editora que o publicou. Foi mais um livro banido, mas para a minha satisfação terminou sendo descaradamente pirateado em muitas edições no Paquistão. Hoje já não proíbem livros, ou pelo menos não proibiram nenhum recentemente, o que é um alívio e um pequeno passo adiante.

Em 1963, quando deixei o país, ele era constituído pelo Paquistão Oriental e Ocidental. Oito anos depois, o Paquistão Oriental tornou-se independente, transformando-se em Bangladesh. A população do lado ocidental estava entre 40-45 milhões de pessoas. Mas cresceu de forma espantosa desde então, e hoje chega aos 200 milhões. Em sua maioria, os habitantes têm menos de trinta anos.

Este livro gira em torno do longo duelo entre uma elite político-militar alinhada aos Estados Unidos e os habitantes do país. Nos primeiros anos, o Departamento de Estado atuava como uma espécie de padrinho neste duelo, mas com as tropas americanas presentes no vizinho Afeganistão e bombas americanas caindo em casas do Paquistão, o conflito tomou formas mais diretas. Caso persista esse quadro, como alguns vêm discutindo em Washington, há uma nítida possibilidade de sérias rachaduras se abrirem, ameaçando a tão alardeada unidade do alto-comando militar paquistanês. A relação com Washington, sempre controversa no país, agora ameaça o exército do Paquistão. Comentaristas políticos nos Estados Unidos, ecoados por seus imitadores no Paquistão, regularmente sugerem que uma revolução islâmica está sendo incubada no país seriamente ameaçado pelos "terroristas jihad". A única função de tal afirmação violenta é convidar os Estados Unidos a uma ocupação parcial e fazer da tomada de controle jihad uma profecia realista.

O aspecto mais importante do duelo não é o muito propagandeado conflito no Waziristão, mas o abismo entre a maior parte da população e seus governantes corruptos e indiferentes quanto ao destino das pessoas. Este duelo é quase sempre levado a cabo sem armas, algumas vezes trata-se de um duelo mental, mas nunca desaparece. Uma razão importante para a profunda hostilidade aos Estados Unidos tem pouco a ver com religião, na verdade está baseada no conhecimento de que Washington apoiou todos os ditadores militares que ilegalmente ocuparam os mais altos postos do país. Com o Paquistão mais uma vez em posição estratégica, o medo é que Washington volte a fazer o mesmo, já que enxerga os militares como a única instituição que funciona no país, sem demonstrar qualquer sinal de compreensão de por que isso acontece. Este livro poderá ajudar nesse sentido.

# PREFÁCIO

O que explica meu constante interesse no Paquistão? Nasci e fui educado ali. Grande parte da minha família continua vivendo ali, e em períodos quando não estive proibido de entrar no país, eu o visitei regularmente. Gosto de voltar aos velhos amigos e conhecidos, especialmente agora que grande parte deles já está aposentada de cargos importantes e pode voltar a falar em alto e bom som. Nunca me sinto só no Paquistão. Algo de mim permanece escondido no solo, nas árvores e nas pessoas, e por isso mesmo em tempos ruins sou bem recebido.

Adoro as montanhas. Pelo menos não podem ser preenchidas por arranha-céus, forçadas a parecer-se com Dubai. As palmeiras e o ambiente *kitsch* do golfo não combinam com o Himalaia, embora isso não impeça alguns de tentarem. O perfil das cidades é outro. Com o passar dos anos, o panorama foi bastante alterado; novos edifícios sem planificação e mal concebidos foram levantados na maior parte das grandes cidades. Em Islamabad, a capital, um dos arquitetos norte-americanos que construiu a cidade no final dos anos 1960, Edward Stone, não gostou do local, pois a cidade está assentada em uma linha de falha geológica e tem solo frágil. Deixou claro, na época, que nunca poderiam ser construídos edifícios com mais de três andares ali. Mas seu aviso foi ignorado pelo ditador militar do momento. Quando um enorme terremoto atingiu o país, em 2005, prédios tremeram por toda Islamabad. Estive lá após os abalos secundários, que foram pesados.

Não foi apenas o terremoto que feriu o Paquistão. Esta última tragédia trouxe outras feridas à superfície. Uma profunda e dura doença, quase não percebida pela elite e subestimada pela maior parte dos habitantes, infectou o país e agora se abre aos olhos do público. O terremoto que matou dezenas de milhares de pessoas acendeu uma luz revelando um país manchado por burocratas, oficiais do exército e políticos corruptos, por governos completamente podres, máfias protegidas e pelos enormes lucros conseguidos pela indústria da heroína e comércio de armas. Acrescente-se a isso a brutal hipocrisia dos partidos islâmicos, que exploram a religião estatal, e o quadro estará completo. Muitas pessoas comuns nas ruas, que já não são surpreendidas por notícias de privilégios e subornos, veem o desastre neste contexto. Em uma escola do governo em Lahore, aos alunos que recolhiam brinquedos para as crianças que sobreviveram à tragédia foi perguntado a quem gostariam que tudo aquilo fosse entregue. De forma unânime, votaram contra qualquer político, oficial do exército ou burocrata civil. Escolheram um médico.

Claro que nada disso explica a necessidade de continuar escrevendo sobre o país. A razão é simples. Por mais que eu despreze a insensibilidade, a corrupção e o narcisismo de uma elite governante degenerada, nunca permiti que isso definisse a minha atitude frente ao país. Sempre mantive um profundo respeito e afeição pelas pessoas comuns, cujos instintos e inteligência, mesmo persistindo o alto índice de analfabetismo, geralmente nos oferecem uma apreciação muito mais acurada do que é necessário ao Afeganistão do que aquela oferecida pelas pessoas que o governaram desde 1947. Qualquer jornalista ou escritor paquistanês de mente independente confirmaria esta visão.

As pessoas não podem ser culpadas pelas tragédias que afligiram o país. Não devem ser culpadas pelo espírito de falta de esperança e submissão inescapável que algumas vezes as absorve. A surpresa é que grande parte delas não se voltem a grupos religiosos extremistas, na verdade normalmente se mantêm afastadas de tudo isso, o que é visto em todas as eleições, incluindo a última, de fevereiro de 2008. Quando lhes é dada a oportunidade, em sua grande maioria votam nos que prometem mudanças sociais e reformas, contra os que estão no poder. E sempre são desapontadas.

COLIN ROBINSON, meu editor de longa data, primeiro na Verso, depois na New Press e agora na Scribner, convenceu-se de que eu deveria escrever este livro muito antes de que eu estivesse convencido. Trabalhava no livro quando Mary-Kay Wilmers, severa crítica do

## PREFÁCIO

*London Review of Books*, publicou um longo extrato do trabalho em curso sobre a volta para casa de Benazir Bhutto. Trata-se de um texto, como os leitores descobrirão, altamente crítico. Duas semanas depois de tê-lo enviado, enquanto eu trabalhava neste manuscrito, Bhutto foi assassinada. O sentimentalismo pedia que suavizasse a narrativa, mas mesmo com toda a minha raiva e tristeza por sua morte eu resisti. Como o escritor alemão Lessing certa vez disse: "O homem que apresenta a verdade através de qualquer tipo de máscara ou disfarce pode ser seu favorito, mas nunca o seu amante." E a verdade normalmente visita o Paquistão em murmúrios. Devemos falar ao povo o que pensamos. A morte de Benazir, que eu conhecia muito bem há vários anos, foi sem dúvida trágica. Mas não uma razão suficiente para mudar meu discurso. Que ela tenha tomado conta do partido em nome do marido até que o filho chegasse à maioridade foi um triste reflexo do estado da política democrática do Paquistão e confirmou meu julgamento. O país necessita uma pausa dos uniformes e dinastias.

Meus agradecimentos vão aos vários paquistaneses de todas as classes sociais, de camponeses a sindicalistas e generais, funcionários civis e velhos amigos que falaram sem inibição durante minhas viagens nos últimos anos. Agradeço também, como sempre, a Susan Watkins, minha companheira por quase três décadas, editora amiga, mas decidida, da *New Life Review*, como muitos colaboradores (nos quais estou incluído) descobrimos.

Quando comecei a escrever este livro um amigo de Londres perguntou: "Não é imprudente começar um livro quando os dados ainda estão no ar?" Se eu esperasse os dados caírem, nunca teria escrito nada sobre o Paquistão.

TARIQ ALI
5 DE ABRIL DE 2008

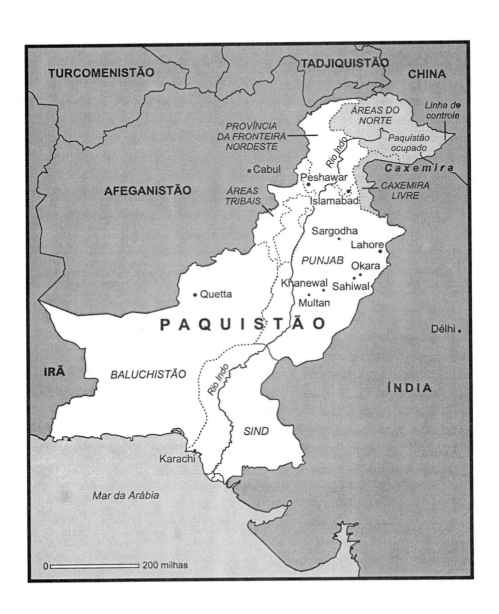

# 1

## PAQUISTÃO AOS SESSENTA ANOS
### A conflagração do desespero

O SÉCULO XX NÃO FOI GENEROSO COM O PAQUISTÃO. AS ÚLTIMAS três décadas, especialmente, testemunharam um Estado fraco e obscurecido sendo gradualmente reduzido a um atoleiro traiçoeiro próximo da estagnação. Os negócios, oficiais e não oficiais, floresciam em vários pontos, mas sem serem secundados por educação, tecnologia ou ciência. Um pequeno número de pessoas reuniu fortunas gigantescas, e, no ano de 2005, a abertura do showroom da Porsche em Islamabad foi saudada com altos brados e celebrada como mais um indicador entre vários outros de que o país, finalmente, alcançava a modernidade. Mas essas pessoas se esqueciam das últimas estatísticas de desnutrição que revelavam um fato surpreendente: a estatura do cidadão médio estava em declínio. De acordo com a última pesquisa do Fundo de População das Nações Unidas (UNFPA), 60% das crianças com menos de 5 anos de idade são moderada ou severamente atrofiadas.

Entre os ricos, poucos se preocupavam com os desvalidos. As necessidades dos cidadãos comuns, suas vidas esfarrapadas, suas entregas à religião, um próspero mercado negro, os choques armados entre diferentes facções muçulmanas, a guerra na fronteira oeste e o assassinato de líderes políticos — nada disso afetou demasiado os ricos. A tempestade de dinheiro afogou todos os outros ruídos. A maior parte dos principais partidos políticos, como seus vizinhos do oeste, já não estavam subscritos a programas baseados em ideologia, mas sim cada vez mais dependentes da camaradagem, do clientelismo, de seguidores sem alma. Os objetivos organizacionais foram suplantados pelos estritamente pessoais: funcionários-fantasmas, dinheiro, poder e obediência inquestionável ao líder ou, em alguns casos, ao exército como líder coletivo. Os notáveis de cada partido são hostis a qualquer talento genuíno. Cargos políticos, bem como assentos no Parlamento, raramente são determinados por mérito. Um caráter puro ou um intelecto agudo são características que levam praticamente à desqualificação.

Quando uma pessoa faz 60 anos, ele ou ela se olha no espelho e se vê satisfeito ou repleto de desconforto. É uma grande pena que um país não possa ver a si mesmo em iguais condições. É preciso que outra pessoa — artista, poeta, cineasta ou escritor — se transforme em espelho.

O sexagésimo aniversário do Paquistão, em 2007, quando o poder dava sinais de estar sendo drenado do ditador, parecia um bom momento para observar o país em primeira mão. As cidades do planalto devem ser evitadas em agosto, quando chegam as chuvas e as transformam em um enorme banho a vapor. Nessa época, quando eu vivia lá, normalmente fugíamos para as montanhas, onde as brisas do Himalaia mantêm a temperatura permanentemente fresca. Em 2007, não me movi. A estação da monção pode ser perigosa, mas precisa ser experimentada de vez em quando, para manter viva a memória. O verdadeiro inimigo é uma debilitante umidade. O alívio vem em curtas rajadas: uma calmaria repentina seguida do escurecimento do céu, trovões que mais parecem bombas distantes, e por fim a chuva pesada. Os rios e seus afluentes rapidamente transbordam. Inundações instantâneas deixam as cidades intransitáveis. Detritos correm igualmente pelas favelas e bairros ricos. O fedor transcende as barreiras de classe, e mesmo os acostumados a passar de salas com ar-condicionado a carros com ar-condicionado não podem escapar completamente do mau cheiro.

O contraste entre o clima e o mundo sem esperança da política oficial não poderia ser mais gritante. O mundo político é um deserto. A seca é constante. Não se vê um único oásis, nem mesmo imaginário. A desilusão e o ressentimento popular podem ser vistos por todas as partes. Os longos brados promovendo o culto ao Grande Líder (general Musharraf) e aos Pequenos Líderes (sombras provincianas sem qualquer personalidade própria) adotaram uma qualidade nauseabunda e com tintas de pesadelo. Uma das mais antigas fontes de legitimidade oficial — o cultivo do fervor anti-Índia e anti-hindus — também secou. O 14 de agosto, quando se comemora a independência do país, é ainda mais artificial e irritante que antes. Uma cacofonia de slogans sem sentido que não convencem ninguém, incontáveis clichês de autoadulação chauvinista em suplementos de jornal competem por espaço com as mofadas fotografias do fundador da pátria, Mohammed Ali Jinnah, e do eterno poeta laureado, Allama Iqbal, que já foram vistas em centenas de ocasiões anteriores. A esse painel banal devem ser adicionadas tertúlias na videoesfera, todas montadas para nos lembrar o que Jinnah disse ou não disse. Como sempre, acompanhado por falatórios sobre como o terrível lorde Mountbatten e sua "promíscua" esposa, Edwina (seu caso de amor com o líder indiano Jawaharlal Nehru é tratado como acontecimento político pelos nacionalistas paquistaneses), favoreceram a Índia quando chegou o momento da divisão dos espólios. É verdade, mas o que isso importa agora? O estranho casal não pode ser culpado pela ruína na qual se transformou o país. Em particular, claro, permanece viva uma muito mais intensa busca de culpados, e algumas vezes podemos escutar um surpreendente conjunto de pessoas dizendo que o Estado nunca deveria ter sido fundado.

Vários anos após o desmembramento do país em 1971, escrevi um livro chamado *Can Pakistan Survive?* O livro foi publicamente acusado e banido pelo ditador da época, general Zia-ul-Haq, o pior de todos. Sob o seu mando, o país foi fortemente "islamizado", sua cultura política brutalizada com dissidentes açoitados em público. Seu terrível legado parece ter deixado uma marca permanente. Meu livro foi pirateado em muitas edições e, como me disseram mais tarde, lido cuidadosamente por vários generais. Nele digo que se o Estado seguisse da mesma forma, algumas das províncias minoritárias deixadas para trás também poderiam desertar, deixando o Punjab sozinho, pavoneando-se como um galo sob uma montanha de estrume. Muitos dos que acidamente me denunciaram como traidor e renegado hoje perguntam o mesmo. É tarde para arrependimentos, é o que digo a eles. O país é como é. Não são a mística "ideologia do Paquistão" ou mesmo a religião que garantem sua sobrevivência, mas dois outros fatores: seu poderio nuclear e o apoio que recebe de Washington. Caso os EUA decidissem que o Paquistão deveria sofrer uma suave balcanização — por exemplo, o destacamento da província da Fronteira Noroeste (NWFP), que poderia ser anexada ao Afeganistão ocupado pela Otan — a China poderia se sentir obrigada a intervir para preservar o Estado existente. Uma das contradições básicas enfrentadas pelo país ficou ainda mais evidente: centenas de vilarejos e favelas ainda não têm eletricidade ou água corrente. Arados de madeira convivem com o material atômico. Esse é o verdadeiro escândalo.

No sexagésimo aniversário do país (assim como no vigésimo e quadragésimo) um regime militar preparado para a batalha lutava por sua sobrevivência: uma guerra externa estava sendo empreendida em sua fronteira oeste, enquanto dentro de casa confrontava-se com jihads, advogados e juízes. Nada disso parecia ter muito impacto nos jovens intrépidos do Lahore, determinados a comemorar o dia à sua maneira. Logo cedo, jovens em motocicletas — touros e toureiros ao mesmo tempo — tomaram as ruas para embarcar no que se tornou uma corrida suicida anual. Como se a única coisa a ser celebrada fosse seu direito a morrer. Apenas cinco se atreveram em 2007, muito menos que nos anos anteriores. Talvez seja uma maneira racional de

## PAQUISTÃO AOS SESSENTA ANOS

marcar um conflito no qual mais de um milhão de pessoas encaminharam outras à morte enquanto o decadente Império Britânico se preparava para voltar para casa.

Ao mesmo tempo, mais um déspota uniformizado aceitava as saudações em uma parada militar em Islamabad, marcando o dia da independência, e balbuciando um mau discurso redigido por entediados burocratas que falharam ao tentar sufocar os bocejos de bajuladores vizinhos. Nem mesmo os F-16 em formações orgulhosas conseguiram animar a audiência. Bandeiras eram agitadas por escolares, uma banda tocava o hino nacional, tudo foi transmitido ao vivo, e depois terminou.

O Ocidente prefere enxergar o Paquistão através de uma única ótica. Relatórios europeus e norte-americanos dão a impressão de que o principal, se não o único, problema confrontado pelo Paquistão é o poder dos fanáticos barbados escondidos no Hindu Kush, que, como dizem os relatórios, estão a ponto de tomar o país. Segundo tais relatos, o general Musharraf foi o único fator capaz de impedir uma patrulha jihad de encontrar o caminho do gatilho nuclear. Em 2007, estava claro que ele poderia submergir num mar de problemas, e um prestativo Departamento de Estado dos Estados Unidos apresentaria um bote salva-vidas superinflado na forma de Benazir Bhutto. Mas e daí, era o que alguns de nós nos perguntávamos meses antes da tragédia do seu assassinato, em dezembro de 2007, já que os dois afundariam juntos?

Na verdade, a ameaça de uma tomada do país pelo jihad é remota. Não há possibilidade de um golpe de religiosos extremistas a menos que o Exército queira, como nos anos 1980, quando o general Zia-ul-Had ofereceu os ministérios da Educação e da Informação ao Jamaat-e-Islami, com terríveis resultados: as gangues islamitas extinguiram toda a oposição democrática nos campus, e os propagandistas do Jammat tomaram conta da mídia. Sérios problemas assolam o Paquistão, mas são normalmente ignorados em Washington, seja pelas instituições administrativas seja pelas financeiras. A inexistência de uma infraestrutura social básica encoraja a falta de perspectiva e o desespero, mas apenas uma pequena minoria volta-se ao jihad armado.

Durante os períodos de governos militares no Paquistão, três grupos se uniram: líderes militares, uma claque corrupta de políticos apoiadores do regime e homens de negócios que buscavam contratos interessantes ou terras pertencentes ao Estado. Cada um deles está hoje versado em decepções e bem treinado em omitir rivalidades mesquinhas e ciúmes para o bem do grande mal. O laço que os une é o dinheiro e a acumulação primitiva de propriedades nas cidades e no campo. Políticos pouco favorecidos pelos militares imaginam o que fizeram errado e se alinham para corrigir mal-entendidos e ganhar sua aceitação. A elite governante do país passou os últimos sessenta anos defendendo sua doentia riqueza e privilégios, e o Líder Supremo (uniformizado ou não) é invariavelmente intoxicado por sua bajulação.

E quanto à oposição oficial? Bem, o sistema está especializado em produzir MNAs (Members of the National Assembly — Membros da Assembleia Nacional) normalmente em busca de dinheiro. São brutais e grosseiros, com vozes espalhafatosas e malandros, especialistas em cultivar pagadores que se transformam em seus dependentes. Seriam figuras altamente cômicas se não fossem tão perigosos: demonstram grande afeição quando suas necessidades são preenchidas e não demonstram qualquer compaixão quando são frustrados. O que os cidadãos fizeram para merecer isso?

A corrupção envolve o Paquistão como um colchão de água. Benazir Bhutto e seu viúvo, Asif Ali Zardari, após dois períodos no Gabinete, acumularam bens no valor de um bilhão e meio de dólares. O duas vezes primeiro-ministro Nawaz Sharif e seu irmão, íntimo conhecedor do ciclo de negócios, provavelmente dobraram tal cifra. Com a inspiração vinda de cima, os políticos menores, os burocratas de todos os níveis e seus homólogos nas forças armadas encontraram poucos problemas ao construir suas pilhas de ganhos. Os pobres comem as migalhas, mas as classes médias também são afetadas. Advo-

PAQUISTÃO AOS SESSENTA ANOS    21

gados, médicos, professores, pequenos empresários e comerciantes são aleijados por um sistema no qual o apadrinhamento e o suborno dão as cartas. Alguns escapam — só nos Estados Unidos, trabalham 20 mil médicos paquistaneses — mas outros entram em acordo com o sistema que os deixa cínicos frente a eles mesmos e a todos os demais.

ENTRETANTO, OS ISLAMITAS, mesmo distantes do poder do Estado, estão ocupados buscando apoio. Os persistentes e implacáveis missionários do Tablighi Jamaat (TJ) são especialmente efetivos. *Tabligh* significa "propagação do verdadeiro Islã", e a seita apresenta muitas similaridades com os fundamentalistas cristãos renascidos nos Estados Unidos. Pecadores de todos os grupos sociais, desesperados por purificação, entram na fila para unirem-se a ela. O quartel-general do TJ no Paquistão está situado em uma grande missão no Raiwind. Antes um pequeno vilarejo cercado de campos de trigo, milho e sementes de mostarda, é hoje um elegante subúrbio de Lahore, onde os irmãos Sharif construíram um palácio ao estilo do golfo Pérsico, quando estavam no poder nos anos 1990. O TJ foi fundado na década de 1920 por Maunala Ilyas, clérigo que estudou no seminário ortodoxo sunita de Deoband, em Uttar Pradesh. No início, seus missionários se concentravam ao norte da Índia, mas hoje grandes grupos estão presentes na América do Norte e Europa Ocidental. O TJ espera conseguir permissão para construir uma mesquita no oeste de Londres, próximo ao local do parque olímpico de 2012. Seria a maior mesquita da Europa. No Paquistão, a influência do TJ está bem disseminada. Penetrar na equipe nacional de críquete e recrutar estrelas foi seu maior sucesso: Inzamam-ul-Haq e Mohammad Yousuf são ativistas da causa dentro do país, enquanto Mushtaq Ahmed trabalha duro na Grã-Bretanha. Outro triunfo foi o recrutamento, após o 11 de Setembro, de Junaid Jamshed, carismático líder do mais importante grupo pop do Paquistão, Vital Signs. Renunciou a seu passado e hoje canta apenas músicas devocionais — *naats*.

Os tablighis dão ênfase à sua não violência e insistem que estão simplesmente anunciando sua verdadeira fé para ajudar as pessoas a encontrar o caminho correto na vida. Pode ser, mas está claro que os mais jovens recrutas masculinos, entediados com tantos dogmas, cerimônias e rituais, demonstram-se mais interessados em pôr as mãos em um kalashnikov. Muitos críticos dizem que os campos missionários tablighis são férteis ao recrutar pessoal para os ativos grupos armados da fronteira oeste e da Caxemira.

O poder estabelecido foi lento ao desafiar a interpretação do Islã levada a cabo por grupos como o Tablighi. Não são grupos como esse que ameaçam o governo de Musharraf. Foi a sua profissão legal que levou o regime praticamente a uma estagnação. No dia 9 de março de 2007, Musharraf dispensou Iftikhar Muhamad Chaudhry, o presidente da Suprema Corte, que estava sob investigação. As acusações contra Chaudhry estavam em uma carta de Naeem Bokhari, advogado pró-governo. Curiosamente, a carta circulou bastante — eu recebi uma cópia por e-mail. Imaginei que algo poderia estar acontecendo, mas no final julguei que a carta expressava apenas despeito. Mas nada disso: logo ficou claro que era parte de um plano. A carta começava com poucas queixas pessoais, mas depois uma retórica extravagante abria passo:

> Meu senhor, a dignidade dos advogados está consistentemente sendo violada pelo senhor. Somos tratados com severidade, rudeza, de forma brusca e maldosa. Não somos ouvidos. Não podemos apresentar nossos casos. Há pouco escopo para a advocacia. As palavras usadas na Ordem dos Advogados para a Corte Número 1 são "casa do massacre". Somos coagidos por agressões do corpo de magistrados, liderado pelo senhor. Tudo o que recebemos do senhor é a sua arrogância, agressão e beligerância.

A seguinte passagem deveria ter me alertado sobre o que realmente estava acontecendo:

PAQUISTÃO AOS SESSENTA ANOS     23

Estou magoado com a grande publicidade dada aos casos levados pelo senhor na Suprema Corte sob a bandeira dos Direitos Fundamentais. Os procedimentos ante a Suprema Corte podem conveniente e facilmente ser encaminhados aos juízes de Distrito ou de Seções. Estou ainda mais magoado pela cobertura da mídia da Suprema Corte sobre a recuperação de uma mulher [sequestrada]. Na Ordem dos Advogados, chamam isso de "circo da mídia".

O presidente da Suprema Corte estava começando a deixar o regime em maus lençóis. Desmascarou o governo em uma série de eventos-chave, incluindo a rápida privatização da Siderúrgica do Paquistão, em Karachi, projeto de estimação do primeiro-ministro da época, Shaukat "Shortcut" Aziz. O caso era um remanescente da Rússia de Yeltsin. Os economistas estimaram que a indústria valia 5 bilhões de dólares. Setenta e cinco por cento das ações foram vendidas por 362 milhões, em um leilão de trinta minutos, a um consórcio amigo que envolvia a Arif Habib Securities (do Paquistão), al-Tuwairqi (da Arábia Saudita) e o Magnitogorsk Iron & Steel Works Open JSC (da Rússia). A privatização não era popular entre os militares, e o presidente aposentado Haq Nawaz Akhtar reclamou que "as instalações poderiam ter rendido mais dinheiro se fossem vendidas como sucata". O consenso geral foi de que o presidente e o primeiro-ministro favoreceram seus amigos. Um frequentador da bolsa de valores me disse em Karachi que a Arif Habib Securities, que hoje detém 20% da Siderúrgica do Paquistão, atuou como testa de ferro para Shaukat Aziz. Tuwairqi, o gigante do aço da Arábia Saudita, comprou 40%. Dizem que Musharraf tinha forte ligação com essa empresa, e que antes esteve presente à inauguração de uma siderúrgica montada pelo grupo em 220 acres de terra alugados da vizinha Siderúrgica do Paquistão. Agora, eles têm participações no negócio.

Após a Suprema Corte insistir que ativistas políticos "desaparecidos" se apresentassem no tribunal e recusar-se a rejeitar casos de estupro, algumas pessoas em Islamabad temeram que Chaudhry pudesse chegar a declarar a presidência militar inconstitucional. A paranoia tomou conta. Medidas tinham de ser tomadas. O general e seu Gabinete decidiram ameaçar Chaudhry, afastando-o do cargo. No dia 9 de março de 2007, o presidente da Suprema Corte foi preso e mantido em confinamento solitário por várias horas, maltratado por investigadores da inteligência e exposto na televisão estatal. Mas em vez de aceitar um generoso acordo de afastamento, o juiz insistiu em defender-se, dando início a um grande movimento em defesa de um judiciário independente. Foi uma surpresa. Os juízes paquistaneses são notoriamente conservadores e têm legitimado todos os golpes com uma espúria "doutrina da necessidade". Quando Musharraf chegou ao poder, um pequeno grupo de juízes se recusou a jurar fidelidade e demitiu-se, mas não Chaudhry, que foi elevado à Suprema Corte um ano mais tarde, em janeiro de 2000, chegando a presidente em 2005. Antes de sua nomeação, não havia indícios de que se tratava de um ativista judicial.

Quando visitei o Paquistão em abril de 2007, os protestos estavam crescendo a cada dia. Inicialmente confinados aos 80 mil advogados do país e suas várias dezenas de juízes, logo espalhou-se além deles — mais uma vez um movimento incomum em um país cujo povo estava cada vez mais alienado pela elite governante. Mas os advogados marchavam em defesa da separação constitucional dos poderes. Demonstrações de rua foram vistas em quase todas as cidades, e cenas de homens de negro sendo confrontados por hordas de policiais armados transformou-se em lugar-comum. As televisões independentes — Geo, Indus, Aaj e outras — ofereciam cobertura diária dos eventos. Musharraf e seus ministros foram submetidos a pungentes e críticas entrevistas que devem ter deixado o presidente ansiando pela comparativa segurança da CNN ou da BBC World. O general repreendia os jornalistas regularmente por não o tratarem com a mesma deferência mostrada frente a Bush e líderes europeus pelas redes ocidentais.

Este encantador combate à moda antiga não envolvia dinheiro nem religião, mas sim princípios. Carreiristas da oposição (alguns dos quais organizadores de pesados assaltos à Suprema Corte quando no poder) tentaram manter a causa nas suas mãos. "Não imagine que todos mudaram de repente", foi o que me disse Abid Hasan Manto, um dos mais respeitados advogados do país. "São farinha do mesmo saco, como o resto da elite. Por outro lado, quando chega o momento, quase tudo pode funcionar como estopim."

Grande parte da burocracia em Islamabad logo reconheceu que deu uma enorme mancada ao prender Chaudhry. Mas como quase sempre acontece em tempos de crise, em vez de reconhecer o fato e tentar corrigi-lo, os perpetradores decidiram mostrar força. Os primeiros alvos foram os canais independentes de televisão. Em Karachi e outras cidades do sul, três canais repentinamente saíram do ar quando estavam mostrando imagens das manifestações. Houve ultraje popular. No dia 5 de maio, Chaudhry saiu dirigindo de Islamabad para dar uma palestra em Lahore, parando em todas as cidades do caminho para encontrar-se com apoiadores; levou 26 horas para terminar a jornada que normalmente levaria três ou quatro horas. Em Islamabad, Musharrah armou um contra-ataque.

No dia 12 de maio, o juiz visitaria Karachi, maior cidade do país, uma massa desorganizada de 15 milhões de pessoas. O poder político em Karachi permanecia nas mãos do MQM (Movimento Muttahida Qaumi/Movimento Unido Nacional), criado em 1984 durante a ditadura de Zia. Teve origem como grupo estudantil organizado, em 1978, por Altaf Hussain, e restrito, na época, a falantes de urdu que estudavam na província de Sind. Eles eram os filhos de refugiados muçulmanos que fugiram da Índia em 1947 e encontraram novo lar no Paquistão. Muitos permaneciam pobres e sofriam discriminação no mercado de trabalho. A nova organização apoiava-se em tais ressentimentos e dava voz a eles, mas logo alcançou notoriedade por seu envolvimento em esquemas de proteção do crime organizado e outros tipos de violência. Apoiou Musharraf em todas as crises de seu governo.

Seu líder, Altaf Hussain, fugiu do país na década de 1990 para evitar ser processado. Recebeu asilo na Grã-Bretanha e hoje orienta o movimento de um local seguro em Londres, temeroso de represálias de seus muitos adversários caso volte ao Paquistão. Em um vídeo endereçado aos seus seguidores em Karachi, enviado pouco antes da chegada de Chaudhry, ele diz: "Se as conspirações tentarem terminar com o atual governo democrático e eleito, todos os trabalhadores do MQM (...) permanecerão firmes e defenderão o governo democrático." Seguindo instruções de Islamabad, os líderes do MQM decidiram impedir o juiz de sair do aeroporto e encontrar-se, em diferentes partes da cidade, com aqueles que lhe davam apoio. Quase cinquenta pessoas foram mortas. Mais tarde, uma filmagem da violência foi ao ar pela televisão Aaj, e a estação foi atacada por voluntários armados do MQM, que atiraram no prédio por seis horas seguidas e atearam fogo nos carros parados no estacionamento.

Oficiais graduados da polícia, o ministro-chefe e o governador falharam ao intervir, e uma greve geral se seguiu, o que acabou por isolar o governo. Uma reportagem devastadora, "Carnificina em Karachi", publicada em agosto de 2007 pela Comissão de Direitos Humanos do Paquistão, confirmou com grande detalhe o que todos sabíamos: a polícia e o exército tiveram ordens de não intervir enquanto os membros do MQM provocavam tumulto:

> (...) assunto muito preocupante da perspectiva da integridade institucional foi a virtual retirada dos aparatos de segurança do Estado durante quase vinte horas e a tomada da cidade por hordas armadas de mais de um partido político. O espetáculo de uma força policial *desarmada* operando na direção das hordas *armadas* era altamente perturbador, especialmente quando oficiais-chave do Estado estavam reduzidos à expressão de seu desamparo.

Musharraf, tentando desesperadamente manter o controle do país, confrontava-se naquele momento com a possibilidade de que o movimento popular em defesa do presidente da Suprema Corte se tornasse incontrolável, especialmente se os eventos em Karachi se repetissem em outras partes. Temeroso das consequências que poderiam advir de uma repressão mais intensa, tinha pouca alternativa além de dar sinais de recuo. O recurso de Chaudry contra a sua suspensão foi finalmente admitido e ouvido pela Suprema Corte. No dia 20 de julho, uma decisão unânime o reintegrou, e advogados do governo envergonhados foram vistos deixando o local com pressa. Uma corte revigorada se afundou no trabalho. Hafiz Abdul Basit era um prisioneiro "desaparecido", preso por "terrorismo" sem qualquer acusação específica. O presidente da Suprema Corte intimou Tariq Pervez, diretor-geral da Agência de Investigação Federal do Paquistão, e perguntou-lhe polidamente onde o prisioneiro era mantido. Pervez respondeu que não tinha ideia e que nunca ouvira falar de Basit. O presidente ordenou ao chefe de polícia que apresentasse Basit ao tribunal no prazo de 48 horas: "Ou o detento aparece ou pode se preparar para ir para a cadeia." Dois dias depois, Basit foi apresentado e então solto, após a polícia ter falhado em apresentar qualquer prova substancial contra ele. Washington e Londres não ficaram contentes. Estavam convencidas de que Basit era um terrorista que deveria ser mantido na prisão indefinidamente, como certamente teria acontecido nos Estados Unidos ou na Grã-Bretanha.

A Suprema Corte decidiu considerar seis petições impugnando a decisão de Musharraf de disputar a presidência sem renunciar ao comando do Exército. Mesmo que o parlamento tenha aprovado o President to Hold Another Office Act em 2004 para contornar uma impugnação à decisão de Musharraf de manter-se como chefe do Exército enquanto presidente, a Suprema Corte aceitou um recurso contra tal decisão, alegando que a linguagem da emenda à lei não estava em conformidade com a Constituição. Também havia a questão dos limites do mandato: a Constituição do Paquistão permite que o presidente se mantenha no cargo por dois mandatos. Musharraf assumira a presidência em junho de 2001. Isso foi seguido de um referendo, em 2002, que ele clamou de "mandato democrático", embora seus opositores considerassem como um segundo mandato. Um problema extra era o fato de que ele já tinha mais de 60 anos, e, de acordo com as leis governamentais, deveria deixar a chefia do Exército. Tendo feito isso, teria permanecido dois anos como funcionário público, buscando cargos eletivos. Não surpreendia que houvesse um bocado de nervosismo em Islamabad. Os que apoiavam o governo ameaçaram com terríveis consequências caso a corte legislasse contra ele. Mas para declarar um estado de emergência seria preciso o apoio do exército e, naquele momento, logo após o massacre de Karachi, pesquisas informais revelaram relutância em intervir por parte dos generais. A desculpa educada que deram na época foi a de que estavam muito comprometidos com a "guerra contra o terrorismo" para poder devotar seus recursos no sentido de preservar a lei e a ordem naquelas cidades. Mais tarde, com um pouco de encorajamento da embaixada norte-americana, mudariam de ideia.

QUANDO A CRISE JUDICIAL parecia parcialmente contornada, uma crise ainda maior surgiu. Grande parte dos grupos de jihad de hoje são filhotes mestiços dos equipamentos de inteligência paquistaneses e ocidentais, nascidos nos anos 1980, quando o general Zia estava no poder, lutando a guerra do Ocidente contra os russos sem deus, que então ocupavam o Afeganistão. Foi então que começou o apadrinhamento do Estado aos grupos islamitas. Um dos que receberam benefícios foi o clérigo Maulana Abdullah, a quem foram atribuídas terras para construir um madraçal no coração de Islamabad, não muito longe dos prédios do governo. Logo a área foi aumentada, de modo que puderam ser construídas instalações separadas — para estudantes homens e mulheres — , junto a uma aumentada Lal Masjid, ou Mesquita Vermelha. Tudo construído com dinheiro do Estado, e o governo era tecnicamente dono da propriedade.

Durante os anos de 1980 e 1990, o complexo transformou-se em um campo de trânsito para jovens jihads em seu caminho para lutar no Afeganistão e, mais tarde, em Caxemira. Abdullah não escondia suas crenças. Era simpático à interpretação do Islã de Saudi Wahhabi, e durante a guerra Irã-Iraque com alegria encorajou a matança de "hereges" xiitas no Paquistão Os xiitas constituem 20% da população muçulmana no Paquistão e antes da ditadura de Zia havia pouca hostilidade entre eles e a maioria sunita. O apoio de Abdullah aos grupos terroristas ultrassectários antixiitas levou ao seu assassinato em outubro de 1998. Membros de uma facção muçulmana rival o mataram logo após ter terminado de rezar em sua própria mesquita.

Seus filhos Abdul Rashid Ghazi e Abdul Aziz assumiram o controle da mesquita e das escolas religiosas. O governo concordou que Aziz lideraria a congregação das sextas-feiras. Seus sermões eram muitas vezes favoráveis a Al Qaeda, ainda que após o 11 de Setembro tenha ficado mais cuidadoso com sua linguagem. Funcionários públicos graduados e oficiais militares muitas vezes estavam presentes nas preces das sextas-feiras. O bem-educado e falante Rashid, com seu rosto magro e desvairado e barba esfarrapada, agia como manipulador de opiniões e realmente encantava jornalistas locais e estrangeiros.

Mas após novembro de 2004, quando o exército, sob forte pressão norte-americana, lançou uma ofensiva contra as áreas tribais na fronteira com o Afeganistão, a relação entre os irmãos e o governo ficou tensa. Aziz, em particular, ficou lívido. Quando, de acordo com Rashid, "um coronel reformado do exército do Paquistão aproximou-se de nós com uma petição por escrito por uma *fatwa* (pronunciamento legal no Islã, emitido por um especialista em lei religiosa) esclarecendo a posição da *xariá* (código de leis do islamismo) sobre o exército lutar contra o povo das tribos, Aziz não perdeu tempo. Criou uma *fatwa* declarando que a matança de seu próprio povo por um exército muçulmano é *haram* (proibida), e que "nenhum oficial do exército morto durante a operação deveria receber um funeral muçulmano", e que "os militantes que morressem lutando contra o exército paquistanês seriam considerados mártires". Em poucos dias de sua publicação, a *fatwa* já havia sido publicamente endossada por quase 5 mil "religiosos eruditos". Mesmo com a forte pressão dos patrocinadores da mesquita ligados à ISI (Inter-Services Intelligence), a inteligência militar do Paquistão, os irmãos se recusaram a retratar-se. A resposta do governo foi surpreendentemente silenciosa. O status oficial de Aziz como imã da mesquita foi suspenso e um mandado de busca e apreensão expedido contra ele, mas nunca foi cumprido, e os irmãos puderam seguir em frente como sempre. Talvez a ISI pensasse que eles ainda poderiam se provar úteis.

Montada em 1948 com representantes dos três serviços militares do Paquistão, a ISI era originalmente um escritório rotineiro de inteligência especializado na coleta e análise de informação e focado especialmente na Índia e na "subversão comunista" local. Seu tamanho e orçamento cresceram a uma taxa fenomenal durante a primeira guerra afegã contra a União Soviética. Trabalhava em cooperação com os serviços de inteligência dos Estados Unidos, da França e da Grã-Bretanha naquele período, e como será mostrado posteriormente neste livro, teve um papel central no armamento e treinamento de *mujahideen* e, mais tarde, infiltrando os talibãs no Afeganistão. Com um nível de autonomia não maior do que o oferecido à CIA ou ao DIA nos Estados Unidos, a ISI operava com a total aprovação oficial do alto-comando militar.

No início de 2004, o governo divulgou ter descoberto um plano terrorista de bombardear instalações militares, incluindo o QG (quartel-general) em Rawalpindi e prédios do Estado em Islamabad, no dia 14 de agosto. Metralhadoras e explosivos foram encontrados no carro de Abdul Rashid Ghazi. Novos mandados foram expedidos contra os irmãos e eles foram presos. Naquele momento, o ministro para assuntos religiosos, Ijaz-ul-Haq, filho do general Zia, persuadiu seus colegas a perdoarem os clérigos em troca de um pedido de desculpas por escrito dizendo que não se envolveriam em lutas armadas. Rashid disse que o plano fora completamente desenhado para favorecer o Ocidente, e em um artigo de jornal pediu ao ministro para assuntos religiosos provas de que ele supostamente clamara por sua aceitação. Não houve resposta.

Em janeiro de 2007, os irmãos decidiram deslocar seu foco da política externa para a interna, e pediram a imediata implementação da lei islâmica (*xariá*). Chegaram a denunciar as políticas dos Estados Unidos no mundo muçulmano e o homem de confiança que mantinham ali, Musharraf, por ajudar a desmantelar o governo talibã no Afeganistão. Não apoiaram publicamente os três recentes atentados contra a vida de Musharraf, mas não era segredo que lamentavam que ele tivesse escapado. A declaração que enviaram em janeiro tinha a intenção de ser uma aberta provocação ao regime. Aziz deu detalhes sobre o seu programa: "Nunca permitiremos música e dança no Paquistão. Os interessados em tais atividades devem mudar-se para a Índia. Estamos cansados de esperar. É a *xariá* ou o martírio." Sentiram-se ameaçados pela demolição feita pelo governo de duas mesquitas construídas ilegalmente em terreno público. Quando receberam notícias anunciando a demolição de partes da Mesquita Vermelha e da casa de estudo das mulheres, os irmãos Ghazi despacharam dúzias de alunas em burcas negras para ocupar a biblioteca infantil anexa ao madraçal. As agências de inteligência aparentemente foram surpreendidas, mas logo negociaram o final da ocupação.

Os irmãos continuaram testando as autoridades. A *xariá* foi implementada nos madraçais — tipo de escolas religiosas, separadas para homens e mulheres e que funcionavam dentro do complexo da mesquita. Houve uma queima pública de livros, CDs e DVDs. Depois as mulheres da escola feminina dirigiram sua artilharia contra os bordéis de luxo de Islamabad, especialmente contra Tia Shamim, alcoviteira bem-conhecida que oferecia garotas "decentes" a propósitos indecentes, e cujos clientes incluíam os homens de prestígio do local, grande parte deles moderados líderes religiosos. Tia Shamim dirigia o bordel como um escritório: trabalhava em horário comercial e fechava as portas na sexta-feira à tarde, para que os clientes pudessem ir à mesquita mais próxima, que era a Lal Masjid. As brigadas moralistas tomaram o bordel e "liberaram" as mulheres. A maior parte delas era educada, algumas eram mães solteiras, outras viúvas, todas desesperadas por dinheiro. As horas de trabalho eram perfeitas para elas. Tia Shamim fugiu da cidade, e suas empregadas buscaram trabalho similar em outra parte, enquanto as meninas do madraçal celebraram uma vitória fácil.

Encorajados pelo triunfo, os irmãos em seguida decidiram invadir as casas de massagens de luxo de Islamabad, das quais nem todas eram local para prática de sexo, e algumas tinham cidadãos chineses como empregados. Seis mulheres chinesas foram retiradas de seu local de trabalho no final de junho e conduzidas à mesquita. O embaixador chinês não ficou contente. Informou ao presidente Hu Jintao, ainda menos satisfeito, e Pequim deixou claro que queria ver suas cidadãs livres imediatamente. Negociadores do governo foram à mesquita defender a estratégica relação sino-paquistanesa, e as mulheres foram soltas. O negócio de massagens se comprometeu a empregar apenas homens para atender homens. A honra foi satisfeita, mesmo que o trato estivesse em contradição com a *xariá*, que normalmente decreta pena de morte à homossexualidade. A imprensa liberal retratou a campanha antivício como a talibanização do Paquistão, o que irritou os clérigos de Lal Masjid. "Rudy Giuliani, quando eleito prefeito de Nova York, fechou os bordéis", disse Rashid. "Isso foi uma talibanização?" Rashid, se estivesse vivo, teria apoiado com todas as forças a "renúncia" do governador Spitzer.

Nervoso e envergonhado pelo sequestro das mulheres chinesas, Musharraf exigiu uma solução para a crise. O embaixador saudita no Paquistão, Ali Saeed Awadh Asseri, chegou à mesquita e passou noventa minutos com os irmãos. Foram simpáticos, mas disseram a ele que tudo o que queriam era a implementação das leis sauditas no Paquistão. Será que concordou? O embaixador não aceitou um encontro com a imprensa após a reunião, por isso suas respostas não foram registradas. Como sua mediação falhou, um plano b foi posto em prática.

No dia 3 de julho, os paramilitares Rangers começaram a montar cercas de arame farpado no final da rua, em frente à mesquita. Al-

PAQUISTÃO AOS SESSENTA ANOS 33

guns estudantes do madraçal abriram fogo, matando um Ranger, e atearam fogo no prédio do Ministério do Meio Ambiente, na vizinhança da mesquita. As forças de segurança responderam na mesma noite com gás lacrimogêneo e metralhadoras. Na manhã seguinte, o governo anunciou toque de recolher na área e teve início o cerco à mesquita que duraria uma semana, com redes de televisão transmitindo imagens ao redor do mundo. Rashid, louco por publicidade, deve ter ficado contente. Os irmãos imaginaram que mantendo mulheres e crianças como reféns dentro do prédio estariam salvos. Mas algumas foram liberadas, e Aziz foi preso ao tentar escapar vestindo uma burca, só para ser libertado calmamente uma semana mais tarde e autorizado a voltar à sua cidade natal.

No dia 10 de julho, paramilitares finalmente invadiram o complexo. Rashid e ao menos cem outras pessoas morreram nos confrontos que se seguiram. Onze soldados também foram mortos e mais de quarenta feridos. Vários postos policiais foram atacados e agourentas reclamações vieram das áreas tribais. Maulana Faqir Mohammed, líder talibã que apoiava o movimento, disse a milhares de homens das tribos armadas: "Pedimos a Alá que destrua Musharraf, e buscaremos vingança pelas atrocidades na Lal Masjid." Osama bin Laden também se pronunciou, declarando Musharraf "infiel" e disse que "removê-lo é agora tarefa obrigatória para os muçulmanos".

Eu estava no Paquistão em setembro de 2007 quando homens-bomba atingiram alvos militares, entre eles um ônibus carregando funcionários da ISI, a fim de vingar a morte de Rashid. Mas no país a reação foi silenciada. Os líderes do MMA (Muttahida Majlis-e-Amal), coligação de partidos religiosos que governava a província da Fronteira e dividiam o poder no Baluchistão, fizeram ameaçadores comunicados públicos, mas não agiram. Apenas uma centena de pessoas marchou na manifestação convocada para acontecer na capital da província, Peshawar, no dia seguinte às mortes. Foi a maior marcha em protesto, e mesmo nela o moral estava baixo. Não houve glorificação de mártires. O contraste com a campanha de reintegração do presidente da Suprema Corte não podia ser mais pronunciado. Três semanas mais tarde, mais de 100 mil pessoas se reuniram na cidade de Kasur, no Punjab, para as comemorações do aniversário de 250 anos da morte do grande poeta do século XVII Bulleh Shah, pertencente a uma prestigiada linha de poetas sufis que promoviam o ceticismo, denunciavam a religião organizada e evitavam todas as formas de ortodoxia. Para Bulleh Shah, um mulá deveria ser comparado a um cão que ladra ou um galo que canta. Em resposta à questão de um crente sobre a sua própria identidade religiosa, o poeta respondeu:

> *Quem sabe o que sou,*
> *Nenhum crente na mesquita,*
> *Nem um descrente adorando argila*
> *Nenhum Moisés ou Faraó,*
> *Nenhum pecador ou santo;*
> *Quem sabe o que sou...*

Que este e poemas similares sejam ditos regularmente no Paquistão é uma indicação de que os jihadistas não são populares em grande parte do país. Nem o governo. O episódio da mesquita levantou várias questões importantes que permanecem sem resposta. Por que o governo não agiu em janeiro, logo aos primeiros sinais de problemas? Como os clérigos tinham acumulado tanto armamento sem que o governo tivesse conhecimento? A ISI sabia que a mesquita guardava um arsenal? Se sabia, por que ficou calada? Qual a relação entre os clérigos e as agências do governo? Por que Aziz foi solto e pôde voltar à sua cidade natal sem qualquer sanção?

Fico imaginando se poderia encontrar respostas para essas perguntas em Peshawar, capital da província da Fronteira Noroeste, a poucos quilômetros do passo de Khyber e do Afeganistão. Não visitava a cidade há mais de 25 anos, desde que se tornou quartel-general dos jihadistas antissoviéticos, na década de 1980, e seu governador, amigo íntimo do general Zia, defendia o comércio de heroína. Naquela

PAQUISTÃO AOS SESSENTA ANOS 35

ocasião, em 1973, cruzei a fronteira do Afeganistão e voltei sem passaporte, só para ver se isso ainda poderia ser feito. Feliz com meu êxito, tomei um ônibus para Rawalpindi. Ainda me lembro da emoção de ver um pôr do sol vermelho-sangue enchendo o céu enquanto cruzávamos o rio Indo passando sobre uma ponte, em Attock.

A velha ponte sempre traz de volta antigas memórias de infância e juventude. A visão das águas turbulentas também ajuda a reavivar uma história que, na forma de sucessivos conquistadores da Europa e da Ásia Central, marchou por aqui a caminho do sul, mesmo muito antes de Alexandre. Quantos soldados morreram ao cruzar o rio em balsas improvisadas? O imperador mogul Akbar construiu um forte gigantesco logo acima, onde o rio Cabul se mistura de forma ruidosa ao seu famoso primo. Seu objetivo estratégico era o de deixar estacionada ali uma guarnição capaz de repelir invasores, subjugar rebeliões locais e, claro, taxar mercadores.

Trinta e quatro anos mais tarde, saindo de carro de Islamabad, não podia conter minha excitação. Parei para dar uma olhada no rio e no forte logo abaixo. O forte hoje é uma conhecida prisão política, centro de torturas usado por sucessivos governos paquistaneses, não apenas os militares. Tentei, mas não pude ver as duas pedras negras que, como me lembro, avançam sobre o rio logo abaixo do forte. Onde estariam? Talvez só pudessem ser vistas da ponte do século XIX, obra de arte da engenharia vitoriana que inclui uma lápide na qual se lê "tumba da prostituta" (punição de uma rainha à amante preferida de seu marido) que nos fazia soltar risadinhas quando crianças.

As duas pedras receberam os nomes de dois irmãos, Kamal-ud-Din e Jamal-ud-Din, que pularam do pico em direção ao rio seguindo ordens do imperador mogul. A tolerância de Akbar com a dissidência foi muito exagerada. É verdade que enquanto a Inquisição católica espalhava o terror pela Europa, Akbar, muçulmano, instruía que "qualquer pessoa pode professar a religião que lhe for de agrado". Os debates interreligiosos que organizou em Agra incluíam hindus, muçulmanos, cristãos, parses, jainistas, judeus e ateus da escola

Carvaka, que argumentavam que os bramas tinham estabelecido cerimônias para os mortos apenas como "meios de subsistência" para eles mesmos.

Mas Akbar algumas vezes ignorava suas próprias injunções, especialmente quando seu poder era desafiado. Daí sua grande raiva contra os rebeldes pashtuns do Waziristão e sua filosofia provocadora. Os irmãos eram membros de uma seita muçulmana do século XVI, os roshnai (iluminados), fundada por seu pai, Pir Roshan. Rejeitavam todas as religiões estabelecidas e, por conseguinte, o Corão. Argumentaram contra a mediação dos profetas ou reis. O Criador estava sozinho e cada pessoa deveria relacionar-se com Ele individualmente.[1] A religião era um assunto pessoal entre Alá e o crente.

Akbar estava ocupado tentando criar sua própria religião sintética como uma maneira de superar divisões de crenças e classe na Índia, unificando-a. A perseguição dessa seita, no entanto, não foi resultado da rivalidade ideológica. Os "iluminados" eram populares entre os camponeses da região, e sua visão da vida era muitas vezes usada para justificar rebeliões contra a autoridade central. O rei mogul, que fundou a cidade de Peshawar como base militar e comercial, considerava tal movimento intolerável.

Peshawar, hoje uma cidade com mais de 3 milhões de habitantes, triplicou em tamanho nos últimos trinta anos. Muitos dos novos habitantes são resultado de três gerações de refugiados, uma consequência de seguidas guerras afegãs frente às grandes potências (União Soviética e Estados Unidos, respectivamente) nos séculos XX e XXI. A cidade colonial construída pelos britânicos foi projetada como base para abrigar uma guarnição que protegeria a fronteira noroeste da Índia britânica contra as intrigas czaristas e bolcheviques. Tal função foi preservada e expandida.

---

[1] Ideias similares existiam na Europa cristã na mesma época e foram implantadas por Oliver Cromwell para derrubar e executar Carlos I.

PAQUISTÃO AOS SESSENTA ANOS

Peshawar segue sendo uma cidade de fronteira, mas não é exato dizer, como o *New York Times* reportou em 18 de janeiro de 2008, que durante "séculos, lutas e falta de lei sempre estiveram presentes no tecido dessa cidade fronteiriça". Essa visão é derivada do trovador do Império Britânico Rudyard Kipling, cujas descrições foram erroneamente lidas como história. Em uma expedição desde Peshawar, localidade que caracterizava como "cidade de semblante diabólico", a hostilidade frente à presença britânica foi descrita desta forma para a *Civil and Military Gazette*, de Lahore, em 28 de março de 1885:

Sob as luzes da loja, em frente ao posto de venda de frutas cristalizadas e *ghee*, o som e a pressão das palavras são maiores. Caras de cães, porcos, doninhas e cabras, todas mais hediondas por serem postas em corpos humanos, e iluminadas com a inteligência humana, se reúnem sob uma série de lâmpadas onde são estudadas por meia hora. Patans, afridis, logas, kohistanis, turcomanos e uma centena de outras variedades da turbulenta raça afegã são reunidas na vasta confusão humana entre o Portão e o Ghor Kutri. Quando um inglês passa, eles viram sua carranca em direção a ele, e em muitos casos cospem abundantemente no chão após a sua passagem. Um rufião corpulento e barrigudo, com a cabeça raspada e pescoço e queixo repletos de dobras de gordura, é especialmente zeloso nesse rito religioso — sem dar lugar a qualquer performance descuidada, mas sim com uma expectoração que parece limpar a alma, e que pode ser tão prazerosa aos seus camaradas como nojenta ao europeu, senhor. (...) Mas ele é apenas um entre centenas. O caminho central está lotado de magníficos canalhas e lindos rufiões; todos dando ao observador a impressão de serem bestas selvagens capazes de mortes e violência, que não ligam para qualquer restrição.

Foram poucos os problemas durante os séculos XIX e XX, exceto quando guerras eram travadas pelo Império Britânico no Afeganistão.

Ainda que os britânicos, tentando esmagar e desarmar uma corrente nacionalista que pedia pela independência, tenham imposto um regime militar e estivessem aplicando pesadas penas por pequenas ofensas na província fronteiriça, o movimento maior durante o século XX foi explicitamente pacífico. Ghaffar Khan e Khan Sahib, dois irmãos de uma família desembarcada em Charsadda, decidiram empreender uma luta política, sem violência, contra os britânicos, em 1930. O movimento dos Camisas-Vermelhas, como ficou conhecido (por conta da cor das camisas vestidas por seus apoiadores, mais do que por qualquer outra afinidade; sua inspiração vinha de Gandhi não de Lênin), espalhou-se rapidamente por toda a região. Ghaffar Khan e seus voluntários visitaram cada vilarejo, organizando os camponeses contra o império, e braços do movimento surgiram mesmo nos mais remotos povoados.

As autoridades britânicas, espicaçadas pelo apoio crescente a tal organização, haviam decidido que esta deveria ser "arrancada pela raiz". Isso levou ao notório massacre no bazar de Qissa Khwani (Contadores de histórias) em 1930, quando mais ou menos mil Camisas-Vermelhas estavam reunidos para dar as boas-vindas aos líderes do Partido do Congresso e foram avisados de que as autoridades tinham recusado aos líderes a entrada na província. O Partido manteve um encontro de massas e pediu o imediato boicote a lojas de propriedade britânica. O governador ordenou a prisão de Ghaffar Khan e outros apelando para a Seção 144, cláusula legal sobre a ordem pública que proíbe a assembleia de mais de quatro pessoas em espaços públicos, lei ainda muito usada no sul da Ásia. Os manifestantes se recusaram a deixar o local e tropas abriram fogo, matando duas centenas de ativistas. Muito mais pessoas saíram às ruas, e fizeram as tropas recuarem. Peshawar esteve sob controle do seu povo por quatro dias sem qualquer violência prévia à entrada de reforços militares britânicos. O massacre e os dias que se seguiram foram descritos por Sir Herbert Thompson, um oficial colonial,

PAQUISTÃO AOS SESSENTA ANOS 39

como típico caso de "criança aturdida com sua própria petulância, retornando à segurança das mãos da babá".[2]

Mesmo com o extensivo uso de espiões de polícia e agentes infiltrados, os britânicos não poderiam fazer nada para acusar Ghaffar Khan e seus apoiadores por uso da violência, mas isso não fez com que deixassem de assediar, prender e maltratar os líderes e ativistas. O massacre do Qissa Khwani aumentou o apoio aos Camisas-Vermelhas, e como, mesmo com suas crenças muçulmanas, Ghaffar Khan acreditava em uma Índia unida e secular, ele chamou a atenção de Mahatma Gandhi e Jawaharlal Nehru. Os Camisas-Vermelhas pediram formalmente para entrar no Partido do Congresso Nacional e foram aceitos. O resultado foi uma presença do Congresso na província que levou o partido a ganhar sucessivas eleições de 1937 em diante. Nehru mais tarde escreveu em sua biografia:

Foi surpreendente como esse pathan aceitou a ideia da não violência, avançando muito além da teoria que a maior parte de nós. E porque acreditou nisso conseguiu impressionar seu povo com a importância de manter-se pacífico mesmo frente a provocações (...) [A] autodisciplina que o povo da fronteira mostrou em 1930 e nos anos subsequentes foi algo incrível.

Essa área, com uma grande maioria da população muçulmana, preferiu permanecer distante da Liga Muçulmana e da ideia de Paquistão, ainda que a Liga adquirisse uma base na província com a ajuda da burocracia imperial e da força policial, além de uma combinação de sofisma e violência. Os britânicos, que assiduamente encorajaram a divisão entre as comunidades hindu e muçulmana, foram confundidos e irritados pelos Camisas-Vermelhas. No trabalho de

---

[2]Citado em *The Pathan Unarmed*, de Mukulika Banerjee (Oxford, 2000). Este trabalho, de um estudioso indiano, a mais abrangente história do movimento Camisa-Vermelha e seus líderes, é ignorado por muitos historiadores paquistaneses e antropólogos sociais, pois entra em contradição com os mitos fundadores do país.

outro oficial colonial britânico, Sir Olaf Caroe, isso foi expresso na forma de um misticismo reacionário. A história em grande parte interessante escrita por Caroe sobre o povo pashtun (pathan para os colonialistas) contém curiosidades tais como "é complicado ver como a tradição pathan pôde aceitar por tanto tempo a liderança hindu, por muitos vista como nada sincera, hipócrita e de duas caras (...) Como então pôde ter se associado com um partido sob inspiração indiana, ou mesmo brâmane (...)." Há outras coisas sem sentido em linhas similares. Os pashtuns que não estavam preparados para alinhar-se aos britânicos eram tratados com brutalidade.

Um jornalista norte-americano que testemunhou o conflito entrevistou Mahatma Gandhi. "O que o senhor acha da civilização ocidental?" A velha raposa sorriu. "Seria uma boa ideia", respondeu, com o tratamento dispensado aos nacionalistas pashtuns ainda em sua mente. Agentes britânicos subornariam as tribos enquanto seus propagandistas espalhariam rumores que Ghaffar Khan, muçulmano pio, era secretamente um brâmane. Líderes do Partido do Congresso foram impedidos de visitar a província enquanto as portas foram abertas à pró-britânica Liga Muçulmana. Que tal benevolência especial por parte dos britânicos tenha sido repetidas vezes rejeitada por grande parte dos pashtuns é um indício da força do movimento de Ghaffar Khan. Suas ideias de não violência e de uma Índia independente e unificada foram profundas. Seriam necessárias décadas de suborno e repressão (até mesmo após o nascimento do Paquistão) para arrancar suas raízes, com desastrosas consequências.

O estereótipo imperial do pathan "infantil" mas "nobre selvagem" permeia grande parte da literatura colonial, incluindo contos de Kipling e sua novela reprimidamente homossexual *Kim*. Tendo convencido a si mesmos que tais antigas tribos guerreiras eram incapazes de pensamento racional e precisavam ser alimentadas com colher para sempre, os britânicos ficaram realmente surpresos quando viram que não era o caso. Na historiografia colonial, a violência e os pashtuns não podiam ser descritos como opostos.

As tensões e correntes subterrâneas que marcam a Peshawar de hoje têm pouco a ver com os séculos anteriores, mas são resultado direto das contínuas guerras com o vizinho Afeganistão, cujo impacto no Paquistão, na China e nos Estados Unidos/União Europeia será discutido em um capítulo subsequente. A província da Fronteira Noroeste do Paquistão é a única província nomeada por sua situação geográfica, negando sua identidade étnica pashtun.

Desde outubro de 2002, o MMA, frente unida formada por Jamaat-e-Islami (JI) e Jamiat-Ulema-e-Islam (JUI), mais quatro seitas religiosas menores, governou a província, mas perdeu feio em 2008. Mesmo que antes tenha dominado a província da Fronteira, a coligação islâmica recebeu apenas 15% dos votos nacionais em 2002. Foi sua maior taxa em todos os tempos, mas ainda estava longe de ganhar poder nacionalmente através das urnas. Os dois partidos eram diferentes em caráter. Um deles, o JI, era mais rígido em sua interpretação da religião. Foi fundado em Lahore, em 1941, como resposta à Liga Muçulmana e à Resolução do Paquistão, e era visto por seu fundador, Abul Ala Maududi (1903-1979), como uma "contra-Liga". Maududi era muitas vezes encarado como um teólogo, e suas ligações com os wahhabis da Arábia Saudita eram anteriores à formação do Paquistão. O JUI estava baseado na Fronteira Noroeste e no Baluchistão. Seu líder, Mufti Mahmud (1919-80), era um operador político astuto, capaz de alianças com os nacionalistas seculares para atingir seus objetivos. As origens desse grupo estão no seminário Deoband, que era visto como a casa da ortodoxia sunita antes da partição da Índia. Os dois partidos enxergaram o nascimento do Paquistão como uma conspiração secular contra as "verdades reais do Islã".

O JI é provavelmente o grupo político mais bem organizado do país. Sua estrutura interna foi modelada com base nos tradicionais partidos comunistas, e mantém uma célula em todas as cidades principais, até hoje. O JUI sempre foi mais tradicional, confinado às províncias de fronteira e dependente de estruturas de parentesco. Durante a Guerra Fria, o JI, graças às suas ligações estreitas com a Arábia Saudita, esteve firmemente comprometido com o Ocidente, enquanto o JUI flertava com os grupos pró-soviéticos presentes no Paquistão. Hoje, os dois clamam ser hostis a Washington mas as diferenças são em grande parte táticas e locais. Os dois partidos provavelmente estariam preparados para um acordo com Washington, e, como a Irmandade Muçulmana no Egito, veem o governo dos islamitas pró-Otan na Turquia como modelo possível de futuras relações. A ideia de que sejam islamitas duros, loucos para impor um califado, é frívola. Sem qualquer autonomia real na esfera socioeconômica, escolheram fazer valer sua identidade islamita pedindo pelas leis da *xariá*, sobretudo em instituições coeducacionais como a Universidade de Peshawar (onde as restritas relações de gênero foram relativamente suavizadas desde a fundação do país), cobrindo com tinta as mulheres de anúncios publicitários, ameaçando lojas de vídeo etc.

Durante um debate de sessenta minutos na CNBC (do Paquistão) com o ideólogo do JI poucos anos atrás, perguntei por que tanta obsessão com as mulheres. Por que não deixá-las livres? Por que tentavam apagar sua imagem? A resposta me fez lembrar as feministas dos anos 1970 (quando campanhas contra a pornografia e saunas estavam em voga): "Não gostamos de ver as mulheres sendo tratadas como objeto sexual. E você?" Admiti que também não, mas que não achava que cobrir suas imagens com tinta fosse a solução. E quanto aos homens? Perguntei, educadamente. Não são igualmente objetos sexuais? Neste momento, o apresentador do programa rapidamente mudou para tema mais seguro. Imaginou que eu estivesse me referindo à homossexualidade masculina, proibida pelo Corão, mas muito difundida pelo país, com fortes raízes nas regiões da Fronteira, cujas origens podem ser traçadas desde a invasão de Alexandre e a presença de gregos. Há outras e mais mundanas razões. No entanto, não estava me referindo unicamente à homossexualidade, mas aos homens sendo vistos como objetos sexuais pelas mulheres. Por que deveria ser tolerado? Estava esperando seguir em frente e discutir a proliferação de vídeos de sexo e pornografia desde o triunfo eleitoral do MMA, mas já não havia tempo.

O desgosto generalizado com a política tradicional criou um vazio moral, que foi preenchido pela pornografia e religiosidade de várias vertentes. Em algumas áreas, religião e pornografia andam juntas: Peshawar e Quetta são os maiores mercados, a julgar pelas taxas de vendas de vídeos pornôs. Nas duas cidades, é forte a presença de partidos religiosos. Os líderes talibã no Paquistão têm como alvo as lojas de vídeo, mas os negociantes caminham pelo submundo. Não devemos imaginar que tal volume de pornografia venha do Ocidente. Há uma incrível indústria clandestina no Paquistão, com suas próprias estrelas locais, homens e mulheres. A frustração sexual deixa o país escravizado.

PARA DISCUTIR A SITUAÇÃO da província da Fronteira, eu me encontrei com um grupo de intelectuais, jornalistas e políticos nacionalistas seculares locais, alguns deles herdeiros da velha tradição dos Camisas-Vermelhas, mesmo que hoje as camisas estejam um pouco encardidas. O filho e o neto de Ghaffar Khan estavam infectados com a doença que aflige os políticos tradicionais do Paquistão, que não tendo qualquer programa ou princípio, negociam com os militares e com a Liga Muçulmana, oferecendo-se aos interesses do Partido Nacional Awami (ANP). Nós nos encontramos no Ghaffar Khan Centre, que é tanto o quartel-general do partido quanto biblioteca e local de encontros. A discussão centrou-se no MMA, no Talibã e na ocupação dos EUA/UE do Afeganistão. A opinião deles era de que o MMA só tinha ganhado as eleições porque tinha o apoio dos militares e tinha equacionado um voto para eles como um voto para o Corão. Isso, sem dúvida, era parcialmente certo, mas deixa a mancha do período do ANP no governo fora da equação. O que pode ser facilmente entendido dada a localização e circunstâncias, mas algo precisa ser dito caso voltem à dianteira. Trata-se da única força secular na região, com um punhado de quadros que ainda são capazes de uma visão mais abrangente. Perceberam que precisavam de um plano estratégico, e que continuar o intercâmbio de posições e as acrobacias políticas poderia ser o caminho mais curto para o desastre. O programa escrito do partido não mudou muito ao longo dos anos — reforma agrária, justiça social etc. —, mas como a possibilidade de que tudo isso tome forma é remota levou a uma grande dose de cinismo. Além do mais, o partido hoje abandonou sua retórica anti-imperialista e, como o Partido Popular do Paquistão (PPP), da família Bhutto, baseia suas esperanças em uma prolongada presença dos Estados Unidos na região para lidar com seus oponentes religiosos.

Alguns dos problemas-chave na província da Fronteira estão relacionados ao vizinho Afeganistão. Afrasiab Khattak, o líder mais inteligente do ANP, acredita que o pior período na história da região começou durante a ditadura do general Zia, quando o país estava repleto de heroína, agentes ocidentais e do Mossad, artilharia ilimitada e lutando com as tropas soviéticas acampadas no Afeganistão. Isso é verdade, mas alguns dos principais líderes do ANP, incluindo Ajmal Khattak, apoiaram completamente a intervenção soviética e permaneceram no Afeganistão durante todo o período. Isso foi, infelizmente, uma visão comum de grande parte do que se passou com a esquerda no Paquistão naquela época. Alguns bem conhecidos comentaristas paquistaneses que apoiaram a ocupação dos EUA/Otan em 2001 reagiram com o mesmo entusiasmo quando a União Soviética moveu-se para o sul, cruzando o rio Oxus, em 1979.


A MALOGRADA OCUPAÇÃO da Otan fez reviver o Talibã bem como o comércio de heroína, desestabilizando o noroeste do Paquistão. Os bombardeamentos indiscriminados dos Estados Unidos mataram muitos civis inocentes e a cultura de vingança permanece forte na região. A corrupção e o compadrio, marcas do governo Karzai, instalado pela Otan, cresceram como um tumor não tratado, alienando muitos afegãos que antes deram boas-vindas à ascensão do mulá Omar, esperando por dias melhores. Em vez disso, eles testemunharam a apropriação de terras e a construção de imóveis luxuosos pelos colegas de Karzai. Os fundos ocidentais planejados como recursos a serem empregados em alguma reconstrução necessária foram rapidamente desviados para a construção de bonitas casas para os mandatários nativos. No segundo ano da ocupação, houve um gigantesco escândalo no setor imobiliário. Os ministros do Gabinete favoreceram a si mesmos e a patrocinadores com grandes propriedades em Cabul, onde o preço das terras alcançou o pico após a ocupação, já que os ocupantes e seus seguidores tinham de viver seguindo o estilo a que estavam acostumados. Os colegas de Karzai construíram seus grandes casarões, protegidos por tropas da Otan, às vistas dos pobres.

Nem todas as tribos pashtuns no Paquistão e Afeganistão reconheceram a Linha Durand imposta pelos britânicos. Então, quando guerrilhas anti-Otan fugiam para áreas tribais sob controle paquistanês, não eram levadas a Islamabad, mas alimentadas e vestidas até que voltassem, ou protegidas como os líderes da Al-Qaeda. A luta no Wazaristão do Sul gira muito em torno disso. Washington quer ver mais corpos e sente que os acordos de Musharraf com os homens mais velhos das tribos roçam a capitulação do Talibã. Isso deixa os americanos furiosos, pois as ações militares do Paquistão são pagas diretamente pelo Centcom (United States Central Command), e eles pensam que seu dinheiro não está sendo devidamente valorizado. Isso sem mencionar os 10 bilhões de dólares que o Paquistão recebeu desde o 11 de Setembro, ao assinar pela "guerra contra o terror".

O problema é que alguns elementos da inteligência militar paquistanesa sentem que seriam capazes de reaver o Afeganistão após o término da operação Liberdade Duradoura. Por essa razão, se recusam a abrir mão de suas ligações com alguns líderes guerrilheiros. Chegam mesmo a pensar que certos líderes norte-americanos podem em algum momento favorecer tal ação e, como se sabe, Karzai lançou várias indiretas ao Talibã. Duvido que isso seja possível, pois outros jogadores estão presentes na região. A influência iraniana é forte no Harat e nas áreas ocidentais do Afeganistão. A Aliança do Norte recebe armas russas. A Índia é a maior potência local. O único acordo final seria uma garantia regional de estabilidade afegã e a formação de um governo nacional após a saída da Otan.

Mesmo que Washington aceitasse uma versão polida do Talibã, os outros não aceitariam, e novos conflitos civis surgiriam, levando dessa vez à desintegração. Caso isso aconteça, os pashtuns dos dois lados da Linha Durand podem optar por criar seu próprio Estado e mais tarde bifurcar o Paquistão. Parece pouco provável hoje, mas e se a confederação das tribos que formam o Afeganistão se desfizer em pequenos Estados, cada um sob a proteção de um poder maior?

NO CORAÇÃO DO PAQUISTÃO, o assunto mais explosivo e difícil ainda é a desigualdade social e econômica. Isso não pode ser desvinculado do crescente número de madraçais. Se houvesse um sistema educativo estatal mais ou menos decente, famílias pobres não sentiriam necessidade de enviar um filho ou filha aos clérigos na esperança de que pelo menos uma de suas crianças seja alimentada, vestida e educada. Caso houvesse algo parecido a um sistema de saúde, muitos se salvariam das doenças contraídas como resultado da fadiga e da pobreza. Nenhum governo desde 1947 fez muito para reduzir a desigualdade. A ideia de que Benazir Bhutto, apoiada nos braços de Musharraf, se empenharia num desenvolvimento igualitário é tão cômica quanto Nawaz Sharif imaginando que milhões de pessoas apareceriam para recebê-lo quando chegasse ao aeroporto de Islamabad, em julho de 2007. A perspectiva é sombria. Não há qualquer alternativa política séria ao regime militar.

Passei meu último dia em Karachi com pescadores, em um vilarejo próximo ao riacho Korangi. O governo transferiu a propriedade dos mangues nos quais os pescadores de moluscos e lagostas floresciam, e tais terras estão sendo recuperadas para a construção da Diamond City,

PAQUISTÃO AOS SESSENTA ANOS 47

Sugar City, outra monstruosidade ao estilo do Golfo. Os pescadores estiveram em campanha contra esta usurpação mas com pouco êxito. "Precisamos de um tsunami", um deles brincou. Conversamos sobre suas condições de vida. "Tudo o que sonhamos é com escolas para nossas crianças, remédios e clínicas em nossos vilarejos, água limpa e eletricidade em nossas casas", disse uma das mulheres. "Isso é pedir muito?" Ninguém sequer mencionou religião.

E pouco se aludiu à religião nas eleições que aconteceram em fevereiro de 2008. Muita gente presumiu que as eleições seriam regiamente fraudadas, mas o sucessor de Musharraf no QG, general Ashfaq Kayani, instruiu a ISI e sua notória "célula de eleições" a não intervir no processo. Isso teve um impacto dramático. Mesmo com o boicote de alguns partidos e o baixo número de votantes (40% ou menos), os que votaram trataram as pesquisas como referendos a Musharraf e votaram contra sua facção da Liga Muçulmana. Os vitoriosos foram os irmãos Sharif e, como reportou a BBC, o "viúvo Bhutto", preferindo dizer isso ao seu próprio nome. Musharraf deveria ter renunciado, mas insistiu em manter-se no poder, ajudado pelo embaixador dos Estados Unidos, que se reuniu com o viúvo para lembrá-lo do acordo fechado por sua falecida esposa. Quase não restam dúvidas que os políticos dinásticos, tanto o viúvo quanto o neto de Ghaffar Khan, farão o que for pedido por Washington, se o que for pedido não for completamente irracional.

# 2

# Rebobinando o Paquistão
## O nascimento de uma tragédia

Começou mal. Por três infernais meses um mau humor multiforme e irracional tomou conta de partes da Índia. Houve grande derramamento de sangue quando hindus, muçulmanos e sikhs do norte e leste da Índia — Punjab e Bengala — massacraram uns aos outros na preparação para o grande dia: 14 de agosto de 1947, quando a Índia seria partida por um império em colapso. Via-se pouca alegria enquanto as pessoas nos dois lados do norte e leste da Índia, ainda aturdidas, contaram seus mortos e pensaram nos lares que tinham deixado para trás. Uma onda de refugiados tomou as cidades nos dois lados da terra dividida. Alguns muçulmanos de Délhi e de outras partes que fugiram para o Paquistão já estavam desapontados e queriam voltar, apenas para descobrir que suas casas e lojas haviam sido ocupadas por outras pessoas. Antigas estações ferroviárias no novo Paquistão estavam repletas de homens e mulheres mortos para o mundo, jogados ao chão, suas roupas de cama provisórias muitas vezes manchadas de sangue, de urina e excrementos. Todos estavam famintos. Alguns tinham contraído cólera. Outros estavam desesperados por água. Não havia campos de refugiados suficientes, sem contar outras facilidades. Os que tomavam decisões não haviam previsto o tamanho do desastre. Era difícil predizer o que aconteceria em seguida.

O mesmo acontecia do outro lado. Muitos sikhs e hindus da área que, naquele momento, era o Paquistão Ocidental tinham fugido para a Índia. Estupros em massa eram comuns. Homens das três comunidades regularmente tinham como alvo garotas entre 10 e 16 anos. Quantas morreram? Quantas crianças desapareceram? Quantas mulheres foram sequestradas? As estimativas de mortos variam entre um e 2 milhões. Ninguém sabe ao certo. Uma sepultura pode conter toda uma família, e o número de cremações encobre a contagem total. Hoje em dia seria chamado limpeza étnica ou genocídio. Em 1947 e 1948 falava-se de "irrupção da violência pública".

Partições entre linhas étnicas ou religiosas normalmente resultam em violência mútua, mas os políticos daquela época não entendiam a magnitude do que estavam preparando. De forma incrível, mesmo sendo um astuto e inteligente advogado, Mohammed Ali Jinnah, ou Quaid-i-Azam,[3] líder do novo país, parecia alheio à lógica de seus próprios argumentos. Até maio de 1946, Jinnah não acreditava que a criação de um Estado muçulmano separado da Índia poderia levar à partição de Bengala ou do Punjab, onde as três comunidades viviam em números praticamente iguais, com os muçulmanos mais predominantes no oeste do Punjab. Ele argumentou que dividir as duas províncias "levaria a resultados desastrosos". Isso era certamente verdade, mas era pura fantasia imaginar que tal desastre poderia ser evitado uma vez que a partição seguindo linhas religiosas estava acordada. O Grande Líder pensava no Paquistão como uma pequena versão da Índia, mas com uma pequena diferença: os muçulmanos seriam maioria. Não se preocupou em perguntar a si mesmo por que hindus e sikhs deveriam aceitar o que ele antes recusara: viver sob uma maioria composta de outro grupo religioso.

---

[3]"Grande líder" em português (imagine em alemão) — título honorífico oferecido a Jinnah por seus seguidores.

Confrontada com um fluxo em massa de refugiados, a liderança em Karachi de uma Liga Muçulmana acometida de pânico disse aos indianos muçulmanos que o novo Estado não era para todos os muçulmanos, mas sim para aqueles que viviam no leste do Punjab. Os muçulmanos em Délhi e Uttar Pradesh (UP) deveriam ficar onde estavam. Isso foi rudemente declarado pelo primeiro-ministro inaugural do Paquistão, Liaquat Ali Khan, ele mesmo descendente da alta nobreza de UP. O que ele realmente queria dizer era que não havia espaço para muçulmanos das classes média e média baixa de tais regiões. Ninguém prestou atenção. Os refugiados muçulmanos vindos de Délhi e de outras áreas continuaram a chegar em profusão ao novo país. A criação de uma "terra separada" para os muçulmanos indianos foi levada a sério pelas classes desfavorecidas. Eles não tinham ideia de que se tratava de um Estado feito apenas para as classes altas, de proprietários. Não que muitos muçulmanos quisessem abandonar seus vilarejos e cidades ancestrais em busca de um futuro incerto. Mas os pogroms, reais ou apenas sob forma de ameaça, não deixaram alternativas.

A Liga Muçulmana, criação dos conservadores, foi fundada em 1906, quando uma delegação muçulmana buscou e conseguiu um encontro com o vice-rei britânico lorde Minto. Prometeram ser leais ao império e pediram cotas de trabalho e eleições separadas para os muçulmanos. Subjacente a isso tudo, estava o medo dos profissionais muçulmanos de perderem feio para a maioria hindu, a menos que os britânicos concordassem com o tratamento diferenciado. As políticas da Liga variavam assim como sua composição social, e até 1940 não aceitaram a Resolução de Lahore, pedindo um Estado separado para os muçulmanos indianos, mas claramente não para todos os muçulmanos, já que isso não era considerado exequível.

Um conflito entre tão grande número de desejos algumas vezes resulta na criação de algo que ninguém queria. Na melhor das hipóteses, pode surgir algo aproximado; na pior, um subproduto sem sentido. Então, na manhã do dia 14 de agosto de 1947, um grupo de homens surpresos acordou, encontrando a si mesmos no seio de um novo Estado muçulmano — o Paquistão. Estavam reunidos em Karachi, então sua capital. Antes um pequeno vilarejo pesqueiro sindhi, crescera a ponto de abrigar parte da Royal Indian Navy, e sua população também aumentara. Poucos deles tinham acreditado realmente que tal Estado fosse criado. Entre eles, murmuravam que a ideia do Paquistão fora em grande parte um estratagema para ganhar salvaguardas institucionais para a grande minoria muçulmana na Índia pós-independência.

Os eventos tomaram outro rumo. Agora, eles tinham um país. Eram, sobretudo, carreiristas de famílias muçulmanas proprietárias de terras que haviam ansiosamente colaborado com o Império Britânico e só mais tarde entraram para a Liga Muçulmana. Suas células cerebrais ficaram enferrujadas pela falta de uso. Nos velhos tempos, a "grande" burocracia imperial muitas vezes pensava por eles. O que deviam fazer era seguir ordens e transmitir ideias recebidas de cima aos seus subordinados. Confrontados com a independência, sua falta de substância ficou aparente. Nos anos seguintes, muitos renunciariam completamente à razão, recorreriam à força e, por ambição, dariam apoio a generais desesperados por poder enquanto lamentavam a inconstância da democracia, que, na realidade, nunca tivera chance de florescer. A razão nunca foi escondida. Uma contradição estrutural deita suas bases no cerne do novo país. A afinidade religiosa foi a única lógica de que se lançou mão para promover a unificação do Paquistão Ocidental e suas províncias com maioria muçulmana — Punjab, Sind, Baluchistão e Fronteira Noroeste — com o Paquistão Oriental, que era a porção com maioria muçulmana de Bengala. O resultado foi um Estado soberano que consistia em duas unidades territoriais separadas não apenas geograficamente, mas por diferenças linguísticas, culturais, sociais e étnicas, sem nada mais em comum além da religião e uma companhia aérea estatal. Além dessa estrutura artificial, onde o centro do poder "nacional" estava afastado da maior parte da população por mais de 1.600 quilômetros de território indiano hostil, estavam o exército e o serviço civil, e os dois tratavam a maioria bengali como se fossem colonos. O absurdo que tentou impor o urdu como língua franca do novo Estado teve de ser abandonado no momento em que multidões bengalis raivosas se amotinaram quando Jinnah fez sua primeira e única visita a Daka, em 1948. Os bengalis, ao contrário dos habitantes do Punjab, recusaram-se a permitir qualquer degradação de sua linguagem. Os anos de formação do Paquistão testemunharam uma tentativa esquálida por parte dos novos governantes de prevenir que a maior parte da população do país tivesse participação ativa na determinação de seu futuro. Os bengalis tinham de ser mantidos sob controle, o que se tornou um princípio para os herdeiros de Jinnah. Por essa razão, adiaram a adoção de uma nova constituição por quase uma década, com medo de que a franquia oferecesse à maioria bengali uma vantagem.

Nessa época, uma "nova carta" entrava no jogo: os Estados Unidos da América lentamente assumiam o papel do Império Britânico. Suas necessidades eram outras, seu método de funcionamento favorecia a administração indireta via políticos e generais maleáveis, e com o passar do tempo tal sistema se mostraria igualmente exigente. Nunca foi uma questão de avaliar objetivamente as reais necessidades do Paquistão. Como no caso da Grã-Bretanha, os interesses dos Estados Unidos tinham primazia.

Olhando para esse período, fica claro que, mesmo que setores influentes da burocracia imperial da Índia estivessem se referindo à ideia de "civilização hindu versus civilização muçulmana" para promover a separação sob as bases conhecidas de "duas nações distintas", foi na verdade a Segunda Guerra Mundial que provou ser decisiva na partição do subcontinente. Durante a guerra, quando o Império Britânico lutava por sua sobrevivência, o Partido do Congresso de Mahatma Gandhi e Jawaharlal Nehru reivindicou a independência imediata, para que uma Índia livre pudesse determinar se deveria ou não participar do esforço de guerra. Os britânicos ficaram raivosos com o pedido e negaram. O Congresso cortou relações com os britânicos e boicotou suas instituições. O poder colonial ficou ainda menos contente quando, após a queda de Cingapura para os japoneses, em fevereiro de 1942, Gandhi propôs e lançou em agosto o movimento "Deixem a Índia". A oferta do gabinete britânico prometendo independência no final da guerra foi rejeitada com uma frase cortante — "um cheque em branco de um banco em falência", retrucou Gandhi, que estava convencido de que os britânicos perderiam na Ásia e a independência da Índia teria de ser negociada com os japoneses.

Em forte contraste, a Liga Muçulmana sempre permaneceu ao lado dos britânicos. E foi um grande apoio ao esforço de guerra. Os britânicos responderam na mesma moeda. O Paquistão foi, na verdade, um grande presente de agradecimento à Liga Muçulmana. Caso o Partido do Congresso tivesse adotado uma estratégia similar, o resultado poderia ter sido bem diferente. Uma noção intrigante. Uma vez que a ideia da divisão foi acertada, todos os movimentos que a poderiam obstruir foram gentilmente desencorajados. Um dos últimos aspectos discutidos nos vinte meses que antecederam a partição foi a onda de greves que tomou conta da Índia, colocando a classe acima do separatismo. No Punjab, camponeses muçulmanos se rebelaram contra senhores de terra muçulmanos. A mais importante dessas greves foi a revolta da marinha, em fevereiro de 1946, que paralisou a Royal Indian Navy, evocando o espectro dos motins navais que em 1917 anunciaram a Revolução Russa e o triunfo do partido bolchevique de Lênin. Navios foram ocupados e a guerra se espalhou de Bombaim a Karachi e Madras. O almirante Godfrey ameaçou bombardear seus próprios navios de batalha, mas sua raiva era impotente. O Comitê de Greve envolvia hindus, muçulmanos e sikhs. Todos unidos. Depois, políticos tanto do Partido do Congresso quanto da Liga Muçulmana apoiaram os britânicos e ajudaram a desmobilizar as greves. Nehru não ficou contente: "A escolha foi difícil", disse de sua decisão.

O apelo de Jinnah pela taxação naval era também diretamente ligado ao bem comum: "Clamo aos muçulmanos que parem e deixem de criar maiores problemas até que estejamos em uma posição de resolver essa tão difícil situação." Uma greve geral em solidariedade aos marinheiros paralisou Bombaim e prejudicou a indústria. Tropas lideradas por britânicos e policiais abriram fogo, matando quinhentas pessoas. Os políticos ficaram envergonhados, mas calaram suas críticas. O poeta Sahir Ludhianvi perguntou: "Líderes de nossa nação digam-nos / De quem é esse sangue? / Quem morreu?"[4]

Além da revolta naval, trezentos nativos da Índia se amotinaram em Jabalpur, e em março do mesmo ano soldados gurkha levantaram a bandeira da revolta em Dehra Dun. Em abril, 10 mil policiais entraram em greve. Gandhi ficou nervoso e referiu-se às greves unidas dos hindus e muçulmanos como "uma combinação nada sagrada". Apoiálos, argumentou, significava "deixar a Índia nas mãos da turba. E eu não gostaria de ter de viver até os 125 anos para testemunhar essa consumação. Preferia perecer nas chamas."[5] O aumento das tensões de classe ajudou a determinar o destino do subcontinente. Todos estavam com pressa, pois a situação tornou-se incontrolável para os três lados — os britânicos, o Partido do Congresso e a Liga Muçulmana. O acordo foi feito às pressas.

Um punhado de advogados e espertos homens de negócios (mais interessados na influência e aumento de seus ganhos que em aumento de prestígio) proveram a Liga Muçulmana de cérebros e dinheiro, mas nunca estiveram no controle da organização. Os principais líderes eram todos homens de temperamento conservador, ainda que de aparência moderna.[6] Poucos alguma vez se envolveram em movimentos de desobediência civil ou ajudaram a organizar camponeses em sindicatos. Conscientes das limitações de suas credenciais nacionalistas, apoiaram apenas uns poucos atos simbólicos, como o Dia da Ação

---

[4]Sempre me pareceu estranho que nenhum cineasta indiano, inspirado no clássico de Eisenstein *Encouraçado Potemkin*, tenha posto seus momentos mais dramáticos na tela, enquanto vários filmes sobre os motins contra os britânicos em 1857 já tenham sido produzidos.

[5]*Harijan*, 7 de abril de 1946.

[6]O próprio Jinnah não tinha tanta conexão com a religião, mas assim como Ben-Gurion e a liderança sionista na Palestina, usou-a para cavar um Estado. Ao contrário de seus correspondentes israelitas, não permitiu que leis religiosas governassem as vidas privadas dos cidadãos.

Direta, poucos meses antes de os britânicos irem embora. Como resultado, passaram algumas horas na prisão, e falariam sobre isso pelo resto de suas vidas.

Em Londres, na véspera da partição, um gabinete de trabalho emergencial reuniu homens com estado de ânimo sombrio em Downing Street, número 10. Presidida pelo primeiro-ministro Clement Attlee, a reunião foi devotada exclusivamente à crescente crise na Índia. O secretário de Estado para a Índia estava sem esperanças. A busca por uma saída de última hora para evitar o rio de sangue que resultaria da amputação provou-se ineficaz. As atas registram: "Sr. Jinnah estava irredutível e determinado. Para o secretário de Estado, parecia um homem que sabia estar a ponto de ser assassinado e por isso insistia em cometer suicídio para evitar o assassinato." Claro que não estava sozinho. A recusa dos líderes do Partido do Congresso em aceitar várias propostas que poderiam ter preservado a unidade do subcontinente não lhe deixava outra alternativa.

Até março de 1946, Jinnah fora preparado para um compromisso honroso, mas os líderes sem visão e arrogantes do Partido do Congresso (Gandhi, uma honrada exceção, tinha sugerido que Jinnah se tornasse o primeiro-ministro de uma Índia unificada) prevaricaram e a oportunidade foi perdida para sempre. Caso Jinnah tivesse entrado nisso alguns anos antes, também teria abandonado a experiência. A poeira nunca se assentou no Estado que criara. Jinnah estava envolto por um bando de homens empolgados que tinha por hábito falar sobre um "novo espírito", sem saber explicar o que isso realmente significava. É muito tarde para voltar o relógio agora, mas ele certamente precisa ser reajustado ao horário local do sul da Ásia.


O NASCIMENTO DO PAQUISTÃO foi considerado, por muitos de seus apoiadores, uma grande conquista, mas o perigo de aceitar as "grandes realizações" só é entendido quando a grandeza, se realmente existiu, está enterrada no passado. Foram necessárias décadas para grande parte dos Estados modernos adquirir uma identidade. Os governantes do Paquistão, tentando conseguir uma identidade pela força, rebaixaram as identidades existentes nas regiões que faziam parte do novo Estado. Punjabis, pashtuns, bengalis, sindhis e balúchis eram, sobretudo, muçulmanos, mas a religião, mesmo que importante culturalmente, era apenas um aspecto de sua identidade global. Não era forte o bastante para eclipsar todo o resto. Historicamente, para a maior parte dessas nacionalidades, o Islã era essencialmente um conjunto de rituais. Apelava para as emoções, fazia com que as pessoas se sentissem parte integrante de uma história maior. Para os camponeses, os intérpretes da verdadeira fé não eram os mulás, mas os grandes poetas místicos cujos versos eram cantados e celebrados em cada região. Nas primeiras décadas de vida do novo Estado, a religião nunca foi ideológica, exceto para um punhado de clérigos e para os dois pequenos partidos políticos apresentados no capítulo anterior, o ortodoxo Jamaat-e-Islami (JI, ou Partido do Islã) e o Jamiat-Ulema-e-Islam (JUI, ou Partido dos Estudiosos do Islã). Mesmo essas organizações e outras adotaram o universalismo e se opuseram à criação de um Estado muçulmano separado, referindo-se a Jinnah como Kafir-i-Azam (Grande Infiel), o que o divertiu muito. Levados pelos acontecimentos, os dois grupos rapidamente se reconciliaram com a nova realidade, e o JUI transformou-se em inflexível guardião da "ideologia do Paquistão" contra os secularistas, comunistas, liberais e qualquer pessoa que sentisse que as coisas estavam indo mal.

Os horrores da partição não podem ser endereçados aos responsáveis pela divisão. Foi deixada aos poetas e romancistas a tarefa de expressar o sofrimento de muitos. Três deles produziram trabalhos inigualáveis. Um deles foi Faiz Ahmed Faiz (1911-84), que junto com Pablo Neruda e Nazim Hikmet formam o muito celebrado triunvirato dos poetas radicais do século XX que dividiram uma experiência comum de prisão e exílio. Faiz foi um dos grandes poetas do sul da Ásia no período moderno. Punjabi de nascimento, escreveu sobretudo em urdu. "A aurora da liberdade", composto logo após os massacres de agosto de 1947, reflete uma muito difundida tristeza, desespero e raiva:

*Este amanhecer imperfeito,*
*Aurora marcada pela noite,*
*Não é a tão esperada luz*
*Que amigos descreviam com tanta esperança*
*Onde em algum lugar no deserto do céu*
*As estrelas encontrariam um destino final,*
*O navio da mágoa lançaria âncora...*

*O estilo de nossos líderes está mudando,*
*Os prazeres sexuais são permitidos, a tristeza pela separação proibida,*
*Essa cura não ajuda o fígado exaltado, o coração acelerado ou os*
*olhares preocupados.*
*Essa doce brisa matinal*
*De onde vem?*
*Onde desaparece?*
*As lâmpadas de beira de estrada não têm novidades,*
*A noite segue pesada*
*O coração e os olhos esperam uma libertação;*
*Adiante, ainda não alçamos nosso objetivo.*

Saadat Hasan Manto (1912-55), um dos mais talentosos contistas urdus produzidos pelo subcontinente, tomou um aspecto ainda mais isolado da matança. Assim como Faiz, também era capaz de transportar acontecimentos dolorosos à grande literatura. Não tomava partido. Escreveu com imparcialidade apaixonada, descrevendo o verão de 1947 como um estado de profunda loucura. Para Manto, tratou-se de uma crise da natureza humana, um agudo declínio na conduta e comportamento moral, e isso moldou a estrutura de suas histórias sobre a partição. O medo que tomou conta do norte da Índia nos meses anteriores à partição afetou profundamente a maior parte das pessoas.[7] As histórias de Manto nos ajudam a entender como e por quê.

Manto morreu em Lahore quando eu tinha 11 anos de idade. Nunca o encontrei, algo que gostaria muito de ter feito. Em suas últimas fotografias, o ar de melancolia é enorme. Parece exausto, como consequência da infelicidade e de um fígado desgastado; mas retratos anteriores revelam um rosto inteligente e malicioso, olhos brilhantes, e uma imprudência que quase transborda através das lentes de seus óculos, zombando dos zeladores da moral, dos que praticavam uma política confessional ou do comissariado dos Escritores Progressistas. "Façam o pior", parecia dizer a eles. "Eu não ligo." Não seria capaz de escrever para agradar ou produzir literatura sob fórmulas em nome do "realismo socialista".

Manto escreveu "Toba Tek Singh" imediatamente após a partição. O cenário é o *pagalkhana* (manicômio) Lahore. Enquanto cidades inteiras sofriam uma limpeza étnica, como os manicômios poderiam escapar? Burocratas que organizavam a transferência do poder disseram aos loucos hindus e sikhs que seriam forçosamente transferidos a instituições na Índia. Os internos se rebelaram. Abraçaram-se uns aos outros, chorando. Não se separaram por vontade própria e tiveram de ser forçados a entrar nos caminhões que os levariam aos novos manicômios. Um deles, sikh, foi de tal modo tomado pela raiva que morreu na linha divisória entre o Paquistão e a Índia. Confrontado por tanta insanidade no mundo real, Manto encontrou normalidade no manicômio. A cidade que amava era Bombaim, mas foi forçado a mudar-se para Lahore. Mais tarde escreveria:

---

[7]Minha mãe, por exemplo, membro ativo do Partido Comunista naquele tempo e orgulhosa de sua correspondência com Jawaharlal Nehru, muitas vezes se lembraria como, em abril de 1947, grávida de muitos meses de minha irmã e sozinha em casa, foi assustada por pesadas batidas na porta da frente. Quando abriu a porta, foi tomada pelo pânico. Imaginava estar a ponto de ser assassinada. À sua frente, a gigantesca figura de um sikh. Ele viu o medo em seu rosto, entendeu, e falou em uma voz doce, afirmativa. Tudo o que queria era saber o local exato de uma casa específica em uma rua próxima. Minha mãe deu as indicações. Ele agradeceu efusivamente e foi embora. Ela ficou morta de vergonha. Como minha mãe, sem qualquer traço de preconceito, pode ter reagido daquela maneira? Não era a única.

60                    DUELO

Meu coração está de luto hoje. Uma estranha apatia tomou conta de mim. Há mais de quatro anos, quando disse adeus à minha antiga casa, Bombaim, experimentei o mesmo tipo de tristeza. Havia uma estranha apatia no ar, muito parecida à criada pelo choro desesperado das pipas que voam sem razão nos céus dos primeiros dias de verão. Os próprios slogans de "Longa vida ao Paquistão" e "Longa vida a Quaid-e-Azam" caíam no ouvido como um baque melancólico.

As ondas carregavam a poesia de Iqbal em seus ombros, dia e noite, e se sentiam exaustas e entediadas com o peso do seu fardo. Os programas exibidos tinham temas loucos: como fazer sapatos ... como propagar as aves domésticas ... quantos refugiados haviam chegado aos campos e quantos ainda estavam por lá.

Faiz pertencia à região que se transformou no Paquistão. Manto veio da Índia. Amrita Pritam, sikh de nascimento (1919-2005), era mais jovem que os dois. Nasceu em Gujranwala, pequena cidade do Punjab, mas foi educada em Lahore. Seu pai era um professor que também escrevia poesia. Amrita escreveu em punjabi (a língua divina dos sikh) e publicou uma primeira e aclamada coleção de poemas aos 17 anos. Não queria deixar Lahore e seus muitos amigos muçulmanos, mas foi levada para além da fronteira pela correnteza sem pena da história. Traumatizada com a partição, que marcaria grande parte de seu trabalho, ela evocou Waris Shah (1706-98), grande poeta do amor místico do Punjab, cujo épico *Heer and Ranjha*, balada de um amor impossível, tirania parental e casamento forçado, até hoje faz muito sucesso nos dois lados da fronteira do Punjab dividido, e é tão representado quanto Shakespeare. Pritam descreveu a partição do Punjab como um veneno que destruiu uma cultura comum:

> *Eu hoje pedi a Waris Shah:*
> *"Dite de sua tumba,*
> *De seu Livro do Amor desfraldado*
> *Uma nova e diferente página*
> *Uma filha do Punjab gritou*

*Você cobriu nossas paredes com seus lamentos."*
*Milhões de filhas choram hoje*
*E pedem a Waris Shah:*
*"Levante-se cronista de nossa dor*
*E olhe agora para o seu Punjab;*
*As florestas estão cheias de corpos atirados*
*E sangue corre descendo o Chenab."*
*Nossos cinco rios estão envenenados*
*Suas águas irrigam a terra.*

Poetas e escritores trabalhavam com a falta de satisfação que perseguia o Paquistão. Estilhaçavam a autoimagem das lideranças, mas sem qualquer utilidade. A Liga Muçulmana confiscou a herança do falecido Muhhamad Iqbal (1877-1938), grande poeta da geração anterior, educado em Heidelberg e profundamente influenciado pela filosofia alemã — o que explica sua posterior atração à metafísica. Iqbal escreveu muito sobre o Islã, era crente, mas não pio e, na tradição dos poetas sufis do Punjab, desdenhava dos mulás. Quando estava vivo, os pregadores o chamavam de "apóstata", "herege" e "infiel". Após sua morte, mumificaram-no em uma espécie de ícone do novo Estado, equivalente cultural ao Grande Líder, reduzindo consideravelmente a importância do impacto de sua poesia, apresentando-o como responsável por um cru renascimento religioso. Alguns de nós que crescemos nas primeiras décadas do Paquistão fomos alienados por tal imagem. Apenas mais tarde um crítico literário mais radical, Sibte Hassan, resgatou-nos de nossa ignorância e nos ensinou a apreciar a poesia de Iqbal e seus poemas "escondidos". Um deles é este, ainda que escrito sobre uma globalização diferente da que vivemos hoje em dia:

*Monarquia, você sabe, é coerção*
*Comércio, também é coerção*
*Os donos de tendas estão integrados ao trono e à coroa;*
*Lucram com o comércio, tributam pela ocupação,*

> *O conquistador do mundo também é um mercador*
> *Matando sem guerrear uma estratégia;*
> *Na rotação de suas máquinas oculta-se a morte.*

Além das encobertas ou abertas críticas dos poetas, o novo país enfrentou sérios problemas. Como poderia funcionar sem pais imperiais? Quais eram suas prioridades globais e, mais importante, de onde viria o dinheiro? Não foi surpresa que a Índia tenha clamado por grande parte dos bens combinados do Estado. Também era uma questão de pessoal. Quem lideraria o exército e o serviço público, dois legados cruciais do Império Britânico? Alguns dos colegas de Jinnah pareciam recontar uma anedota do período mogul, que mesmo sendo considerado o ponto alto do governo muçulmano, quase todos os seus governantes, muito voltados aos prazeres do vinho, das mulheres e do haxixe, não poderiam ser exatamente descritos como muçulmanos modelos. Dizem que um imperador mogul levou um estudioso muito respeitado à sala de audiências do palácio e o informou: "Quero fazer de você o *quadi* [presidente do Supremo Tribunal com enormes poderes administrativos] desta cidade." O homem respondeu: "Vossa Majestade, não sirvo para esse posto." O governante, surpreso, perguntou por quê. E o estudioso respondeu: "Considere se o que acabo de dizer é certo ou não. Se for certo, então aceite isso. Se for mentira, pense se é possível fazer de um mentiroso o presidente do Supremo Tribunal desta cidade."

Mas poucas pessoas no novo Estado confessaram não estar à altura dos cargos a elas oferecidos. Afinal, esse Estado fora criado para tornar mais fácil o acesso a todos os empregos sem a competição dos hindus e dos sikhs. E tornou-se seu dever incontornável o de manter vigília permanente e assegurar que as classes mais baixas da população muçulmana nunca receberiam educação capaz de fazê-las desafiar seu monopólio do poder. Essa continuidade foi cuidadosamente mantida.

Mesmo naqueles momentos de teste, nos primeiros meses após a independência, quem estava no topo não estava preocupado com

REBOBINANDO O PAQUISTÃO 63

a situação dos demais. Jovens paquistaneses não deveriam ter ilusões. A situação piorou consideravelmente, mas nunca houve uma era de ouro.

Veja o Grande Líder, Jinnah. Um revelador retrato de suas prioridades emerge em um relatório confidencial de Paul H. Alling, ianque de Connecticut que foi enviado como primeiro embaixador dos Estados Unidos ao novo país. Enquanto apresentava suas credenciais, Alling informou aos anfitriões que os Estados Unidos sabiam "entender as dificuldades que cercam uma nova nação" e eram "profundamente solidários com os muitos problemas que enfrentava o Paquistão". Mas essa solidariedade tinha limites claros: o chefe-adjunto de Estado-Maior tinha terminantemente rejeitado um pedido anterior do governo do Paquistão de 2 bilhões de dólares para modernizar o exército.

Contudo, o embaixador foi convidado para um piquenique com Jinnah e sua irmã, Fatima. Imaginando que importantes assuntos de Estado poderiam ser tratados, Alling preparou-se o melhor que pôde e reuniu-se aos irmãos no barco do governador-geral, próximo à sua casa de praia, em Sandspit. A discussão centrou-se na construção de uma variedade especial de nação. Jinnah era visto por muitos como um almofadinha, um verdadeiro senhor eduardiano, afastado do mundo do comércio vulgar e das lutas de massa pela independência. Dava grande importância ao decoro e era, portanto, reservado. O que não valia para Fatima, mulher magra com um rosto atraente e que demonstrava preocupação, pois sabia que seu irmão não teria longa vida e que o futuro precisava ser garantido. Dada a recusa de sua afastada filha de deixar Bombaim, Fatima assumira a administração da família. Enquanto garçons com turbantes serviam chá e sanduíches de pepino, Jinnah sondava o embaixador para saber o que já havia resolvido sobre a compra de propriedade para abrigar a nova embaixada e seu pessoal. Alling explicou que tinham um bom planejamento e que tudo estava sob controle:

Ele e a irmã depois perguntaram se estávamos interessados em sua casa "Flagstaff", sobre a qual me falara alguns dias antes, e que estava à venda. Expliquei que nossas negociações para a compra de uma residência para o embaixador no número 1 da Bonus Road tinham progredido — antes que soubéssemos que "Flagstaff" estava à venda — e que era impossível voltar atrás.

Depois perguntou se "Flagstaff" não seria interessante para o uso do pessoal da embaixada. Respondendo, eu disse que, claro, tínhamos pensado nessa possibilidade, mas que nosso responsável por edifícios disse que não se justificaria a compra de uma propriedade tão cara para nenhum dos funcionários subordinados. E disse também que estávamos interessados apenas na compra de poucas pequenas casas ou apartamentos, ao que ele respondeu dizendo que nos enviaria detalhes de uma ou duas de suas propriedades. Pude sentir, no entanto, que o senhor Jinnah e sua irmã estavam desapontados por não podermos comprar "Flagstaff".[8]

O pai da nação morreu não muito tempo depois, em setembro de 1948. Alling havia sido transferido para um novo posto poucos meses antes. Várias semanas antes de sua partida, um atencioso Departamento de Estado enviou a Jinnah um pequeno presente como símbolo de sua estima. Quatro ventiladores de teto, de trinta centímetros de diâmetro, chegaram a Flagstaff e foram aceitos. O trabalho do corretor do embaixador não fora em vão.

Não fora um início auspicioso para o país nem para suas relações com Washington. Nos anos que se seguiram, o caso de "Flagstaff" tomaria proporções epidêmicas, com políticos e pessoal antigo dos serviços armados competindo por ganhos extras. Enquanto isso, a elite governante respiraria aliviada e feliz ao ser aceita como servidora no céu de Washington, já que seu país era um anexo dos Estados Unidos em um continente destruído, durante grande parte do século XX, por

---

[8]Do embaixador em Karachi (Paul H. Alling) ao secretário de Estado (Marshall), em 22 de março de 1948, 845F.00/3-2248, citada em M. S. Venkataramani, *The American Role in Pakistan* (Lahore: 1984).

guerras coloniais e revoluções. O satã de Milton estava convencido que era "melhor reinar no inferno que servir no céu". Os governantes do Paquistão provaram que era possível fazer os dois.

Jinnah tornou-se governador-geral do Paquistão sem ter de criar qualquer organização partidária substancial, muito menos uma de caráter de massas. As Províncias Unidas da Índia, uma das principais regiões de classes médias muçulmanas por quem falava, não estavam incluídas no novo Estado. Em grande parte um estranho às províncias do Paquistão Ocidental, ele simplesmente confirmou os senhores de terra das províncias e feudalistas que já estavam no poder como representantes de seu partido por lá. O resultado foi que a elite governante no Paquistão nunca teve um partido político confiável, capaz de controlar as massas. A Liga Muçulmana logo tornou-se casa de caciques corruptos e brigões que a desacreditavam permanentemente. O Paquistão foi, desde o princípio, fortemente dominado por sua burocracia civil e pelo exército, e os dois antes serviram fielmente à Grã-Bretanha. Os postos de destaque de ambos estavam ocupados exclusivamente por uma elite educada na Inglaterra, selecionada e treinada para seus trabalhos pelo Império Britânico. Na primeira década após a partição, a burocracia civil exerceu grande parte do poder político no Paquistão. O CSP (Serviço Civil do Paquistão) era a reunião de uma fechada oligarquia de cinco centenas de funcionários que comandavam o Estado. Na verdade, os dois cabeças do Estado no período, Ghulam Mohammad (1951-55) e Iskander Mirza (1955-58), foram cooptados diretamente de suas fileiras. Eles manipularam o parlamentarismo simbólico daquela época, até ficarem tão desacreditados que em 1958 um golpe militar foi engendrado, levando o general Ayub Khan à presidência.

Como o Paquistão foi criado em nome da religião, novas questões surgiram. Qual seria a natureza do novo Estado? Poderia um Estado criado para uma comunidade religiosa ser não religioso? Jinnah era decididamente secular. Em um discurso memorável à Assembleia

Constituinte do Paquistão, em 11 de agosto de 1947, ele não deixou espaço para qualquer dúvida:

> ... cada um de vocês, não importando a qual comunidade pertença, não importando que relação teve no passado, não importando sua cor, casta ou credo, é primeiro, segundo e acima de tudo um cidadão deste Estado, com direitos, privilégios e obrigações iguais (...). Não posso enfatizar muito este assunto. Devemos começar a trabalhar neste espírito, e com o passar do tempo todas as arestas das comunidades majoritárias e minoritárias — a comunidade hindu e a muçulmana — pois mesmo falando em muçulmanos, temos os pathans, os punjabis, os xiitas, os sunitas e outros — vão desaparecer (...) vocês são livres; vocês são livres para ir aos seus templos, são livres para ir às suas mesquitas ou qualquer outro lugar de oração neste Estado do Paquistão (...) vocês vão ver que, com o passar do tempo, hindus deixarão de ser hindus, muçulmanos deixarão de ser muçulmanos, não no sentido religioso, pois isso se trata da fé individual de cada um, mas no sentido político, como cidadãos do Estado.

Essa tentativa de institucionalizar um nacionalismo muçulmano dissociado da religião era análoga ao sionismo. Ben-Gurion, Golda Meir, Moshe Dayan e todos os outros implacáveis e duros criadores do Estado judeu não eram religiosos. O mesmo era mais ou menos verdade sobre alguns dos líderes da Liga Muçulmana. Essa era uma razão de por que as mais sérias organizações islamitas da Índia, o Jamaat-e-Islami, liderada por Maulana Maududi, e o Majlis-i-Ahrar se opuseram ao pedido de que o Paquistão fosse "não islâmico". O Majlis foi reunido em 1929 e estava ligado ao Partido do Congresso. Seu fundador-chave, Maulana Abul Kalam Azad, recusou-se a aceitar o Paquistão e transformou-se em líder do Partido do Congresso indiano e amigo íntimo de Nehru. Os ahraris acreditavam em um nacionalismo composto e estiveram por muito tempo alinhados com o Partido do Congresso, mas figuras importantes desligaram-se de Azad e decidiram ir para o Paquistão. Como Maududi, odiavam Jinnah.

Ele estava tentando roubar seu rebanho. Para eles, a ideia de um Estado muçulmano nacionalista e secular era "uma criatura do demônio". Migraram para o Paquistão e começou a batalha.

O quartel-general dos grupos islamitas estava no que hoje é a Índia. Caso fossem consistentes em suas crenças, teriam ficado por lá propagandeando a ideia de um mundo de califado islâmico. Não que a Índia alguma vez fosse ficar livre de muçulmanos, mesmo que os líderes hinduístas tentassem com todas as forças. Alguns venerados líderes muçulmanos, como Maulana Abul Kalam Azad, eram membros do novo governo indiano. Azad levou os muçulmanos de Délhi às lágrimas com seu famoso discurso pedindo que permanecessem ali: "Como poderiam deixar esta nossa cidade, nossa Chandni Chowk, e tudo o que nossos ancestrais ajudaram a construir (...)." Mas Maududi e os ahraris escolheram o Paquistão. Fazendo isso, estavam determinados a purificá-lo de todas as influências não islâmicas, e eram muitas, começando pelo Grande Líder.

Então começou uma longa batalha pela alma do novo Estado. A bandeira escolhida pelos islamitas foi a da fé. Ignoravam os não muçulmanos, pois eram descrentes e deveriam ser tratados como tal, sem bobagens como igualdade a todos os cidadãos. Nenhum dos grupos islamitas, no entanto, poderia concordar sobre em que consistia um Estado islâmico, embora a Arábia Saudita tenha chegado próximo de um modelo para muitos muçulmanos sunitas ortodoxos. Os xiitas lutaram duro por uma forma de governo durante a vida do Profeta, mas nunca houve consenso sobre as precisas fundações do Estado ou sobre a composição dos que o controlariam. No que os seguidores de Maududi, a liderança de Ahrar e grupos menores concordavam era que a Liga Muçulmana era liderada por um grupo de infiéis, e que o primeiro ministro do Exterior do país, Zafarullah Khan, era um apóstata que merecia a morte. Por quê? Porque pertencia à seita herege dos ahmediyya, que não teria espaço em uma comunidade islâmica. Tendo se oposto à criação do Paquistão, essas figuras de

68          DUELO

destaque estavam então determinadas a provar sua lealdade ao novo Estado jogando ácido clorídrico nos impuros.

A campanha contra a comunidade ahmediyya começou com o nascimento do Paquistão e foi o primeiro episódio no longo duelo entre os islamitas e o Estado pelo controle do país. A história islâmica está repleta de "seitas hereges" e movimentos de reforma, desde os primeiros dias após a morte do profeta Maomé. No século XIX, um autoproclamado Mahdi (noção controversa do Islã, salvador que seria conhecido antes do Dia do Julgamento) apareceu no Sudão encabeçando um grande movimento de massas, ali criou um exército de guerrilha e venceu os britânicos em Cartum, no ano de 1885. O pobre general Charles Gordon foi martirizado no processo.

Mirza Ghulam Ahmed (MGA), fundador da seita ahmediyya, estava longe de qualquer noção de luta armada contra o imperialismo britânico. Ele nasceu no Qadian, em 1835, neto de um general muçulmano que lutaria para o lendário governador sikh Maharaja Ranjit Singh. Em um subcontinente repleto de controvérsias religiosas e com o Islã sob o ataque dos missionários cristãos bem como do Arya Samajists (movimento hindu de reforma), Mirza Ghulam Ahmed transformou-se em estudioso da religião, envolvido sobretudo com manuscritos persas e árabes e livros sobre os primeiros anos do Islã, desenvolvendo uma interessante síntese em quatro volumes defendendo sua fé, além de vários outros trabalhos, incluindo um sobre filosofia muçulmana que impressionou fortemente o romancista russo Tolstoi. Não foi surpresa que ele tenha conquistado um grande número de seguidores. Não era um Elmer Gantry. Sua visão de que o Islã na Índia tornara-se obsessivo por rituais e se esquecera do conteúdo era muito vivaz.

Caso tivesse se restringido ao estudo, Mirza G. sem dúvida teria se tornado uma figura popular entre os muçulmanos indianos, mas uma profunda imersão em qualquer fé pode algumas vezes levar a um impacto alucinatório, como Joana d'Arc e Teresa d'Ávila demonstraram antes. Em 1882, MGA disse aos seus seguidores que recebera uma revelação divina e a oferta de uma missão especial. Entrara em território perigoso, desafiando a tradição islâmica, de acordo com a qual apenas o fundador da fé poderia ser tão abençoado. No entanto, MGA persistiu, e como receptor de mensagens divinas pediu o reconhecimento do novo status por parte de seus seguidores.

De acordo com Ahmed, a revelação que recebera era a seguinte: Jesus, filho de Maria, não morreu na cruz, não ascendeu aos céus, mas sim foi resgatado da cruz por um intrépido grupo de discípulos, e após ser curado de suas feridas recebeu ajuda para escapar da Palestina. Chegou à Caxemira, onde viveu feliz por muitos anos, morrendo de morte natural. Isso é um material forte, mas a revelação termina com uma nota verdadeiramente surreal.

O resgate de Jesus e seu asilo na Caxemira invalidam qualquer ideia de uma ressurreição literal. Isso significa que outra pessoa com os atributos de Jesus apareceria um dia entre os seguidores do Profeta do Islã. Isso tinha de acontecer. Mirza Ghulam Ahmed, ele mesmo disse, não era ninguém menos que essa pessoa e deveria ser tratado como o messias, cujo aparecimento fora anunciado. Também se autodeclarou Mahdi. Ahmed disse que levantaria o jihad da razão e derrotaria os oponentes do Islã com argumentos, não com violência.

A corrente principal do Islã respondeu com uma chuva de *fatwas*, mas a seita ahmediyya continuou ganhando aderentes ao longo dos anos, e em 1901 foi registrada como seita muçulmana. O fundador morreu em 1908 e foi sucedido por outro estudioso, como califa. No testamento, o filho de Mirza G., Mirza Bashir-ud-din, tornou-se o cabeça da organização. Isso, como costuma acontecer em seitas, levou a uma divisão. Um grupo que aceitava os ensinamentos, mas rejeitava os clamores do profeta, se desligou e estabeleceu-se em Lahore.

Em 1947, de acordo com suas próprias estimativas, havia mais de 200 mil ahmediyya nas duas facções. Ficaram conhecidos fora do país por seu zelo missionário, e missões ahmediyya estavam ativas no leste e sul da África, onde alcançaram algum sucesso. Como os baha'is no vizinho Irã, eram muito cuidadosos consigo mesmos, tinham níveis de educação muito mais altos que o resto do país e sempre se asseguravam que nenhum deles estivesse com sérios problemas de falta de comida ou abrigo. Estavam presentes em quase todas as esferas da vida pública. Sua filantropia era bem-vinda mesmo por muitas pessoas que não se identificavam com sua interpretação do Islã. O poeta Iqbal, que entendia de filosofia e história islâmica mais que qualquer outra pessoa, estava certamente impressionado com os estudos dos ahmediyya e trabalhou com eles em algumas áreas.

Os grupos islamitas começaram uma violenta campanha contra eles, atacando suas reuniões, matando um major do exército ahmediyya, pedindo a demissão do ministro do Exterior e insistindo em que a seita deveria ser declarada não muçulmana. Isso poderia ter sido facilmente interrompido, mas grupos da liderança da Liga Muçulmana no Punjab, com tintas de oportunismo, subiram no bonde, incluindo o educado em Oxford Mian Mumtaz Daultana, que flertara com o comunismo na juventude. Daultana evitou de forma efetiva que a polícia oferecesse ajuda à sitiada comunidade ahmediyya. Em 1953, aconteceram sérios ataques, as lojas ahmediyya foram saqueadas e suas mesquitas atacadas, e alguns membros da comunidade foram assassinados. Aos nove anos, foi meu primeiro encontro com a irracionalidade. Logo abaixo de meu apartamento, em Lahore, funcionava uma loja de sapatos Bata, cujo dono era ahmediyya, e seu filho ia à escola comigo. Certo dia, voltando da escola, vi que a loja era atacada por criminosos armados. Ninguém foi ferido, mas ainda assim foi uma experiência assustadora.

Um nervoso governador de província convocou o exército para intervir. A lei marcial foi declarada em Lahore. O general Azam deu ordens para atirar em desordeiros. Em 24 horas a crise acabou. Maulana Maududi e outros foram julgados por traição, e Maududi foi sentenciado à morte, sentença que mais tarde foi comutada.

Estabeleceu-se um inquérito para apurar o caso dos distúrbios. O tribunal foi presidido pelos juízes Munir e Kayani. O relatório publicado, como eu já disse muitas vezes, é um clássico do gênero, uma obra de arte moderna de literatura política. Deveria se tornar parte do currículo nacional se um sistema de educação séria alguma vez fosse estabelecido. Os dois juízes começaram inquirindo os clérigos muçulmanos de escolas rivais, e diferentes facções testemunharam sobre o que consideravam constituir um Estado muçulmano e sobre sua definição de um muçulmano. Após cada nova resposta, os juízes tinham ainda mais dificuldade em ocultar sua incredulidade, e algo dela está refletida no relato. Todos os grupos coincidiam na visão de que um Estado secular seria inadmissível e que os não muçulmanos não poderiam ser tratados como cidadãos iguais. Isto levantou um novo problema:

> Portanto, a questão de se uma pessoa é ou não muçulmana será de fundamental importância, e por esta razão pedimos a grande parte dos líderes ulemás [estudiosos religiosos] que oferecessem sua visão de muçulmano, pois se ulemás de várias seitas acreditam que os ahmadis são *kafirs* [descrentes], devem ter bem claro em suas mentes não apenas as bases de tal crença, mas também uma definição de muçulmano, pois dizer que certa pessoa ou comunidade não pertence ao escopo do Islã implica uma exata concepção do que seria um muçulmano. O resultado desta parte do inquérito, no entanto, foi tudo menos satisfatório, e se considerável confusão existe nas mentes de nossos ulemás sobre um assunto tão simples, é fácil imaginar que as diferenças serão maiores em assuntos mais complicados (...).
> Observando as várias definições oferecidas pelos ulemás, não precisamos tecer qualquer comentário, exceto que nenhum líder divino concorda sobre este assunto fundamental. Se buscarmos nossa definição no que disse cada líder divino e sabendo que todas as definições divergem, vamos unanimemente sair do terreno do Islã. E

72                                    DUELO

se adotarmos a definição de um dos ulemá, permaneceremos sendo
muçulmanos sob a visão dele, mas infiéis de acordo com a visão de
qualquer outro.[9]

O pedido para declarar os ahmediyya infiéis desapareceu das vistas do público. Nenhum governante o levou a sério, e as ameaças à
comunidade deram uma trégua. Ironicamente, foi o primeiro-ministro Zulfiqar Ali Bhutto, sob cerco político frente a uma oposição
combinada em 1976, que pensou ser possível driblar os partidos
islamitas implementando três de suas antigas demandas: banindo o
álcool, alterando de domingo para sexta-feira o feriado oficial e, mais
sério, declarando os ahmediyya representantes de uma seita não
muçulmana. Essa dura capitulação só fez fortalecer os que primeiro
propuseram tais medidas. Os ahmediyya seguiram sendo considerados muçulmanos na Índia, na Grã-Bretanha, na França, na Alemanha e no leste da África, mas não no Paquistão. O falecido físico
paquistanês, doutor Abdus Salam, foi o único cientista muçulmano
a ganhar o Nobel. Mas por se tratar de um ahmedi a sentença anterior não é válida no Paquistão.

O Paquistão desejado por Jinnah nunca se tornou realidade. A
entidade geográfica desapareceu nos campos de morte do Paquistão
Oriental. Quase 70% dos paquistaneses nasceram após a *débâcle* de
1971. A amnésia prevalece. Poucos têm qualquer ideia do que aconteceu, ou mesmo de que certa vez houve outro país. O nome do país
(Pakistan) foi uma invenção de Chaudhry Rahmat Ali, muçulmano
indiano que estudou em Londres nos anos 1930 e que, evidentemente, tinha muito tempo livre. Ele brincou com as iniciais das principais
regiões muçulmanas da Índia: P representando o Punjab, A para
Afeganistão, K, para Kashmir (Caxemira), S para Sind. Infelizmente,
*pak* também significa "puro", mas, o que é mais interessante, não há
qualquer B para Bengala ou Baluchistão. Será que um Paquistão nu-

---

[9]Registro da Corte de Inquérito sobre os distúrbios no Punjab de 1953 (Lahore: 1954).

clear, dominado por um fragmento militar, poderia seguir adiante, e se pudesse, quais seriam as consequências para a região como um todo? A que interesses poderia servir mais uma divisão? Os sem conhecimento ou entendimento de sua própria história estão fadados a repeti-la. O que se segue é uma tentativa de explicar o passado e o presente na esperança de um futuro melhor.

# 3

# O Quarteto de Washington

## O homem que seria
## marechal de campo

EM OUTUBRO DE 1958, UMA DÉCADA APÓS A MORTE DO GRANDE LÍDER, o sistema político que ele implantara recebeu o primeiro choque. O exército do Paquistão, apoiado por Washington, decidiu manter uma guerra preventiva contra a democracia, declarando lei marcial. Alguns meses mais tarde, numa leitura de poesia pública, grande parte dos participantes recitou apenas poemas de amor. Quando chegou sua vez, o poeta punjabi Ustad Daman começou a recitar um poema sobre pássaros gorjeando. Alguns de nós gritamos da plateia: "Por Alá, diga alguma coisa!" Esta provocação nunca vista fez nascer novos versos:

*Agora cada dia é doce e calmo*
*O exército está em todos os lados.*

Aclamado pela numerosa plateia, ele foi pego pela polícia algumas horas mais tarde, e mantido em custódia por mais ou menos uma semana. O Paquistão estava mudado.

Como e por que isso aconteceu? Um ano após a fundação do país, o Grande Líder estava morto, deixando para trás uma série de notáveis — em grande parte uma pequena aristocracia com posses, que algumas vezes também eram herdeiros de lideranças religiosas (Pirs, Makhdooms etc.) — que vez ou outra pensaram como poderiam resolver aquela confusão. Os novos governantes logo foram confrontados com duas contradições, uma delas muito séria.

A primeira tinha a ver com a geografia política do novo país, dividido em duas partes, Ocidental e Oriental, separadas por centenas de quilômetros de terras pertencentes à Índia, e tendo pouco em comum exceto a religião — algumas vezes, nem isso. Se o Islã realmente constituía uma nacionalidade (como a Liga Muçulmana insistia, mas sofrendo a resistência inicial dos islamitas ortodoxos), este era o seu grande teste. Sessenta por cento da população estavam no Paquistão Oriental, com sua própria língua, tradição, cultura, hábitos alimentares e fuso horário. Mas a enorme burocracia e o exército estavam baseados no Paquistão Ocidental. A razão era simples. O Punjab fora o "braço armado" do raj, especialmente após o fim das Guerras Sikh do século XIX. Grande parte dos soldados nativos vinha das partes do subcontinente menos desenvolvidas economicamente; o exército era considerado uma forma de subir na vida pelas pobres famílias de camponeses que viviam sob o jugo dos donos de terra. Os britânicos praticamente restringiram o recrutamento às áreas rurais. Suspeitavam da pequena burguesia urbana e enxergavam os bengalis como o cume dessa camada, nada confiável, que preferiam manter à margem.

Em 1933, o general Sir George MacMunn (1869-1952), guerreiro das terras baixas da Escócia, escreveu um pitoresco tratado intitulado *The Martial Races of India* [As raças marciais da Índia], repleto de justificativas imperiais para o padrão de recrutamento do exército Britânico na Índia.

O fiel e velho oficial que chegou às Índias distribuiu as ordens entre fileiras e pastas, ou o jovem dono de terras indiano fez o oficial indiano como o conhecemos. (...) O jovem inteligente das universidades não servia para o trabalho militar (...) os oficiais do exército há muito tempo perceberam que a *intelligentsia* indiana nunca faria oficiais.

Essa regra foi relaxada durante a Segunda Guerra Mundial, quando um expediente ditou a entrada de oficiais educados, e vários indesejáveis (incluindo comunistas após a invasão de Hitler da União Soviética) foram rapidamente recrutados para ajudar no esforço de guerra na Índia e Grã-Bretanha. Uma poda no pós-guerra livrou-se de grande parte desta camada. Outros saíram voluntariamente. Oficiais fiéis e jovens filhos da pequena nobreza ligada à terra ficaram por lá.

O exército britânico na Índia foi sacudido durante a guerra. A perda de Cingapura para o Japão derrubou o mito da invencibilidade britânica. Não havia defesa contra a doença nacionalista, e um bom número de oficiais e soldados (alguns deles das "raças marciais") capturados pelos japoneses desertaram e criaram o Exército Nacional Indiano, que lutou junto aos seus captores contra os britânicos, baseados em uma lógica nacionalista torta que dizia que "o inimigo do meu inimigo é meu amigo", o que nem sempre é verdade. Velhos e novos impérios não têm amigos. Têm apenas interesses. Os conflitos civis durante a partição também deram cor ao pensamento dos oficiais indianos do norte. Eles presenciaram massacres incríveis que não foram capazes de prevenir, em grande parte porque o poder imperial tinha medo de que lealdades divididas levariam ao caos caso houvesse um racha nas linhas-base do exército. Por isso, os militares não foram encorajados a intervir para parar os massacres. Na melhor das hipóteses, o exército ofereceu limitada proteção a refugiados dos dois lados.

O próprio exército estava partido em suas linhas de base, criando duas estruturas diferentes, cada uma delas temporariamente sob o controle de um general britânico. Consequentemente, o novo exército do Paquistão mantinha grande parte das tradições coloniais, com a continuidade preservada sobretudo pela indicação do general Sir Frank Messervy, e logo após de Sir Douglas Gracey, veterano colonial, como seus dois primeiros comandantes em chefe. Além disso, mais de quinhentos outros oficiais britânicos ficaram na retaguarda para oferecer à nova força de batalha o estímulo necessário. Isso criou certo ressentimento. Em 1950, um pequeno grupo de oficiais mais nacionalistas (incluindo um general, Akbar Khan), junto com um ainda menor grupo de intelectuais comunistas, discutiram um possível golpe de Estado para derrubar o governo pró-Ocidente. O plano ainda em cozimento foi descoberto, e seus participantes (incluindo o poeta Faiz Ahmed Faiz e os críticos literários Sibte Hassan e Sajjad Zaheer) foram enviados à prisão, e o infinitesimal Partido Comunista do Paquistão foi banido.

Em contraste com os destacamentos hindus e sikhs, nenhuma unidade completamente muçulmana pôde entrar no exército colonial, decisão que datava de 1857, após o levante antibritânico, que o poder imperial, de forma equivocada, julgou ser de responsabilidade exclusiva da aristocracia muçulmana. Na verdade, foi uma rebelião protonacionalista de indianos de várias estirpes contra os novos conquistadores. A antiga política de recrutamento permaneceu viva um bom tempo após a partição. Poucos bengalis foram recrutados no exército do Paquistão. Tal política foi alterada bem mais tarde, com a parcialmente bem-sucedida, mas politicamente desastrada, islamização ocorrida no final da década de 1970 e na década de 1980 que será discutida mais à frente e cujos efeitos são sentidos até hoje.

O primeiro chefe militar do Paquistão correspondia perfeitamente aos critérios de MacMunn. O general Ayub Khan era alto, bigodudo e com boa compleição física. Era de boa e testada cepa, filho de um major *risaldar* (oficial não comissionado) e visto por seus superiores como soldado obediente e totalmente confiável. Justificaria completamente essa confiança, permanecendo leal primeiro aos britânicos e depois aos Estados Unidos em todos os seus anos de políticas militares. Chegou ao topo facilmente, ajudado pelo destino: o general

O HOMEM QUE SERIA MARECHAL DE CAMPO          79

Iftikhar, que sucederia Gracey e era por muitos visto como mais duro e de mente mais independente, morreu em um acidente aéreo em 1949. Seria injusto apontar Ayub Khan como o único nativo de mente conservadora e submissa, único oficial sênior pró-britânico no novo exército do Paquistão. Poucos de seus bem-treinados contemporâneos agiam de forma distinta. O mesmo podia ser dito de seus companheiros indianos. As prolixas e autoadulatórias memórias do período pós-independência dos generais dos dois lados da Índia dividida são tediosas e de difícil leitura. No entanto, os livros são reveladores, pois promovem um mergulho na psicologia dos generais. A era de ouro, para a maior parte deles, está ancorada firmemente no passado, com *gimlets* (coquetéis de gim) na hora do almoço ou um uísque após o pôr do sol junto aos seus superiores de pele rosada. Que não fossem aceitos nos clubes exclusivos para brancos até a independência, não os incomodava além do necessário. Eles haviam se acostumado ao apartheid social. Felizes, lutando ao lado dos britânicos e sob o comando dos oficiais do império, valorizariam essa época por toda a sua vida. Ayub Khan, por sua vez, esteve entre um primeiro lote de cadetes nativos enviados a Sandhurst quando a "indianização" do exército tornou-se necessária. Mais tarde, orgulhosamente se lembraria que foi o "primeiro cadete estrangeiro a ser promovido e receber duas estrelas".

Grande parte dos políticos que governaram o Paquistão cresceu servindo aos britânicos. Como seus antigos mentores, enxergavam o povo comum com uma mistura de repugnância e medo. Não é estranho que os funcionários civis seniores e os oficiais militares, verdadeiros herdeiros do antigo poder colonial, tratassem seus políticos com condescendência. Nesse aspecto, a diferença com a Índia não poderia ser mais pronunciada. Na Índia, a liderança política foi forjada por mais de três décadas de constantes lutas nacionalistas e longos períodos de encarceramento. Nenhum funcionário civil ou militar teria coragem de desafiar um líder da primeira geração do Partido do Congresso. Caso tivesse vivido mais tempo, Jinnah teria possivelmente

80 DUELO

imprimido sua autoridade nas duas instituições — o exército e o funcionalismo público — que eram menores do que a Liga Muçulmana em todos os aspectos, mas seu substituto, Liaquat Ali Khan, primeiro-ministro e Líder da Nação (Quaid-i-Millat), ele próprio um refugiado, não tinha a mesma autoridade sobre o seu partido e sobre o país. Os senhores de terra do Punjab que dominavam a Liga Muçulmana e estavam desesperados por ganhar o controle total enxergavam o primeiro-ministro como um impedimento desnecessário à sua ascensão, e há pouca dúvida de que o assassinaram enquanto estava se dirigindo a uma enorme plateia no parque municipal em Rawalpindi, em outubro de 1951. Seu assassino, Said Akbar, foi imediatamente morto pela polícia sob as ordens de Najaf Khan, antigo oficial de polícia e factótum do então inspetor geral da polícia, Khan Qurban Ali Khan, que por sua vez era amigo próximo de antigos senhores de terra e lideranças políticas do Punjab.

O assassinato de Liaquat simbolizou o enraizado antagonismo que se desenvolveu entre a pequena aristocracia local e os refugiados "intrometidos" que cruzaram o rio Jumna e trilharam seu caminho em direção à pátria muçulmana. Alguns dos refugiados mais ricos logo se arrependeriam da decisão de ir ao Paquistão, mas os menos privilegiados não tinham outra alternativa. Tinham sido expulsos de suas vilas e cidades. Como os refugiados eram normalmente mais educados e tinham mais cultura que seus hóspedes isso logo se transformou em outro ponto de conflito. E estavam fortemente envolvidos no serviço público do Paquistão, o que criou ressentimentos. Suas afetações linguísticas e maneirismos foram caricaturados constantemente, e eles em troca tiveram dificuldade em esconder seu desprezo pelos cabeças-duras e incultos políticos do Sind e do Punjab. A decisão fria de assassinar Liaquat foi em parte vista como um tiro indireto em seus seguidores migrantes. A mensagem era simples: vocês são apenas tolerados aqui e não se esqueçam que este país nos pertence. Era muita gente para "a casa do Islã no subcontinente". Momentos piores estavam por vir.

O general Ayub Khan estava em Londres quando Liaquat foi assassinado, e mais tarde descreveu, um tanto ingenuamente, sobre o seu choque ao conhecer o novo primeiro-ministro, Khwaja Nazimudin, e seu gabinete: "Nenhum deles mencionou o nome de Liaquat Ali, e não ouvi uma palavra de piedade ou arrependimento de nenhum deles. O governador-geral Ghulam Mohammad parecia igualmente alheio ao fato de que o país perdera um eminente e capaz primeiro-ministro. (...) Fico imaginando o quão insensíveis, frias e orgulhosas as pessoas podem ser. (...) Tenho a sincera impressão de que todos estavam aliviados com o fato de que a única pessoa que os poderia manter sob controle tivesse desaparecido da cena."

Que os mais antigos políticos do país não chorassem copiosamente contava a seu favor. Tendo aprovado a remoção de seu colega, seria enorme hipocrisia fazer isso. Mas parece estranho que os chefes da inteligência do general Ayub não o tenham informado sobre o que estava por trás do assassinato. Sendo verdade, por que ele não agiu no momento certo e insistiu que fosse organizada uma eleição geral imediata? Estava, claro, preocupado com outra coisa, engajado em intrigas políticas pessoais com o secretário de Defesa, Iskander Mirza, antigo general e naquele momento burocrata sênior. Mirza era um astuto manipulador. Tirou vantagem da fraqueza da liderança política, removendo um burocrata mentalmente decaído, Ghulam Mohammad, e tomando o posto de governador-geral, chefe do poder do Estado.

Mirza atuou com mão pesada, e quando os bengalis derrubaram um governo da Liga Muçulmana após eleições provinciais, em 1954, o governador-geral desintegrou o governo eleito e impôs a Regra do Governador sobre o Paquistão Oriental. Foi o primeiro passo em direção à desintegração do país e à militarização de sua cultura política. Trata-se de uma história triste que já relatei em outro lugar.[10] Aqui é suficiente reforçar que a alienação da metade oriental do país começou cedo e piorou a cada ano. O preconceito dos oficiais punjabis e

---

[10]*Pakistan: Military Rule or People's Power?* (Londres e Nova York: 1970).

dos funcionários públicos contra os bengalis era um reflexo do preconceito britânico durante o período colonial.

E como outros que o seguiriam, a grande confiança de Mirza fez nascer seu fracasso político. Presidiu a introdução de uma nova constituição em 1956, declarando o Paquistão uma república islâmica e ele mesmo seu primeiro presidente. Mirza e Ayub juntos institucionalizaram o papel do Paquistão como posto avançado dos Estados Unidos ao aceitar subscrever um acordo de segurança mútua, o chamado Pacto de Bagdá, durante a Guerra Fria e unir-se à Organização do Tratado do Sudeste Asiático (Seato), cujo objetivo era defender os interesses dos EUA nas duas regiões. Ayub negociou diretamente com Washington a garantia do programa de ajuda militar de 1953-54 e a admissão do Paquistão ao "mundo livre", junto com a Coreia do Sul, Vietnã do Sul e Tailândia.

O escritor Saadat Hasan Manto, confuso com o que estava acontecendo, escreveu uma série de nove satíricas "Cartas ao Tio Sam". A quarta foi escrita no dia 21 de fevereiro de 1954, um ano antes de sua morte:

> Querido Tio,
> Escrevi ao senhor há apenas alguns dias e aqui estou eu, escrevendo outra vez. Minha admiração e respeito pelo senhor sobem na mesma taxa que o seu progresso em direção a uma grande ajuda militar ao Paquistão. Digo que sinto como se estivesse escrevendo uma carta por dia ao senhor.
> Apesar da Índia e do alvoroço que está causando, o senhor deve assinar um pacto militar com o Paquistão porque está seriamente preocupado com a estabilidade do maior Estado islâmico do mundo, já que o nosso mulá é o melhor antídoto contra o comunismo russo. Uma vez que as ajudas militares começarem a fluir, o senhor deverá armar esses mulás. Eles também precisarão de rosários e tapetes de oração feitos nos Estados Unidos... Acho que o único propósito da ajuda militar é armar tais mulás. Sou seu sobrinho paquistanês e co-

nheço seus movimentos. Todos podemos ser grandes conhecedores graças ao seu estilo de jogo político.

Se essa gangue de mulás for armada ao estilo americano, a União Soviética que vende o comunismo e o socialismo em nosso país terá de fechar suas lojas. Posso ver os mulás, com seus cabelos cortados por tesouras americanas e seus pijamas feitos por máquinas americanas em conformidade com a *xariá*. As pedras que usam para suas últimas gotas [de urina] também serão americanas, intocadas pela mão humana, e seus tapetes de oração também serão americanos. Todos então se transformarão em seus seguidores, com deveres de aliança frente ao senhor e a ninguém mais.[11]

Os devotos líderes do Paquistão apoiaram a invasão anglo-francesa-israelita do Egito em 1956. Isso era totalmente desnecessário, e só podemos pensar que eles imaginavam que os Estados Unidos se uniriam, mesmo de forma relutante, à invasão, o que não aconteceu. Seu apoio à guerra no Egito de Nasser inflamou a opinião pública e criou uma onda de raiva que levou a manifestações em massa por todo o país. É curioso notar que o Jamaat-e-Islami não participou de tais mobilizações. Os partidos políticos começaram a exigir o abandono dos acordos internacionais de segurança e uma política externa neutra. Tais demandas eram populares. Mirza e Ayub estavam apreensivos que a primeira eleição geral do país, marcada para abril de 1959, poderia produzir uma coalizão que levaria o Paquistão para fora dos pactos de segurança em direção a uma política externa não alinhada, como a da vizinha Índia. Os Estados Unidos estavam ainda mais nervosos frente a tal perspectiva e encorajaram uma tomada do poder pelos militares.

Mirza, sempre arrogante, imaginou que poderia organizar o coreto com Ayub como seu leal servidor. Na verdade, ele subestimou a autonomia do exército. Simplesmente porque o general Ayub tinha,

---

[11]"Cartas ao Tio Sam", traduzidas para o inglês por Khalid Hassan, as cartas foram primeiro publicadas pela Alhamra Press, de Islamabad, poucas semanas antes do 11 de Setembro.

84 DUELO

até então, apoiado cada medida que propusera, o presidente imaginou que seria capaz de manter o controle total. Com a iniciativa de Mirza, o exército do Paquistão tomou o poder no dia 7 de outubro de 1958. Um gabinete dominado por generais foi nomeado junto a alguns civis não filiados a partidos. Entre eles estavam Mohammed Shoaib, veterano agente dos Estados Unidos, como ministro das Finanças; um brilhante advogado, Manzur Qadir, como ministro do Exterior; e um desconhecido e jovem sindhi, Zulfiqar Ali Bhutto, como ministro do Comércio. A resposta do Ocidente foi positiva, e o *New York Times*, mesmo deplorando a suspensão da Constituição, estava otimista: "No Paquistão, tanto o presidente Mirza quanto o comandante-chefe do exército general Ayub Khan deixaram claro que o que se propõem e querem fazer é estabelecer em breve um governo honesto e democrático. Não há razão para duvidar de sua sinceridade."[12]

Poucas semanas mais tarde, três generais chamaram o presidente e leram para ele seu obituário político. Um perdido Iskander Mirza deixou o país para sempre e começou um exílio em Londres, onde morreu.

O general Ayub Khan tornou-se o primeiro ditador militar do Paquistão. Em seis meses, todos os partidos políticos e sindicatos foram banidos, e a maior rede de jornais da oposição, Progressive Papers Limited, foi tomada pelo governo sem qualquer sinal de oposição da imprensa paquistanesa ou de seus equivalentes ocidentais. Uma diretiva secreta do Ministério da Educação foi editada em agosto de 1959. Seu objetivo era "deter a infiltração de literatura comunista no país e proibir sua publicação e circulação dentro dele". Todas as instituições educacionais foram instruídas a "pôr em marcha uma pesquisa dos livros de bibliotecas de universidades e colégios para garantir que todos os materiais não desejados seriam afastados dali". Felizes islamitas comemoraram o anúncio. Como ditadura, o Paquistão transformou-se em membro mais estável do Mundo Livre. O general Ayub disse no primeiro encontro de seu gabinete: "Pelo que vocês sabem,

---

[12]*New York Times*, editorial, 12 de outubro de 1958.

# O HOMEM QUE SERIA MARECHAL DE CAMPO 85

existe apenas uma embaixada que conta neste país: a embaixada americana." Os Estados Unidos responderam com uma declaração endossada unanimemente pelo Conselho Nacional de Segurança (NSC, na sigla em inglês) que notava "a presença de importantes facilidades de segurança dos EUA no Paquistão" e deu total apoio à tomada militar do poder no país:

> A instabilidade política que era característica do anterior governo e impedia seriamente a efetividade dos esforços dos Estados Unidos no Paquistão foi substituída por um regime de relativa estabilidade sob a lei marcial. (...) A atual situação política deve conduzir ao incremento dos objetivos dos EUA. (...) Em vista da presente estabilidade, mesmo que alcançada por decreto, o problema deixou de ser uma urgência de curto prazo, que nos levava a lidar com políticos crise após crise, e transformou-se em algo que nos permite ter uma visão mais ampla do potencial do Paquistão. (...) Damos ênfase especial em assegurar ao governo do Paquistão nosso interesse solidário e apoio para as reformas econômicas e sociais que pretende fazer.

Eis um caso simples de pôr os interesses dos Estados Unidos acima de tudo o mais — deficiência imperial de longa data. A declaração do NSC apoiando a ditadura militar era contrária a uma análise extremamente astuta que também estava na mesa. Um relatório altamente secreto do Gabinete de Inteligência e Análise do Departamento de Estado, escrito em dezembro de 1958, é muito franco sobre as consequências de apoiar a ditadura militar:

> ... um prolongado período de regime militar, que Ayub aparentemente contempla, poderia intensificar as tensões provinciais e de classe. Provavelmente deixaria desiludidos os intelectuais, professores, jornalistas, advogados e grande parte da classe média, cujo mais profundo desejo político era ver o Paquistão alcançar as marcas democráticas da Índia e evitar a degeneração aos níveis de ditaduras do Oriente Médio ou América Latina.

86                                     DUELO

> ... ao que parece, somente sob um sistema democrático o Paquistão Oriental, com sua grande população, poderia alcançar o peso militar e burocrático do Paquistão Ocidental. (...) A perspectiva de prolongada supressão da liberdade política sob dominação militar intensificaria o risco de um grande aumento de tensão e descontentamento no Paquistão Oriental, e poderia colocar em perigo a unidade dos dois lados do país.

Os que desenharam argumentos similares dentro do Paquistão foram denunciados como "traidores pró-Índia" ou "agentes comunistas". Ayub Khan, que logo se autopromoveu a marechal de campo, discordava dessa visão de democracia e surgiu com uma nova explicação. Em uma emissão radiofônica matinal à nação, o ditador militar informou aos seus desnorteados "compatriotas" que "devemos entender que a democracia não pode funcionar em um clima quente. Para se ter democracia, deveríamos ter um clima frio, como a Grã-Bretanha". Poucos duvidaram de sua sinceridade nesse assunto.

Comentários desse tipo fizeram pouco para diminuir a popularidade de Ayub no Ocidente. Transformou-se em favorito da imprensa na Grã-Bretanha e nos Estados Unidos. Seus blefes no exterior conquistaram a conhecida *showgirl* Christine Keeler (os dois mergulharam juntos em uma piscina em Cliveden, durante a conferência de primeiros-ministros da Comonwealth, em 1961), e o santo Kingsley Martin, do *New Statesman*, publicou uma servil entrevista. Enquanto isso, as vozes da oposição eram silenciadas e prisioneiros políticos, torturados.

Em 1962, Ayub decidiu que tinha chegado o momento de aumentar seu apelo. Tirou seu uniforme, vestiu-se com roupas étnicas e, dirigindo-se a camponeses forçados a reunir-se pelos donos de terras, anunciou que em breve haveria eleições presidenciais e que esperava apoio do povo. A burocracia organizou um partido político, a Convenção da Liga Muçulmana, e carreiristas correram para filiar-se. As eleições aconteceram em 1965, e as sondagens tiveram de ser

O HOMEM QUE SERIA MARECHAL DE CAMPO 87

maquiadas para garantir o triunfo do marechal de campo. Sua oponente, Fatima Jinnah (irmã do Grande Líder, já com idade avançada), lutou bravamente, mas sem resultado; laços familiares não contam muito em dias como este. Aos poucos burocratas que se recusaram a ajudar a "ajustar" os resultados das eleições foi oferecida uma aposentadoria prematura.

Enquanto isso, o apoio do Ocidente ao regime seguia seu ritmo. Os argumentos usados para tal apoio falavam principalmente sobre o "desenvolvimento econômico" que estava acontecendo, e que supostamente transformava o Paquistão de uma economia rural à industrial urbana, pavimentando o caminho para a modernização do país. Esta era certamente a visão do ministro de Finanças, Mohammed Shoaib, tão próximo de Washington que a capital americana algumas vezes recebia a minuta dos encontros de gabinete, junto às falas de Shoaib, antes mesmo de serem vistas por seus próprios membros. Shoaib recebeu forte apoio de muitos visitantes-estrela da comunidade acadêmica dos Estados Unidos. Gustav Papanek, de Harvard, aprovou completamente o estabelecimento por parte do Estado de empresas que depois poderiam ser oferecidas a empresários particulares e escreveu elogiando a "economia de livre mercado" que, "através de uma combinação de incentivos e obstáculos, produz um ambiente no qual o êxito parecia aberto apenas aos indivíduos cruéis (...) cujo comportamento econômico não era muito diferente de seus correspondentes e barões ladrões da industrialização ocidental no século XIX".[13] Barões ladrões certamente eram, mas ao contrário de seus correspondentes europeus tinham o apoio de um sistema econômico e fiscal que desviava a riqueza produzida pela agricultura através de uma rede de subsídios à manufaturação.

A redistribuição resultante aconteceu à custa dos camponeses, mas poucos se importaram. Os conselheiros econômicos dos Estados

---

[13]Gustav F. Papanek, *Pakistan's Development: Social Goals and Private Incentives* (Cambridge, MA: 1967).

88     DUELO

Unidos ecoaram a opinião de Papanek de que "grandes desigualdades seriam necessárias para criar indústrias e industriais", e que o crescimento gerado desta forma levaria a uma "melhora real para os grupos com rendas mais baixas". Mesmo mecanismo que, mais tarde, na era da globalização, ficou conhecido como efeito de "normalização". O que não funcionou naquele momento e não funciona hoje. Os grupos de maior renda nas cidades não pagavam taxas e ilegalmente enviavam seu dinheiro para o exterior. Pouco foi investido no setor produtivo não agrícola. Mesmo o plano oficial montado pelo governo enfrentou os maus hábitos da elite citadina no Paquistão Ocidental. Keith B. Griffin, economista de Oxford versado em problemas econômicos enfrentados pelo país, produziu um relato mostrando que entre 63 e 83% do dinheiro transferido da agricultura foi perdido em extravagâncias não produtivas, ou seja, o suntuoso estilo cultivado pelos novos-ricos. Griffin seguiu em frente para apontar que, no Paquistão Ocidental, "o potencial excedente desse dinheiro foi usado para consumir mais, para comprar mais ornamentos, joias e bens de consumo duráveis, e para aumentar o preço das propriedades e terras, ajudando seus donos a deixar de investir. Muitas vezes, tal excedente foi devotado à construção de casas luxuosas ou à abertura de mais uma loja nas ruas e bazares já repletos".[14]

As grandes desigualdades aceitas pelo Neanderthal Harvard Group estavam criando novas divisões no país como um todo. Na ala ocidental, a elite ostentava sua nova riqueza sem culpa. Não havia carência de comentários críticos, mas poucos desses críticos se preocuparam com a desigualdade séria que estava sendo criada com a ala oriental do país. Os bengalis, naturalmente, não estavam contentes com a situação. Além de serem punidos politicamente apenas por serem maioria, agora viam o dinheiro acumulado pela produção de juta de sua região, cuja exportação ofereceu um excedente na balança de paga-

---

[14]Keith B. Griffin, "Financing Development Plans in Pakistan", *Pakistan Development Review*, inverno de 1965.

O HOMEM QUE SERIA MARECHAL DE CAMPO

mentos durante o *boom* criado pela Guerra da Coreia, desaparecer nos cofres do Paquistão Ocidental. O grande contraste entre as alas ocidental e oriental do país criou a base para o movimento nacionalista de Bengala. A Liga Awami nacionalista reivindicava uma versão local do "nada de taxação sem representação".

Enquanto se aproximava o décimo aniversário do reinado do marechal de campo, uma *intelligentsia* bajuladora e uma burocracia míope começaram a preparar as celebrações, conhecidas como Década do Desenvolvimento. O Ministério da Informação decidiu fazer uma espécie de toque de corneta em forma de livro. Imaginou-se que o soldado-homem de Estado paquistanês seria então legitimado no cenário internacional com a publicação de suas memórias. O livro de Ayub Khan, *Friends Not Masters: A Political Autobiography* [Amigos, não chefes: uma autobiografia política] foi publicado pela Oxford University Press em 1967, seguido de grande aclamação da imprensa ocidental e nada mais que uma bajuladora histeria na mídia local, controlada pelo governo.[15]

A publicação da biografia estava ligada à crescente falta de popularidade do presidente. Uma aventura militar contra a Índia, em 1965, terminou em desastre. Auyb, sempre cuidadoso nesses assuntos, foi relutante ao autorizar um ataque contra a Índia. Bhutto e uma série de generais mais antigos o convenceram de que uma guerra preventiva pegaria os indianos de surpresa e que a operação Grand Slam liberaria a Caxemira, província disputada e dividida, clamada pelos dois lados após 1947. Auyb finalmente concordou. A Índia foi pega de

---

[15]O secretário de Informação de Ayub, Altaf Gauhar, cínico e hábil, foi *ghost-writter* de um livro incrivelmente terrível: indigesto, verborrágico e cheio de meias-verdades. Mas o tiro saiu pela culatra e logo foi agudamente satirizado em panfletos clandestinos em campus de universidades. Ayub, à moda de Mao, sugerira que os paquistaneses "deveriam estudar este livro, entendê-lo e agir conforme seus preceitos (...). Ele contém material bom para as pessoas". Mas na China todos estavam alfabetizados, e as pessoas poderiam ler o deplorável *Livro vermelho*. No Paquistão, mais de 75% da população eram iletrados, e apenas uma limitada elite era capaz de ler em inglês. Uma edição em urdu foi produzida, mas comprada apenas por funcionários do governo. Não foi considerado necessário gastar dinheiro com uma edição em bengali, talvez a única decisão sensata do período.

90 DUELO

surpresa e as forças paquistanesas chegaram perto de conquistar seus objetivos estratégicos, mas sérias falhas operacionais e organizacionais paralisaram o avanço, oferecendo à Índia tempo para avançar suas tropas e obrigar o recuo dos paquistaneses, mas isso só aconteceu após uma grande batalha de tanques, a maior desde a Segunda Guerra Mundial. Sessenta tanques paquistaneses foram capturados intactos após a vitória indiana.

Ayub foi forçado a viajar para Tashkent, onde o primeiro-ministro soviético, Aleksey Kosygin, fez ser assinado um cessar-fogo entre os dois países. Zulfiqar Ali Bhutto, naquele momento caprichoso ministro do Exterior, renunciou logo depois, alegando que os protocolos secretos anexos ao Tratado de Tashkent eram uma traição ao direito do povo da Caxemira à autodeterminação. No final das contas, não foi o caso, mas serviu como arma útil em comícios de massa. Quando, um ano mais tarde, perguntei a Bhutto por que levara Ayub a aceitar uma guerra, sua resposta me chocou: "Era a única maneira de enfraquecer o sanguinário ditador. O regime se desintegraria logo depois." Naquele momento, Bhutto tinha decidido organizar seu próprio grupo político, e o Partido Popular do Paquistão (PPP) foi fundado em 1966.[16] Desde o início, o projeto do partido era derrubar o regime de Ayub. Em 1967, Bhutto começou a montar uma série de grandes comícios por todo o país e foi preso. Sua confiança era alta. Sabendo muito bem que sua cela estava grampeada, durante seus encontros com o advogado Mahmud Ali Kasuri, ele provocou os militares: "Os dias do general Musa como governante do Paquistão Ocidental estão contados. Vista-o com uma saia e faça com que dance nas ruas como um macaco", foi um dos poucos insultos que puderam ser impressos.

Em resposta à crescente oposição no país, o regime decidiu que uma distração seria necessária. Em outubro de 1968, enormes cele-

---

[16]Para um relato de meu próprio envolvimento durante os primeiros preparativos para o novo manifesto do partido e das relações com Bhutto, ver *Confrontos de fundamentalismos*, Record, 2002.

brações para comemorar o décimo aniversário da ditadura estavam em progresso. *Dawn,* o jornal diário de Karachi, competia com a imprensa do governo publicando 69 fotografias do marechal de campo em uma única edição. Os cidadãos foram triunfalmente informados que em Karachi, cidade com apenas três lojas de leite engarrafado, o consumidor poderia escolher entre Bubble Up, Canadá Dry, Citra Cola, Coca-Cola, Double Cola, Kola Kola, Pepsi-Cola, Fanta, Hoffman's Mission e 7Up. Em Lahore, um repórter do jornal governista *Pakistan Times* babava diante de um desfile de modas:

> As manequins foram ovacionadas pelo público elegante enquanto subiam e desciam a muito iluminada passarela, apresentando as roupas. Entre as criações que a audiência aplaudiu calorosamente estavam "Romântica", "Resgate do rajá", "Ninfa do mar" e "Olá, oficial" (...) O look Eleganza '69 foi definido como uma mistura de doce e severo.

Mas o pão e circo transformou-se em um desastre de relações públicas. No dia 7 de novembro de 1968, estudantes em Rawalpindi e Daca surpreenderam o governo e eles mesmos marchando pelas ruas. Pediam liberdade e a restauração da democracia, lembrando-se das palavras do poeta da Martinica, Aimé Césaire:

> *Era uma noite de novembro...*
> *De repente gritos irromperam no silêncio;*
> *Nós atacamos, nós os escravos; nós, os*
> *Que tínhamos os pés no esterco, nós os animais com cascos pacientes..*

Rapidamente, comitês estudantis floresciam nas duas partes do país. Era o 1968 "nada fashion", bem longe do glamour da Europa e dos Estados Unidos. E também diferente em caráter. O vão entre os atos dos estudantes e trabalhadores paquistaneses e a verdadeira conquista do poder era muito mais estreito do que na França ou Itália,

92                          DUELO

sem contar os Estados Unidos e a Grã-Bretanha. Não existiam instituições democráticas no Paquistão. Partidos políticos eram relativamente fracos. O movimento era mais forte que eles.

A escalada da revolta era de tirar o fôlego: durante cinco meses de lutas contínuas, que começaram no dia 7 de novembro de 1968 e terminaram em 26 de março de 1969, cerca de 10 a 15 milhões de pessoas participaram dos conflitos, tanto no Paquistão Ocidental quanto no Oriental. Receberam a costumeira resposta brutal. Houve prisões em massa e a ditadura ordenou à polícia que "matasse os desordeiros" à vista. Vários estudantes morreram durante as primeiras semanas. Nos dois meses que se seguiram, trabalhadores, advogados, pequenos comerciantes, prostitutas e auxiliares do governo se juntaram aos protestos. Cachorros vira-latas com *Ayub* pintado em seu corpo se transformaram em alvo especial para a polícia armada.

Mas também nesse momento as duas metades do país viram uma grande disparidade nos níveis de repressão. Poucas centenas morreram no Paquistão Ocidental. E quase 2 mil em Bengala. Muito mais do que no Punjab, Sind, Fronteira Noroeste e Baluchistão juntos. Um dos aspectos mais emocionantes foi a unidade imposta debaixo. Quando estudantes morreram no ocidente, estudantes mulheres descalças de Daca, no oriente, marcharam em silêncio, em respeito e solidariedade. Esses seis meses constituíram o único período na história do Paquistão unido no qual pessoas comuns dos dois lados do país se sentiram genuinamente próximas umas das outras. Sei disso por experiência própria. Por três meses, de março a maio de 1969, viajei extensivamente nas duas partes do Paquistão, participando de comícios grandes e pequenos, conversando com líderes estudantis e políticos antiditadura, poetas e líderes sindicais. O sentimento era de júbilo. O país nunca antes, nem depois, se enchera com tanta esperança.

Nesses poucos meses, o povo paquistanês falou livremente. Tudo o que tinham reprimido desde 1947 foi extravasado. E não faltou humor ao movimento. Por centenas de anos, a palavra punjabi *chamcha* (colher) foi usada para denotar palhaço. As origens são obscuras. Al guns dizem que data da chegada dos britânicos. Autoridades locais que até então herdaram a habilidade de comer delicadamente com as mãos abandonaram essa prática e começaram a comer com colheres e garfos. Seja qual for a verdade, os manifestantes cumprimentavam os funcionários públicos pró-governo e os políticos com colheres, e o tamanho delas variava de acordo com a importância que o próprio atingido imaginava ter e a estima popular (sempre acurada) do grau de envolvimento com o poder, em casa e em Washington. Quando Ayub e seus ministros chegaram, foram saudados com gigantescas colheres de fabricação caseira, junto a centenas de outras de tamanhos normais, compradas no bazar e usadas como instrumentos para animar os procedimentos.

Os encontros a que compareci em Bengala Oriental foram particularmente inflamados. Pude ver ante os meus olhos o grande abismo que separava os dois lados do Paquistão. Imaginei que uma federação socialista voluntária e democrática seria a única salvação para o país. Tal visão soa utópica hoje, mas naqueles dias tudo parecia possível.

Em uma tarde quente e úmida de abril de 1969, fui levado para junto dos estudantes da Universidade de Daca, sob uma árvore *amtala*, no campus. Grande parte do movimento político nasceu nesse local simbólico. Lá, após alguns debates calorosos, os estudantes decidiram lutar contra a ditadura. Não me deixariam falar em urdu e votaram, ganhando por larga maioria (que incluía Nicholas Tomalin, do *Sunday Times*), que falasse em inglês, sugerindo que deveria aprender bengali para a próxima vez. É uma língua bonita e prometi que o faria, mesmo que de certa forma imaginasse que não haveria outra vez. Meus instintos políticos me diziam que as aspirações nacionalistas de Bengala estavam a ponto de serem esmagadas pelo exército, e que isso provavelmente destruiria o Paquistão, em vez de permitir qualquer autonomia, sem falar na aceitação de uma confederação. Enfatizei isso aos estudantes naquele dia. Se fosse o caso, disse, por que não lutar pela completa independência? Tome o seu país. Se isso fosse feito

94 DUELO

rapidamente, poderia evitar o banho de sangue que estava para acontecer. Houve um silêncio. As pessoas me olhavam assombradas. Alguém do outro lado, um punjabi, mencionara a palavra *independência*. Terminaram dando vivas e bradando slogans, enquanto me levavam nos ombros até o meu carro.

As "lal salaams" (saudações vermelhas) ainda reverberavam em meus ouvidos quando, no dia seguinte, fui levado a um encontro com o *sheik* Mujibur Rahman, líder da nacionalista, mas ainda firmemente parlamentarista, Liga Awami. Em março de 1965, a Liga Awami, representada pelo *sheik*, lançou uma bomba no que ficou conhecido como plano de Seis Pontos para a autonomia da região (discutido no próximo capítulo). Os líderes da oposição no Paquistão Ocidental ficaram tão chocados que acusaram o mais maquiavélico funcionário do regime de Ayub, Altaf Gauhar, de ter concebido o plano para dividir a oposição anti-Ayub.

Isso marcou a abertura de um abismo entre o nacionalismo bengali e os partidos de oposição do Paquistão Ocidental. O abismo aumentou ainda mais durante os anos, e a batalha unida contra a ditadura eram águas passadas. O *sheik* Mujibur Rahman sabia que eu me identificava mais com a esquerda e estava mais próximo do líder camponês bengali Maulana Bhashani, que havia me levado para conhecer os vilarejos e pequenas cidades da província oriental algumas semanas antes. Bhashani me contou naquela oportunidade sobre seus encontros na China com Chou En-lai, que lhe pedira para não enfraquecer Ayub Khan, já que este era um amigo do país. A maior parte dos maoistas paquistaneses seguiu lealmente esse conselho, mas Bhashani percebeu que apoiar Ayub significaria o suicídio político. Juntou-se ao movimento, mas era tarde demais.

O *sheik* Mujib me lembrou que pouco tempo antes eu tinha me referido a ele como "Chiang Kai-shek" e murmurado algo sobre Mao estar apoiando Ayub Khan. Contudo, ele me saudou efusivamente e foi direto ao ponto:

"É verdade que você disse o que me disseram que você disse hoje?"

O HOMEM QUE SERIA MARECHAL DE CAMPO

Fiz que sim.

"Está seguro que vão usar a força? Tem certeza?"

Expliquei que minha certeza não era fruto de nenhuma informação confidencial de fonte ligada ao poder ou mesmo surgida pelo entendimento de sua psicologia, mas sim de um fato irrefutável. As exportações de matéria-prima de Bengala Oriental eram vitais para a economia do Paquistão Ocidental. Uma autonomia poderia significar a perda de controle financeiro pelo ocidente. O *sheik* Mujib ouviu atentamente, mas não parecia muito convencido. Talvez tenha imaginado que poderia manobrar à sua maneira o poder lidando com os chefes militares. Seu partido era pró-Ocidente e tinha, apenas recentemente, reforçado sua proximidade com Washington e os acordos de segurança. Talvez tenha acreditado que Washington forçaria os militares paquistaneses a jogar o seu jogo. Mais tarde, quando Nixon e Kissinger "se inclinaram na direção" de Islamabad, foi um golpe amargo para que ele engolisse. Mujib sentiu-se terrivelmente traído.

O movimento de 1968 era altamente secular, nacionalista e anti-imperialista. A ala estudantil do Jamaat-e-Islami algumas vezes tentaria interromper encontros, incluindo dois meus em Rawalpindi e Multan, ocasionalmente usando a força, mas foram deixados de lado por marés de estudantes cantando várias versões de "O socialismo está a caminho" e "Morte a Maududi", sendo esta última uma referência ao líder e principal teólogo dos islamitas, patrocinado pela família imperial saudita e comprometido apoiador dos Estados Unidos.

A guerra no Vietnã tocou fundo entre os paquistaneses de quase todas as classes sociais, e o poeta Habib Jalib foi várias vezes saudado no ano em que recitou:

> *Defensores globais dos direitos humanos,*
> *Por que o silêncio?*
> *Onde estão vocês?*
> *Falem!*

*A humanidade está sendo torturada*
*O Vietnã está em chamas,*
*O Vietnã está em chamas*

Jalib se voltaria aos governantes do Paquistão e os avisaria que, caso seguissem como antes, o fogo vietnamita poderia espalhar-se até onde "vocês estão" e "nuvens repletas de dinamite vão pairar sobre vocês".

Um levantamento sobre o número de vítimas revela a escala das mobilizações. Novembro de 1968: quatro mortes e mais de mil presos; dezembro de 1968: 11 mortes e 1.530 presos; janeiro de 1969: 57 mortes, 4.710 presos e 1.424 feridos; fevereiro de 1969: 47 mortes, cem presos e 12 feridos; março de 1969: noventa mortes, 356 presos e quarenta feridos. Tais números estão baseados nos comunicados à imprensa produzidos pelo governo e são muitas vezes vistos como consideravelmente subestimados. Hoje é óbvio ao alto-comando militar que a repressão não detinha as massas. As pessoas haviam perdido o medo da morte. Quando isso acontece, a revolução é uma possibilidade.

Trabalhadores das ferrovias no Punjab começaram a sabotar trilhos para obstar o movimento de tropas. Em Bengala Oriental postos policiais foram atacados. Uma semana mais tarde, os generais do QG se encontraram com seu marechal de campo com rostos tristes, mas firmes instruções. Ayub não hesitou. Rendeu-se. Sua renúncia foi anunciada no mesmo dia. Seu sucessor, general Yahya (certa pronúncia em Punjabi significa "foder-foder") Khan, tomou o controle e imediatamente anunciou a primeira eleição geral, para dezembro de 1970. Uma febre de euforia tomou conta do país. Instrumentos sendo tocados, saudações entre a multidão e tambores retumbando alto marcaram a queda de Ayub Khan, que, como Bhutto mais tarde lembrou, estava considerando elevar a si mesmo a uma categoria ainda mais alta que marechal de campo:

## O HOMEM QUE SERIA MARECHAL DE CAMPO

Durante a "era dourada" de Ayub Khan, uma inteligente proposta lhe foi feita por uma eminente personalidade para que declarasse a monarquia hereditária no Paquistão e fizesse de si mesmo o primeiro monarca. Ayub Khan levou a proposta a sério. Formou um Conselho Supremo de dois homens de Nawab, de Kalabagh e de mim mesmo para examiná-la. Juntos, devolvemos a proposta a Ayub Khan em uma semana com recomendações de que deveria esquecê-la completamente. As observações de Ayub Khan foram "bhehtar sallah" (bom conselho). Mas, no entanto, ele também disse: "Não é assim tão sem sentido."[17]

Esse jovem oficial treinado em Sandhurst, secular em aparência e com o costume de obedecer ordens, foi superpromovido. Agora se foi. Sua ultradependência perante Washignton e sua própria Svengalis o derrubaram.

O que viria à frente? Apenas três anos antes, Karl von Vorys, professor de ciência política na Universidade da Pensilvânia, concluiu um livro de 341 páginas sobre o Paquistão com essas palavras: "Apenas seis anos antes Mohammed Ayub Khan tomou as rédeas do poder no Estado do Paquistão. Desde então, muitas realizações foram crédito seu. A desintegração do país, ameaça forte em 1958, hoje parece remota."[18] Pelo menos uma sentença estava correta.

---

[17]Zulfiqar Ali Bhutto, *If I Am Assassinated* (Nova Délhi: 1979).
[18]Karl von Vorys, *Political Development in Pakistan* (Princeton: 1965).

# 4

# O Quarteto de Washington
## O general que perdeu um país

O EXÉRCITO DO PAQUISTÃO ESTÁ ORGULHOSO DE SER UMA FORÇA UNI-ficadora, sem o qual o país desapareceria. Mas a história que está a ponto de ser contada sugere que a verdade é o oposto disso. Em março de 1969, Ayub passou o controle do país ao general Yahya Khan, que prometeu eleições livres em um ano e, temendo o renascimento de movimentos de massa, manteve sua palavra. Antes de voltar à conturbada narrativa da história paquistanesa, o leitor poderá se beneficiar com um resumo do lugar e da função do exército.

A alegação muitas vezes repetida pelo exército sobre a sua independência de "direitos adquiridos" foi finalmente exposta. Ayub Khan tinha brincado com a política e implicou os ricos donos de terra em sua Liga Muçulmana. Seu filho abrigou-se sob a proteção militar para transformar-se em homem de negócios e amealhou uma pequena fortuna. Na verdade, o papel histórico do aparato de Estado militar e burocrático que o Paquistão "herdou" da Grã-Bretanha em seus anos na Índia mostrava-se agora à luz do dia para muitos paquistaneses da geração de 1968. Esse papel, de muitas maneiras, era peculiarmente

100 DUELO

central e concentrado no Paquistão, diferente de outros regimes militares existentes naqueles dias em países asiáticos e africanos.

A invasão japonesa e a ocupação do sudeste da Ásia durante a Segunda Guerra Mundial arruinaram temporariamente os antigos aparatos coloniais de governo — que na verdade nunca tiveram um quociente nativo muito grande — em Burma, na Indonésia e em outras partes. Após a guerra, havia pouca chance de que os poderes coloniais pudessem reconstruí-los, e consideráveis seções das forças armadas e dos setores públicos emergidas no período de pós-independência participaram em uma luta de liberação nacional contra os opressores japoneses e europeus.

Na África, por outro lado, os administradores coloniais estavam comumente tão absorvidos pelo próprio poder colonizador que a burocracia civil e sobretudo o exército tiveram de ser construídos quase do zero após a garantia da independência. No subcontinente indiano, no entanto, nenhum desses padrões prevalecia. Lá, um grande funcionalismo público recrutado entre a própria população foi uma absoluta necessidade, pois os britânicos não poderiam sozinhos dar conta de preencher o sistema operativo necessário ao controle de uma população tão grande. A mesma situação obrigou-os simultaneamente a criar um grande exército indiano, cujos oficiais menos e mais graduados foram recrutados entre a aristocracia feudal do subcontinente. O memorando de lorde Curzon sobre a Delegação de um Exército para os indianos diz que, em 1900, oficiais nativos "tinham de ser confinados à pequena classe de nobreza e fidalguia (...) e deveria basear-se em aristocracia de nascimento". Tal corpo de oficiais servia "para gratificar ambições legítimas e unir as altas classes sociais indianas, mais especificamente as tradicionais famílias aristocráticas, ao governo britânico por laços mais cordiais e próximos".[19]

---

[19]Ver C.H. Phillips, ed., *Select Documents on the History of India and Pakistan* (Londres: 1962), 4: 518-20.

No geral, o esquema funcionou muito bem até o final da Segunda Guerra Mundial. Tropas indianas prestaram ótimo serviço aos seus mestres imperialistas nas duas guerras mundiais, e também na implacável repressão doméstica. Nenhum outro poder colonial poderia gabar-se de tal força. Uma precondição de seu sucesso foi, claro, a heterogeneidade étnica da Índia, que permitiu aos britânicos recrutar seus mercenários de "raças marciais" seletas — sobretudo entre punjabis, sikhs, pathans, rajputs, jats e dogras — com as quais poderiam contar para manter subjugados os movimentos nacionalistas no império.

No entanto, na Índia, o Partido do Congresso liderava um forte movimento de independência desde 1920, construindo uma organização de massa com fortes bases rurais e obtendo êxito ao tentar empurrar a Grã-Bretanha para fora de sua posição de dominação imperial, já fatalmente enfraquecida pela Segunda Guerra Mundial. O Congresso pôde então tecer o Estado, unificando-o, e dominar um sistema parlamentar que sobrevive até hoje.

Mas o cenário no Paquistão era muito diferente. A Liga Muçulmana sempre foi muito fraca, em comparação. Originalmente criada por príncipes e nobres islamitas, em 1906, para "estimular um sentimento de lealdade ao governo britânico entre os muçulmanos da Índia" (citando sua própria missão), foi capturada pela educada classe média muçulmana liderada por Jinnah nos anos 1930 e por um breve período esteve ligada ao Partido do Congresso. No entanto, seu estímulo principal sempre foi muito mais anti-hindu que antibritânico. Colaborou com o rajá durante a Segunda Guerra Mundial e dele recebeu um Estado separado em 1947, sem nunca ter lutado objetivamente pela sua independência. A mudança foi resolvida pela burocracia, que inicialmente tomou para si grande parte do poder real. No entanto, uma vez entronado, Ayub cercou-se de vários seguidores e cada vez mais levou seu governo em direção a uma ditadura, em vez de institucionalizar uma regra militar corporativa. Uma década mais tarde, o regime de Ayub ficou tão impopular que provocou o maior levante

102        DUELO

social da história do país. Dali em diante, o regime tornou-se inútil para as classes governantes. Por isso, no início de 1969, com multidões nas ruas em Rawalpindi, Lahore, Karachi, Daca e Chittagong, e contínuas greves e tumultos no ocidente e no oriente, o exército tirou Ayub do poder e finalmente assumiu o comando político direto.

O interregno de Yahya representou o fim de uma lenta mudança no complexo do poder dentro do Estado, do aparato civil ao militar. Naturalmente, o funcionalismo público continuou influente dentro do governo: burocratas-chave civis ainda se preocupavam com os vários problemas inerentes ao funcionamento da máquina de Estado e da economia, que estavam além da competência dos oficiais do exército. Mas naquele momento os militares eram os sócios majoritários.

Em 1971, o exército paquistanês era uma força de 300 mil homens, em grande parte recrutados entre os camponeses punjabis e pathans que tradicionalmente forneciam infantaria para os britânicos. Setenta mil desses homens foram dispostos em Bengala. O corpo de oficiais, do crítico posto de coronel lugar-tenente para cima, era formado por uma seleta elite protegida com o máximo de cuidado graças ao seu *background* de classe e visão política. Os generais, brigadeiros e coronéis do exército do Paquistão eram em geral descendentes (na maior parte das vezes, filhos mais jovens) da aristocracia feudal e de famílias abastadas do Punjab e da Fronteira Noroeste, com um punhado de ricos imigrantes do Gujarat e Hyderabad. As impecáveis credenciais sociais e o sotaque desse grupo, que tanto seduziu os jornalistas ocidentais, revelam seu passado. Foram treinados como recrutas imperiais em Sandhurst ou em Dehra Dun. Os regimentos punjabis engajados em repressões em Bengala incluíam unidades que antes praticaram seu negócio sob as ordens do general Gracey, no Vietnã. O general Tikka Khan, que mais tarde ficou conhecido como açougueiro de Daca, era um veterano do exército de Montgomery na campanha do norte da África. O general "Tigre" Niazi, que assinou o tratado de rendição com a Índia em dezembro de 1971, mais tarde escreveu com orgulho em suas memórias que o codinome "Tigre me

O GENERAL QUE PERDEU UM PAÍS

foi posto pelo brigadeiro Warren, comandante da brigada de infantaria 161, por minhas explorações em Burma, durante a Segunda Guerra Mundial".[20] Era essa a situação no momento da ofensiva militar contra a porção oriental do Paquistão por seu próprio exército.

ENTRETANTO, A PARTIDA sem honra de Ayub Khan levou a luta das ruas à campanha eleitoral. Dois partidos políticos dominavam a cena. No ocidente, o Partido Popular, liderado por Zulfiqar Ali Bhutto, absorvera alguns dos mais corajosos e inteligentes líderes e ativistas do movimento de 1968-69. Eles sabiam que o humor do país de euforia desfocada não poderia durar. Necessitava um resultado político. Para tanto, um partido era essencial, e todos os outros partidos estavam desacreditados ou eram irrelevantes na trama mais ampla. Bhutto plantou as sementes e colheria os frutos. No oriente, o grosso da maioria maoista esquerdista, que antes apoiara Ayub Khan por suas ligações com a China, colapsara. A fraqueza da esquerda tradicionalmente pró-Moscou, forte na mídia, mas fraca nas ruas, deixou o campo aberto para a Liga Awami. Esse partido defendeu a autonomia bengali e ganhou o movimento para a sua causa. Transformou-se na voz do nacionalismo bengali e mostrou-se politicamente preparado para o violento ataque que estava sendo planejado em Islamabad.

Em 1947, a classe de comerciantes e donos de terra predominantemente hindu de Bengala Oriental migrou para a Bengala Ocidental, que era e ainda é parte integrante da Índia, deixando seus negócios e terras para trás. Desde o início, esse vácuo foi preenchido por refugiados muçulmanos bihari das Províncias Unidas da Índia e por

---

[20] A.A.K. Niazi, *The Betrayal of East Pakistan* (Karachi: 1999). O que esta e outras memórias autobajulatórias do período revelam é que grande parte dos generais paquistaneses envolvidos nessa tragédia não aprenderam nem se esqueceram de nada. Só são capazes de contemplar seus próprios umbigos. Tudo o mais pode ser culpado, menos eles. Não aconteceram crimes, nem massacres. Se aconteceu algo, foi que as unidades militares e seus Bengali Razakar (colaboradores) foram as vítimas.

homens de negócios não bengalis da porção ocidental do Paquistão. A exploração econômica de Bengala Oriental, que começou imediatamente após a partição, levou a uma extração anual de cerca de 3 bilhões de rupias (aproximadamente 300 milhões de dólares) da capital oriental para a ocidental do Paquistão. O produto mais importante para ganhos no exterior era a juta, colhida no Paquistão Oriental e responsável por 50% das exportações. Esse dinheiro destinou-se a gastos particulares e investimentos de capital no Paquistão Ocidental. As somas reservadas para projetos de desenvolvimento pelo governo central oferecem um interessante caso de estudo de discriminação. Entre 1948 e 1951, 130 milhões de dólares foram aprovados para investimentos visando ao desenvolvimento. Desse montante, apenas 22% destinavam-se ao Paquistão Oriental. De 1948 a 1969, o valor dos recursos transferidos pelo ocidente chegava a 2,6 bilhões de dólares. A economia do Paquistão Ocidental era fortemente dependente de Bengala Oriental, em parte como campo para investimento, mas sobretudo como mina de subsídios e mercado cativo. O plano de Seis Pontos defendido pela Liga Awami incluía autonomia política e econômica e ameaçava diretamente os interesses comerciais dos capitalistas do Paquistão Ocidental e daqueles que os apoiavam, envolvidos no serviço militar e civil. Os Seis Pontos eram:

1. Um sistema federal de governo, parlamentar em natureza e baseado no direito de voto para os adultos.
2. Um governo federal para lidar apenas com a defesa e negócios com o exterior. Todos os outros assuntos deveriam ser resolvidos com os governos federativos.
3. Duas, mas livremente convertíveis, moedas para as duas partes do país, ou uma moeda para todo o país. Neste caso especialmente, medidas constitucionais deveriam ser tomadas para evitar fuga de capitais do Paquistão Oriental para o Ocidental.
4. O poder de taxação e coleta de rendas deveria estar nas mãos das federações, não no poder central.

## O GENERAL QUE PERDEU UM PAÍS

5. Contas separadas para ganhos em negócios no exterior para as duas partes do país, sob responsabilidade dos respectivos governos.
6. Organização de uma milícia ou força paramilitar para o Paquistão Oriental.

Tais demandas eram tanto uma resposta à exploração citada acima quanto uma tentativa séria de manter a unidade do Paquistão através de um novo arranjo constitucional. Quando repreendido por seus correlatos estrangeiros por ser "nada razoável", o *sheik* Mujibir Rahman ficaria extremamente irritado: "Será que o governo do Paquistão Ocidental não percebe que sou o único homem disponível para salvar o Paquistão Oriental do comunismo? Se fizerem opção pela luta, posso ser retirado do governo e os Naxalite [maoistas] intervirão em meu nome. Se fizer muitas concessões, posso perder minha autoridade. Estou em uma situação muito difícil."[21]

Os Seis Pontos representavam as aspirações da burguesia bengali; articulavam seu desejo de criar um aparato de Estado próprio e ter uma parte igual do bolo capitalista. Mas essa era precisamente a razão pela qual o bloco dominante no Paquistão Ocidental se opunha a eles. O exército do Paquistão era organicamente hostil à perspectiva de um governo civil bengali por acreditar que isso significaria uma possível redução do aparato militar, um dos pilares do governo de Islamabad desde a subida ao poder de Ayub, em outubro de 1958. Uma ideia do enorme interesse que o corpo de oficiais paquistaneses tinha de manter seu *status quo* é refletido nos gastos militares da década anterior (1958-68), que absorveram não menos que 60% do total do orçamento do Estado. Apenas no ano fiscal de 1970, cerca de 625 milhões de dólares foram alocados para as forças armadas. Os líderes políticos do Paquistão Ocidental, com sua visão curta, falharam ao perceber que isso logo os transformaria em vítimas da própria má-

---

[21]*Le Monde* (Paris), 31 de março de 1971. A entrevista foi feita algumas semanas antes pelo correspondente da agência France-Presse.

quina, pois o exército não estava seriamente a favor de qualquer governo que pudesse desafiar o desequilíbrio entre os gastos sociais e os gastos militares.

Dando-lhes crédito, os políticos da Liga Awami denunciaram repetidas vezes essas despesas colossais na máquina militar que era esmagadoramente não bengali e estava saturada em todos os níveis com chauvinismo racista e religioso contra esse povo, tradicionalmente visto como composto de negros, fracos e infectados pelo hinduísmo. Por sua parte, a classe de homens de negócios paquistanesa tinha suas próprias razões materiais para resistir aos Seis Pontos. Interesses no ocidente já não enxergavam o oriente como bom campo de investimento. Bengala permanecia de vital importância para eles, tanto como mercado cativo quanto como fonte de comércio com o estrangeiro. No final dos anos 1960, entre 40 e 50% das exportações do Paquistão Ocidental eram compradas pela metade oriental do país a preço de monopólio. Onde mais poderia o capitalismo do Paquistão Ocidental desaguar suas manufaturas superfaturadas?

A Liga Awami ganhou grande apoio político em Bengala Oriental por duas razões importantes. Primeiro, compreendendo a importância da questão nacional: enxergou claramente o status subcolonial do Paquistão Oriental. Segundo, os partidos políticos de extrema esquerda, que deram apoio oportunista à ditadura de Ayub por conta de sua "amizade" com a China, falharam. A ala maoista do Partido Nacional Awami (NAP) insistiu, com ajuda chinesa, que o regime de Ayub tinha "certas características anti-imperialistas" e por isso de várias formas era preferível a uma democracia burguesa.

Dessa forma, a Liga Awami podia apresentar-se como única oposição com algum significado na província. Constantemente levantou bandeiras em favor dos Seis Pontos; clamou por eleições livres e organizou manifestações contra a ditadura de Ayub. Alguns de seus líderes, incluindo Mujibur Rahman, foram várias vezes presos, o que só fez aumentar sua popularidade. Quando o movimento anti-Ayub resultou na queda do ditador e na sua substituição pela junta Yahya,

O GENERAL QUE PERDEU UM PAÍS

no início de 1969, não foi nenhum surpresa que a Liga Awami colhesse os frutos. Mas mesmo assim não negou sua herança. Nas semanas que precederam à persuasão do exército pela retirada de Ayub, a Liga Awami ansiosamente participou nos debates "constitucionais" nas conferências Round Table, organizadas por Ayub para alcançar um acordo. O que conseguiu foi colocar lenha nos movimentos de massa e testemunhar a raiva dos camponeses e trabalhadores bengalis; mesmo que se mantivesse atada ao passado parlamentarista.

O REGIME MILITAR Yahya, incapaz de sufocar o levante maciço nas duas partes do país, foi forçado a prometer eleições gerais abertas a todos os adultos. Seus adversários evidentemente acreditaram que se tratava de uma tática de desvio de atenção. Estavam certos que a burocracia, com grande experiência nesse tipo de assunto, conseguiria manipular os resultados de forma satisfatória. Para dar tempo que essa mesma burocracia pudesse preparar-se, as eleições foram adiadas — o motivo alegado era o desastre provocado por um ciclone no final de 1970, que matou 2 mil pessoas em Bengala. Mas o fracasso do exército ao tentar prover qualquer alívio adequado após a inundação só fez aumentar a raiva do povo bengali. Quando as várias facções maoistas em Bengala Oriental decidiram boicotar as eleições, que finalmente aconteceram em dezembro de 1970, a Liga Awami viu o caminho aberto à sua frente e venceu de forma incontestável. Dos 169 assentos oferecidos ao Paquistão Oriental na Assembleia Nacional, a Liga ganhou 167. Também ganhou 291 dos 343 assentos no parlamento provincial. Seu bloco na Assembleia Nacional ofereceu-lhe grande maioria em todo o país e abriu caminho para que formasse o governo central. Tal perspectiva assustou a oligarquia governante do Paquistão Ocidental. Como a Liga Awami tinha ganhado as eleições lutando com a bandeira dos Seis Pontos, e chegara a ir além em seus discursos de campanha, estava claro que o exército tentaria prevenir uma reunião da Assembleia Nacional. Quanto a isso tiveram grande ajuda, ou foram liderados, por Zulfiqar Ali Bhutto, que se recusou a permitir um governo paquistanês liderado pelo partido majoritário.

O Partido Popular do Paquistão, de Bhutto, triunfara na porção ocidental do país, e deveria ter negociado um acordo com os vencedores. Mas Bhutto ficou de mau humor e disse ao seu partido que boicotasse o encontro do novo parlamento, que aconteceria em Daca, capital do Paquistão Oriental, abrindo espaço para uma investida militar. Ele cunhou o slogan "Idhar Hum, Udhar Tum" (Aqui estamos nós, lá estão vocês), deixando claro que, como os militares, não estava interessado em compartilhar o poder. Isso fez com que uma divisão fosse inevitável. Bengala tomou posição não cooperadora. Uma onda de greves paralisou a província. Mesmo no exército foram sentidas profundas vagas de tensão nas casernas. Quando a Liga Awami decidiu-se pela não cooperação, todos os cozinheiros, serventes e lavadores de roupas das casernas militares deixaram seus postos; nos mercados de comida, os vendedores se recusavam a vender qualquer tipo de alimento aos soldados; e os carros bengalis que visitavam casernas tinham seus números publicados no jornal *People*. Em um momento, a situação ficou tão desesperadora que tiveram de ser enviados do Paquistão Ocidental alimentos especiais aos oficiais.

MESMO ANTES QUE acontecesse a invasão formal, no dia 25 de março de 1971, centenas de vidas de bengalis tinham sido perdidas nas mãos do que era visto como um exército opressor enviado pelo Paquistão Ocidental. Mais tarde, alguns dos generais envolvidos escreveram que Mujib, assustado com seu próprio povo, pediu ao exército que sufocasse o movimento, mas isso, na verdade, foi uma armadilha para deixá-los ainda menos populares. Os que trabalhavam ludibriando moviam uma rede muito ramificada.

As primeiras demonstrações do poder brutal do exército devem ter convencido os políticos da Liga Awami do que poderia se seguir, a menos que estivessem preparando o povo bengali para uma luta. Isso

O GENERAL QUE PERDEU UM PAÍS

eles se recusaram a fazer, a despeito do grande desejo das massas, expressado em ruidosos slogans nos encontros da Liga Awami, clamando por uma separação total do Paquistão. A maré de conscientização política popular já era clara nos enormes comícios que aconteceram em toda a província antes e depois das eleições de 1970. Em todos os locais, os cidadãos assimilaram as lições do passado muito mais rapidamente que seus líderes parlamentares e mostraram sua vontade de lutar contra o Estado colonial em Bengala Oriental. Em todos os locais, eram uma e outra vez checados pelo visceral constitucionalismo dos líderes da Liga Awami. O conflito entre os movimentos de massa e o inofensivo reformismo de seus líderes oficiais foi ainda mais trágico porque as organizações de esquerda existentes foram localizadas ou desacreditadas, e por isso não estavam em posição capaz de influir no curso da luta de forma decisiva.

Ranajit Roy, respeitado comentarista na imprensa indiana, francamente notou um elemento em comum nas políticas estabelecidas indo-paquistanesas ao expressar sua compaixão pelo *sheik* Majibur Rahman: "A liderança da Liga Awami de várias maneiras corresponde à liderança de nosso Congresso — uma liderança que, apoiada pela agitação pacífica, conseguiu chegar ao seu objetivo e no final das contas teve êxito ao alcançar compromissos com nossos mestres coloniais. Nossa independência foi resultado de um entendimento com os mestres britânicos. O *sheik* Majibur esperava chegar a um acordo comparável a este com Islamabad. Assim como o Partido do Congresso na Índia, a Liga Awami não tem estômago para o tipo de circunstância de guerra que levou à paralisação de Bangladesh."

Mas claro que existiam importantes e involuntárias diferenças entre o colonialismo britânico e o paquistanês no subcontinente. O imperialismo britânico foi capaz de alcançar uma descolonização política, pois esta não significaria a ruína de seu império econômico, cujos segmentos centrais eram a borracha e o estanho da Malásia, o petróleo do Oriente Médio e o ouro da África do Sul, além das plantações na Índia. Mas a perda de controle político de Bengala Oriental

# 110 DUELO

afetou diretamente os interesses vitais do empobrecido subcolonialismo de Islamabad. Quanto mais fraco o poder colonial, mais dependente está da possessão política formal de seus territórios. A história do século XX oferece uma boa lição nesse sentido.

O imperialismo europeu que engendrou a mais longa e terrível guerra pela retenção de suas possessões ultramarinas não foram as industrializadas Inglaterra, França ou Bélgica, mas sim pelo pequeno e predominantemente agrário Portugal. Lisboa lutou uma campanha feroz na África para manter Angola, Moçambique e Guiné por conta da importância econômica e ideológica de tais colônias. O subcolonialismo português, cuja própria economia estava profundamente envolvida pelo investimento de capital de potências mais avançadas, oferece uma comparação ilustrativa ao caso do Paquistão. Nenhum dos dois tinha muito espaço para manobras político-econômicas: cada um a sua maneira, deixavam-se levar consequentemente a medidas extremas e repressivas imediatas.

Isso levou a uma crise maciça nos dois países: a quebra de um deles, como demonstrada neste livro, e uma séria partição no exército do outro. Os majores e coronéis portugueses estiveram na vanguarda do movimento que venceu o Estado Novo de Salazar, chegando à revolução democrática de 1974.

Qualquer observação objetiva da Liga Awami, que ainda é um partido grande em Bangladesh, concluirá que se trata de um partido secular, porém conservador desde o nascimento. Seus anos de formação, assim como os anos de formação dos partidos de seus irmãos do Paquistão Ocidental, foram dominados por manobras e intrigas parlamentares. Suas principais raízes sociais sempre foram os funcionários, professores, pequenos comerciantes e donos de lojas que proliferavam na sociedade de Bengala Oriental. Seu fundador, H.S. Suhrawardy, que por um curto espaço de tempo foi primeiro-ministro do Paquistão, destacou-se em 1956 por apoiar a invasão franco-inglesa-israelita do Egito. Transformou-se em um dos mais articulados defensores dos interesses imperialistas no Paquistão e da política americana na Ásia como um todo. Partidos de esquerda e organizações no Paquistão Oriental que se opunham a essas políticas eram fisicamente atacados pelos "voluntários" da Liga Awami, e suas reuniões eram dispersadas com monótona regularidade. Outro feito muito conhecido de Suhrawardy foi supervisionar a fusão das províncias do Baluchistão, Sind e Fronteira Noroeste em um único território dominado completamente pelo Punjab. Dessa forma, mostrou seu respeito pela "autonomia" das províncias do Paquistão Ocidental.

Após 1958, Suhrawardy teve um papel dissidente nos primeiros anos de ditadura de Ayub e foi preso por um curto período; mas sua oposição sempre foi limitada pela moldura constitucionalista burguesa. Os talentos inquestionáveis de Suhrawardy — era ótimo advogado, manipulador político e orador — deixavam-no um corpo à frente dos outros líderes da Liga Awami. No entanto, suas ambições nada tinham a ver com a independência bengali: seu objetivo era fazer da Liga Awami uma máquina eleitoral de todo o Paquistão, capaz de ganhar o poder como um partido "nacional" e assim catapultá-lo ao posto mais alto possível. Sua morte, em 1963, pôs fim a esse sonho.

É essencial lembrar sua trajetória inicial para entender as últimas atitudes da Liga Awami. Ela continuou com um papel de oposição durante a ditadura de Ayub. O próprio Ayub, mais de uma vez, considerou a ideia de alcançar algum acordo com seus líderes e incorporá-los ao governo central, mas os gângsteres políticos do submundo do Paquistão Oriental, a quem Ayub confiou por muito tempo a tarefa de manter a "lei e ordem" em Bengala, sabotaram constante e exitosamente esse plano, pois significaria o fim de suas carreiras políticas.

À Liga Awami não foi oferecida outra opção além de continuar sendo uma força da oposição. Ela uniu-se a uma aliança multipartidária (Partidos Combinados da Oposição) em 1964 para lançar uma candidatura contra Ayub, mas as eleições foram fraudadas pelo exército e pelos funcionários civis, e o marechal de campo voltou com confortável maioria. Como resultado, o país sofreu uma rachadura interna, mas ninguém do poder percebeu. Daquele momento em diante, a Liga Awami, ainda que de forma relutante, seria levada em uma direção distinta, com poucas opções além de desafiar os chefes militares. As esperanças da imprensa transatlântica estavam em um ditador militar. Algumas semanas antes, uma ação militar foi desencadeada contra 75 milhões de bengalis, e o *Economist* foi um dos representantes dessa opinião do *mainstream*, aprovando o general Yahya: "Também é provável que o presidente fará o melhor para manter-se nas mãos do exército. Até então, provou-se um soldado modelo na política, mantendo-se distante dos arranjos eleitoreiros e liberando todos os presos políticos após a eleição."

O Paquistão de Jinnah morreu no dia 26 de março de 1971, com Bengala Oriental banhada em sangue. Dois paquistaneses ocidentais renunciaram a seus postos em protesto contra o que estava a ponto de acontecer. O marechal Ahsan e o general Yaqub deixaram a província após verem rejeitados seus apelos a Islamabad. Os dois se opuseram fortemente a uma solução militar. Bhutto, por outro lado, apoiou a invasão. "Obrigado Deus, o Paquistão foi salvo", ele declarou, associando seu nome ao desastre que estava por vir. Rahman foi preso e várias centenas de nacionalistas e intelectuais de esquerda, ativistas e estudantes foram mortos em um massacre cuidadosamente organizado. As listas de vítimas foram preparadas com a ajuda de vigilantes islamitas locais, cujo partido, o Jamaat-i-Islami, perdera feio nas eleições. Disseram aos soldados que os bengalis tinham recentemente se convertido ao Islã e por isso não eram "propriamente muçulmanos" — seus genes necessitavam ser melhorados. Essa foi a justificativa para uma campanha de estupro em massa.

Em Daca, Mujibur Rahman esperou em casa até ser preso. Muitos de seus colegas foram para a clandestinidade. Os militares esvaziaram a Universidade de Daca. Unidades de artilharia atacaram bairros de classes trabalhadoras; sindicatos e sedes de jornais foram destruídos. Soldados invadiram o alojamento feminino no campus universitário, estuprando e matando muitas residentes. Com a ajuda de agências de inteligência e colaboradores locais, sobretudo ativistas islamitas, vá-

O GENERAL QUE PERDEU UM PAÍS · 113

rios nacionalistas e intelectuais comunistas foram identificados (como na Indonésia, em 1965), encontrados e mortos. Alguns eram amigos próximos meus. Fiquei ao mesmo tempo infeliz e com raiva. Eu previra essa tragédia, mas imaginei que poderia ser evitada. Imediatamente após as eleições gerais de dezembro de 1970, escrevi: "Será que o exército do Paquistão e os barões capitalistas do Paquistão Ocidental vão permitir que tais demandas continuem? A resposta: um claro não. O que provavelmente acontecerá é que, a curto prazo, Mujibur Rahman será admitido para aumentar a porcentagem de licenças para importação e exportação do Paquistão Oriental, e será alocada uma fatia maior de investimento de capital estrangeiro. Tais são as 'concessões' que o exército está preparado a fazer nos próximos meses. Se Rahman as aceitar, será permitida sua permanência no poder. Se não, o poder voltará como sempre aos braços do exército. Não há dúvida que, no caso de outro golpe militar, não será possível deter as queixas de Bengala, e o desejo por uma Bengala independente crescerá enormemente."[22]

Os líderes políticos bengalis não prepararam o povo para esse ataque violento. Se tivessem feito isso, muitas vidas poderiam ter sido salvas. Políticos e soldados bengalis estavam esperando que o mundo acima deles desertasse e defendesse seu povo. Foi o golpe final ao Paquistão de Jinnah. Bangladesh (nação bengali) estava a ponto de nascer. A luta que irrompera entre as forças de liberação bengali e o poder armado da capital do Paquistão Ocidental representou a continuação dos movimentos de massa que irromperam entre 1968-69 e uma quebra qualitativa.

Eram dois os traços distintos da política em Bengala Oriental desde o início de 1971: por um lado, a entusiástica participação do povo em todos os níveis; por outro, as deficiências políticas dos notáveis da pequena burguesia na Liga Awami, cuja tradição de comprometimento e manobras os deixaram incapazes de liderar um real movi-

---

[22]"Pakistan: After the December Elections, What Next?" *Red Mole*, 1º de janeiro de 1971, p. 10.

114    DUELO

mento de independência. Mujib organizou um encontro maciço de quase um milhão de pessoas no dia 7 de março de 1971, no qual fulminou contra os atrasos e intrigas, mas se recusou a declarar a independência. Os cidadãos bengalis pagaram o preço de sua prevaricação.

A operação Searchlight foi brutal, mas nada eficiente. Matar estudantes e intelectuais não levou à rápida e definitiva vitória buscada pelos generais paquistaneses. Uma vez fracassado o ataque inicial, os militares, com a ajuda de voluntários locais islamitas (membros do Jamaat-i-Islami) começaram a matar hindus — havia 10 milhões deles no Paquistão Oriental — e queimar suas casas. Milhares foram exterminados. Ato considerado crime de guerra por qualquer lei internacional.[23]

Tudo isso acontecia enquanto muitos governos pró-Yahya desviavam os olhos e esperavam pelo melhor. Enquanto notícias sobre a ofensiva se espalhavam, o Paquistão Oriental predominantemente bengali se amotinava. Mais tarde, muito se gastou em propaganda em Islamabad sobre como o comandante das forças do Paquistão Ocidental, coronel Janjua, foi despertado por um subordinado bengali, levado para fora do escritório vestindo pijama, sentado na cadeira do oficial de comando e executado por seu auxiliar pessoal. Isso é terrí-

---

[23]Os Princípios de Nuremberg, conforme formulados na Comissão Internacional de Leis, não deixam espaço para dúvida. Definem crimes de guerra como:

> Violações das leis ou costumes de guerra, o que inclui, mas não se limita, ao assassinato, maus-tratos ou deportação para trabalho escravo ou para qualquer outro propósito da população civil de ou presente em um território ocupado, assassinato ou maus-tratos a prisioneiros de guerra, ou pessoas nos mares, assassinato de reféns, saque de propriedades públicas ou privadas, injustificada destruição de cidades, vilas, vilarejos, ou devastação não justificada por necessidade militar.

Crimes contra a humanidade são:

> Assassinato, extermínio, escravização, deportação ou qualquer outro ato inumano perpetrado contra qualquer população civil, ou perseguição por motivos políticos, raciais ou religiosos, quando tais atos são perpetrados ou tais perseguições são levadas a cabo durante a execução ou em conexão com qualquer crime contra a paz ou qualquer crime de guerra.

O GENERAL QUE PERDEU UM PAÍS 115

vel, mas qual guerra civil não é? Poucos perguntaram como a única companhia bengali no país tinha um comandante não bengali? Isso era parte do problema.

As unidades de guerrilha emergiram em diferentes partes da província, representando diferentes facções políticas, mas unidas na luta pela independência. A mais forte delas era a Mukti Bahini (Exército de Liberação), em grande parte liderada por nacionalistas da Liga Awami; mas outras operavam localmente, incluindo grupos inspirados em Che Guevara e liderados por Tipu Biswas e Abdul Matin. Esses militantes não tiveram outra escolha. As elites governantes na Índia e no Paquistão buscavam uma rápida conclusão para a luta. O que não aconteceu. O poder supremo em Islamabad naquele momento era exercido por um pequeno círculo de oficiais militares, flanqueados por alguns poucos conselheiros civis e seus cúmplices. O próprio Yahya Khan transformou-se em uma figura obscurecida. Mais tarde surgiriam relatos de como certa noite, bem tarde, intoxicado, ele saiu correndo nu pelas ruas de Peshawar bramindo risadas, perseguido por sua amante favorita (muito conhecida como "general" Rani), e teve de ser escoltado de volta para dentro de casa por guardas que não pareciam surpresos. Nada disso teria importância se tivesse alcançado êxito, mas o fracasso foi estampado no rosto do exército.

A panelinha que governava por trás dele e estava conduzindo a guerra incluía cinco generais graduados e alguns poucos funcionários do governo, nenhum deles distinguido por competência. Em suas memórias, o general Gul Hassan, naquele momento oficial sênior, reconta o caos no quartel-general durante a guerra: despachos cheios de mentiras, coberturas planejadas para esconder fracassos militares, sobrevalorização de unidades militares que acabaram deixando Daca vulnerável, e mais coisas. Vista friamente como uma operação militar, foi um desastre. O general "Tigre" Niazi, comandante do Paquistão Oriental, gabou-se de que esmagaria a rebelião em poucas semanas, mas isso não aconteceu. Gul Hassan mal podia esconder seu desprezo por Niazi, que sentia ser nada mais que outro "material de comando da empresa". O próprio Hassan não era bom estrategista e veio com a ideia louca de um esquema para abertura de um segundo front. Isso requeria um golpe estratégico contra a Índia nas fronteiras ocidentais. Ele argumentou que a melhor maneira de salvar o Paquistão Oriental era com uma guerra total, que levaria a uma intervenção das Nações Unidas/Estados Unidos/China para impor um cessar-fogo global. O risco era que, como provavelmente isso não aconteceria, o Paquistão Ocidental poderia desaparecer. Seus superiores mais amigos deram tapinhas nas suas costas por um pensamento tão inteligente, mas rejeitaram a ideia.[24] Não eram totalmente estúpidos. O controle total do Estado pelo exército levantava questões mais fundamentais.

O exército do Paquistão e a burocracia civil sempre tiveram uma relativa autonomia dos senhores de terra e homens de negócio do Paquistão Ocidental. Mas o contrário não é verdade. Os homens de negócios eram muito dependentes do complexo militar-burocrático que dominava o Estado. Esse processo foi acelerado pelos movimentos de massa de 1968-69. A oligarquia do lado ocidental ficou mais e mais consciente de sua dependência da força contínua da máquina estatal militar e civil. O exército e seu poder de coação eram então necessários como ponto de conjunção política, para além de suas funções puramente repressivas. Os Seis Pontos de março de 1971 atingiram o coração do regime oligárquico na parte ocidental. Isso explica a forte recusa de comprometimento com a Liga Awami, a ferocidade da ação contra o oriente e a unanimidade nos altos círculos dos governantes do Paquistão Ocidental em apoiar imediatamente o golpe de 25 de março. Também explica a fidelidade dos Estados Unidos e de seus aliados britânicos ao regime militar, mesmo que tenha posto em perigo a "estabilidade" em Bengala.

Os Estados Unidos efetivamente tentaram guiar a ditadura paquistanesa para a "moderação", enquanto iam escorando todos os lados.

---

[24]*Memoirs of Gul Hassan Khan* (Karachi: 1993).

O GENERAL QUE PERDEU UM PAÍS 117

Vozes críticas em Washington estavam nervosas com a ameaça posta aos seus interesses globais pelo cerrado egoísmo nacionalista do exército do Paquistão. Também estavam preocupados, pois uma *débâcle* no Oriente poderia desestabilizar a até então sólida estrutura militar do Paquistão.

Baseados em convenções britânicas, os oficiais mais antigos, até então, sempre respeitaram a rigorosa escala hierárquica. Tanto Ayub quanto Yahya, quando assumiram o poder em 1958 e 1969, respectivamente, eram comandantes em chefe do exército e agiram formalmente em razão do que determinava o cargo. Um golpe ao estilo do Oriente Médio — ou da América Latina — levado a cabo por jovens generais e coronéis radicais teria representado uma forte ruptura com toda essa tradição. Tal eventualidade foi evitada no momento certo, após a terrível perda de dezembro de 1971, quando a situação doméstica tinha em grande parte se deteriorado e os oficiais mais abaixo na hierarquia estavam indóceis por conta da inaptidão do alto-comando.

A guerra em Bangladesh afetou fortemente a economia paquistanesa, que de qualquer forma estava abalada desde 1968. O comércio exterior se reduzira drasticamente, enquanto os preços e o desemprego subiam velozmente. A exportação de juta naturalmente colapsara, precipitando as quedas na bolsa de valores de Karachi. Essa grave crise econômica foi, claro, causada pelo custo da força expedicionária em Bengala. A imprensa estimou algo em torno de 2 milhões de dólares ao dia (equivalente hoje a 40 milhões diários), perda maciça quando adicionada ao crônico déficit mensal de importações do Paquistão Ocidental de 140 milhões de dólares (hoje: 2,8 bilhões de dólares). O regime de Islamabad se viu frente a um problema doméstico com o qual não contava ao embarcar em suas operações genocidas em março. Unilateralmente, suspendeu os pagamentos de suas dívidas externas e precisou de mais e maiores investimentos dos Estados Unidos para evitar a bancarrota total.

Novos perigos surgiam em outras frentes. Logo ficou claro ao governo indiano, liderado por Indira Gandhi, que uma batalha pro-

# 118 DUELO

longada em Bengala Oriental poderia ter repercussões críticas nos territórios da Índia vizinhos àquela província, que estava no limite de uma profunda crise social há anos. Levantes de camponeses e generalizada agitação social fizeram da província fronteiriça um barril de pólvora. A elite que governava a Índia, mesmo muito mais forte que sua correspondente no Paquistão, sabia muito bem disso e ficou preocupada, pensando que a agitação poderia se espalhar. Muitos dos que leem este relato hoje ficarão surpresos pelo fato de que todos no poder tinham medo de uma "revolução vermelha", mas tinham. A força do Partido Comunista (marxista) e dos grupos maoistas preocupou sucessivos governos indianos.

Essa foi uma das principais razões que fez a senhora Gandhi ser rápida em sua demagógica resposta aos eventos em Bengala Oriental. Todos os partidos de oposição na Índia pediam uma intervenção mais enfática de Nova Délhi. No entanto, a política de Indira Gandhi foi de apoiar a Liga Awami, desarmar várias guerrilhas que cruzavam a fronteira e instituir um controle político estrito nos chamados "campos de treinamento" montados em solo indiano. Ainda que tivesse grande superioridade militar, o governo indiano esteve inicialmente amedrontado pela perspectiva de uma intervenção em Bengala Oriental. Isso deixaria nervosos os Estados Unidos e a China e poderia levar toda a região a um tumulto que, segundo Nova Délhi, arriscaria ficar fora de controle. Na verdade, mesmo que a Liga Awami tivesse êxito ao estabelecer o que Indira Gandhi chamava de um "Estado secular e democrático" em Bengala Oriental, a fraqueza de sua elite nativa e a quase total falta de um aparato de Estado desenvolvido teria levantado a questão de alguma forma de solução revolucionária rapidamente.

A FORÇA POLÍTICA mais efetiva em Bengala Oriental naqueles tempos (assim como hoje) era sem dúvida o Partido Comunista da Índia (Marxista), ou CPI(M), com seus milhares de militantes e milhões de sim-

O GENERAL QUE PERDEU UM PAÍS 119

patizantes. As inclinações centristas desse partido eram visíveis mesmo quando formou um governo de coalizão na província, ainda que após imposta a regra do governador e o centro tivesse tomado o poder, tenha se permitido uma retórica mais revolucionária. Seus líderes estabeleceram que Indira Gandhi e Yahya Khan representavam igualmente forças sociais e políticas reacionárias, o que era um pouco injusto. Argumentaram que assim como Bengala Oriental era especialmente explorada pelo Paquistão Ocidental, da mesma forma a "Bengala Ocidental era especialmente explorada pela Índia Central". A conclusão lógica para essa forma de interpretação era desenvolver uma estratégia para uma Bengala Socialista Unida. Mas pensar em tais termos exigia uma ruptura com o passado, e isso o CPI(M) não podia fazer. Talvez fosse uma noção utópica, e talvez o forte traço utópico em mim tenha sido o responsável por me fazer levantar, de forma independente do CPI(M), uma bandeira pela República Unida Socialista da Bengala. Eu me vi sendo chamado de "aventureiro de ultraesquerda", crítica que, pensando hoje em dia, poderia conter uma ponta de verdade. Naquele momento, parecia muito razoável responder aos ditadores militares, aos políticos sem princípios e aos ignóbeis homens de negócio.

Foi como "aventureiro de ultraesquerda" que cheguei, numa noite muito escura de 1971, a Calcutá, disfarçado de comerciante hindu. Meu objetivo era encontrar-me com um mensageiro da zona de guerra e cruzar a fronteira ao seu lado em direção ao Paquistão Oriental, para então estabelecer contato direto com a resistência bengali. Raspei meu bigode pela primeira e última vez e quase não reconhecia a mim mesmo. Estava viajando com um passaporte britânico falso que havia pertencido a um homem chamado Muttabir Thakur, comerciante bengali de Brick Lane, no East End de Londres. Não tinha ideia de quem ele era, mas sabia que havia oferecido seu passaporte como forma de ajudar a luta bengali. Naquela época, eu ainda era cidadão paquistanês e sabia muito bem, como sei hoje, que o passaporte do

Paquistão pode ser um entrave para uma entrada rápida na maior parte dos países, especialmente na Índia.

Por alguma razão impenetrável, Sophie, a militante francesa que tingiu meu cabelo em Paris, escolheu um tom avermelhado, que aplicou também nas sobrancelhas, e o que eu via no espelho era um tipo que se parecia com um *serial killer* de Hollywood. Estava levando um revólver oferecido indiretamente pelo IRA para a viagem, que colocara em minha maleta junto com alguma munição.

No aeroporto de Bombaim um oficial da imigração me fez uma pergunta de rotina: "Qual o nome do seu pai?" Eu tinha memorizado o endereço de Thakur em Calcutá, mas estupidamente não imaginei essa pergunta. Fiquei em pânico e disse em um impulso: "Mohammed". O oficial da imigração ficou chocado, mas antes que pudesse dizer algo, uma senhora parsi, bem idosa e gorda, que estava na fila atrás de mim, provavelmente sensibilizada pelo fato de o pai de um rapaz hindu ter o nome de Profeta, desarmou a situação exclamando "Que bonito!". Todos sorriram, meus papéis foram carimbados e a aduana não se preocupou em abrir minha maleta.

Cheguei determinado a cruzar a fronteira e estabelecer contato com os guerrilheiros de Abdul Matin e Tipu Biswas, que representavam a ala mais aberta e guevarista da esquerda bengali. Um de seus partidários tinha traduzido o *Guerrilla Warfare*, de Che Guevara, para a língua bengali, e naquele momento estava sendo lido por soldados do Mukti Bahini, o exército de liberação nacional, que incluía antigos soldados bengalis e oficiais do exército paquistanês. Homens não oficialmente ligados a Matin e Biswas conduziam investidas em Pabna, no coração da província entre os rios Ganges e Brahmaputra, bem como no noroeste, na região de Sylhet e Mymensingh. Esta última fora o epicentro do grande levante camponês Tebhaga, em favor da redução dos arrendamentos entre 1945-47, a mais combativa revolta social entre os camponeses no subcontinente até hoje. E a tradição certamente não desaparecera. Um mensageiro da resistência bengali encontrou-se comigo em Calcutá. Com certeza não tinha mais que

O GENERAL QUE PERDEU UM PAÍS

18 anos, mas sua compostura e autoridade contradiziam sua idade. Ele me impressionou fortemente. Contou-me que a resistência estava crescendo e adquirindo mais experiência a cada dia e que tinha tido êxito ao paralisar as cidades-porto de Chittagong e Khulna, reduzindo o comércio interzonas a nada. "Logo tomaremos conta de Santa Clara e depois de Havana", disse com um sorriso, sendo o mais próximo que chegou de revelar sua identificação política. Naqueles dias, dada a diversidade dos grupos envolvidos na resistência, era melhor não se aprofundar muito em afiliações políticas, especialmente quando se era um punjabi do Paquistão Ocidental.

Ele tinha instruções para cruzar a fronteira comigo, e de lá outras pessoas seriam responsáveis pelo meu transporte. Insistiu que não poderíamos viajar com armas, pois se fôssemos parados a polícia fronteiriça da Índia revistaria as malas. Então, relutante, deixei o revólver para trás. Enquanto nos movíamos em direção à fronteira, começamos a encontrar barricadas e sinais de pesados movimentos de tropas indianas e tanques. A fronteira estava obviamente sendo fechada. Ativistas nos avisaram que seria quase impossível entrar no Paquistão Oriental. Não havia outra opção além de cancelar a operação. O mensageiro manteve a calma. Ele me deixou em um local seguro em Calcutá e voltou. Nunca soube seu verdadeiro nome. Alguns anos mais tarde, um amigo bengali disse que ele havia morrido.

Após o café da manhã, no Great Eastern, uma relíquia dilapidada, mas com atmosfera, do raj no centro de Calcutá, eu estava conversando com amigos quando um jornalista inglês, Peter Hazelhurst, do *Times*, aproximou-se e me encarou. Olhei para ele, sem dar qualquer sinal de reconhecimento, e desviei o olhar. Todos ficamos calados e mergulhamos nossos rostos no jornal. Hazelhurst perambulou por ali e depois se aproximou novamente de nossa mesa. Ele me disse algo, mas eu ignorei. Insistiu que me reconhecia pela voz, me deu os parabéns pela eficácia do meu disfarce e ameaçou me desmascarar a menos que lhe concedesse uma entrevista exclusiva contando o que estava fazendo ali. Eu não tinha saída e concordei. Depois, ele me deu 24 horas para me pôr a salvo e, para despistar meus perseguidores, escreveu que eu estava com a barba bem crescida e viajando em direção a Délhi. Na verdade, embarquei no primeiro voo para Londres. Na entrevista, falei sobre o desejo de uma Bengala Vermelha Unida, farol para toda a região, uma centelha que poria o prado em chamas. As palavras vinham fáceis naqueles dias. Hazelhurst concordou que uma Bengala Vermelha alarmaria Délhi muito mais que Islamabad, e reportou o que eu lhe disse com grande acuidade, o que era raro naquela época. Esses falsos brilhos atiçaram um ninho de vespas. Os grupos maoistas, em especial, viram tudo isso como uma "divergência nacionalista pequeno-burguesa". A perspectiva de uma Bengala unida era vista com igual alarme por Washington, que percebia o movimento como um passo em direção a uma possível vietinamização do sul da Ásia. O que ficou claro quando, surpreendentemente, mas para o meu enorme prazer, o seguinte editorial apareceu no *New York Times*:

A visão radical do senhor Ali sobre o caos no subcontinente indiano não pode ser encarada de forma ligeira. (...)

Um prolongado confronto de guerrilha no Paquistão Oriental poderia ter profundas repercussões no vizinho e propenso à violência Estado indiano de Bengala Ocidental, já abalado pelo fluxo de mais de três milhões de refugiados da campanha de terror do exército paquistanês. A primeira-ministra Indira Gandhi está sob enorme pressão para intervir e tentar inspecionar essa ameaça à paz e integridade interna da Índia.

É óbvio que não é do interesse de ninguém permitir que a "faísca" bengali detone um grande conflito internacional, que poderia rapidamente envolver as grandes potências. Nem é inteligente permitir que a situação no Paquistão Ocidental continue envenenando, convidando a uma gradual desintegração política de todo o subcontinente.

Para privar Tariq Ali e os outros como ele de sua "grande oportunidade" é essencial que o presidente do Paquistão Yahya Khan entre em acordo rapidamente com o mais moderado *sheik* Mujibur Rahman e sua Liga Awami, que conquistou um esmagador mandato popular

O GENERAL QUE PERDEU UM PAÍS

nas eleições nacionais e estaduais de dezembro último. Tal acomodação com os representantes eleitos do Paquistão Oriental deveria ser um pré-requisito para a retomada da ajuda dos Estados Unidos, exceto para uma assistência de alívio, ao Paquistão.[25]

Mas Yahya Khan já não contava. Era a senhora Gandhi, primeira-ministra indiana, que nos privaria de nossa "grande oportunidade". Àquela altura Nova Délhi sabia que o exército paquistanês não poderia segurar a província por muito mais tempo, e que, se a guerra de guerrilha persistisse, a liderança da Liga Awami poderia ser ultrapassada por elementos mais radicais. Assim, no dia 3 de dezembro de 1971, o exército indiano cruzou a fronteira de Bengala Oriental, onde os soldados foram recebidos como libertadores, ajudados pela população local e avançaram em direção à capital, Daca. Em uma quinzena fizeram "Tigre" Niazi render-se, assim como o resto de seu comando. O Paquistão perdeu metade de sua marinha, um quarto de sua força aérea e quase um terço de seu exército. A derrota foi completa. Em poucas semanas, o *sheik* Mujibur Rahman foi libertado de uma prisão no Paquistão Ocidental e viajou a Daca via Londres. Washington, temendo o caos, pressionou Islamabad por sua rápida liberação. A liderança derrotada tinha pouco a fazer além de condescender. Bengala Oriental se transformou em Bangladesh, país de 70 milhões de pessoas. Após várias semanas, o exército indiano partira, deixando ao novo Estado a tarefa de construir seu próprio aparato.

O feroz ciclone que atingiu Bengala Oriental em 1970, um ano antes do exército paquistão, tirou a vida de 200 mil pessoas. A natureza foi mais gentil que a guerra. O *sheik* Mujibur Rahman afirmava convicto que 3 milhões de bengalis tinham sido mortos na guerra. O exército do Paquistão contesta, mas sem apresentar qualquer número. Um mandarim, servidor antigo do Departamento de Estado, provavelmente baseado em relatos da inteligência norte-americana,

---

[25]"Bengal Is the Spark", editorial, *New York Times*, 2 de junho de 1971.

escreveu que "um milhão de pessoas foram mortas em Bengala entre março e dezembro [de 1971]. Cerca de 4 milhões de famílias — mais de 20 milhões de pessoas — aparentemente deixaram suas casas, quase a metade buscando refúgio na Índia. Entre um e 2 milhões de casas foram destruídas".[26] Tais números são chocantes, deixando para trás os massacres do tempo da partição e mesmo os da terrível fome de Bengala, em 1943. O general A. O. Mitha, com a ajuda dos militares americanos, criara o Grupo de Serviços Especiais (Special Services Group — SSG) nos anos 1960. Seu propósito era levar adiante missões especiais além das linhas inimigas (Índia), e seus comandos foram enviados ao Paquistão Oriental bem antes de março de 1971. Em suas memórias, Mitha conta que era um jovem oficial servindo em Calcutá, onde testemunhou os terríveis apuros das vítimas da fome. Agora, parte da máquina de guerra, isentou os comandos militares e culpou os políticos pelo derramamento de sangue.

Em Islamabad, o general Hameed, o promotor para os julgamentos dos processos da guerra e a cargo do alto-comando, falou a todos os oficiais do QG para explicar por que se tinham rendido e perdido metade do país. Trinta anos mais tarde, Mitha, que havia considerado o encontro má ideia, mas não podia deixar de comparecer, descreveu a cena no momento em que Hameed abriu espaço para as perguntas da audiência:

> O inferno ficou louco. Majores, tenentes-coronéis e brigadeiros gritavam e berravam e xingavam e diziam nomes sujos se referindo a Hameed e Yahya. Gritavam essencialmente porque a razão para a derrota foi que todos os oficiais superiores estavam interessados em garantir mais e mais terrenos e mais e mais terras. (...) Hameed tentou acalmá-los, mas ninguém o ouvia, então ele foi embora.[27]

---

[26] Phillips Talbot, "The Subcontinent: Ménage à Trois", *Foreign Affairs* 50, número 4 (julho de 1972), 698-710.
[27] Major general A. O. Mitha, *Unlikely Beginnings: A Soldier's Life* (Karachi: 2003).

O general Gul Hassan, que esteve na mesma reunião, escreve em suas memórias: "Um incessante pedido que vagamente recordo era que todos os campos de oficiais deveriam ser declarados secos." Ele estava convencido que um grupo de conspiradores do exército planejava usar o SSG para prender ou matar Bhutto quando ele retornasse a Islamabad de Nova York, onde se dirigia ao Conselho de Segurança das Nações Unidas. Gul Hassan registrou:

> Não sei que papel estava sendo considerado para o SSG em Rawalpindi, mas posso afirmar categoricamente que não estava entre as suas intenções oferecer uma guarda de honra a Bhutto no aeroporto. Caso o drama tivesse acontecido, soaria como uma nova representação de nossa ação militar em Daca. Se o presidente [Yahya Khan] estava envolvido, não estou em posição para dizer. O general Mitha, com suas potentes credenciais, era a escolha óbvia para colocar essa conspiração em marcha. (...) A disciplina do exército estava a ponto de desabar e o repugnante odor de anarquia estava no ar. (...) A indução de uma empresa do SSG era um movimento tão temerário que, se tivesse se materializado, poderia ter levado o país ao completo esquecimento.[28]

Em suas memórias, o general Mitha nega a acusação e acusa Gul Hassan de ser condescendente com Bhutto e "mentir". O que nenhum deles podia negar era que seu presidente amante da diversão, o general Yahya Khan, presidira um monumental desastre político e militar. Tendo com êxito liquidado o velho Estado, era pedido a ele que renunciasse ao poder. Seu reinado durou menos de três anos. O debate sobre a inevitabilidade dessa perda está presente até hoje na elite militar, e uma visão linha-dura do conflito insiste que tudo foi uma conspiração indiana, e que o Paquistão teria sua vingança na Caxemira, no momento do "aprofundamento estratégico" no Afeganistão. Uma ação baseada em ideias mal resolvidas da mesma natureza poderia,

---

[28]*Memoirs of Lt. Gen. Gul Hassan Khan* (Karachi: Oxford University Press, 1993).

126 DUELO

ao contrário, levar à repetição da performance de 1971 e diminuir, se não destruir, o Estado.

O que aconteceria com o que sobrou do Paquistão? O enorme sucesso eleitoral da Liga Awami deixara Bhutto estarrecido. Isso atrapalhou profundamente seus planos de tomada do poder. Emergira como o mais feroz defensor da hegemonia tradicional do Paquistão Ocidental, denunciara histericamente os Seis Pontos e, após confabulações com altos generais do exército, montaria uma atmosfera intensamente chauvinista no Punjab para preparar seus partidários para a guerra.

Nas eleições de 1970 no Paquistão Ocidental, o Partido Popular do Paquistão (PPP), de Bhutto, emergiu como o maior partido ocidental na nova assembleia constituinte. Mas partidos menores também emergiram com bases significativas no Baluchistão e na Fronteira Noroeste, e Bhutto sabia que na melhor das hipóteses seria um parceiro menor em qualquer coalizão governamental centrista. Se a Liga Awami escolhesse governar sozinha, ele seria considerado líder apenas do Paquistão Ocidental. Bhutto ganhou as eleições no Punjab e no Sind, após seu partido ter feito uma campanha com plataforma radical, prometendo reforma agrária maciça, extensa nacionalização, comida, roupa e abrigo para todos, educação universal e um fim para o poder econômico de 22 famílias que, de acordo com a Comissão de Planejamento, controlavam 70% do capital industrial do país, 80% do capital bancário e 90% da indústria de seguros. Eram promessas improváveis. Por conta de um quase eclipse da esquerda, ele pôde, por um tempo, vestir o manto socialista. As pessoas próximas a ele naquele tempo, veteranos experimentados do calibre de Meraj Mohammad Khan, Mukhtar Rana, doutor Mubashir Hassan (primeiro ministro de Finanças do governo do PPP), mais tarde revelariam que a retórica radical era pouco mais que uma máscara desenhada para ganhar e reter o poder. Nada do que dissera era a sério, e Bhutto não cansaria de achar graça das primeiras descrições suas na imprensa ocidental como um Fidel Castro asiático. Isso sem dúvida deliciou sua

O GENERAL QUE PERDEU UM PAÍS

vaidade, mas suas ideias e planos estavam muito longe de qualquer revolução. Se acreditava em algo, era em uma forma de social autocracia no estilo de Lee Kuan Yew, na Cingapura. No entanto, uma cidade-estado não poderia prover o modelo para um novo e reduzido Paquistão.

A organização do partido de Bhutto era uma improvisada reunião de feudalistas, mafiosos, advogados e pequenos burgueses junto a alguns dos mais dedicados ativistas estudantis que ajudaram a derrubar a ditadura. Seu êxito eleitoral deveu-se muito aos acordos de Bhutto com poderosos grupos de donos de terra das províncias (seu pacto com os principais feudalistas do Sind, dos quais fazia parte, foi particularmente notório). No entanto, o PPP também refletiu, capturou e confiscou as aspirações populares genuínas de transformação social em cidades e vilarejos. Ele fez de seu partido o único condutor possível para uma mudança, e destruiu a camisa de força de alguns tradicionais políticos donos de terra do Punjab. Pela primeira vez, os camponeses desafiaram seus patrões e votaram por Bhutto.

Nas casas de chá em Lahore comentava-se que "mesmo um cão raivoso com um número do PPP" ganharia naquele ano. O que foi provado com a eleição de Ahmed Raza Kasuri, um dos partidários mais antigos e excêntricos de Bhutto, que mais tarde se mostraria um vira-casaca e acusaria seu antigo líder de assassinato. Eu me lembro bem, em 1969, de Bhutto chegando a um casamento em Lahore, precedido por Ahmed Raza como se fosse um mordomo e anunciando: "Todos, por favor, levantem-se para o primeiro-ministro Bhutto, que está a ponto de chegar", comentário que causou muita alegria e foi saudado com entusiasmo.

Tão grande foi o tal entusiasmo e tão profundo o desejo de mudança social que naqueles primeiros meses um grande acordo poderia ter sido alcançado. Que o chefe do Partido Popular não era um visionário foi revelado por sua atitude no Paquistão Oriental. Sérias tensões de classe no bloco eleitoral de Bhutto e o vazio de seu partido significavam que o único cimento que mantinha tudo aquilo unido era um chauvinismo popular nacional, como demonstrado na linguagem e estilo de seu líder.

Os generais que tinham perdido a guerra e alguns de seus oficiais menos graduados odiavam referências a eles por críticos de todas as cores como "generais ensopados de vinho e coronéis sedentos de sangue". Mas eles não estavam sozinhos. Os burocratas do Paquistão Ocidental, os executivos da televisão estatal e vários outros que foram pegos na euforia desencadeada pelo chauvinismo haviam sido atingidos por uma profunda melancolia. Em vez de calmamente avaliar o que acontecera, voltaram-se a um mundo de fantasia, ocasionalmente citando a poesia de Faiz para suavizar memórias duras e terríveis. Tiveram o cuidado de nunca mencionar os três poemas cheios de mágoa que Faiz escreveu sobre a Bengala Oriental banhada em sangue após 1971, a voz de uma nação que perdera sua língua. O segundo desses poemas era um pleito agridoce por verdade e perdão.

> *Foi assim que minha dor se tornou visível:*
> *Sua poeira, empilhada por anos em meu coração,*
> *finalmente alcançou meus olhos,*
>
> *a amargura agora é tão clara que*
> *tive de ouvir quando meu amigo*
> *me disse que lavasse os olhos com sangue.*
>
> *Tudo imediatamente foi enredado em sangue —*
> *cada face, cada ídolo, tudo vermelho.*
> *O sangue varreu o sol, lavando o seu ouro.*
>
> *A lua irrompeu em sangue, sua prata desapareceu.*
> *O céu prometia uma manhã de sangue,*
> *e a noite só chorou sangue.*

# O GENERAL QUE PERDEU UM PAÍS

*As árvores arderam como pilares rubros.*
*Todas as flores encheram seus olhos de sangue*
*e todos os olhares eram flechas,*

*todas penetravam imagens de sangue. Este sangue*
*— um rio chorando por mártires —*
*flui com anseio. E com pena, furioso, com amor.*

\*

*Deixe que flua. Se fosse represado,*
*só haveria ódio encoberto em cores mortais.*
*Não deixem que isso aconteça, amigos,*
*ao contrário, levem minhas lágrimas de volta,*
*quero uma enchente para purificar meus olhos empoeirados,*
*para lavar este sangue para sempre de meus olhos.*

Finalmente percebendo a escala do desastre que criara para si mesma, uma liderança do exército batido voltou-se para um líder político local, Zulfiqar Ali Bhutto, para organizar o Estado e tirá-los de sua confusão. Naquele momento, a "relativa autonomia" dos militares deixou de existir. Que nunca voltariam ao poder parecia uma perspectiva inimaginável. Não é muito comum na história que um líder político ganhe uma chance de olhar para a frente e imprima uma visão, uma nova marca, no futuro de seu país. A história ofereceu a Bhutto essa chance. Será que aceitaria?

# 5

# O QUARTETO DE WASHINGTON
## O soldado do Islã

AS MANCHETES DE 1972 FORAM TOMADAS PELO PAQUISTÃO ORIENTAL transformado em Bangladesh. Mas o impacto da desintegração do antigo Estado no Paquistão Ocidental não deve ser subestimado. As três províncias minoritárias — Baluchistão, Fronteira e Sind — sentiram-se órfãs e começaram a ficar ressentidas. Enquanto Bengala fizera parte do Paquistão havia a possibilidade de que eles se combinassem para superar os votos do Punjab. Mas naquele momento estavam sozinhos. Da mesma forma, não devemos imaginar que todos no Punjab estivessem felizes com o que acontecera. O entusiasmo por Bhutto demonstrado nas eleições de 1970 nunca desapareceu completamente, mas começou a declinar. A atmosfera social e política apaixonada que experimentei imediatamente após a queda da ditadura, em 1969, ficara contaminada pelo conhecimento das atrocidades praticadas no Paquistão Oriental. O racismo dirigido contra os bengalis de pele escura era muito mais forte entre as seções da elite educada segundo o modelo britânico. As pessoas comuns ficaram apreensivas. Suas condições de vida não eram diferentes das condições de seus compatriotas no Paquistão Oriental.

O ardor revolucionário dos estudantes, trabalhadores e dos menos favorecidos das cidades não era o mesmo após a guerra. Eles demonstraram que o poder de uma ditadura militar e sua capacidade de resistir às pressões populares tinham sido muito sobrevalorizadas. Foram eles que sacrificaram vidas para arrancar os instrumentos do poder das mãos da ditadura, apenas para descobrir seus próprios líderes colaborando com os generais para massacrar uma população insurgente no Paquistão Oriental, com resultados desastrosos. O efeito disso foi duplo. Criou uma enorme confusão política e levou ao desaparecimento da espontaneidade de massa que caracterizou o levante de 1968-69.

As políticas do PPP também ficaram atoladas no sangue da Bengala. Ainda que tenham sido justificadas por seus seguidores, não pareciam certas. Mas mesmo com a mudança de humores, seus seguidores continuavam esperando algo positivo do PPP. O desejo de mudanças sociais, de uma vida política e intelectual mais livre e de espaço para respirar, nunca desapareceria.

Em 1972, Bhutto era o líder incontestе de um Paquistão truncado. Ele sabia que a única maneira de reavivar o movimento e entusiasmar seus seguidores seria implementando reformas que tinham sido prometidas no manifesto eleitoral do Partido Popular, demandas reunidas em um clamor popular contra o Jamaat-i-Islami. Quando os criadores de slogans islamitas perguntaram: "O que significa o Paquistão?", seus ativistas respondiam em uníssono: "Só existe um Alá, e ele é Alá." A resposta dos militantes do PPP à mesma questão foi menos abstrata: "Comida, roupa e abrigo." Isso se transformou no grito de batalha eleitoral para o partido de Bhutto, e fez com que ganhasse a maioria no Paquistão Ocidental, deixando os islamitas enfurecidos, mas impotentes. Em seu primeiro pronunciamento ao novo Paquistão, Bhutto disse: "Meus queridos conterrâneos, meus queridos amigos, meus queridos estudantes, trabalhadores, camponeses (...) todos vocês que lutaram pelo Paquistão. (...) Estamos en-

O SOLDADO DO ISLÃ 133

frentando a pior crise na vida de nosso país, uma crise mortal. Temos de reunir os pedaços, pedaços muito pequenos, mas construiremos um novo Paquistão, um próspero e progressista Paquistão."

COMO ESSA CRISE terrível seria resolvida? Tudo favorecia Bhutto e o Partido Popular do Paquistão. O alto-comando militar estava totalmente desacreditado, os partidos de direita isolados e duas províncias não controladas pelo PPP — Fronteira e Baluchistão — eram governadas por uma coalizão de nacionalistas seculares liderados pelo Partido Nacional Awami (hoje Partido Awami Nacional — ANP) e o JUI, os dois comprometidos com reformas sociais e uma política externa independente. Naquele momento, o JUI não estava colocando a implementação da *xariá* (leis islâmicas) como precondição para tudo.

Apesar das promessas e das circunstâncias propícias para honrá-las, pouco foi de fato realizado. O país ficou supersaturado com a propaganda do PPP, com o culto ao líder e com ideias sem substância. A mudança foi puramente cosmética, como simbolizada pela decisão de Bhutto de adotar uniformes ao estilo militar para líderes do partido e membros do governo que eram de uso compulsório em ocasiões oficiais. Passou a ser motivo de piada a imagem de alguns ministros acima do peso e vestidos com aquela ostentação ridícula. Poucos perceberam que a inspiração vinha muito mais de Benito Mussolini que dos grupos locais de bandoleiros. A chave da questão era que Bhutto era um homem de poucas convicções. Suas opiniões nunca eram firmes nem diretas. O que lhe faltava nesse departamento era compensado em grande escala por sua sagacidade e inteligência afiadas, mas isso não foi suficiente.

O balanço dos cinco anos de governo de Bhutto não é edificante. De janeiro a abril de 1972, governou o país como administrador-chefe da lei marcial, e assim lançou a Ordem de Reforma Econômica, de 3

134 DUELO

de janeiro de 1972, sob a qual bancos, companhias de seguro e setenta outras empresas industriais, pequenas e grandes, foram nacionalizadas pelo governo. Entre elas estava a fundição de aço de médio porte de Lahore, da família Sharif, o que fez deles inimigos de Bhutto pelo resto de sua vida. Ao mesmo tempo, aos sindicatos foram oferecidos mais direitos que nunca e eles foram encorajados a controlar as indústrias. Isso foi sem dúvida uma manobra radical e quebrou o poder de 22 famílias que antes dominavam a economia do país, mas seria efetivo sem reformas generalizadas em outras esferas da vida?

Na política doméstica, dois assuntos-chave preocupavam o povo naquele tempo. Grande parte da população era rural, e a força dos senhores de terra no interior reprimia a agricultura. O limite da extensão de terra permitida aos grandes proprietários foi reduzido, mas de tal forma que a mudança não se tornou efetiva, e as costumeiras compensações foram feitas, isentando pomares, fazendas de criação de animais, armazéns e *shikargahs* (campos de caça) para as novas tributações.[29] Mesmo os mais constantes críticos pró-PPP na imprensa expressaram seu desapontamento. Eles esperavam que, no mínimo, Bhutto livraria o Paquistão (como Nehru tinha feito na Índia) dos sobreviventes do feudalismo que impediam a modernização do país.

Por que não fez isso? A extensão de suas terras não seria um empecilho. Seu primo Mumtaz Bhutto era o grande dono de terras da família. Era líder do PPP e o momento era favorável a grandes mudanças. O que fez Bhutto voltar atrás foi o oportunismo político. Ele derrotara os donos de terra do Punjab nas eleições. Essa camada social era leal a si mesma e a suas propriedades. Muitos deles ficaram felizes em mudar de barco, e subiram no de Bhutto, brilhando de novo. Em seis meses, alguns dos mais importantes donos de terra do país se alinharam a Bhutto. Para mantê-los na linha, a ameaça de reforma agrária foi usada como espada de Dâmocles. Foi um dos mais sérios

---

[29]Cf. Tariq Ali, *Can Pakistan Survive?* (Londres: 1983), p. 102-4, para mais detalhes.

erros de Bhutto. Imaginou-se que a saúde, o cuidado de crianças e a educação melhorariam nesse novo período. Mas as estatísticas sugerem outra coisa. A taxa de mortalidade infantil em 1972, uma das mais altas do continente, era de 120 para cada mil nascidos vivos. E os números foram exatamente iguais em 1977. Houve uma ligeira melhora no número de alfabetizados, mas a estrutura educacional elitista permaneceu imutável.

Na ausência de mudanças, as nacionalizações indiscriminadas antagonizaram capitalistas grandes e pequenos, sem trazer qualquer melhora real à vida dos moradores das cidades. Isso resultou num aumento do peso da burocracia do Estado, encorajou a crônica e maciça corrupção e assustou os industriais, que desviaram seu capital para o Golfo, leste da África, Londres e Nova York. Alguns nunca retornariam. A produção industrial declinou. Isso sugere que uma reforma fragmentada não funcionaria. Seletivas nacionalizações em áreas de utilidade pública, um regime fiscal rigoroso e regulamentação escrupulosa poderiam ter sido mais eficazes.

O segundo tema tem a ver com o exército. O seu papel político nunca foi o de um lobby tentando influenciar o governo, como é o caso, por exemplo, nos Estados Unidos, mas sim de uma perpétua conspiração tentando substituir o governo. Bhutto sabia disso melhor que ninguém. E fez pouco para alterar as estruturas vigentes. Na verdade, instituiu sua própria organização paramilitar, a Força de Segurança Federal, guarda pretoriana liderada pelo ex-general Akbar Khan, que estivera preso por planejar um golpe em aliança com os intelectuais comunistas nos anos 1950. Isso fez aumentar o antagonismo do alto-comando militar ao mesmo tempo que o deixava intacto. Aconteceram expurgos, com cerca de mil oficiais prematuramente aposentados do exército e centenas de servidores civis acusados de "corrupção". Reconhecer que as duas instituições necessitavam de reformas não foi suficiente. Seu impacto geral foi o de subordinar a burocracia civil ao poder executivo, o que piorou as coisas, em vez de melhorar.

Uma nova constituição foi rascunhada por um dos mais ilustres advogados do país, Mian Mahmud Ali Kasuri, que, como ministro da Justiça, era uma das poucas pessoas capazes de resistir a Bhutto. Kasuri se opôs fortemente a um sistema presidencial e pressionou por uma solução parlamentar federal com o executivo responsável perante o parlamento. Bhutto finalmente aceitou essa proposta, mas insistiu em disposições que deixaram quase impossível para a Assembleia Nacional remover um primeiro-ministro, tarefa que mais tarde o Exército assumiu com prazer. A nova constituição foi instaurada em agosto de 1973. Mesmo com a recente experiência de perda de Bengala, a liderança do Partido Popular apoiou Bhutto quando ele demitiu os governos eleitos na Fronteira e no Baluchistão, acusando os líderes do Partido Nacional Awami de "traição", prendendo-os e julgando-os por acusações espúrias. Foram acusados de estar envolvidos em uma campanha com a União Soviética e o Iraque para atacar o Paquistão e o Irã. A única conspiração que existia fora firmada entre as inteligências paquistanesa e iraniana para esmagar os governos autônomos do Paquistão que o xá do Irã via como "subversivos".

A falha fatal de Bhutto foi recusar-se em dividir o poder dentro do seu partido e fora dele. Caso tivesse feito isso com o *sheik* Mujibur Rahman, seria difícil, e talvez impossível, para o exército invadir Bengala e destruir o velho Estado. Teria sido mais inteligente se tivesse aproximado os líderes provinciais do Partido Nacional Awami do governo central. Sua recusa em abrir mão de um monopólio do governo seria seu erro, e as consequências imediatas foram desastrosas.

Os dois líderes eleitos do Baluchistão, Ghaus Bux Bizenjo e Ataullah Mengal, governador e ministro-chefe da província, estavam presos. Conheci muito bem os dois, e durante uma longa conversa com Mengal em 1981 ele descreveu os problemas que tiveram de enfrentar:

O SOLDADO DO ISLÃ

Quando eu estava na prisão Mach, no Baluchistão, pude enxergar nossa situação de forma vívida. Os carcereiros são os funcionários públicos mais mal remunerados. Havia 120 carcereiros naquela prisão, mas apenas 11 eram do Baluchistão. Se alguém dissesse isso, seria considerado traidor. Quando assumimos o gabinete, em 1972, havia um total de 12 mil funcionários do governo, em 22 níveis. Apenas três mil eram balúchis. Há poucos homens do Baluchistão em todo o exército paquistanês. O regimento do Baluchistão não tem sequer um cidadão da província! A Kalat Scouts foi uma força paramilitar criada na ditadura Ayub. Havia apenas duas pessoas de Kalat recrutadas em suas fileiras. (...) Se você aterrissar no aeroporto de Quetta hoje e visitar a cidade, logo perceberá que 95% da força policial foram trazidos de fora. Quando tentamos equilibrar a balança, Bhutto e seus ajudantes khar punjabis organizaram um ataque policial contra nosso governo. Isso simplesmente ateou combustível à fogueira do nacionalismo. Os estudantes, especialmente, queriam seguir em frente. Eu e Bizenjo dissemos a eles: "Estas são fases temporárias. Não temos outra alternativa." Governos e regimes militares nasceram e desapareceram, mas todos tiveram uma atitude em comum: maltrataram e oprimiram o Baluchistão.

O povo do Baluchistão se ressentiu da derrubada de seu governo em 1973 e em poucas semanas várias centenas de estudantes e ativistas fugiram para as montanhas. Os nacionalistas mais radicais entre eles, encabeçados pelos líderes marxistas-leninistas-guevaristas da tribo marri, organizaram a Frente de Libertação do Povo do Baluchistão (BPLF) e revidaram desencadeando uma insurgência de quatro anos. Bhutto enviou o exército predominantemente punjabi, revelando sua falta de capacidade para lidar com uma crise política da qual era responsável. A reabilitação dos militares desacreditados que isso representou foi outro sério erro. Para alcançar a vitória, o exército pediu ajuda, que veio na forma de helicópteros HueyCobra oferecidos pelo xá do Irã e pilotados por iranianos. No século XIX, os britânicos impuseram fronteiras nacionais dividindo o Baluchistão em segmentos iranianos, afegãos e indo-britânicos, perturbando a tranquila vida nômade da região. O xá tinha medo de que a rebelião cruzasse fronteiras e afetasse o seu reino. O Ocidente apoiou Bhutto, pois temia que um Baluchistão autônomo poderia cair sob influência soviética e que a marinha soviética poderia usar o porto de Gwadar para aumentar suas ambições globais. O exército finalmente foi capaz de sufocar a rebelião, mas com alguns custos. A brutalidade da campanha deixou a província ardendo em ressentimento.[30]

A CRISE NO BALUCHISTÃO reduziu o prestígio de Bhutto no país. Com sua falta de habilidade para lidar com os problemas reais do novo Paquistão, o PPP demonstrou sua futilidade. Muitos sentiram que as trágicas lições de Bengala não tinham sido assimiladas. Foi uma volta à normalidade, mas desta vez com um autocrata civil. A televisão estatal projetou Bhutto como antes fizera com o marechal de campo Ayub. A mídia impressa foi mantida sob forte vigilância, e debates internos e discussões foram ativamente desencorajados no Partido Popular. A palavra do líder era suficiente. Isto levou a algumas demissões, e mais tarde a repressões políticas contra dissidentes do PPP. Foi uma confissão de bancarrota política. Caso a democracia dentro do partido tivesse prevalecido, Bhutto, seu partido e o país poderiam ter se beneficiado enormemente. Mas, em vez disso, as agências de inteligência se fortaleceram e receberam carta branca para espiar e reportar as atividades dos partidos políticos rivais.

Todos os medos e pesadelos de Bhutto são derivados de sua experiência como ministro do gabinete no governo do marechal de campo

---

[30]Um pequeno grupo de socialistas punjabis de classe média defendeu a honra de sua província alistando-se na resistência do Baluchistão. Um deles, Johnny Das, filho de um oficial graduado da força aérea de origem hindu, foi capturado, torturado e morto. Os outros sobreviveram. Entre eles estavam dois irmãos, Asad e Rashid Rehman (este último, também conhecido como o lendário líder guerrilheiro Chakar Khan), Najam Sethi (atual editor do *Daily Times*) e o jornalista Ahmed Rashid. Esta foi sem dúvida sua "finest hour".

O SOLDADO DO ISLÃ 139

Ayub. Ele sabia o quanto as agências de inteligência torturavam seus oponentes e, em ocasiões raras, matavam prisioneiros políticos. Observou em primeira mão o feudal e atrasado Nawab, de Kalabagh, governador de Ayub no Paquistão Ocidental, que tratava a província como um feudo. Em seus vilarejos, Kalabagh não permitia que as escolas deixassem os camponeses pensarem em sua situação. Bhutto temia, mas também respeitava seu estilo autoritário.

Em vez de levar a cabo uma limpeza frente ao passado, Bhutto moldou-o à sua necessidade política. Não fez isso como um desejo consciente de imitar Ayub ou Kalabagh, mas porque temia o surgimento de uma nova oposição. Profundamente inseguro psicologicamente, enxergava inimigos imaginários em todos os lados. Autodefesa, amor-próprio, autopreservação e bajulação foram as características mais visíveis de seu governo. Nada disso era necessário. Nem mesmo seus inimigos poderiam dizer que não se tratava do líder político mais bem-preparado que o país já produzira. Intelectualmente, estava anos-luz à frente de qualquer general ou político. Seu domínio do mundo da política estava baseado em profundas leituras de história. Estudou direito internacional com Hans Kelsen, em Berkeley, e tanto na Califórnia quanto em Oxford sua precocidade deixou marca nos tutores. A tragédia estava nele mesmo, que imaginava sua superioridade intelectual como algo que o transformava em um ser infalível, e foi este seu pior inimigo. A maior parte de seus seguidores era pobre. O que eles queriam, sobretudo, era igualdade de oportunidades para os seus filhos. Mesmo se esse desejo fosse complicado de ser satisfeito imediatamente, algo poderia ter sido feito, e as fundações levariam à modernização do país. Mas nada foi feito, e quando chegou o momento final, todos se lembravam de um homem corajoso que falava em seu nome contra os tradicionais opressores. Entenderam que isso era importante, mas também sabiam que não era suficiente. Certa ocasião, em Larkana, sua cidade natal no Sind, líderes camponeses e ativistas vieram falar com Bhutto. Por uma hora expuseram toda a sua mágoa sobre as promessas que fez e não cumpriu, e sobre como os senhores de terra do PPP não estavam interessados na implementação de qualquer reforma. Bhutto os ouviu e depois perguntou: "Agora me digam uma coisa, e sejam completamente honestos. Poderiam pensar em qualquer outro primeiro-ministro que se encontraria com vocês e ouviria silenciosamente as suas reclamações?" Os líderes camponeses sorriram e o saudaram, e o encontro chegou ao fim.

Eles mereciam mais. A geração que levou Bhutto ao poder tinha muitos predicados: era rica em paixão política, generosa, idealista, e isso permitia a visão de um futuro melhor para todos. Moralmente exaustos pelos acontecimentos na Bengala, silenciando suas dúvidas e surfando na onda do chauvinismo promovido desde cima, os pobres ainda esperavam que as condições poderiam mudar para melhor no que restara de país. Mas estavam desapontados. O dilema do Paquistão nunca foi o de uma liderança iluminada encalhada em um mar de cidadãos primitivos. Normalmente, foi sempre o contrário.

E quanto ao exército derrotado? Não era incomum, naqueles dias, encontrar sabedoria nas ruas: se Bhutto tivesse executado seis ou sete generais, tudo teria ido bem. Mas mesmo que fosse interessante, como poderia ordenar tal ato? Afinal de contas, tinha apoiado a intervenção militar no Paquistão Oriental. Caso tivesse concordado em participar na Assembleia Nacional após as eleições de 1970 e aceitado Mujib como primeiro-ministro do país, teria sido difícil para o exército intervir. Caso tivesse feito isso, o Paquistão Ocidental também poderia ter levantado suas armas, criando uma situação completamente diferente. Os soldados encorajados a estuprar mulheres e a atirar em cidadãos bengalis poderiam ter sido freados no Punjab, de onde vieram.

A visão mais comum no Punjab era a de que generais incompetentes e bêbados somados à intervenção militar indiana tiveram como resultado a perda do seu Paquistão. Como eu já disse, trata-se de uma visão simplista e chauvinista que ignora a exploração estrutural de Bengala Oriental por uma elite formada principalmente por membros

O SOLDADO DO ISLÃ

do Paquistão Ocidental. Dada a sua posição no conflito, Bhutto não poderia ter julgado os generais por traição e os executado, mas certamente poderia ter transformado a estrutura básica do exército colonial, reduzindo drasticamente seu tamanho e instituindo uma estrutura de comando mais democrática. Haveria grande base de apoio para tal mudança entre 1972 e 1973.

Mas ao contrário, e mantendo seu caráter, Bhutto brincou com o exército aposentando alguns generais mais antigos e favorecendo outros. Nomeou o general Tikka Khan, "herói" da guerra contra Bengala, como novo comandante em chefe, e após sua aposentadoria, em 1976, fez Zia-ul-Haq saltar cinco generais acima na hierarquia, indicando-o como chefe do exército. Bhutto o considerava um simplório homem leal. O que não era verdade, mas mesmo que fosse não teria importado muito. Concentrar-se no pessoal e não na reforma da instituição foi um erro fatal. Bhutto pagou por isso com sua vida. E o país continua a sofrer.

Bem longe de ser um idiota útil, Zia sempre me lembrou a criação inspirada de Dickens, Uriah Heep, terrível personagem em *David Copperfield*. Hipócrita cuja linguagem corporal acentuava sua humildade ao mesmo tempo que mascarava sua ambição. Seu general em armas mais próximo, K.M. Arif, referia-se a ele sem ironia como "um muçulmano praticante, um modelo de humildade". O general Saeed Qadir, outro colega próximo, listava a "humildade" como um dos principais atributos positivos do chefe, e a "hipocrisia" como uma de suas fraquezas, sem conseguir ligar uma característica à outra. Assim como muitos de seus colegas mais velhos, Zia vinha do exército britânico na Índia. Nascido em Jullundhur, em 1924, e educado em Délhi, mudou-se para o Paquistão após a partição e não cansou de destacar suas "origens humildes" em contraste com os que vinham de classes altas. Também nunca hesitou em elogiar o líder que lhe confiou o comando do exército.

Após ser treinado no forte Leavenworth, no Kansas, nos primeiros anos da década de 1960, o brigadeiro Zia-ul-Haq foi enviado à

Jordânia no final de 1968 para ajudar a treinar os locais na arte de suprimir levantes populares. O alvo nesse caso eram os palestinos, maior parte da população do país e com humor em turbulência após o ataque de 16 dias de Israel em junho de 1967, que destruiu os exércitos do Egito e da Síria, ocupando largas fatias da Palestina e de Gaza e deixando grande espaço para o nacionalismo árabe, do qual nunca se recuperou. Os palestinos notaram que teriam de lutar por si mesmos e corretamente perceberam a Jordânia como uma conexão fraca. A monarquia se transformara em uma instituição bastante impopular após o triunfo israelita, e a sua derrota teria oferecido aos palestinos um Estado. O que não aconteceria. Em setembro de 1970, Zia liderou tropas da Jordânia para abafar o levante palestino. Entre 5 e 7 mil palestinos foram mortos. O general Moshe Dayan registrou que o rei Hussein "matou mais palestinos em 11 dias que Israel poderia ter matado em vinte anos". O mês ficou conhecido como Setembro Negro. Zia foi condecorado com a maior honraria da Jordânia e voltou para casa em triunfo. Logo depois foi promovido e enviado como comandante de corporação a Kharian, cidade militar do Punjab. De acordo com amigos, a operação do Setembro Negro foi um aspecto de seu passado sobre o qual nunca falaria, sendo claramente tratada como uma operação de rotina mesmo por Bhutto, que publicamente defendia a Organização pela Libertação da Palestina (OLP).

Os pobres devem ter sentido instintivamente que Bhutto estava ao seu lado (a elite nunca o perdoou por encorajar essa visão e pelas nacionalizações), mas poucas medidas foram tomadas para justificar tal confiança. O estilo de seu governo era autoritário, sua capacidade de vingança era corrosiva. Sob sua supervisão, o Inter-Serviço de Inteligência (ISI) lançou a notória "célula de eleição" para ajudar o governo a "ganhar" as eleições ameaçando candidatos da oposição e assegurando que burocratas locais trabalhariam a favor do governo. Esse oportunismo desesperado criou a base para o que veio após

O SOLDADO DO ISLÃ

Bhutto. Ele tentou lutar contra a oposição religiosa banindo a venda de álcool, transformando a sexta-feira em feriado público e declarando a seita ahmediyya como não muçulmana (antiga demanda do Jamaat-e-Islami que até então fora tratada com desdém por grande parte dos políticos). Aceitando um campo de batalha determinado por seus inimigos, estava fadado a perder. Tais medidas não o ajudaram, na verdade fizeram danos ao país, legitimando políticas confessionais.

Esse era um grande contraste se comparado ao ânimo de 1972, quando Bhutto fez um grande comício em Lahore. Ele habitualmente carregava um frasco de prata contendo uísque que misturava à água e bebia em encontros públicos. Nessa ocasião, um bem orquestrado grupo de militantes islamitas estrategicamente postos, no exato momento em que Bhutto misturava sua bebida, começou a gritar: "O que está bebendo?" Bhutto levantou o copo e disse: "Sorbet." O povo riu. Os homens indignados ficaram raivosos. "Olhem", disseram, "seu líder está bebendo *sharab* [licor], não sorbet." Um Bhutto raivoso respondeu: "Certo. Estou bebendo *sharab*. Ao contrário de seus amigos idiotas, eu não bebo o sangue do nosso povo." O povo se ajoelhou e cantou em punjabi: "Longa vida ao nosso Bhutto, por muito tempo beba nosso Bhutto."

POUCOS POLÍTICOS paquistaneses estavam tão obcecados com o mundo da política quanto Bhutto. Todo o seu conhecimento seria posto em teste logo que chegasse ao poder em um Estado mutilado, assolado por uma perda. Bhutto firmou com êxito um acordo com a senhora Gandhi, em Simla, que levou à libertação de 9 mil soldados paquistaneses levados à prisão após a rendição de 1971, em Daca. Logo depois, ele organizou o Encontro Islâmico, em Lahore, cujo principal objetivo era transformar o reconhecimento de Bangladesh em algo mais palatável para o exército, mas isto não foi suficiente para silenciar a dúvida e preencher o vazio deixado pela perda de Bengala Orien-

144                                DUELO

tal. A sobrevivência do Paquistão como nação, pensou Bhutto, dependia da paridade nuclear com a Índia.

"Vamos comer grama por mil anos", disse em um encontro público em Rawalpindi, após a Índia ter anunciado seu primeiro teste nuclear, "mas vamos construir a bomba." Ele sabia muito bem que setor da população teria de comer a grama por um milênio, mas sentia que um novo Paquistão requeria um novo sentimento de orgulho e conquista. Incapaz de distribuir comida, roupa, educação, saúde e abrigo, trabalharia duro para dar ao povo uma bomba, o que seria a pedra angular de um novo nacionalismo paquistanês, impossível de ser previsto antes da amputação de Bengala. Tratava-se de uma decisão mortal.

O plano para alcançar um aparelho nuclear só poderia ser levado adiante pelas noites, com sigilo total de informações e com Bhutto presidindo a inteligência. Ele enxergava tal ato como redentor e supremo. Tudo deveria ser levado adiante em segredo, mas um primeiro encontro com os físicos do país não poderia ter acontecido em pior local, do tipo que Bhutto sempre presenteava aos grupos clandestinos. Foi na propriedade de Nawab Sadiq Hussain Qureshi, grande senhor de terras de Multan. A cidade era conhecida pela delicadeza e doçura de suas mangas, pelo vento quente que queimava ao soprar no verão, pelos santuários sufis e pela tradição de lindos azulejos que datava do período mogul. Qureshi era um novo simpatizante de Bhutto (e meu tio em segundo grau) e era possível confiar nele para manter segredo.

Os mais experientes cientistas do país, menos de meia dúzia de homens, ficaram incrédulos quando foram informados sobre o motivo da reunião. Era conversa à toa, disseram uns aos outros, uma fantasia induzida por haxixe. O doutor I. H. Usmani, presidente da Comissão de Energia Atômica do Paquistão, demonstrou-se abertamente cético. Ele sabia que a Índia estava duas décadas à frente do Paquistão e que "o Paquistão simplesmente não tem infraestrutura para esse tipo de programa. Não estou falando sobre capacidade de con-

O SOLDADO DO ISLÃ 145

seguir dez quilos de plutônio. Estou falando de infraestrutura real. O Paquistão não tem indústria metalúrgica. Mas se estão planejando um pôquer político e não têm cartas, devem continuar apostando".

Bhutto foi lembrado sobre o despreparo de grande parte dos graduados em ciências no país. Era impossível, disseram-lhe, deveria esquecer tudo aquilo. Mas Bhutto os ignorou e aproximou-se de um grupo de jovens e ávidos físicos, homens como Munir Ahmed Khan, Samar Mubarakmand e o sultão Bashiruddin Mahmood, que estavam loucos por êxito e por patrocínio estatal. Ficaram muito felizes ao serem atraídos a um empreendimento surrealista de um líder político cuja mente estava possuída pela visão de uma nuvem de cogumelo sobre o deserto paquistanês. Logo seria seguido por outro nacionalista muçulmano, A. Q. Khan, refugiado após a partição da Índia e com grande ódio daquele país. Foram esses os homens que construíram a bomba paquistanesa. Na remota Kahuta, nasceu a usina nuclear de Bhutto. E lá permanece até hoje.

Enquanto esses cientistas trabalhavam felizes, Bhutto, na vizinha Islamabad, reunia todos os seus oponentes sob o guarda-chuva da Aliança Nacional do Paquistão. Uma eleição era avidamente esperada. Mesmo com todos os seus erros, Bhutto provavelmente teria ganhado as eleições de 1977 sem interferência do Estado, mas com maioria muito reduzida. Isso é normalmente aceito. Seus apoiadores mais ferrenhos na burocracia do Estado e na ISI não estavam preparados para correr qualquer risco. A manipulação foi tão óbvia e crua que a oposição tomou as ruas, e o sarcasmo e a sagacidade de Bhutto não foram suficientes para acalmar a crise. Nem os Estados Unidos. Washington sempre enxergou Bhutto como pouco confiável e não estava nem um pouco impressionado com as pretensões de seu frouxo partido ou com as multidões que o vinham escutar. E agora tinham medo de que estivesse alcançando a bomba atômica. Queriam vê-lo longe, rapidamente.

Em junho de 1977, às vésperas de ser derrubado pelos militares, Bhutto disse ao parlamento: "Sei que os caçadores de sangue estão

146                           DUELO

atrás do meu", e denunciou o secretário de Estado dos EUA, Cyrus Vance, por interferência nos negócios de Estado paquistaneses. Em suas memórias no corredor da morte, *If I Am Assassinated* [Se eu for assassinado], alegou que Henry Kissinger o avisara, em uma das visitas ao Paquistão, em agosto de 1976, que a menos que desistisse do tema nuclear, "vamos transformá-lo em terrível exemplo". Tanto Kissinger quanto Bhutto poderiam ser econômicos com a verdade, mas o comentário foi recentemente confirmado. Uma jornalista no jornal financeiro paquistanês *Business Recorder* cita um funcionário graduado das relações exteriores do Paquistão (em condição de anonimato) presente na ocasião:

> ... Kissinger esperou um tempo, e disse em tom refinado: "Basicamente, não vim para dar conselho, mas para avisar. Os EUA têm várias reservas quanto ao programa atômico do Paquistão; portanto vocês não têm saída, exceto concordar com o que digo." Bhutto sorriu e perguntou: "Vamos supor que eu recuse, o que aconteceria?" Henry Kissinger ficou muito sério.
>
> Encarou Bhutto e disse, deliberadamente: "Eu faria de você um terrível exemplo!" O rosto de Bhutto ficou vermelho. Ele se levantou, estendendo sua mão para Kissinger, e disse: "O Paquistão pode viver sem o presidente dos Estados Unidos. Seu povo terá de encontrar outro aliado na região." Bhutto virou-se e foi embora.[31]

Se isso for certo, então devemos perguntar: o que aconteceu entre fevereiro e agosto de 1976? No dia 26 de fevereiro daquele ano, enquanto Bhutto estava em Nova York, nas Nações Unidas, um encontro foi organizado com o secretário de Estado. O memorando da conversa hoje revelado permite alguns interessantes insights. As tentativas de Bhutto de oferecer conselho ultraleal sobre como os Estados Unidos deveriam lidar com a intervenção cubana em Angola (por meio de um firme contragolpe militar) e assuntos correlatos claramente

---

[31]*Business Recorder*, 29 de janeiro de 2008.

O SOLDADO DO ISLÃ

irritaram Kissinger, que perguntou se Bhutto estivera falando com Brzezinski. Uma discussão incoerente sobre política mundial e estratégia dos Estados Unidos seguiu-se pela manifestação, por parte do sátrapa, de que o poder imperial possa ser visto como fraco por seus inimigos, o que é desorientador para os seus amigos. A *détente* para Bhutto tinha ido longe demais quando "países pequenos como Cuba" podem alcançar ganhos com dez mil tropas em Angola. "Havia 12 mil cubanos", corrigiu Kissinger, como se primorosamente se defendesse de cada golpe. É óbvio que para ele a principal razão para o encontro era o tema nuclear. Como o seguinte trecho revela, cada lado conhecia bem a posição do outro, mas o tom era amigável (mesmo que ocasionalmente servil por parte de Bhutto) e muito longe de qualquer ameaça:

> BHUTTO: Senhor Secretário, tenho certeza que gostou do papel que representamos no debate sobre o Oriente Médio.
> SECRETÁRIO (KISSINGER): Sim. Gostamos muito. Se falo veementemente sobre o caso da *détente*, sobre Angola e sobre a erosão da autoridade central, o faço pois acredito que o senhor é um dos líderes mundiais que podem nos entender.
> BHUTTO: Depois deste comentário, não quero provocar os senhores mencionando reatores nucleares.
> SECRETÁRIO: ... o que nos preocupa é como as instalações de reprocessamento são usadas em certo ponto. Eu lhe disse ano passado que apreciamos que esteja abrindo mão de uma capacidade nuclear. Isso nos deixa em boa posição e nos oferece argumentos para ajudá-lo de outras formas.

O debate continua com Kissinger sempre deixando claro sua preocupação de que assim que uma usina nuclear fosse construída, ela poderia facilmente tomar outra direção, e Bhutto suplicando de forma pouco engenhosa que em tal caso o Ocidente poderia facilmente pressionar de forma a interromper o processo. Kissinger não se deixou convencer. Quando Bhutto explicou que o Paquistão se comprometera em nunca usar mal as instalações de reprocessamento nuclear, seu interlocutor disse que não estava interessado em "palavras, mas preocupado com realidades". Um país que já domina a tecnologia e possui as instalações poderia facilmente renegar acordos binacionais sempre que desejasse.

Antes, Bhutto fora informado de que os Estados Unidos estavam muito felizes em oferecer ao Irã usinas nucleares que poderiam ser usadas pelo Paquistão e por outros países da região. Essa brilhante ideia tinha amadurecido na cabeça de dois funcionários graduados da administração Ford e voltaria à tona em outra administração republicana: Dick Cheney, então chefe do *staff* da Casa Branca, e Donald Rumsfeld, secretário de Defesa. Hoje, Cheney é um grande defensor do bombardeamento das usinas nucleares do Irã, ideia que, até agora, sempre foi vetada pelo Pentágono. Esse plano de Cheney e Rumsfeld pode não ter sido inteiramente determinado pelas necessidades estratégicas dos Estados Unidos, como mencionado em estudo recente, cujos autores notam que "o primeiro acordo nuclear proposto pelos Estados Unidos ao Irã teria sido extremamente lucrativo às corporações americanas como Westinghouse e General Electric, que poderiam ganhar 6,4 bilhões de dólares pelo projeto".[32] Cheney e Rumsfeld nunca acreditaram muito em abnegação. Interesses estratégicos e negócios, para eles, nunca estariam separados.

Bhutto não estava interessado em um papel secundário frente ao Irã e rejeitou a proposta, mas tampouco estava interessado seriamente em uma usina nuclear. Tudo o que queria era a bomba. Foi essa a instrução que deu aos cientistas paquistaneses. Claramente, entre os dois encontros com Kissinger, este foi informado pela inteligência americana sobre o que realmente estava acontecendo. Quando Kissinger percebeu que estava sendo enganado tão descaradamente começou a agir como um chefão. Sua raiva não era apenas imperial, mas tam-

---

[32]Adrian Levy e Catherine Scott-Clark, *Deception* (Londres: 2008). É o relato mais completo e com melhores pesquisas até hoje de como o Paquistão transformou-se em potência nuclear.

O SOLDADO DO ISLÃ 149

bém pessoal. De 1973 em diante, Kissinger levou adiante uma campanha para suspender o embargo de armas americanas ao Paquistão e despachou Henry Byroade como embaixador americano para acelerar o processo e controlar ambições nucleares. Byroade mais tarde confirmou tudo isso em uma entrevista com o historiador Niel M. Johnson:

JOHNSON: ... então saiu de lá em 1973 e foi para o Paquistão.
BYROADE: Certo. Eu planejava me aposentar, e Henry Kissinger falou comigo sobre ir ao Paquistão. Fui até lá com um propósito específico, e planejava ficar por 18 meses. Tínhamos um embargo de armas no Paquistão por cerca de dez anos, embargo que teve início na guerra entre Índia e Paquistão. O que a longo prazo foi, penso eu, injusto ao Paquistão, pois a Índia, num primeiro momento, recorreu à União Soviética para obter armamentos, mas também a vários outros países. (...) Kissinger disse: "Isso é injusto, e temos que suspender esse embargo, o que não será fácil com o lobby da Índia e tudo o mais." Então ele disse: "Você vai para lá e fique o tempo suficiente para ganhar credibilidade, depois volte e fale com as pessoas do Hill sobre isso, e veja se podemos suspender essa coisa."
... Você sabe, é muito fácil impor esse tipo de coisa; Índia e Paquistão entram em guerra, nossas armas estão envolvidas, então "bingo, embargo!". Era muito adequado, mas quando chegamos por lá para dissolver o embargo, era outra história. Porém, fizemos isso durante a visita de Bhutto, e realmente conseguimos alguma artilharia do Hill, mas não muita. Então suspendemos o embargo e fomos capazes, pela primeira vez, de começar a repor algo de seu equipamento. Eu estava pronto para voltar para casa, mas o Paquistão envolveu-se em negócios nucleares, o que me deixou muito preocupado. Fiquei e lutei, tentando fazer com que isso não se transformasse em um problema entre nós por mais dois anos. Fiquei por lá cerca de quatro anos.
JOHNSON: Quatro anos, e Bhutto ainda estava no poder?

150 DUELO

BYROADE: Bhutto estava em apuros, grande apuro, quando fui embora, mas ainda estava no poder.
JOHNSON: General Zia, foi ele quem...
BYROADE: Quando fui embora, era chefe do *staff*, sem, eu acho, qualquer pensamento de tomar o poder.[33]

Em 1976, Zia foi nomeado chefe do *staff* por Bhutto. É possível, mas pouco provável, que Byroade, cujos laços com os militares americanos se estreitaram nos tempos da Segunda Guerra Mundial, não tivesse ideia dos contatos do DIA/Pentágono com Zia, que datam da época em que esteve em Fort Leavenworth e foram renovados na Jordânia, em 1970. Os golpes militares no Paquistão são raramente, se é que algum deles foi, organizados sem a aprovação tácita ou explícita da embaixada dos Estados Unidos. A "traição" de Bhutto no assunto nuclear foi a principal razão para os Estados Unidos darem luz verde à sua remoção.

Na noite de 4 a 5 de julho de 1977, o general Zia lutou contra um acordo entre Bhutto e os partidos da oposição, que teria implicado novas eleições gerais. Tendo alcançado um acordo com os Estados Unidos de que o regime de Bhutto era inaceitável, Zia não estava preparado para tolerar uma reaproximação entre os dois grupos políticos rivais. Instaurou lei marcial, declarando a si mesmo chefe administrador de tal regime, prometendo novas eleições dentro de noventa dias, e colocando Bhutto "sob custódia protetora". Bhutto ficou chocado. Em janeiro de 1977, visitei o Paquistão e na volta escrevi uma série de três curtos artigos para o *Guardian* prevendo um golpe militar. Foram considerados fantasia e não publicados. Repeti o mesmo argumento a Benazir Bhutto, em Oxford, e ela respondeu dizendo que seu pai poderia ser assassinado, mas que não poderia haver um golpe "pois Zia estava em nosso bolso". Eu lhe disse que

---

[33]"Oral History Interview with Byroade", 1988, arquivos da Biblioteca Truman. www.truman library.org/oralhist/byroade.htm

O SOLDADO DO ISLÃ

deveria fazer com que o pai soubesse que no Paquistão nenhum general jamais esteve no bolso de um político civil.

O exército supôs que teria de lidar com grandes protestos públicos e se preparou para abafá-los, mas o silêncio que se seguiu ao golpe serviu de encorajamento. Como resultado, Bhutto foi solto no dia 28 de julho de 1977. Imediatamente embarcou em um tour político pelo país e foi saudado por multidões. Em Lahore, meio milhão de pessoas apareceram para saudá-lo, destruindo as ilusões militares de que seria uma força desacreditada e gasta. "Dois homens, um caixão" era o que os colegas de Zia lhe diziam naquele momento. Zia percebeu que Bhutto ganharia qualquer eleição que não fosse regiamente fraudada. Caso isso acontecesse, o futuro de Zia estaria estragado. Desta vez ele preferiu se certificar de que Bhutto nunca mais estaria livre.

No dia 3 de setembro de 1977, Bhutto foi preso em Lahore e acusado de "conspiração para matar Ahmed Raza Kasuri", ex-membro do PPP que se unira à oposição. Em novembro de 1974, um grupo de homens armados abriu fogo contra um carro que levava Kasuri e seu pai. O pai morreu. Kasuri acusou Bhutto de responsável, mas um inquérito do tribunal especial que analisou as alegações rejeitou a acusação. Kasuri voltou ao PPP e permaneceu membro do partido de abril de 1976 a abril de 1977, mas lhe foi negada uma nomeação para concorrer às malfadadas eleições gerais de março de 1977. Essa rejeição aumentou. Após o golpe de Zia, Kasuri embarcou em uma acusação particular contra Bhutto, e isso agora era usado pelos militares no caso de uma alegação de assassinato. No dia 13 de setembro de 1977, Bhutto foi solto contra fiança por dois juízes da Suprema Corte — K. Samdani e Mazharul Huq. Quatro dias mais tarde, foi mais uma vez preso em Karachi por comandos sob regulamentação da lei marcial.

O julgamento por assassinato começou em setembro de 1977, na Suprema Corte de Lahore. Os dois juízes que decidiram pela fiança foram afastados. O presidente do Tribunal, Maulvi Mushtaq, era amigo

152 DUELO

de Zia, e sua conduta no julgamento foi uma paródia. Mesmo jornalistas que não gostavam de Bhutto ficaram chocados com a sanha vingativa de Mushtaq. Recebera ordens para insultar e humilhar Bhutto, o que fez durante o julgamento, que só terminou em março de 1978. Apenas testemunhos indiretos implicavam Bhutto. Uma das testemunhas de Estado foi Masood Mahmood, antigo chefe da Força de Segurança Nacional. A ele foi prometida imunidade, mas terminou com uma nova identidade, grandes ganhos em dinheiro e um apartamento de luxo na Califórnia, onde morreu no início dos anos 1990. Entre os observadores estrangeiros presentes no julgamento estavam John Mathew, QC e Ramsey Clark, ex-procurador-geral dos Estados Unidos. Os dois concordaram que na Grã-Bretanha e nos Estados Unidos tal caso nunca teria chegado a julgamento simplesmente porque estava baseado em evidências não corroboradas de cúmplices perdoados.[34] Bhutto e mais quatro foram sentenciados à morte em 18 de março de 1978. Um recurso contra a sentença foi ouvido na Suprema Corte no dia 20 de maio de 1978, e seguiu por vários meses. A aparência de Bhutto ante a corte chocou os observadores. Perdera muito peso e parecia extenuado. Seu discurso durou três horas. Ele defendeu sua honra política, recusou-se a levar a sério qualquer acusação de assassinato e apontou o dedo contra Zia e seus generais, que tinham decidido livrar-se dele. Concluiu olhando os juízes com desprezo e dizendo: "Agora vocês podem me enforcar." A Suprema Corte rejeitou o recurso por quatro votos a três. Um dos juízes, que não era considerado confiável pelos militares, foi aposentado durante o julgamento; um segundo foi acusado de atrasar o julgamento. Teve de abandonar o caso. O presidente da Suprema Corte Anwarul Haq manteve contato com o ditador militar todos os dias. Uma detalhada opinião divergente de duzentas páginas de Safdar Shah ofereceu uma devastadora refutação do caso levado adiante pelo Estado. Shah, com

---

[34]Ramsey Clark, "The Trial of Ali Bhutto and the Future of Pakistan". *Nation*, 19 a 26 de agosto de 1978.

O SOLDADO DO ISLÃ

quem passei várias horas em Londres, revelou-me que fora ameaçado antes e durante o caso, e disse que suas relações com o exército estremeceriam, a menos que se comportasse. Ele me disse: "Fiquei envergonhado de pertencer a uma Suprema Corte sob as ordens dos militares."

Bhutto foi enforcado às duas da manhã do dia 4 de abril de 1979, na cadeia distrital de Rawalpindi. No dia anterior, recebeu a visita de sua esposa, Nusrat, e de sua filha, Benazir, pela última vez. As duas mulheres fizeram uma corajosa campanha contra a ditadura e entraram e saíram várias vezes da prisão. Bhutto contou a elas o quanto estava orgulhoso de sua família. A nenhuma das duas foi permitida presença no funeral. Alguns anos mais tarde, a prisão onde enforcaram Bhutto foi demolida sob ordens de Zia.

Zia tinha o apoio do alto-comando militar (com exceção de um único general) e, claro, dos Estados Unidos.[35] A ideia de que Zia seguiria adiante com o enforcamento caso Washington fosse contrário era risível. Norte-americanos com atividades na região (incluindo o "antropólogo" e especialista em Afeganistão Louis Dupree) disseram a vários funcionários graduados do Paquistão que Bhuto era dispensável e logo estaria fora do caminho.

O assassinato judicial do líder paquistanês transformou-o em mártir e assegurou que seu legado perduraria. Washington imaginou que com Bhutto fora do caminho o exército paquistanês abandonaria a ideia de ganhar autonomia nuclear. Mas nesse ponto calculou mal. Na verdade, Bhutto conseguira centralizar o controle político relativo ao plano nuclear, mantendo os militares a uma distância segura. Uma das primeiras instruções de Zia foi autorizar uma tomada militar total de Kahuta. Desde 1971, os militares estavam obcecados por vingança. Em resposta à perda de Bangladesh, fariam um esforço determinado para desestabilizar e capturar a Caxemira, território há muito tempo disputado, clamado pela Índia e pelo Paquistão, e que

---

[35]Ali, *Can Pakistan Survive?*.

será discutido em um capítulo subsequente. Era quase como se acreditassem em sua própria propaganda, de acordo com a qual "hindus e traidores" teriam sido os responsáveis pela perda de Bengala. O trauma da derrota militar deixou uma marca permanente na psique de muitos oficiais desacostumados a pensar por si mesmos. Um aparato militar debilitado estava preparado para assumir riscos e restaurar seu orgulho.

A decisão de Bhutto de responder ao teste nuclear indiano com uma "bomba muçulmana" sempre chamou a atenção do exército e daqueles cuja ajuda financeira seria essencial. Entre eles estavam Muammar Kadafi, excêntrico e imprevisível líder da Líbia, que algumas vezes voaria sobre Trípoli sem se anunciar, causando problemas para o chefe do protocolo em Islamabad, para tomar café da manhã com seu querido amigo Bhutto e saber do andamento dos trabalhos com a bomba. De todos os líderes árabes, Kadafi foi o único que realmente interveio em favor da vida de Bhutto. Zia lhe prometera comutar a sentença, mas mais tarde disse que havia sido derrotado por seus colegas.

Com Bhutto fora do caminho, os militares poderiam controlar todo o processo nuclear até que o êxito tivesse sido alcançado. A questão de se teriam sucesso ao tentar persuadir Washington indefinidamente — caso outra grande mudança não acontecesse na região — permanece uma questão em aberto. Porém, um terremoto geopolítico, a ocupação soviética do vizinho Afeganistão, em dezembro de 1979, ofereceu aos cientistas paquistaneses a cortina de fumaça necessária frente aos indianos e finalmente dividiram o átomo. O próprio Zia escondeu a história do Ocidente. Ele já não era uma necessidade temporária. Deixou de ser visto como um ditador militar esquálido e brutal e foi transformado no aliado necessário, defensor das fronteiras do mundo livre contra os russos sem Deus.

As afinidades religiosas não foram de muita valia para mitigar a hostilidade dos líderes afegãos frente aos seus vizinhos do leste. A principal razão era a Linha Durand, imposta aos afegãos pelo Impé-

O SOLDADO DO ISLÃ

rio Britânico em 1893 para marcar a fronteira entre a Índia britânica e o Afeganistão após os britânicos terem falhado em sua tentativa de subjugar o país. Essa linha arbitrária pelas montanhas dividiu a população pashtun da região. Naquele momento, foi acordado que, seguindo o modelo de Hong Kong, após uma centena de anos tudo o que se convertera na província da Fronteira Noroeste da Índia britânica seria revertido ao Afeganistão. Mas nenhum governo em Cabul aceitou a Linha Durand mais do que os afegãos aceitaram o controle do seu território pelos britânicos ou, mais tarde, pelos paquistaneses.

EM JULHO DE 1977, quando Zia tomou o poder, 90% dos homens e 98% das mulheres do vizinho Afeganistão eram iletrados; 5% dos donos de terra (a maior parte também líderes tribais) controlavam 45% das terras cultiváveis, e o país tinha a menor renda per capita de toda a Ásia. A maior parte da população das áreas rurais era desesperadamente pobre. Comparações com outros países parecem absurdas quando a classificação que importa é entre os que comem duas vezes ao dia, os que comem uma e os que passam fome. Nessas condições, não surpreende que o fatalismo e a religião ganhassem raízes profundas. A minúscula elite intelectual — monarquistas, liberais, republicanos, comunistas — que dominava a vida política em Cabul era altamente dependente dos negociantes locais e dos líderes tribais. O dinheiro dos primeiros ajudava a subornar os últimos. Os governantes afegãos tinham preservado sua independência e mantido os britânicos a distância. Por grande parte do século XX, a geografia ditara sua neutralidade na Guerra Fria. Os governantes eram amigos de Moscou e Nova Délhi. Alguns hindus pashtuns se mudaram para Cabul em vez de ir para a Índia durante a partição, e os governantes afegãos eram muito mais tolerantes em matéria religiosa que seus vizinhos.

Por um estranho hábito da história, no mesmo ano em que Zia tomou o poder, o Parcham (Bandeira) Comunista no Afeganistão, que apoiara o golpe de 1973 do príncipe Daud, após o qual a república foi proclamada, deixaram de apoiar Daud e se reuniram com outros grupos comunistas para formar o Partido Democrático do Povo do Afeganistão (People's Democratic Party of Afghanistan — PDPA). Apesar do título, o novo partido não era popular nem democrático. Seus quadros mais influentes estavam estrategicamente concentrados no exército e na força aérea.

Os regimes dos países vizinhos se envolveram na crise que ameaçava Daud. O xá do Irã temia uma tomada de poder comunista e, agindo como aliado de Washington, recomendou uma ação firme — prisões em larga escala, execuções, torturas — e colocou unidades de Savak, sua mais que testada agência de tortura, à disposição de Daud. O xá tentou subornar Daud. Se reconhecesse a Linha Durand como fronteira permanente com o Paquistão, o Irã doaria 3 bilhões de dólares ao Afeganistão para garantir que o Paquistão cessaria qualquer ação hostil nas zonas tribais. As agências de inteligência paquistanesas estavam (mesmo no tempo de Bhutto) armando exilados afegãos e encorajando levantes tribais do velho estilo, com o objetivo de restaurar a monarquia. Daud foi tentado a aceitar a oferta do xá, mas os comunistas das forças armadas, temendo uma repressão iraniana como no Baluchistão, organizaram um ataque preventivo e tomaram o poder em abril de 1978. Washington ficou em pânico. E o medo foi multiplicado por dez quando se tornou claro que seu antigo aliado, o ultra-confiante xá, estava a ponto de ser derrubado, junto com o seu trono.

A ditadura de Zia transformou-se então no elemento central da estratégia americana na região, e por isso Washington deu luz verde à execução de Bhutto e fechou os olhos ao programa nuclear do país. Os Estados Unidos queriam um Paquistão estável, fosse qual fosse o custo.

Zia entendia bem o seu papel e instruiu o general Akhtar Abdul Rahman, seu diretor-geral na ISI, que a "água no Afeganistão deve ser fervida à temperatura correta". Rahman, oficial eficiente e de sangue-frio, organizou o Departamento Afegão da ISI, o qual trabalhou junto às agências de inteligência dos Estados Unidos e recebeu supri-

O SOLDADO DO ISLÃ

mentos ilimitados de fundos e armamentos. Seu objetivo era claro: montar uma "armadilha de urso", nas palavras do conselheiro de segurança nacional dos Estados Unidos, Zbigniew Brzezinski, através de uma estratégia simples para desestabilizar o governo afegão, na esperança de que seus protetores soviéticos fossem levados ao conflito.

Planos desse tipo muitas vezes dão errado (como em Cuba, por cinco décadas), mas triunfaram no Afeganistão, especialmente por conta da fraqueza dos comunistas afegãos: chegaram ao poder por conta de um golpe militar que não envolveu qualquer mobilização fora de Cabul, mesmo que pretendessem ser uma revolução nacional; sua formação política stalinista os deixou alérgicos a qualquer forma de prestação de contas, e a qualquer ideia de desenhar uma carta de direitos democráticos ou a montagem de eleições livres para uma assembleia constituinte. Ferozes lutas de facções levaram, em setembro de 1979, a um tiroteio ao estilo da máfia no palácio presidencial, em Cabul, durante o qual o primeiro-ministro, Hafizullah Amin, matou o presidente Taraki. Amin afirmou que 98% da população apoiavam suas reformas, mas os 2% que se opunham tinham de ser liquidados. As fotos das vítimas foram orgulhosamente publicadas nos jornais do governo. Uma repressão nessa escala e desse tipo nunca antes fora vista no país. Surgiram motins no exército e levantes em várias cidades, e dessa vez não tinham nada a ver com Washington ou com o general Zia, mas refletiam uma genuína revolta contra o regime. Islamabad, claro, incitou e armou a oposição religiosa. Uma das armas ideológicas usadas foi a campanha contra a decisão do PDPA de tornar a alfabetização compulsória entre todas as mulheres afegãs. Isso foi noticiado como um feroz ataque às tradições do Islã e do Afeganistão.

FINALMENTE, APÓS duas decisões unânimes do Politburo contra a intervenção, a União Soviética mudou de ideia, dizendo que tinha "nova documentação". Ainda hoje trata-se de informação sigilosa, mas não seria surpresa se a nova prova consistisse em falsificações sugerindo que Amin (que foi educado na Universidade de Columbia, nos Estados Unidos) era um agente da CIA. Seja como for, o Politburo, com Yuri Andropov, depois chefe da KGB, que havia votado contra, decidia-se agora pelo envio de tropas ao Afeganistão. Seu objetivo (que não era diferente do objetivo dos Estados Unidos em 2001) era tomar conta de um regime desacreditado e substituí-lo por outro levemente menos repulsivo. A armadilha funcionou. No dia 25 de dezembro de 1979, 100 mil soldados soviéticos cruzaram o Oxus e seguiram em direção a Cabul. O presidente Carter referiu-se ao evento como "a grande ameaça à paz desde a Segunda Guerra Mundial" e disse ao líder soviético, Leonid Brejnev, que "se afastasse ou encararia sérias consequências".

Como o Afeganistão, graças aos russos, tinha se transformado em peça fundamental à civilização, era crucial encontrar uma figura histórica heroica. O que precisou de ajuda externa em vários níveis. Cavaleiros com armaduras brilhantes foram enviados à região. Washington alertou pesquisadores e conselheiros de diversas agências. A Rand Corporation reagiu rapidamente e decidiu que um dos membros mais precoces de seu *staff*, um jovem de 28 anos, nipo-americano, deveria ser enviado ao Paquistão em uma rápida missão de reconhecimento.

Francis Fukuyama passou dez dias no país, de 25 de maio a 5 de junho de 1980, como convidado do diretor de inteligência militar e teve acesso a generais e funcionários públicos graduados. O Paquistão já tinha recusado um pacote de assistência de 400 milhões de dólares oferecido pelo conselheiro de segurança nacional da Casa Branca, Zbigniew Brzezinski, dizendo que "eram migalhas" e anunciou a Washington que estava buscando subsídios que, no mínimo, fossem de escala similar ao que estava sendo oferecido ao Egito e à Turquia. Por que o Paquistão deveria aceitar menos? Era então um Estado proeminente, e numa agradável antecipação do que ofereceria seu novo status, vários membros importantes da elite abririam contas bancárias em paraísos fiscais.

A alta patente militar confiou seus maiores medos a Fukuyama. A União Soviética poderia cruzar a Linha Durand e apoderar-se de um trecho da província da Fronteira Noroeste. Um movimento cuidadosamente orquestrado entre Índia, União Soviética e Afeganistão, com o objetivo de maior fragmentação do Paquistão "em linhas étnicas", sempre foi uma possibilidade. A consciência culpada do Baluchistão estava alcançando a alta patente militar.

Fukuyama aceitou muito do que lhe foi dito, uma vez que o que diziam estava de acordo com os interesses dos Estados Unidos. De qualquer forma, ele sabia que a história nunca é escrita por uma pessoa em particular, mas sim costuma emergir da periferia para surpreender o centro. A vitória do Vietnã em 1975 ainda assustava os que controlavam a política americana. Essa nova história que se desenrolava nas incríveis margens do Hindu Kush precisava apenas de uma ajuda ocasional para seguir por caminhos similares. Improvisar não era uma opção. Fukuyama reuniu os prós e os contras de uma aliança entre Estados Unidos e Paquistão. As vantagens eram óbvias:

1. negar território paquistanês à União Soviética.
2. possibilidade de ajudar os rebeldes militares do Afeganistão e aumentar o custo da intervenção para a União Soviética, distraindo sua atenção do golfo Pérsico.
3. usar as instalações paquistanesas em conexão com o planejado Rapid Deployment Force.
4. demonstrar que os Estados Unidos mereciam confiança, especialmente frente à República Popular da China.

As desvantagens também eram evidentes: "(1) Efeitos adversos sobre a relação Índia-Estados Unidos; (2) enfraquecimento da credibilidade da política norte-americana de não proliferação; (3) altos custos econômicos; e (4) comprometimento com um regime questionável no poder."

160　　　　　　　　　　　　DUELO

Sagazmente, Fukuyama notou que a relação sino-paquistanesa oferecia um modelo de equilíbrio.

> Os chineses deram apoio aos regimes militares e civis de forma indiferente e não tentaram influenciar o caráter interno do Paquistão. Como consequência, nunca foram chamados para justificar as falhas de um regime em particular. (...) A menos que os Estados Unidos possam emular esse comportamento de alguma forma, as dívidas podem perfeitamente exceder os benefícios.[36]

Esse conselho foi em parte aceito e reforçado pelo "realismo" de Brzezinski. O general Zia-ul-Haq, pior entre os ditadores do Paquistão, estava a ponto de ser caiado para se transformar em um determinado combatente da liberdade contra o Império do Mal. Os jornais e a televisão fizeram o esperado.

De 1980 a 1989, o Afeganistão transformou-se no ponto focal da Guerra Fria. Milhões cruzaram a Linha Durand e se assentaram em acampamentos e cidades na província da Fronteira Noroeste, o maior fluxo — 3,5 milhões de refugiados — foi consequência direta da ocupação soviética. O resultado seria catastrófico para os dois países. Ninguém se beneficiava com a guerra do Afeganistão, exceto uma pequena camada de traficantes de heroína, civis de classe média, a elite do exército paquistanês e os políticos aliados a esses três. Armas, heroína, dólares proveniente de drogas, ONGs destacadas para "ajudar" os refugiados e futuros guerreiros jihadistas da Arábia Saudita, Egito e Argélia encheram a região. A maior cidade e porto do Paquistão transformou-se no centro do comércio de heroína. A papoula era cultivada no norte, transformada em pó, empacotada e enviada a Karachi, de onde saía para a Europa e os Estados Unidos. A cidade moderna e sua elite foram graficamente descritas no romance *Kartography*, de Kamila Shamsie.

---

[36]Francis Fukuyama, "The Security of Pakistan: A Trip Report", setembro de 1980, Rand, Santa Monica.

O SOLDADO DO ISLÃ    161

Todas as principais agências de inteligência do Ocidente (incluindo a israelita) estavam representadas em Peshawar, nas proximidades da fronteira afegã. Começou a parecer uma cidade da corrida do ouro. A região nunca mais seria a mesma. Pela primeira vez na história do Paquistão, as taxas no mercado oficial e negro do dólar eram exatamente a mesma. Armas, incluídos mísseis Stinger, eram vendidas a mujahideens, e oficiais paquistaneses que vendiam armas ilegais queriam enriquecer rapidamente. Num jantar em um restaurante de Londres em 1986, Benazir Bhutto sussurrou ao meu ouvido que nosso generoso anfitrião, um certo cavalheiro sindhi, eloquente em assuntos culturais, trabalhava vendendo Stingers e Kalashnikovs. Perguntei a ele se poderia comprar um míssil e quanto me custaria. Não demonstrou qualquer curiosidade sobre por que eu queria comprar tal arma.

"Sem problema", disse com um sorriso. "Vá até Karachi. Eu o encontro no aeroporto. Saímos da cidade e você poderá experimentar um. Depois discutimos o preço." Eu não falava sério, mas ele sim.

O comércio de heroína era a pedra fundamental da economia negra do Paquistão. O general Fazle Haq, governador de Zia na província da Fronteira, publicamente declarou sua indiferença, argumentando que enquanto se dirigisse ao mercado externo, os paquistaneses não seriam molestados. O número de viciados registrado no Paquistão crescera de poucas centenas em 1977 a mais de 2 milhões em 1987.[37] O aumento dos conflitos de gangues em Karachi está diretamente ligado à cidade ter se transformado em centro do comércio de heroína.

Quanto ao Paquistão e seu povo, eles mofavam. Zia queria uma ruptura total com o passado e buscou a religião, normalmente um porto seguro para os canalhas. No dia 2 de dezembro de 1978, o "soldado do Islã", como muitas vezes se referia a si mesmo, denunciou os políticos "que fazem o que querem em nome do Islã", depois pro-

---

[37]Um dos bancos usados pela máfia da heroína para lavar dinheiro era o BCCI (Bank of Credit and Commerce International), hoje desaparecido.

162 DUELO

clamou que estava se preparando para instituir as verdadeiras leis islâmicas no país. Anunciou a criação dos tribunais *xariá*, cujos poderes eram limitados, mas que poderiam dizer se uma lei era "islâmica ou não islâmica". Discussões entre teólogos começaram imediatamente, e vários tribunais tiveram de ser rapidamente reconstituídos. Dois meses depois, Zia promulgou uma série de novas portarias e despachos presidenciais. De acordo com eles, todas as punições legais relacionadas ao consumo de álcool, adultério, roubo e assalto seriam alvo de punição religiosa prescrita pelo Corão e pela antiga jurisprudência islâmica. Qualquer muçulmano pego bebendo estaria sujeito a oitenta chibatadas; um casal não casado pego fornicando receberia cem chibatadas; e um caso de adultério envolvendo parceiros casados teria como punição o apedrejamento até a morte; uma ofensa contra propriedade passaria a requerer a amputação da mão direita desde o pulso, e roubo seria punido com o corte de mão e pé. Eram as prescrições sunitas. Os teólogos xiitas se opunham à amputação desde o pulso, eles se contentavam com a remoção de todos os dedos e do polegar da mão direita. E quanto à demanda absurda do Partido Popular por comida, roupas e abrigo, nada disso, de acordo com o general Zia, poderia ser provido pelo Estado ou por negócios privados, mas apenas por Deus: "Qualquer aumento ou decréscimo de seus meios de sobrevivência vem Dele. Acredite em Deus e Ele lhe concederá uma abundância de coisas boas na vida."

Todos os empregados do governo foram instruídos a rezar regularmente, e as autoridades mais destacadas deveriam fazer todos os ajustes necessários para que as orações pudessem acontecer em prédios públicos, aeroportos, estações de trem e paradas de ônibus. Uma ordem especial foi passada, insistindo na total reverência ao Ramadã, e os cinemas deveriam permanecer fechados durante este período por três horas após as rezas noturnas. O Paquistão nunca vira nada assim, e os resultados foram vários. A religiosidade oficialmente encorajada transformou-se em norma, mas com um aumento enorme do consumo de álcool, com todos os bêbados dizendo que estavam resistindo

O SOLDADO DO ISLÃ

à ditadura. Os números de adultérios e observância de jejuns nunca poderão ser estabelecidos. O Talibã ainda não existia, mas o cenário estava sendo preparado. Como um ponto positivo à profissão de médico, os doutores se recusaram a presidir as amputações "islâmicas", e tais punições nunca puderam ser implementadas. Açoitamentos públicos e nas prisões, no entanto, ocorriam regularmente e brutalizaram ainda mais a frágil política cultural do país.

Não foi surpresa que, sob as ordens de Zia, o Jamaat-e-Islami, que nunca tinha ganhado mais de 5% dos votos em qualquer lugar do país, tenha sido tratado com condescendência pelo governo. Seus quadros foram enviados para lutar no Afeganistão, seus estudantes armados foram encorajados a aterrorizar campus universitários em nome do Islã, seus ideólogos estavam sempre presentes na televisão e na mídia impressa. Os Serviços de Interinteligência foram então instruídos pela liderança militar a apoiar a formação de outros grupos jihadistas mais extremados, que levaram a cabo ataques terroristas no país e fora dele. Escolas religiosas começaram a ser montadas no campo, especialmente nas províncias fronteiriças. Logo Zia precisou de seu próprio partido político, e a burocracia criou um, a Liga Muçulmana do Paquistão, com os favoritos de Zia: os irmãos Sharif e os Chaudhry, de Gujrat. Normalmente comendo-se uns aos outros, naquele momento uniram suas grandes forças, uma das quais sendo o uso do poder político para auxiliar a primitiva, mas rápida, acumulação de capital.

A família Sharif transformou-se em uma das favoritas de Zia simplesmente porque sofreram na administração Bhutto e seu ódio por ele era irrestrito. Ferreiros, deixaram a Índia e buscaram refúgio na nova terra muçulmana, assentando-se em Lahore. Muhammad Sharif, homem que trabalhava duro, disciplinado, assegurou-se que seus filhos, Nawaz e Shahbaz, recebessem uma educação adequada. A família ia bem, suas pequenas fundições prosperavam, e parecia não se interessar por política. Sua recusa a pagar dinheiro de proteção a alguns dos mais duros partidários de Bhutto em Lahore fez com que seus negócios fossem atingidos e nacionalizados em 1972. A decisão foi economicamente estúpida e politicamente contraproducente. Uma família de pequenos homens de negócios neutros politicamente foi transformada em inimigos de toda a vida dos Bhutto. No dia em que Zia ordenou a execução de Bhutto, Muhammad Sharif e seus filhos agradeceram a Alá por responder tão rapidamente às suas preces. Nawaz, o filho mais velho, passou a protegido do general e foi feito líder da Liga Muçulmana *khaki*. Metamorfoseados em políticos pelos militares, a família Sharif foi para sempre grata ao general Zia. Sua principal lealdade, no entanto, era com seus próprios interesses econômicos. As fundições lhes foram devolvidas, mas já não eram suficientes. O poder político era naquele momento um escudo para que grandes ganhos fossem conseguidos através de enormes somas de dinheiro emprestadas por bancos e nunca pagas. Tal processo começou cedo e renasceu após a inesperada morte do general.

A segunda família a beneficiar-se com os regimes militares foi a Chaudhry, baseada em Gujrat. Trata-se de uma antiga cidade punjabi, próxima ao rio Chenab, construída pelo imperador mogul Akbar e defendida pelos gujjars, que tradicionalmente pertenciam a uma casta seminômade de pastores de cabras e vacas (daí o nome da cidade). A função inicial da cidade era suprir o exército mogul com comida e outras necessidades enquanto caminhavam pela região. Os jats, descendentes das tribos migrantes, eram fazendeiros que tinham adquirido gosto pela guerra e ofereciam soldados aos mogul, e mais tarde, em número muito maior, aos britânicos e aos exércitos que o sucederam. Alguns deles se estabeleceram também nas cidades, com constante rivalidade entre eles e os gujjars.

Gujrat ganhou reputação por seus artesãos — especialmente ceramistas — de grande qualidade durante o período mogul. Pouco de suas habilidades são aproveitadas hoje em dia, exceto para a fabricação de dinheiro e passaportes falsos. Antes que salvaguardas eletrônicas fossem implantadas, um artesão local produzia com grande reputação passaportes e vistos americanos, de tão alta qualidade que seus clientes raramente eram detectados.

O SOLDADO DO ISLÃ 165

Os do clã Chaudhry eram jats, e especialmente durante o governo britânico, quando sua qualidade de vida decaiu, grande parte deles estavam em má situação e em busca de emprego. O fundador do clã foi Chaudhry Zahoor Elahi. Muitos de seus amigos o viam como generoso e de bom coração. Ele vinha de Nat, vilarejo próximo a Gujrat, dominado por fraternidades criminais cujo senso de solidariedade deixou nele uma profunda marca. Seu pai era muito respeitado localmente como um efetivo bandido de rios que ganhava a vida reciclando bens roubados. Zahoor Elahi começou sua vida adulta como policial na Índia britânica, passado que não poderia ser mais distante daquele dos generais aos quais serviria mais tarde.

Em 1943, Zahoor Elahi foi enviado à cidade sagrada dos sikh, Amritsar. Seu irmão, Manzoor Elahi, o acompanhou na esperança de encontrar emprego. Zahoor era respeitoso e trabalhava duro, mas também mantinha um ouvido em permanente alerta onde quer que estivesse, para o caso de o destino vir pregar uma peça. Certo dia, estava no posto policial quando ouviu que um negociante hindu, que infringira a lei, estava a ponto de ser pego.

Vendo uma oportunidade, Zahoor Elahi visitou o negociante naquele mesmo dia e o avisou. Quando chegou o momento do ataque, a polícia não encontrou nada. Uma investigação foi posta em marcha, o truque foi descoberto e Zahoor foi afastado da força policial.

O homem de negócios ficou agradecido e ofereceu dinheiro aos dois irmãos. Manzoor Elahi recebeu ajuda para montar uma pequena oficina para trabalhar com um tear manual. Depois veio a partição da Índia. Os irmãos voltaram ao seu vilarejo. Certo dia, Zahoor Elahi foi aos escritórios de Reabilitação e Compensações e exigiu indenização pelo que tinham perdido (na verdade, muito pouco). Como vários outros naqueles tempos convulsos, ele exagerou no pedido. Naqueles dias, era comum que tais ganhos ilegais fossem convertidos em bens mais fáceis de serem transportados, que poderiam ser ouro ou joias. Zahoor Elahi deu livre curso a sua grande paixão por terras, traços genéticos que ainda podem ser vistos em seus descendentes. Primeiro conseguiu uma grande casa no centro de Gujrat, em troca de algo que disse ter perdido em Amritsar. Nunca olhou para trás, soube aproveitar muito bem seus dons naturais para gradualmente construir uma grande fortuna. Com isso já estabelecido, devemos dizer para seu crédito que ele nunca se esqueceu do passado e manteve relações de amizade com a polícia local e com os criminosos, muitas vezes reunindo-os para explicar que, mesmo com diferenças em suas profissões, tinham interesses em comum.

Não era o único político ladrão da região, mas era um dos mais astutos. Ele entendeu que na política, bem como na vida cotidiana, qualquer pessoa com um mínimo de bom-senso pode atingir objetivos que contradizem suas origens. A ética não era necessária. Como notável de uma cidade pequena, filiou-se à Liga Muçulmana e começou a subir. Com o impressionante crescimento de sua carteira de propriedades, suas regulares peregrinações a Meca foram combinadas com visitas às lojas duty-free. Sempre voltava lotado de presentes para seus amigos, dos mais ricos aos mais pobres.

Ele uniu-se à Liga Muçulmana do marechal de campo Ayub, primeira das ligas *kahki* (nome que deriva da cor de seus uniformes militares) que se transformariam em pequenos, mas importantes pilares da regra militar do país. Transformou-se em mecenas do partido, doando dinheiro e buscando audiências para que o general se sentisse popular nos encontros públicos. Para um homem como ele, que fez a si mesmo, subir tão alto no Paquistão era incomum naquela época. Outros como ele encaravam a pobreza como vexatória, mas não tinham habilidade, iniciativa nem contatos. Tal processo seria muito mais comum durante a bonança da heroína, décadas mais tarde, quando o espírito empreendedor dos Chaudhry e dos Sharif tivessem permeado as grandes cidades e deixado uma marca indelével na vida política do país. Seria complicado transformar-se em primeiro-ministro.

Enquanto Bhutto foi ministro do gabinete do regime militar, Elahi esteve no papel de delator para o qual treinara desde os dias como

O SOLDADO DO ISLÃ

jovem policial. Quando Bhutto foi afastado por Ayub e ainda estava debaixo de sua tenda pensando seriamente se deveria organizar um novo partido político, Elahi virou as costas para o ministro caído. E fez mais. Transformou-se em grande defensor de Ayub dentro da Liga Muçulmana e subornou os que estavam tentados a sair dela com Bhutto, tentando manter a maior parte deles no partido. Bhutto nunca se esquecia de tratamentos assim, reais ou imaginários. Uma vez no poder, em 1972, deixou claro que enxergava os Chaudhry de Gujrat como ladrões e que deveriam ser tratados como tal. Tentativas dos Chaudhry de fazer um acordo com o novo líder via intermediários não deram em nada. O ódio de Bhutto, uma vez aparente, era mantido para sempre. Tinha uma memória de elefante, como descobririam vários funcionários civis que o evitaram nos seus anos de desgraça. Zahoor Elahi jogou dessa vez. E a resposta veio antes do esperado. Acolheu o golpe de Zia em 1977, criando uma relação próxima com o ditador e apoiando a execução de Bhutto. Várias vezes pediu ao general Zia que o presenteasse com a "caneta sagrada" com a qual assinou a sentença de morte de Bhutto. O presidente da Suprema Corte do Paquistão Ocidental, Maulvi Mushtaq Hussain, que se comportou de modo abominável no tribunal durante o julgamento de Bhutto por assassinato, virou grande amigo de Zahoor Elahi. Até que, em 1978, esteve em Lahore oferecendo sua hospitalidade ao juiz. Os dois homens estavam no carro que levava o juiz de volta à sua casa, no distrito Cidade Modelo, de Lahore, quando um grupo de homens armados do al-Zulfiqar abriu fogo. O juiz, que era o alvo, esquivou-se e evitou que as balas o atingissem. Chaudhry caiu. Zahoor Elahi não era o alvo, mas o al-Zulfiqar, desconcertado por não ter acertado o juiz, disse que ele também estava na lista, o que poderia ser verdade.

Seja qual for a verdade, Zahoor Elahi transformou-se instantaneamente em mártir. O aniversário de sua morte é comemorado em Gujrat todos os anos com grande pompa e cerimônia por sua família (normalmente ministros de governo), e ruas ganharam o seu nome. Após sua morte, seu filho mais velho, Chaudhry Shujaat Hussain, herdou o bastão e transformou-se em crucial intermediário do poder para o general Zia na Liga Muçulmana. O poder total, no entanto, continuava escapando das mãos do clã de Zahoor Elahi. A família Sharif tinha a Liga Muçulmana, mas os Chaudhry mantinham a tradição familiar mascarando seu ressentimento. Esperaram pacientemente. Sua chance viria uma década mais tarde, quando outro general, Pervez Musharraf, tomou o poder.

Mas os Chaudhry, assim como os Sharif, prosperaram bastante nos anos Zia. O mesmo aconteceu com o exército do Paquistão, para o qual a guerra no Afeganistão foi um grande estímulo. Transformou-se em um aliado de primeira linha dos Estados Unidos contra os comunistas sem Deus. E Zia e seus generais sabiam muito bem que sem o apoio financeiro e militar dos Estados Unidos, e também da China, Arábia Saudita, Israel e Egito, a vitória não seria fácil. A ISI e a CIA viram e aplaudiram quando técnicos russos e suas famílias foram mortos, e suas cabeças dispostas em postes. Foi uma vingança doce pelo Vietnã. Ao mesmo tempo, o príncipe Turki bin Faisal, líder saudita que promovia a guerra, enviou o *sheik* Osama bin Laden para o Afeganistão para promover o avanço da luta demonstrando aos crentes que os sauditas estavam a seu favor, e que não se preocupassem muito com os Estados Unidos. A história foi bem documentada, mas o que não se disse o bastante é como essa guerra arruinou as regiões ao noroeste do Paquistão. As consequências ainda são duramente sentidas.

Os grosseiros, mas efetivos manuais da ISI para combater Moscou, provam mais uma vez serem de grande ajuda, agora para as forças americanas que lutam no Afeganistão. Um dos comandantes antissoviéticos, Abdul Haq, disse a jornalistas ocidentais admirados que os mujahideen na verdade não buscavam alvos civis, "mas se os atingimos, eu não ligo. (...) Se a minha família vivesse próximo à embaixada soviética, eu a atingiria. Não me preocuparia com eles. Se estou preparado para morrer, meu filho tem de morrer por isso, e minha esposa tem de morrer por isso". Tais "qualidades" foram então elogiadas na imprensa ocidental como exibições de uma indomá-

O SOLDADO DO ISLÃ 169

vel raça guerreira. Robert Fisk, que reportava o conflito para o *Times* de Londres, deu estritas instruções para que se referissem aos mujahideen como "lutadores pela liberdade", fossem quais fossem as suas atividades.

O brigadeiro Mohammed Yousaf, da ISI, que estava totalmente envolvido no treinamento de mujahideen e na seleção de comandos paquistaneses para cruzar a fronteira e lutar ao seu lado, defendeu tal tática em 2003:

> Em seguida eram sabotagem e assassinato vindo de dentro (...) isso incluía pôr uma bomba sobre uma mesa de jantar da Universidade de Cabul no final de 1983. A explosão, no meio do jantar, matou nove soviéticos, incluindo uma professora. As instituições educacionais eram consideradas alvos, pois o seu quadro era composto de comunistas que doutrinavam seus alunos no dogma marxista (...) o que estava corrompendo a juventude, afastando-a do Islã.[38]

As mesmas táticas e as mesmas justificativas, dirigidas agora contra os Estados Unidos e a Otan, dizem representar a "doença" do Islã e são inspiradas no Corão e em outros ensinamentos islâmicos. De qualquer forma, podemos nos perguntar como os manuais jihadistas que circulam nos campos de refugiados e entre os mujahideen foram produzidos na Universidade de Nebraska-Omaha?

> As cartilhas, que estão cheias de histórias sobre jihad e apresentam desenhos de armas, balas, soldados e minas, sempre serviram como base para o sistema escolar do Afeganistão. Mesmo os talibãs usaram os livros produzidos pelos Estados Unidos, ainda que o movimento radical tenha riscado os rostos humanos para que o material se mantivesse dentro de seu estrito credo fundamentalista.[39]

---

[38]Mohammed Yousaf e Mark Adkin, *The Bear Trap: Afghanistan's Untold Story* (Lahore: 2003). Deveria ser leitura recomendada a todo o pessoal da Otan no Afeganistão. Exatamente as mesmas táticas estão sendo usadas contra eles.
[39]Joe Stephens e David B. Ottaway, "The ABCs of Jihad in Afganistan", *Washington Post*, 23 de março de 2002.

Ao mesmo tempo, mudanças aconteciam na União Soviética. Com a subida ao poder de Mikhail Gorbachev como secretário-geral do Politburo, em março de 1985, logo ficou óbvio que a União Soviética aceitaria a perda no Afeganistão e enviaria suas tropas de volta a casa. Eu tive uma experiência pessoal surpreendente com esse assunto. Em uma conferência patrocinada pelas Nações Unidas em Tashkent naquela primavera, fiquei atônito quando, após meu discurso, que foi altamente crítico à intervenção soviética no Afeganistão e a seus resultados, os membros mais jovens da delegação soviética, liderados por Yevgeni Primakov (mais tarde chefe da KGB e por um curto espaço de tempo primeiro-ministro na administração Yeltsin), vieram me abraçar, dizendo que concordavam comigo, e o mesmo fez o novo secretário-geral. Quando reportei isso a vários amigos paquistaneses, eles ficaram desanimados. Alguns se recusavam a acreditar que seria possível. Hoje, muitos deles estão igualmente comprometidos com a ocupação americana do Afeganistão e rogam ao Ocidente que mande mais tropas.[40]

A União Soviética aceitou a derrota e decidiu-se por uma retirada unilateral do Afeganistão. No entanto, o general Gromov queria algumas garantias para aqueles afegãos que os apoiavam e estavam sendo deixados para trás. Os Estados Unidos — com sua missão cumprida — estavam preparados para jogar. O general Zia, no entanto, não. A guerra afegã subira à sua cabeça (bem como à cabeça de Osama bin Laden e seus colegas), e ele queria seu próprio povo no poder por lá. Zia sonhava com o controle das capitais da Ásia Central. Quando a retirada soviética se aproximou, Zia e a ISI fizeram planos para o pósguerra. Durante seu governo no Paquistão, ele construiu a bomba

---

[40]Ahmad Rashid, "Accept Defeat by Taliban, Pakistan Tells Nato", *Daily Telegraph*, 30 de novembro de 2006. Rashid escreve: "Para progredir em Riga, a Otan terá que engajar-se no apoio dos Estados Unidos para aceitar o blefe do Paquistão, e pressionar Islamabad a entregar a liderança do Talibã e colocar mais tropas lutando contra os insurgentes enquanto persuade o senhor Karzai a ser mais proativo."

O SOLDADO DO ISLÃ    171

nuclear, e isso, junto com a derrota soviética, deu a Zia e aos generais mais próximos a ele uma nova confiança e a ideia de que eram invulneráveis.

E ZIA DESFEZ-SE na fumaça. No dia 17 de agosto de 1988, enviou cinco generais para os testes com os novos tanques norte-americanos M1/A1 na pista de provas militares próxima a Bahawalpur. Também estavam presentes um general americano e o embaixador dos EUA Arnold Raphael. A demonstração não foi bem e todos ficaram ranzinzas. Zia ofereceu aos americanos uma carona na aeronave construída especialmente para ele, um C-130, que tinha uma cabine blindada para protegê-lo de assassinos. Poucos minutos após o avião ganhar o ar, os pilotos perderam o controle e ele caiu no deserto. Todos os passageiros morreram. Tudo o que sobrou de Zia foi o osso de sua mandíbula, que foi enterrado em Islamabad (um entroncamento próximo ficou conhecido entre os taxistas como *Jawbone Chowk*). A causa do acidente permanece desconhecida. Os arquivos nacionais dos Estados Unidos contêm 250 páginas de documentos relacionados com o acidente, mas ainda são secretos. Especialistas do serviço de inteligência do Paquistão informalmente me disseram que foi uma vingança dos russos, pela perda do Afeganistão ou, em outra variante da história, disseram terem sido os mesmos agindo em nome do líder indiano Rajiv Gandhi, cuja mãe, Indira, fora assassinada por seu guarda-costas sikh, que aparentemente visitara campos de treinamentos sikh no Paquistão. Uma interessante versão foi oferecida por John Gunther Dean, diplomata que servia como embaixador dos Estados Unidos na Índia. De acordo com Barbara Crossette, chefe do escritório do *New York Times* no sul da Ásia na época:

> Em Nova Délhi, em agosto de 1988, muitas histórias surgiram na mente de Dean. Ele teve uma suspeita imediata sobre quem matou Zia, mas seu suposto perpetrador não estava na lista dos possíveis cons-

piradores então em circulação. Dean imaginou que o plano para livrar o mundo do general Zia tinha o selo distintivo de Israel, ou especificamente da agência de inteligência israelita, o Mossad.

Dean acreditava em "desacordos por canais", não em vazamentos. E, sabendo a controvérsia que tal acusação pública poderia gerar, e o efeito que ela teria não apenas nos Estados Unidos e no sul da Ásia, mas também no mundo islâmico, decidiu voltar a Washington para explicar sua teoria pessoalmente aos seus superiores do Departamento de Estado. O ato custou sua carreira diplomática.[41]

Estaria Dean insinuando que o Mossad tinha matado Zia para puni-lo pela construção da bomba? Dean nunca voltou a falar, e por isso não sabemos, mas parece improvável. Os israelitas apreciavam o papel de Zia ao derrotar os palestinos na Jordânia. Zia permitiu a presença do Mossad em Peshawar durante a guerra afegã. Além do mais, muitas vezes enxergaram o Paquistão como um equivalente muçulmano de Israel.

O Paquistão é como Israel, um Estado ideológico. Tire o judaísmo de Israel e ele colapsará como um castelo de cartas. Tire o Islã do Paquistão e faça dele um Estado secular: ele colapsará. Nos quatro últimos anos, estivemos tentando levar os valores islâmicos ao país.[42]

Muitos paquistaneses, como é sua prática, culparam a CIA. O filho de Zia estava convencido que o culpado fora o grupo de Murtaza Bhutto, "al-Zulfiqar". A viúva de Zia murmuraria que foi "nosso próprio povo", querendo dizer o exército. Benazir Bhutto descreveu-o como "um ato divino". O único fato com o qual todos concordavam era que ele estava morto. O mistério permanece não

---

[41]Barbara Crossette, "Who killed Zia?", *World Policy Journal*, outono de 2005.
[42]Citado no *Economist*, 12 de dezembro de 1981. Quando, em 1970, eu fiz minha primeira comparação na primeira frase de *Pakistan: Military Route or People's Power?*, foi considerado um ultraje, especialmente entre os paquistaneses de direita. Uma década mais tarde, a analogia se transformou em HALAL ou kosher.

revelado até hoje. Quando líderes estrangeiros rogavam-lhe que acabasse com a vida de Zulfiqar Ali Bhutto, Zia respondeu que ninguém era indispensável, e "eu sou da opinião que quando mais alto se vai, mais dura é a queda". O "soldado do Islã" deixou registrado seu próprio epitáfio.

# 6
# O QUARTETO DE WASHINGTON
## O general como chefe executivo

COM O ASSASSINATO DE ZIA, TERMINOU O SEGUNDO PERÍODO DE GO-verno militar no Paquistão. O que se seguiu foi um prólogo civil do reinado de Musharraf, sem precedentes na curta história do país. Por dez anos, membros de duas dinastias políticas — as famílias Bhutto e Sharif — governaram alternadamente o país. Essa década foi importante para a história do Paquistão. Tragicamente, nem a filha de Bhutto, Benazir, nem o protegido de Zia, Nawaz Sharif, mostraram qualquer habilidade de governar o país com outros interesses além dos seus próprios. O clientelismo, o apadrinhamento e a corrupção em escala gigantesca foram as marcas de seus fracos regimes.

Em novembro de 1988, Benazir Bhutto, então com 35 anos, tinha, para grande desconforto do exército, ganhado as eleições que aconteceram pouco tempo após a morte de Zia. Mesmo com forte oposição islamita, ela transformou-se na única primeira-ministra do país. Foi a primeira oportunidade real que o povo teve de mostrar sua raiva contra a execução do seu pai. Seu programa prometia umas poucas reformas em prol dos pobres, mas estava bem longe do mundo da "comida, roupa e abrigo para todos". Suas opções eram severa-

176                    DUELO

mente limitadas. Seus inimigos estavam muito infiltrados no aparato do Estado e ela era politicamente fraca. Quando a encontrei, meses após seu triunfo, foi incrivelmente honesta: "Não posso fazer nada. O exército está de um lado e o presidente [Ghulam Ishaq Khan, ex-burocrata que apoiou Zia contra Bhutto] de outro." Sem sombra de dúvida, era uma situação difícil. Meu conselho foi de que fosse à televisão e falasse ao povo, explicando que praticamente não tinha qualquer poder. Era a única forma de informar aos cidadãos. Minha outra sugestão foi a de implementar certas reformas que não requeressem bilhões. Ela deveria, ao menos, tentar abrir escolas femininas por todo o país e revogar as desgraçadas Ordenações Huddod, levadas a cabo por Zia, que tratava as mulheres como cidadãs de segunda classe e igualava o estupro ao adultério. Ela fez que sim, em aprovação, mas nada foi feito. Como primeira-ministra, Benazir não poderia mesmo vingar-se do fantasma de Zia, e muito menos introduzir uma única medida legislativa que importasse. O sistema que Zia colocara em funcionamento nunca foi desafiado. Grande parte da hierarquia do seu partido estava muito feliz por voltar ao poder e por isso só tinham cabeça para pensar em si mesmos. Após inconclusivos vinte meses no poder, o presidente Ishaq, usando os enormes poderes que detinha por conta da Oitava Emenda de Zia à constituição de 1973, desfez o governo de Benazir em agosto de 1990, acusando-a de tolerar a corrupção e falhar no controle da violência étnica em sua província natal, o Sind. Houve pouca resposta pública. Nas eleições que se seguiram, Nawaz Sharif ganhou por maioria e foi empossado como primeiro-ministro. Ele também teve problemas com o presidente e seu governo foi dissolvido em 1993. Moin Qureshi, um ex-funcionário do Banco Mundial, foi empossado como primeiro-ministro antes das eleições de outubro de 1993, que levou Benazir de volta ao poder.

Entretanto, a crise no Afeganistão continuava, mesmo após a retirada da União Soviética, em fevereiro de 1989. Os dois países tinham ficado entrelaçados. Um membro proeminente do politburo soviético, Yevgeni Primakov, propôs um acordo para estabilizar o Afeganistão,

O GENERAL COMO CHEFE EXECUTIVO 177

por meio do qual Moscou gradualmente tiraria os velhos líderes afegãos e seus quadros do país, deixando uma estrutura intacta para o governo que se seguisse. O Paquistão rejeitou essa oferta sensível. Seu ministro do Exterior Sahibzada Yaqub Khan, velho amigo de Washington, não queria comprometer-se. Nem seus mestres. O cheiro de sangue estava em suas narinas, e por isso as facções mujahideen foram instruídas a seguir em guerra. Um desmoralizado e vencido exército pró-soviético no Afeganistão desintegrou-se rapidamente, e grande parte da liderança afegã no final das contas saiu do país. O primeiro-ministro Mohammad Najibullah refugiou-se no escritório das Nações Unidas. Grande parte de Cabul foi destruída, e após isso, os grupos mujahideen, para grande consternação de seus amigos estrangeiros, começaram a lutar entre si. Disputas políticas foram resolvidas com artilharia. Diferentes combinações de presidentes e ministros não foram capazes de restaurar a ordem. Não havia nada parecido com um governo central. Homens armados transformaram-se em "coletores de taxas" e o comércio foi praticamente interrompido. Somente a papoula permaneceu sagrada.

Durante o segundo período de Benazir Bhutto no poder (1993-96), o general Naseerullah Babar, seu ministro do Interior, junto com a ISI montaram um plano para pôr o Talibã como força político-militar que poderia tomar conta do Afeganistão, movimento apenas em parte aprovado pela embaixada americana. A verdade era que, uma vez que a União Soviética tinha retirado suas tropas, Washington perdera o interesse pelo país.

A negação de Benazir Bhutto de que seu governo tenha sido a principal força de apoio ao Talibã nunca foi convincente. Em 1994, na última vez que me encontrei com ela, Benazir me disse que tudo o que o seu governo estava fazendo era enviar refugiados afegãos de volta ao Afeganistão. O que esse comentário esconde é o pesado envolvimento da ISI na viagem de volta. Os talibãs (a palavra significa literalmente "estudantes") eram crianças refugiadas do Afeganistão e pobres famílias pathans "educadas" nas madraças nos anos 1980.

178 DUELO

Deles provinham as tropas de choque, mas eram liderados por alguns mujahideen experientes, incluindo o mulá Omar. Sem o apoio do Paquistão, nunca poderiam ter tomado Cabul, ainda que o mulá Omar, outro fantasista, algumas vezes tenha preferido esquecer essa realidade, assim como o *sheik* Osama e a Al Qaeda se autoconvenceram de que a derrota dos russos fora uma vitória jihadista, esquecendo-se do papel primordial dos infiéis, sem cujo apoio os jihadistas nunca teriam ganhado nada. A facção de Omar era dominante, mas a ISI nunca perdeu completamente o controle da organização. Islamabad permaneceu tranquila mesmo quando os fanáticos seguidores de Omar insistiram em sua independência atacando a embaixada paquistanesa em Cabul, em 1999, e quando, no mesmo ano, sua polícia religiosa interrompeu uma partida amistosa de futebol entre os dois países porque os jogadores do Paquistão chegaram com cabelos longos e shorts. Ante uma multidão atônita, a polícia bateu nos jogadores, cortou seus cabelos e os mandou de volta a casa. O jogo de volta em Islamabad foi cancelado.

O general Hamid Gul, leal diretor-geral pró-jihadista da ISI durante o primeiro governo de Benazir, que ela sem sucesso tentou remover do cargo, pagou-lhe um bom tributo após seu assassinato, em 2007:

> Não foram os jihadistas que a mataram. Ela foi uma boa protetora deles no passado. Benazir nunca foi suave quando o assunto era a Caxemira, isso eu posso afirmar. Servi como diretor-geral da ISI no seu governo. O talibã emergiu durante seu segundo período no governo e tomou conta de Cabul quando ela ainda era primeira-ministra. Seu ministro do Interior costumava apoiá-los abertamente.[43]

O segundo governo de Benazir Bhutto enfrentou sérios problemas quando seu presidente cuidadosamente escolhido, Farooq Leghari, partidário leal e constante do PPP, ficou descontente. Era um proble-

---

[43]"Get America Out of the Way and We'll Be Ok", entrevista com Harinder Baweja, *Tehelka Magazine*, 2 de fevereiro de 2008.

# O GENERAL COMO CHEFE EXECUTIVO

ma antigo: corrupção em alta escala. Visitando Islamabad no início de 1996, a calma superficial me parecia enganosa. Estava almoçando com minha mãe em seu restaurante favorito de Islamabad quando uma figura jovial, bigoduda, veio nos cumprimentar, saindo da mesa ao lado. Sua esposa, Benazir, estava fora do país, em uma visita de Estado. O senador Asif Zardari, ministro do Investimento, responsável por entreter as crianças em sua ausência, as levara para passear. Uma troca de gentilezas seguiu-se. Eu perguntei como as coisas estavam no país. "Bem", ele respondeu, com um sorriso forçado e charmoso. "Tudo vai bem." Ele deveria estar mais bem informado.

Atrás das portas fechadas de Islamabad, um golpe palaciano estava sendo montado. Benazir Bhutto estava a ponto de ser traída de forma suntuosa. Leghari estava preparando sua demissão do governo após consultas secretas com o exército e líderes da oposição. Durante um jantar, naquela mesma semana, um importante funcionário público, muito amigo de Benazir, mostrou-se em desespero. O presidente, ele disse, tentou abafar a crise pedindo um encontro especial com a primeira-ministra. Benazir, como sempre, apareceu com seu marido. Isso deixou Leghari perturbado: um dos assuntos que queria discutir era a ganância lendária do seu marido. Mas mesmo assim Leghari permaneceu calmo enquanto tentava convencer o casal de que não apenas os seus inimigos políticos estavam pedindo por uma atitude. A escala de corrupção e decadência correspondente da administração se transformou em escândalo nacional. Leghari estava sob pressão do exército e de outros para mover-se contra o governo. Para resistir a eles, precisava da ajuda de Benazir. Implorou a ela que disciplinasse Zardari e vários outros ministros que estavam fora de controle. Zardari, teimoso como sempre e em defesa de seus interesses materiais, zombou do presidente: ninguém no Paquistão, ele disse, incluindo Leghari, estava inteiramente limpo. A ameaça era óbvia: toque em nós e ficará exposto.

Leghari sentiu que a dignidade do seu gabinete fora insultada. Ficou pálido e começou a tremer de raiva. Sugeriu que o ministro de Inves-

# 180 DUELO

timento deixasse a sala. Benazir concordou e Zardari saiu. Leghari mais uma vez pediu que ela controlasse o marido. Ela sorriu e fez um discurso ao seu presidente sobre lealdade e quanto ela valorizava isso. O povo que reclamava, ela disse, estava com ciúme da sagacidade nos negócios do seu marido. Não fez concessões. Não estava convencida de que o exército planejava um golpe.

É verdade que nem todo general está louco para tomar o poder. O general Asif Nawaz (chefe do *staff* de 1991 a 1993) resistiu à tentação, mesmo tendo sido aconselhado em contrário, e sua morte súbita e inesperada alimentou os rumores em Islamabad. Sua viúva e muitos outros suspeitaram de assassinato.[44] Seu sucessor, o general Wahid Kakar (1993-96) contaria aos amigos que o embaixador americano tinha deixado claro que, dada a crise, Washington entenderia se uma ação firme viesse a ocorrer. Kakar também se manteve afastado da política, embora a escala de corrupção o deixasse nervoso, e em uma ocasião famosa dizem que confrontou Benazir Bhutto e reclamou sobre a ganância do marido.

"Por que não se divorcia dele ou não o elimina?", perguntou o general.

"Se o senhor tiver qualquer prova, general, *sahib*", disse Benazir, em resposta, "por favor, envie para mim."

Kakar aposentou-se pacificamente e foi substituído pelo general Jehangir Karamat, outro profissional que se recusou a contemplar um golpe.

Vários meses após demitir Benazir, Leghari me disse que aquele encontro, último de muitos, fora decisivo. Já não podia tolerar seus excessos: se ela continuasse no cargo, o exército interviria contra a democracia pela quarta vez na história do país. Segundo ele, relutantemente usou a Oitava Emenda — presente de Zia ao país — que dá

---

[44]Um relato fascinante desse episódio e vários outros da história militar do Paquistão está em *Crossed Swords: Pakistan, Its Army, and the Wars Within*, de Shuja Nawaz (Karachi: 2008).

O GENERAL COMO CHEFE EXECUTIVO 181

ao presidente poder de desfazer um governo eleito. Novas eleições tinham de ser convocadas e ocorrer no prazo de noventa dias.

A corrupção foi a principal acusação contra Benazir e Zardari. O casal foi acusado de usar o cargo público para reunir uma grande fortuna privada — que calculavam estar em torno de um bilhão e meio de dólares — e transferir seus bens para fora do país. Zardari foi preso, mas seus sócios nos negócios permaneceram leais. Um deles, o presidente da companhia de aço do Paquistão, cometeu suicídio sem fornecer qualquer prova contra seu antigo patrono. Os partidários mais próximos de Benazir insistiam que seu prestígio político era desperdiçado por seu marido, que ele era uma fraude, um posudo, um perdulário, e coisas muito piores. Em março de 1999, falando em uma reunião de amigos em um seminário de Islamabad, Benazir defendeu o marido. Não era compreendido, ela disse, mas antes que pudesse continuar, a audiência começou a agitar as mãos em desaprovação. "Não! Não! Não!", eles gritavam. Ela parou, e depois disse: "Fico imaginando por que sempre causo a mesma reação quando o menciono."

Zardari não era a única razão de sua falta de popularidade. O Partido Popular tinha feito pouco pelos pobres, que eram sua constituição natural. Grande parte de seus ministros, em nível nacional e provincial, estava muito ocupada enchendo seus próprios bolsos. Permanentemente rodeada de bajuladores, ela ficou isolada do eleitorado e fora da realidade. O país continuava a apodrecer. Um Estado que nunca ofereceu educação livre ou saúde, ou não poderia garantir o subsídio de trigo, arroz ou açúcar aos pobres, ou mesmo proteger vidas inocentes de serem mortas nas grandes cidades, criou um desespero em massa. Em janeiro de 1999, um trabalhador do sistema de transporte de Hyderabad que não era pago há dois anos foi ao Clube de Imprensa, ensopou-se de petróleo e ateou fogo em si mesmo. Deixou para trás uma carta que parece extraída de um romance de Upton Sinclair:

Perdi a paciência. Eu e meus companheiros de trabalho protestamos contra o não pagamento de nossos salários por um bom tempo. Mas ninguém parece perceber. Minha esposa e minha mãe estão seriamente doentes e eu não tenho dinheiro para o tratamento delas. Minha família está faminta e estou cansado de brigas. Não tenho direito a viver. Estou certo de que as chamas do meu corpo chegarão às casas dos ricos algum dia.

Nas eleições gerais que se seguiram à remoção de Benazir do poder, o Partido Popular sofreu uma derrota humilhante. O eleitorado paquistanês pode ser em grande parte semiletrado, mas sua sofisticação política nunca foi posta em dúvida. Já sem ilusão, apáticos e desgastados, os seguidores de Benazir se recusaram a votar nela, mas naquele momento não poderiam votar em seu inimigo. A Liga Muçulmana, de Nawaz Sharif, ganhou por uma grande maioria, com três terços dos assentos da Assembleia Nacional, mas 70% do eleitorado não saiu de suas casas.

Os irmãos Sharif voltaram ao poder. Mais uma vez, Shahbaz, o mais jovem porém astuto irmão, aceitou a disciplina familiar e Nawaz se transformou em primeiro-ministro. Em 1998, Sharif fez de Pervez Musharraf chefe do exército, passando a frente de um general muito mais antigo, Ali Kuli Khan. Sharif deve ter raciocinado que Musharraf, saído da classe média, com passado de refugiado como ele, seria mais fácil de ser manipulado que Ali Kuli, que vinha de uma família pathan de posses na Fronteira Noroeste e fora companheiro de faculdade do presidente Farooq Leghari, em quem Sharif não confiava por suas origens no Partido Popular. Seja qual fosse a razão, mostrou-se um erro de magnitude similar ao de Zulfiqar Ali Bhutto, quando este fez com que o general Zia passasse a frente de cinco outros generais mais graduados. Ali Khun Khan, muito bem-visto por grande parte de seus colegas, não nutria ambições políticas e, como seus predecessores imediatos, provavelmente teria ficado fora da política.

Encorajado por Bill Clinton, Sharif buscou uma aproximação com a Índia. O que estava de acordo com seus instintos de negócios. Acor-

O GENERAL COMO CHEFE EXECUTIVO

dos de viagens e comerciais foram negociados, as fronteiras terrestres foram abertas, os voos retomados, mas antes que o estágio seguinte — diminuição das restrições de viagens e regulação dos serviços de trens cruzando fronteiras — fosse alcançado, o exército do Paquistão começou a subir o sopé do Himalaia.

Para sermos brandos, o terreno em Kargil e na região vizinha é inóspito, e não acessível por pelo menos metade do ano. Os picos escarpados chegam a quase 6 mil metros, e no inverno a temperatura média é de menos sessenta graus Celsius. Quando a neve derrete, a movimentação entre as rochas ameaçadoras fica extremamente difícil. Oficiais e soldados que serviam na região a viam como um exílio na Sibéria. Um acordo não escrito entre a Índia e o Paquistão dizia que, de 1977 em diante, nenhum dos lados enviaria homens para o local entre 15 de setembro e 15 de abril de cada ano. Em 1999, o exército do Paquistão, na esperança de isolar os indianos na Caxemira, decidiu esquecer-se do acordo e começou uma guerra limitada que chegou ao ponto de uma briga nuclear.

OS INDIANOS, claramente tomados de surpresa ao descobrir tropas paquistanesas e irregulares ocupando pontos altos do lado indiano, sofreram sérios reveses durante as primeiras semanas do conflito, mas em seguida, e de forma arriscada, foram movidos regimentos e artilharia, junto a pesado apoio aéreo, começando a causar baixas, obrigando o Paquistão a bater em retirada em certas áreas. Após três meses de luta, de maio a junho de 1999, nenhum dos lados podia clamar vitória total, mas as baixas eram elevadas (vários milhares em cada lado). Em suas memórias, Musharraf de forma grotesca exagera o "triunfo" paquistanês, clamando a vitória para o seu lado. Na verdade, outra ideia estúpida surgira no alto-comando paquistanês. Um cessar-fogo foi acordado e os dois exércitos voltaram aos seus lados da Linha de Controle que separa a Caxemira ocupada pelo Paquistão do lado ocupado pela Índia.

184                         DUELO

Havia, no entanto, uns poucos insatisfeitos, filhos do fanatismo ideológico introduzido no exército do Paquistão durante o período de Zia. Pregadores e seguidores compulsórios ligados às unidades começaram a afetar os soldados. Em dezembro de 2000, um ex-oficial do exército me contou em Lahore sobre um incidente perturbador após o cessar-fogo de Kargil. Os indianos informaram os paquistaneses que um dos picos, em Kargil-Drass, ainda estava ocupado por soldados paquistaneses contrários ao cessar-fogo. Um oficial superior investigou e ordenou que o capitão encarregado no pico retornasse ao lado paquistanês das Linhas de Controle. O capitão acusou o oficial e o alto-comando militar de traição à causa islamita e atirou contra ele, matando-o. O capitão islamita foi finalmente desarmado, julgado por uma corte marcial secreta e executado.

MAS POR QUE TAL guerra aconteceu? Em particular, os irmãos Sharif disseram a associados que o exército se opunha à sua política de amizade com a Índia e estava determinado a sabotar o processo: o exército agira sem permissão do governo. Em suas memórias, Musharraf insiste que o exército manteve o primeiro-ministro informado enviando-lhe *breefings* entre janeiro e fevereiro de 1999. Isso está de acordo com o que diz o meu informante (ex-funcionário público), que estava presente às reuniões. A esperta apresentação em vídeo feita pelo QG tinha impressionado Sharif. Naturalmente, no vídeo os homens bons ganhavam. Tudo o que Sharif se perguntava no final era: "É possível fazer isso rapidamente?"

A verdadeira razão para a guerra pode ser encontrada na derrota de Daca. Se os americanos podiam vingar o Vietnã no Afeganistão, por que os paquistaneses não poderiam na Caxemira? Desde a vitória de 1990 em Cabul, a ISI estava infiltrando jihadistas pela Linha de Controle em direção à Caxemira governada pelo indianos, tentando imitar a operação afegã, mas dessa vez operando sozinhos. Tiveram êxito ao desestabilizar a província, mas o governo indiano respondeu com mais

O GENERAL COMO CHEFE EXECUTIVO 185

tropas, e nativos foram alcançados na linha de fogo. As tropas indianas eram sem dúvida brutais, mas os jihadistas, com sua retórica wahhabi, também antagonizaram com importantes camadas da população. O Islã na Caxemira sempre fora o da versão sufi mais branda.

A guerra de Kargil foi projetada para recuperar a iniciativa. Olhando para trás, é verdadeiramente assombroso que os estrategistas militares do Paquistão pudessem ter imaginado que havia chance de derrotar a Índia. Quando os indianos perceberam que se tratava de um ataque pesado, revidaram enviando artilharia pesada e apoio aéreo, incluindo helicópteros. Uma ofensiva naval, prelúdio de um bloqueio, também foi posta em ação. Com apenas seis dias de combustível disponível pela frente, os napoleões do Quartel-General do Paquistão não tinham outra alternativa que aceitar um cessar-fogo. Sharif disse a Washington que fora levado a uma guerra que não queria, mas não se opôs a ela. Logo depois, a família Sharif decidiu livrar-se de Musharraf. Constitucionalmente, claro, o primeiro-ministro tinha poder para demitir o chefe do *staff* e apontar um novo, como fizera Zulfiqar Ali Bhutto nos anos 1970, quando apontou Zia. Mas naquele momento o exército estava enfraquecido, dividido e perdera uma grande guerra; o que não era o caso em 1999, quando tudo não passou de uma estúpida e custosa aventura que terminou mal.

O CANDIDATO DE SHARIF a suceder Musharraf era o general Ziauddin Butt, chefe da ISI, que era considerado fraco e incompetente por muita gente. Foi enviado a Washington e lá dizem ter prometido entregar a cabeça de Bin Laden em uma bandeja. Se Sharif tivesse simplesmente demitido Musharraf, talvez tivesse alcançado uma oportunidade melhor de êxito, mas o que lhe faltava em bom-senso seu irmão mais inteligente tinha em malícia. Seriam os irmãos Sharif realmente tão tolos a ponto de acreditar que o exército não sabia de suas intrigas, ou foram iludidos por suas crenças na onipotência dos Estados Unidos? Clinton, no momento correto, avisou ao exército paquistanês

186          DUELO

que Washington não toleraria um golpe militar no país. Sharif confiava muito cegamente no conselho de Clinton. Deveria ter checado com a Agência de Inteligência de Defesa do Pentágono.

O episódio tragicômico que se seguiu é descrito de forma detalhada nas memórias de Musharraf, *In the Line of Fire* [Na linha de fogo], livro que se destina principalmente aos olhos ocidentais.[45] Musharraf descreve que, em 11 de outubro de 1999, ele e sua mulher estavam voltando em um voo de Sri Lanka, em uma companhia comercial de passageiros, quando o piloto recebeu instruções para não pousar. Enquanto o avião ainda estava dando voltas sobre Karachi, Nawaz Sharif reuniu-se com o general Ziauddin Butt na frente de uma equipe de televisão e o apresentou como o novo chefe do *staff*. Houve pânico no voo de Musharraf, que começava a ficar com pouco combustível. Ele contatou o comandante da guarnição de Karachi, o exército tomou controle do aeroporto e o avião pousou de forma segura. Simultaneamente, as unidades militares cercaram a casa do primeiro-ministro em Islamabad e prenderam Nawaz Sharif. O general Zia fora assassinado em um voo militar; Musharraf tomou o poder a bordo de um avião de passageiros.

Assim começou o terceiro período militar no Paquistão, inicialmente bem recebido por todos os oponentes políticos de Nawaz Sharif (incluindo Benazir Bhutto, bem antes de sua consagração como Mãe da Democracia) e alguns de seus antigos colegas. Musharraf no início era popular no Paquistão, e se tivesse impulsionado reformas para prover educação para todas as crianças, com o inglês como segunda língua compulsória (como na Malásia), para quebrar o monopólio da elite da educação superior, se tivesse instituído reforma agrária para

---

[45]O livro de Pervez Musharraf, *In the Line of Fire* (Nova York e Londres: 2005), nos oferece a versão oficial do que estava acontecendo no Paquistão nos últimos seis anos. Enquanto Altaf Gauhar injetou coisas sem sentido de todos os tipos nas memórias de Ayub, seu filho Humayun Gauhar, que trabalhou com Musharraf neste livro, escapou das armadilhas mais óbvias. A vida nada convencional do general é posta sem muita ênfase, mas o livro tem passagens suficientes para sugerir que ele nunca foi tão facilmente influenciado por obrigações religiosas ou sociais.

dar um fim à camisa de força dos donos de terras de grande parte do meio rural, se tivesse atacado a corrupção nas forças armadas e em todas as partes, e terminado com as escapadas jihadistas na Caxemira e no Paquistão como um prelúdio de um acordo a longo prazo com a Índia, poderia ter deixado um legado positivo. Mas, triste e previsivelmente, nada disso foi nem ao menos tentado. Musharraf, no entanto, implementou uma mudança importante ao permitir a emergência de canais de televisão independentes, quebrando o monopólio da televisão estatal. Isso, sem dúvida, melhorou o grau de liberdade de imprensa no país. Várias das cadeias desafiavam, eram críticas, e nem todas se sentiam intimidadas ao ofender os que estavam no poder. Musharraf viveria o bastante para se arrepender de tal concessão.

No campo político, imitou seus predecessores militares. Assim como eles, tirou seu uniforme, foi a uma reunião organizada por senhores de terra no Sind, e entrou na política. Seu partido? O sempre *khaki*, sempre disponível cortesão, mais conhecido no país como Liga Muçulmana. Seus partidários? Remanescentes do antigo bloco corrupto que ele denunciara de forma tão vigorosa ao tomar o poder e cujos líderes perseguia por corrupção em grande escala. O inevitável aconteceu. Os Chaudhry do Gujrat se separaram da família Sharif e firmaram um acordo com o general. Chaudhry Shujaat Hussain, ministro do Interior e do Controle de Narcóticos no governo de Nawaz Sharif, decidira que se transformar em correligionário dos militares era uma ocupação muito mais recompensadora que se manter na oposição. A única surpresa foi que ninguém se surpreendeu.

A PRIMEIRA GRANDE crise que atingiu o regime de Musharraf aconteceu em 11 de setembro de 2001. Por pura coincidência, naquela mesma semana, o general de barba comprida Mahmud Ahmad, diretor-geral da ISI, estava em Washington, convidado pelo Pentágono. Enquanto aconteciam os ataques do 11 de Setembro, o general Ahmad estava tomando um café da manhã tranquilo no Capitólio, com o senador Bob Graham (democrata), presidente do Senado e dos comitês de inteligência da casa, e o Membro da Câmara de Representantes Porter Goss (republicano). O último trabalhara em operações clandestinas da CIA por mais de dez anos. Numa discussão sobre terrorismo, foi feita referência à base de Osama bin Laden no Afeganistão. No intervalo entre os dois ataques ao World Trade Center, o general Ahmad tentou convencer seus anfitriões que o mulá Omar era muito honrado e poderia ser persuadido a livrar-se de Osama bin Laden. O encontro seguiu no mesmo caminho até que o segundo avião atingiu o WTC e todos saíram dali. Não se sabe se Graham questionou seu convidado sobre informações que, como mais tarde foi revelado, seu *staff* recebera de um agente da ISI no mês de agosto daquele ano, avisando que as Torres Gêmeas seriam atacadas em pouco tempo.

No dia seguinte, o general Ahmud, acompanhado por Maleeha Lodhi, embaixador do Paquistão em Washington, reuniu-se com o Departamento de Estado para receber um notório ultimato de Richard Armitage, revelado por Musharraf em Washington para promover suas memórias: ou você está conosco ou contra nós, e "vamos bombardeá-lo até que o Paquistão regrida à Idade da Pedra" se resistir. Musharraf insistiu que a ameaça fora feita. Bush jurava que tais palavras nunca tinham sido usadas. Ahmad e Armitage negaram que tenham sido ditas em seu encontro. Musharraf revelou então ter outras fontes de informações. Claramente algo fora dito, mas teria Musharraf exagerado para impressionar seus comandantes de corpos de que não havia outra alternativa além de seguir a ordem de Washington? Ou seria apenas um truque para aumentar a venda de seus livros? O relato de Maleeha Lodhi do encontro foi mais diplomático, como apropriado ao seu status:

> "Os dois estavam muito tensos", disse a senhora Lodhi sobre o senhor Armitage e o general Ahmad. "Armitage começou dizendo: 'Este é um momento grave. A história começa hoje para os Estados Uni-

## O GENERAL COMO CHEFE EXECUTIVO

dos. Estamos pedindo a todos os nossos amigos — não estamos falando apenas com o seu país — estamos perguntando às pessoas se estão conosco ou contra nós.'"[46]

No dia seguinte, o casal foi chamado novamente, e Armitage entregou ao chefe da ISI uma lista de sete pontos dos pedidos dos Estados Unidos ao Paquistão para travar a guerra do Afeganistão, que se aproximava de seu início. Sem nem olhar pausadamente para o papel impresso, Mahmud Ahmad colocou-o no bolso e disse que aceitava tudo. Como alguns dos pedidos afetavam a soberania do Paquistão, mesmo Richard Armitage ficou surpreso e perguntou ao chefe da ISI se precisaria consultar o general Musharraf antes de assumir qualquer comprometimento. "Não é necessário", respondeu o general Ahmad. "Ele vai concordar comigo." A forte antipatia de Ahmad aos Estados Unidos não era segredo. Estava evidentemente com pressa de voltar a casa e convencer seus colegas que não aceitassem os pedidos. Mais tarde, tais pedidos foram publicados no *Relatório da Comissão sobre o 11 de Setembro*:

1. Paralisar os agentes da Al Qaeda em suas fronteiras e interromper todo o apoio logístico a Bin Laden.
2. Abrir o espaço aéreo aos Estados Unidos e oferecer direito de pouso a todas as operações militares e de inteligência necessárias.
3. Oferecer acesso ao território aos Estados Unidos, à inteligência militar aliada e outro pessoal para conduzir operações contra a Al Qaeda.
4. Oferecer aos Estados Unidos informação de inteligência.
5. Continuar a condenar publicamente os ataques terroristas.
6. Interromper todo o envio de combustível ao Talibã e impedir que recrutas fossem ao Afeganistão.
7. Se as provas implicassem Bin Laden e Al Qaeda, e o Talibã continuasse a apoiá-los, deveriam cortar relações com o governo Talibã.

---

[46]*New York Times*, 4 de agosto de 2007.

Era um desafio direto à soberania do Paquistão, reduzindo-a ao status dos tempos de posse britânica. Musharraf mais tarde negou que tenha aceitado o segundo e o terceiro pontos, mas certamente não era visto assim por Washington. Colin Powell informou ao Conselho de Segurança Nacional que os paquistaneses tinham concordado com tudo. O que não estava entre os sete pontos, mas fora pedido em encontros secretos, era o acesso dos Estados Unidos às instalações nucleares. Isso Musharraf não podia e não aceitou, e daí nasceu a campanha da mídia americana e europeia sobre a "ameaça" jihadista às armas.

Os generais do Paquistão tiveram de enfrentar uma escolha difícil após o 11 de Setembro. Se não aceitassem os pedidos dos Estados Unidos, Washington poderia seguir o exemplo israelita e firmar um pacto antimuçulmano com extremistas religiosos que governavam a Índia naquele momento. Mas, caso se ajoelhassem, os resultados poderiam ser catastróficos, pois a inteligência do Paquistão (ISI) financiava grupos fundamentalistas no país desde os anos de Zia (1977-88). Musharraf, apoiado pela maior parte de seus generais, decidiu que era necessário sair de Cabul, para persuadir seus apoiadores que o Talibã não resistiria à ocupação americana, e abrir as bases militares e aéreas do país aos Estados Unidos. A partir dessas bases, o assalto liderado pelos Estados Unidos ao Afeganistão foi organizado em outubro de 2001.

Na verdade, Musharraf nem sempre cooperava ou aceitava todos os pedidos. Também tinha senso de humor. Por que outro motivo teria decidido estar presente na Conferência de Não Alinhados, em Havana, que seria aberta em 11 de setembro de 2006? Em um encontro com Hugo Chávez, presidente da Venezuela, Musharraf ofereceu seu conselho: "Você é muito agressivo com os americanos. Faça como eu. Aceite o que eles dizem e então faça o que você quiser."

O GENERAL COMO CHEFE EXECUTIVO          191

ENTRETANTO, O ENFURECIDO chefe da ISI e um colega foram despachados a Cabul para informar ao Talibã que a guerra se aproximava, a menos que enviassem a liderança da Al Qaeda ao Paquistão. Não importando o que aconteceria, o Talibã não resistiria, mas sim faria suas malas, não criariam problemas e desapareceriam. Todo o pessoal das forças militares e aéreas do Paquistão no Afeganistão foi retirado. O impulsivo Mahmud Ahmad realmente transmitiu tal mensagem, mas adicionou sua própria nota de rodapé. Disse ao mulá Omar que não concordava com o comando e que pensava que o Talibã deveria resistir. Imediatamente após o seu retorno a Islamabad, Ahmad foi despedido, e outros oficiais foram enviados para dissuadir o Talibã de qualquer resistência insana ao poder dos Estados Unidos. Grande parte da liderança realmente fez o que estava sendo pedido e concordou em oferecer seu tempo. O mulá Omar escolheu aliar seu destino ao da Al Qaeda, convidada de honra sua. Quando visto pela última vez, esse veterano da guerra antissoviética, enfraquecido e cego de um olho, estava em uma motocicleta indo em direção às montanhas para sua grande escapada. Ao contrário de Steve McQueen no filme, o mulá ainda está por aí. Todos os equipamentos de alta tecnologia ainda não conseguiram rastreá-lo.

O apoio insistente aos Estados Unidos por parte de Musharraf após o 11 de Setembro lhe valeu o apelido de Busharraf, e em março de 2005 Condoleezza Rice descreveu a relação do Paquistão com os Estados Unidos desde o 11 de Setembro como "larga e profunda". Não teria Musharraf, de qualquer maneira, se desembaraçado da vitória militar do Paquistão para agradar Washington? Ele nunca deixaria de insistir que só concordou em ser suplente de Washington por conta da ameaça de Richard Armitage, do Departamento de Estado. O que realmente preocupava Islamabad, no entanto, era uma ameaça que Musharraf não mencionou: se o Paquistão recusasse, os Estados Unidos teriam usado as bases indianas, que lhes eram ofertadas.

Tal decisão quase custou a vida de Musharraf. A vitória no Afeganistão afetou profundamente alas mais conservadoras do exército.

192  DUELO

Desde a guerra contra Bengala Oriental, os soldados estavam sendo pesadamente doutrinados com propaganda anti-hindu. Os hindus eram o inimigo. Destruiriam o Paquistão na primeira oportunidade que tivessem. Junto a isso, estava a islamização dentro do exército, impulsionada por Zia, especialmente durante a jihad contra o exército soviético, no território vizinho. Aceitar a ocupação americana de um Estado muçulmano era demais para alguns oficiais. Para certos soldados, era mesmo uma derrota vergonhosa. Em um seminário aberto no QG sobre a "Queda do Talibã", o então aposentado brigadeiro da ISI Mohammed Yousaf, que fora convidado a participar, entrou e adicionou a palavra *governo* antes de *Talibã*. Ele não aceitaria que tudo estava terminado. E não estava errado. Militantes jihadistas, auxiliados por informação vinda de dentro do exército, decidiram matar Musharraf. Eles se sentiam traídos. Sua lógica era simples: se fora correto travar um jihad contra os infiéis soviéticos, por que o mesmo não poderia ser aplicado aos infiéis americanos? Os textos de livros vindos da Universidade de Nebraska tinham deixado uma marca.

Quando Musharraf tomou o poder em 1999, ele se recusou a mudar-se de seu bangalô colonial em Rawalpindi para o conforto *kitsch* da casa presidencial em Islamabad, que com sua mobília dourada e decoração de mau gosto se parece mais com a opulência do Golfo que com as tradições locais. As duas cidades ficam próximas uma da outra, mas não se parecem em nada. Islamabad, que tem um padrão em rede e está aos pés do Himalaia, foi construída nos anos 1960 pelo general Ayub. Ele queria uma nova capital afastada das multidões ameaçadoras, mas próxima do quartel-general em Rawalpindi, que fora construída como uma cidade de guarnição pelos britânicos. Após a partição, transformara-se no local óbvio para situar o quartel-general militar do novo Paquistão.

Uma das expedições coloniais britânicas do século XIX para conquistar o Afeganistão (todas terminaram em desastres) foi planejada em Rawalpindi. Desse local, um século e meio depois, o jihad abençoado por Washington foi iniciada contra os comunistas afegãos. Tam-

# O GENERAL COMO CHEFE EXECUTIVO

bém deste local, o pedido dos Estados Unidos para usar o Paquistão como base para suas operações no Afeganistão foi discutido e aceito em setembro de 2001.

Por pouco tempo após a ocupação americana de Cabul, uma calma enganosa prevaleceu no Paquistão. Eu previ uma rápida derrota do Talibã, pois fora o planejado pelo Quartel-General, e sugeri que os grupos jihadistas se reagrupariam no Paquistão e, mais cedo ou mais tarde, começariam a punir o regime do general Musharraf. Isso começou em 2002. Uma tentativa não reportada de matar Musharraf foi seguida de três grandes acontecimentos: o sequestro e brutal assassinato do repórter do *Wall Street Journal*, Daniel Pearl; o assassinato do irmão do ministro do Interior; e o bombardeamento de uma igreja no coração do enclave diplomático de Islamabad, altamente vigiado. Além disso, em Karachi aconteceram assassinatos de profissionais de classe média. Mais de uma dezena de médicos pertencentes à minoria xiita foram mortos. Tais atos eram um aviso ao governante militar do Paquistão: se for muito longe acomodando Washington, sua cabeça também vai rolar.

Teriam sido todos esses atos de terrorismo realmente levados a cabo por grupos linha-dura como Jaish-e-Mohammed e Harkatul Ansar, que muitas vezes os reivindicaram? Provavelmente sim, mas não se trata de uma afirmação inteiramente coerente. Tais organizações foram, no final das contas, fundadas e armadas pelo Estado até a guerra de Kargil. Vire-as de cabeça para baixo e o lado racional será revelado. A óbvia manipulação da ISI desses grupos estava clara para todos no país há muito tempo. As seções da ISI que patrocinaram e fundaram tais organizações estavam furiosas com "a traição do Talibã".

Caso esse detalhe não seja contemplado, o terrorismo seletivo que abalou o país após a queda do Talibã se transforma em algo inexplicável. Musharraf, como Bhutto e Nawaz Sharif, herdou a ISI de Zia, cujo tamanho e orçamento tinham crescido maciçamente durante a primeira guerra afegã. A declaração do secretário de Estado Colin Powell em 3 de março de 2002, exonerando a ISI de qualquer responsabilidade pelo desaparecimento e assassinato de Pearl, chocou muitos paquistaneses. Quase todas as pessoas com as quais falei no Paquistão naquele momento diziam exatamente o contrário. Musharraf obviamente não estava envolvido, mas deve ter sido informado sobre o que acontecia. Ele se referiu a Pearl como um "jornalista muito intrusivo" preso em "jogos de inteligência", uma indicação que sabia de algo. Teria informado aos seus chefes em Washington? E se o fez, por que Powell absolveu a ISI? Pearl foi atraído a um restaurante em Karachi, sequestrado e depois executado por seus captores. Um vídeo mostrando a garganta de Pearl sendo cortada foi distribuído à mídia ocidental, e um abominável clipe foi mostrado pela CBS News.

A tragédia de Pearl lançou alguma luz à escuridão das redes de inteligência. Era um duro, investigativo (oposto a integrado) jornalista com grande sede de verdade. Ao mesmo tempo que mostrava pouco interesse por teorias ou ideologias políticas e sociais, era sensível aos custos morais e humanos de sua implementação. Isso é aplicado à "intervenção humanitária" no Kosovo e à desordem governista clerical no Irã, embora suas reportagens do Irã nunca tenham seguido a linha oficial de Washington. Alguns de seus melhores trabalhos no *Wall Street Journal* eram razoáveis e eloquentes rejeições da propaganda estatal, incluindo propaganda americana sobre o Kosovo usada para justificar o bombardeamento da Iugoslávia. Ele provou que a indústria farmacêutica sudanesa — bombardeada sob ordem de Bill Clinton para distrair a atenção do caso Lewinsky — era exatamente isso, e não uma instalação que produzia armas biológicas e químicas, como dito pela Casa Branca.

Quando a morte de Pearl foi anunciada, eu me lembro de ter pensado que a resposta oficial dos Estados Unidos foi sem ânimo. E se a vítima tivesse sido Thomas Friedman, do *New York Times*? Teria sido Pervez Musharraf capaz de descrever Friedman em uma conferência de imprensa em Washington como "muito intrusivo", que foi o que disse de Pearl? Era como se Pearl tivesse sido conivente em seu próprio assassinato. O irmão do ministro do Interior paquistanês fora

O GENERAL COMO CHEFE EXECUTIVO

morto por um grupo islamita poucas semanas antes de Pearl. Quando, durante um encontro privado, o ministro murmurou algo sobre Pearl ter causado a própria morte, uma amiga da viúva de Pearl perguntou: "Com todo o respeito, senhor ministro, o senhor culparia o seu irmão por ter sido assassinado simplesmente porque estava dirigindo nas ruas de Karachi?"

Fez falta o jornalismo de Pearl no momento em que começaram os movimentos para a Guerra do Iraque, quando a propaganda tomou conta das redes de televisão e os jornais de grande circulação se transformaram em algo quase tão pouco crítico e sem questionamento quanto fora a mídia do Paquistão nos anos de ditadura do general Zia. Não havia mistério sobre por que Pearl tinha ido ao Paquistão; obviamente para traçar a grande história, para ver se poderia descobrir as ligações entre os serviços de inteligência e o terrorismo nativo. Seu jornal — e também o Departamento de Estado — foi extremamente tímido sobre o assunto, recusando-se a revelar o que Pearl estava investigando. Contrariamente a histórias que circularam mais tarde, Daniel Pearl era um jornalista cuidadoso. Sua esposa, Mariane, detalhou os memorandos que enviou ao jornal, argumentando que deveriam treinar e proteger os jornalistas que atuavam em zonas perigosas.[47] Foram ignorados. Pearl se recusou a ir ao Afeganistão — a situação era muito insegura — mas a verdade é que também sabia que a verdadeira história estava no Paquistão. Decidiu investigar as ligações entre Richard Reid, o homem da bomba no sapato, e grupos islamitas do Paquistão. Foi provavelmente isso que Musharraf julgou "muito intrusivo". Os oficiais do Paquistão mais de uma vez disseram a Mariane que, se Pearl tivesse se comportado como outros jornalistas estrangeiros, a tragédia poderia ter sido evitada. Nem ela nem os outros especialistas do FBI que foram ao Paquistão puderam decifrar as notas de Pearl, escritas em código e, provavelmente, descrevendo o que descobrira.

---

[47]Mariane Pearl, *A Mighty Heart: The Brave Life and Death of My Husband* (Nova York e Londres: 2004), mais tarde um filme de Hollywood. *Coração valoroso*, Rio de Janeiro, Objetiva: 2004.

Todo jornalista ocidental, mesmo amigável, que visita o Paquistão é rotineiramente vigiado e seguido. Trata-se de um antigo hábito de inteligência, um artigo de fé, que data dos tempos de fundação do país (e mesmo anterior), e que se mantém mesmo quando governos eleitos estão no poder. No início da guerra do Afeganistão, as agências de inteligência ficaram cheias de trabalho barato. A ideia de que Danny Pearl, agindo por conta própria, conseguiu contatos com membros de grupos extremistas sem ser monitorado por serviços secretos não é crível. Na verdade, é impensável. E ninguém no Paquistão acreditou nisso, na época nem agora.

Provas circunstanciais sugerem o envolvimento das agências de inteligência na morte de Pearl. Não há prova direta, mas também não é segredo no país que Omar Saeed Sheikh, o psicopata que organizou o sequestro, tinha conexões com a inteligência. Em 1994, grupos islamitas que cresceram com a ajuda da ISI o infiltraram na Caxemira. Especialista em sequestrar estrangeiros e mantê-los como reféns, liderou uma ação deste tipo em Délhi para assegurar a liberação da cadeia de Tihar de Masood Azhar, líder de um grupo islamita. O sequestro foi um êxito, mas também teve sorte o serviço de inteligência indiano: após uma troca de tiros, Sheikh foi capturado. Estapeou o oficial de polícia que o prendeu e foi espancado de volta. Cinco anos mais tarde, em dezembro de 1999, seus colegas sequestraram um avião indiano que seguia para Kandahar e ameaçaram matar todos a bordo, a menos que Sheikh e outros "lutadores pela liberdade" fossem liberados. E foram.

O que levou um fã de Sylvester Stallone, nascido no leste de Londres em 1973, a se transformar em fanático religioso? Seus pais tinham emigrado para a Grã-Bretanha em 1968 com capital suficiente para estabelecer um pequeno negócio de venda de roupa. A Perfect Fashions foi bem o bastante para que Omar chegasse à escola preparatória. Mas sua tendência à bebida e pequenos roubos preocupava os pais, que o enviaram de volta à Terra dos Puros. Não ficou muito tempo no Aitchison College, uma escola particular de luxo de Lahore:

O GENERAL COMO CHEFE EXECUTIVO

após um par de anos, foi expulso por "mau comportamento". Um contemporâneo o descreveu para mim como se tivesse "fortes tendências psicopatas (...) mesmo naquela época", e disse que sempre ameaçou matar os outros meninos. Voltou a Londres e foi enviado a uma escola em Snaresbrook, onde foi contemporâneo de Nasser Hussain, futuro capitão de críquete inglês. Omar era um ótimo jogador de xadrez e de queda de braço, sempre louco por demonstrar sua habilidade nos pubs locais.

Foi bem em Snaresbrook, e partiu para estudar estatística na Escola de Economia de Londres. Vários grupos islamitas ativos estavam no campus, e a Bósnia transformou-se em sua causa. O envolvimento de intelectuais ocidentais na Bósnia foi muito bem documentado, normalmente por eles mesmos. Menos bem documentado foi o caso dos mujahideen afegãos, incluindo alguns dos homens de Osama, transportados em aviões norte-americanos para levar a cabo uma guerra sagrada nos Bálcãs. Em 1993, Sheikh foi à Bósnia como parte de um grupo de estudantes muçulmanos da sua universidade levando medicamentos e suprimentos às vítimas da guerra civil. Lá, estabeleceu seus primeiros contatos com grupos islamitas armados que o converteram à sua versão do jihad. O general Musharraf mais tarde disse que Sheikh era um agente duplo, recrutado pelo MI6 e enviado à Bósnia. Por volta de janeiro de 2002, estava em Islamabad prometendo a Daniel Pearl uma muito desejada entrevista com o chefão clerical do homem da bomba no sapato.

Muitas questões sobre a morte de Pearl permanecem sem resposta. O grupo que sequestrou e matou Pearl supostamente chamava a si mesmo Movimento Nacional pela Restauração da Soberania Paquistanesa. Uma de suas exigências — a liberação dos presos de Guantánamo — era óbvia, mas a segunda era extraordinária: a entrega dos F-16, pelos quais os Estados Unidos foram pagos, mas que nunca foram entregues, ao Paquistão. Estaria um grupo jihad que supostamente considera o regime de Musharraf como traidor por entregar os talibãs endossando um pedido de vinte anos da burocracia militar e estatal paquistanesa? Impossível.

Sheikh entregou-se ao ministro do Interior provincial (ex-oficial da ISI) em Lahore, no dia 5 de fevereiro de 2002. Oficialmente, foi preso em Lahore uma semana antes. Nenhum desses assuntos foi levantado no julgamento, que aconteceu em um tribunal fechado, em Hyderabad, em julho de 2002. Ele foi sentenciado à morte, e seus amigos conspiradores à prisão perpétua. Os dois lados apelaram, Sheikh contra a pena de morte, e o Estado contra a sentença de prisão perpétua — ao contrário do enforcamento — para os outros três. Sheikh escreveu um documento lido por seu advogado: "Vamos ver quem vai morrer antes, eu ou as autoridades que resolveram a pena de morte para mim. Musharraf deveria saber que o Todo-Poderoso Alá está presente e poderá se vingar." Os três atentados contra a vida de Musharraf, dois dos quais aconteceram no espaço de 15 dias, e um deles chegando muito perto do seu objetivo, indicaram que Sheikh não estava fazendo uma ameaça vazia.

Os 16 quilômetros entre Islamabad e Rawalpindi são normalmente percorridos com tráfego pesado, a menos que você seja o presidente e a estrada tenha sido limpa por seu serviço de segurança. Mesmo assim, tentativas cuidadosamente orquestradas de assassinato podem estorvar os planos. A primeira aconteceu no dia 14 de dezembro de 2003. Momentos após o séquito do general passar sobre uma ponte, uma bomba poderosa explodiu e causou grandes estragos, ainda que ninguém tenha sido ferido. A limusine blindada, equipada com radar e equipamentos antibomba, cortesia do Pentágono, salvou a vida de Musharraf. Seu comportamento após o atentado surpreendeu os observadores. Mostrou-se calmo e alegre, fazendo cômicas alusões à vida em tempos perigosos. Obviamente, a segurança foi aumentada — chamarizes, mudanças de rota de último momento etc. —, mas isso não foi o suficiente para prevenir uma nova tentativa, uma semana mais tarde, no dia do Natal. Desta vez, dois homens dirigindo carros repletos de explosivos chegaram próximo do seu objetivo. O carro

O GENERAL COMO CHEFE EXECUTIVO                    199

do presidente foi atingido, guardas nos carros que o escoltavam foram atingidos, mas Musharraf saiu ileso. Como sua rota exata e o momento de partida de Islamabad eram segredos muito bem guardados, os terroristas deveriam ter informação interna. Se o seu *staff* de segurança inclui raivosos islamitas que o enxergam como traidor e querem fazê-lo voar pelos ares, então, como o general disse em suas memórias, só Alá poderá protegê-lo. E certamente foi generoso com Musharraf.

Os culpados foram descobertos e torturados até revelarem detalhes do plano. Alguns oficiais militares de baixa patente também foram implicados. Os principais planejadores foram julgados em segredo e enforcados. Amjad Farooqi, suposto cabeça e extremista jihadista, foi morto a tiros por forças de segurança. Duas questões assombram tanto Washington quanto os colegas de Musharraf: quantos envolvidos permaneceram não detectados, e a estrutura de comando sobreviveria se um terrorista tivesse êxito na próxima tentativa? Musharraf não parecia preocupado e adotou um tom garboso e mesmo presunçoso. Antes do 11 de Setembro, era tratado como um pária fora de casa e era constantemente acossado por problemas dentro. Como melhorar o ânimo de um alto-comando enfraquecido pela piedade e corrupção? Como lidar com a corrupção e a apropriação indevida que foram características dominantes nos governos Bhutto e Sharif? Benazir Bhutto estava em autoexílio em Dubai; os irmãos Sharif estavam presos e Nawaz acusado de alta traição. Washington rapidamente organizou uma oferta de asilo da Arábia Saudita, Estado cuja família governante tinha institucionalizado o roubo dos fundos públicos. Tais questões logo desapareceram da agenda quando o chefe do executivo do Paquistão, título mais acorde com o espírito do momento e preferível ao antiquado administrador-chefe da lei marcial, começou a se acomodar, ajustando as realidades de uma elite existente e preparando-se para fazer de si mesmo presidente.

Quanto a Omar Saeed Sheikh, que certamente poderia revelar boas coisas, ele continua no corredor da morte de uma prisão paquistanesa,

200     DUELO

conversando amigavelmente com seus guardas e enviando e-mails a editores de jornal do Paquistão, dizendo que, se for executado, papéis que deixou para trás serão publicados, expondo a cumplicidade de outras pessoas. Talvez seja um blefe, ou talvez se trate de um agente triplo que estivesse trabalhando também para a ISI.

O que a morte de Pearl revelou foi que Musharraf ainda não tinha tido êxito em estabelecer controle total sobre as agências de inteligência. Só faria isso após os atentados à sua vida. O general Ashfaq Kayani, outro oficial treinado nos Estados Unidos, foi nomeado diretor-geral da ISI. Ele supervisionou a reunião de informações que levou à captura dos homens do exército que estavam envolvidos nas tentativas de assassinar Musharraf. Kayani foi promovido a chefe do pessoal do exército, substituindo Musharraf em novembro de 2007. Em uma matéria enviada por Carlotta Gall, em 7 de janeiro de 2008, o *New York Times* refletiu o tremor de excitação sentido em Washington:

> "Ele é leal a Musharraf, a ponto de Musharraf ser uma obrigação, e não mais um bem ao corpo dos militares do Paquistão", disse Bruce Riedel, ex-funcionário da CIA e da Casa Branca, especialista em Paquistão. "Todos dirão: 'Muito obrigado por seu interesse nos assuntos de segurança. Aqui está a sua passagem para fora do país.'"
>
> Enquanto crescia no meio militar, o general Kayani impressionou os oficiais militares e de inteligência americanos como profissional, sendo um moderado pró-ocidental com poucas ambições políticas.

Musharraf fora descrito com linguagem similar dez anos antes, mas naquele momento seus aliados não estavam contentes. Metade da política externa começava a murchar, mas e a outra metade? Os Chaudhry estavam permanentemente colhendo os frutos do poder. O primeiro-ministro favorito de Musharraf, Shaukat "Atalho" Aziz, antes um executivo sênior do Citibank com ligações estreitas junto ao oitavo homem mais rico do mundo, o príncipe saudita Al-Walid bin Talal, mostrava-se uma fonte de declarações sem sentido. O mo-

O GENERAL COMO CHEFE EXECUTIVO 201

delo de um regime militar permanente com tecnocratas governando o Ministério das Finanças — que era o preferido por alguns comentaristas ocidentais — provou-se totalmente falho. Ver Aziz adular os Chaudhry com selvagens afirmações de seus gênios dentro daquilo que se dizia ser um parlamento em Islamabad parecia um retrato de aquarela, não de um "tecnocrata imparcial". Que tipo de escolha era ele? Mas como ficava claro que não haveria muitas outras mudanças, uma onda de cinismo invadiu o país.

A retaliação a inimigos encontrados em casa era cruel, e por essa razão o livro de Musharraf, *In the Line of Fire* [Na linha de fogo], causou comoção no Paquistão, demonstrando que o título, ao menos, era acurado. Uma vivaz controvérsia surgiu na mídia, algo que nunca poderia ter acontecido nos períodos anteriores de governos militares. As mais corrosivas críticas vieram de ex-generais (uma resposta detalhada de Ali Kuli Khan foi publicada em quase todos os jornais), políticos da oposição e especialistas de várias áreas. Na verdade, havia mais interferência do Estado na mídia durante o período de estabilidade de Nawaz Sharif que durante o pior período de Musharraf, antes do desesperado estado de emergência, imposto no outono de 2007. O nível de debate na mídia paquistanesa é muito maior do que na vizinha Índia, antes muito admirada por sua imprensa vigorosa e crítica, mas hoje levada por uma obsessão de classe média por compras e celebridades que espalhou a trivialidade pela televisão e por grande parte da imprensa escrita.

Musharraf era melhor que Zia e Ayub em vários sentidos, mas quanto mais impopular ficava, mais se aproximava do estilo dos ditadores. Grupos de direitos humanos notificaram um considerável aumento no número de ativistas políticos que estavam "desaparecendo": quatrocentos só em 2007, incluindo nacionalistas do Sind, e um total de 1.200 na província do Baluchistão, onde o exército estava mais uma vez fazendo uso das armas sem qualquer controle. A guerra contra o terrorismo ofereceu a muitos líderes a chance de livrar-se de seus oponentes domésticos, mas isso não melhorou em nada a situação.

Além disso, havia a Operação Liberdade Duradoura, no Afeganistão, onde as únicas coisas que permanecem são a violência e o comércio de heroína. Apesar do falso otimismo que algumas vezes surge na mídia ocidental, não é segredo que tal operação não passa de uma confusão total. Um Talibã revivido está ganhando popularidade ao resistir à ocupação. Os helicópteros e soldados da Otan matam centenas de civis e os descrevem como "guerreiros talibãs". Hamid Karzai, o homem dos bonitos xales, é visto como um boneco desesperançado, totalmente dependente das tropas da Otan. Antagonizou tanto os pashtuns — que estão voltando ao Talibã — em grande número — como os chefes guerreiros da Aliança do Norte, que o denunciaram abertamente e sugeriram que já era o momento de que fosse enviado de volta aos Estados Unidos. No Afeganistão ocidental, apenas a influência iraniana preservou algum grau de estabilidade. Se Ahmadinejad for provocado a retirar seu apoio, Karzai não duraria mais de uma semana. Islamabad espera e observa. Estrategistas militares estão convencidos de que os Estados Unidos perderam interesse e que a Otan logo deixará o território. Se isso acontecer, o Paquistão provavelmente não permitirá que a Aliança do Norte tome Cabul. Seu exército vai mover-se outra vez. Um veterano paquistanês das guerras afegãs brincou comigo: "Na última vez enviamos os barbudos, mas os tempos são outros. Agora, *inshallah*, vamos vesti-los em ternos Armani, para que tenham boa imagem na televisão dos Estados Unidos."

A região permanece sob um manto pesado de brumas. O primeiro líder militar do Paquistão foi destituído por insurreição popular. O segundo foi assassinado. O que acontecerá com Musharraf? Tendo retirado seu uniforme e entregado o exército ao general Ashfaq Kayani, ficou totalmente dependente da vontade de seu sucessor e de Washington. A decisão do general Kayani, tomada algumas semanas antes das eleições, de tirar todo o pessoal militar das tarefas civis (oficiais do exército estavam controlando bens públicos e vários outros estavam em instituições não militares) pode ou não ter sido uma dica do que seu predecessor deveria ter feito, mas o resultado foi impedir que a

O GENERAL COMO CHEFE EXECUTIVO    203

"célula eleitoral" da ISI "interviesse" nas eleições. A "mãe de todas as vitórias eleitorais" como Musharraf previu só poderia ser alcançada com a conivência da inteligência militar. Nos anos anteriores, não era surpresa que capitães e majores acossavam políticos nacionais e funcionários públicos para lhes dizer do que precisavam. Sua ausência significou ver os Chaudhry do Gujrat receberem um forte golpe e os ministros do gabinete de Musharraf serem derrotados no Punjab. Eu recebi um eufórico e-mail de um velho amigo: "As pessoas sabem que as bocas dos ditadores militares são a casa de mentiras."

As eleições de fevereiro de 2008 foram encaradas como um referendo do período Musharraf. Mesmo com a forte abstenção, ele perdeu feio. O PPP emergiu como o maior partido, com 87 assentos, e a Liga Muçulmana dos irmãos Sharif ganhou 66. Os dois antigos rivais alcançaram uma inabalável maioria. Os Chaudhry de Gujrat caíram para 38 assentos na Assembleia Nacional, com sérias alegações de que ao menos dez deles foram conseguidos por meio de fraude. Os islamitas perderam o controle da Província da Fronteira aos seculares PPP e ANP. Musharraf deveria ter oferecido a renúncia do cargo logo que o novo parlamento entrou em sessão, dando às novas assembleias nacional e provinciais a oportunidade de eleger um novo presidente.

Seus partidários insistiram que a administração Bush queria que ele permanecesse no gabinete, e a embaixadora americana Anne Patterson levou o viúvo Bhutto à embaixada em Islamabad para lembrá-lo do acordo firmado por sua falecida esposa, segundo o qual ela se tornaria parceira subordinada a Musharraf, e não barganharia com os irmãos Sharif, suspeitos por suas simpatias islamitas. A escala da derrota do general, no entanto, transformou tal prospecto em suicida. Exceto pelos mais ordinários *pakam* (americanos-paquistaneses) pró-Bush, cujas bobagens poluem regularmente a blogosfera, o mais sério conselho que Zardari recebeu foi o de que os dias dos republicanos estavam contados. Melhor, em tais condições, seria ajudar Musharraf a se transformar em cidadão voluntariamente, antes que os democratas tomassem conta dele.

# 7

# A Casa de Bhutto
## Filha do Ocidente

Casamentos arranjados podem ser um negócio confuso. Idealizados principalmente como forma de acumulação de riqueza, contornando flertes indesejados ou transcendendo casos de amor clandestinos, muitas vezes não funcionam. Quando se sabe que ambas as partes se detestam, apenas um precipitado pai, cuja sensibilidade foi embotada pelo pensamento de ganho a curto prazo, seguiria com a ideia do casamento sabendo muito bem que tudo terminará de forma miserável e com possível violência. Ocasionalmente, o lado do marido concorda com o casamento, embolsa o dote e queima a esposa. Isso é igualmente verdade na vida política, e um exemplo claro foi a tentativa fadada ao fracasso de Washington de ligar Benazir Bhutto e Pervez Musharraf.

Neste caso, o pai solteiro e forte foi um desesperado Departamento de Estado — com John Negroponte como repugnante intermediário e o primeiro-ministro britânico Gordon Brown como pajem — com medo que, caso não levasse o plano adiante, logo seria muito tarde para reciclar os dois partidos. A noiva estava certamente com pressa, o noivo nem tanto. Negociadores dos dois lados entraram em longas discussões sobre o tamanho do dote. Do lado de Benazir estava Rehman Malik, ex-chefe da FIA (Agência de Investigação Federal), equivalente paquistanês do FBI. Malik foi investigado por corrupção pelo Escritório Nacional de Contabilidade, e esteve preso durante quase um ano após a queda de Benazir, em 1996. Depois, tornou-se um de seus parceiros de negócios e encontra-se sob investigação (junto com ela) por uma corte espanhola por conta de uma empresa chamada Petroline FZC, que fez pagamentos questionáveis ao Iraque, na época governado por Saddam Hussein. Documentos, se genuínos, demonstram que ela mantinha um cargo na empresa. Benazir talvez tivesse pressa, mas não queria ser vista de braço dado com um presidente uniformizado. E ele, por sua vez, não estava preparado para perdê-la por seu passado. A falta de apreço de um pelo outro sucumbia à mútua dependência frente aos Estados Unidos. Nenhum dos lados se atreveria a dizer não, ainda que Musharraf esperasse que a união pudesse ser levada a cabo discretamente. Sem chance.

Os dois lados fizeram concessões. Uma exigência da oposição era de que Musharraf renunciasse a seu posto militar antes de apresentar-se à presidência. Bhutto então concordava que ele poderia tirar seu uniforme após a "reeleição" pelo atual parlamento, mas isso teria de acontecer antes das próximas eleições gerais. (E foi o que ele fez, deixando a si mesmo dependente da vontade de seu sucessor como chefe do exército.) Forçou a aprovação da decisão judicial — mais um sórdido acontecimento na história do país — conhecida como Portaria de Reconciliação Nacional, que retirou todos os casos pendentes contra políticos (entre eles, Nawaz Sharif) acusados de saquear o tesouro nacional. A decisão judicial foi crucial para Bhutto, pois esperava que os processos por lavagem de dinheiro e os casos de corrupção pendentes contra ela, seu marido e seu homem influente Iftikhar Malik em três cortes europeias — Barcelona, Genebra e Londres — seriam então indeferidos. Os espanhóis condescenderam, mas os suíços permaneceram inflexíveis e Londres curvou-se aos desejos do governo paquistanês.

A CASA DE BHUTTO 207

Muitos paquistaneses — não apenas os tipos rebeldes e maliciosos que tiveram de ser presos em intervalos regulares — foram repelidos, e a cobertura do "acordo" na mídia paquistanesa foi universalmente hostil, exceto na televisão estatal. O "avanço" foi saudado pelo Ocidente; no entanto, uma Benazir Bhutto com imagem "caiada" foi apresentada nas redes de televisão dos Estados Unidos e na BBC como defensora da democracia paquistanesa — repórteres, de forma leal, referiam-se a ela como "ex-primeira-ministra", e não como política fugitiva que encarava acusações de corrupção em vários países.

Ela retribuiu o favor expressando apoio pelas guerras dos Estados Unidos no Iraque e no Afeganistão, almoçando com o embaixador de Israel nas Nações Unidas (um teste decisivo), e prometendo "varrer o terrorismo" do seu país. Em 1979, um outro ditador militar assassinou o pai de Benazir com aprovação de Washington, e talvez ela tenha pensado que seria mais seguro buscar refúgio permanente sob as asas do império. A editora HarperCollins pagou a ela meio milhão de dólares para escrever um novo livro. O título que ela escolheu para o trabalho foi *Reconciliação*. Foi publicado postumamente, e contém pouca coisa que ainda não tivesse sido dita por comentaristas dedicados ao estudo do Islã, homens que aparecem nas listas de Daniel Pipes e no Campus Watch. A luta real não era entre o mundo do Islã e os Estados Unidos, mas sim dentro do próprio Islã. O Islã moderado, representado sem dúvida por ela, Hamid Karzai, Hosni Mubarak e outros modernistas, não representa uma ameaça aos valores ocidentais. Nem o Corão. Nem os muçulmanos. Mas o extremismo diabólico tinha de ser destruído.[48] Assim como seus predecessores, Musharraf prometeu que ficaria no poder por um período limitado,

---

[48]Para seu crédito, Bhutto generosamente admitiu a ajuda que recebera de Husain Haqqani, ex-militante do Jamaat-i-Islami e simpatizante de Zia, que mais tarde filiou-se ao PPP e foi embaixador do Paquistão no Sri Lanka, posto do qual foi removido após uma violação de segurança. Subsequentemente, ganhou um posto acadêmico nos Estados Unidos, agindo simultaneamente como conselheiro, primeiro para Benazir e mais recentemente para Zardari. Os interesses de Haqqani e os dos Estados Unidos sempre coincidiram, por isso, é possível imaginar, tenha sido apontado como novo embaixador paquistanês naquele país.

dizendo em 2003 que deixaria o cargo de chefe do exército em 2004. Assim como seus predecessores, ignorou a promessa. Tudo sempre começa com a promessa de uma nova ordem que varrerá a sujeira e a corrupção que marcaram os períodos anteriores. Nesse caso, a nova ordem derrubou as administrações civis de Benazir Bhutto e Nawaz Sharif. Mas "novas ordens" não são movimentos para a frente; na verdade, se parecem mais a desvios militares que mais tarde enfraquecem as já abaladas fundações de um país e suas instituições. Em uma década, o governante uniformizado será substituído por uma nova reviravolta.

Sonhando com seus dias de glória no último século, Benazir queria uma grande recepção em sua volta. O general não estava feliz. As agências de inteligência (assim como seus próprios conselheiros de segurança) a avisaram sobre os perigos. Benazir tinha declarado guerra contra os terroristas, e eles ameaçaram matá-la. Mas estava inflexível. Queria demonstrar sua popularidade ao mundo e aos seus rivais políticos, incluindo os que estavam em sua área de influência, o Partido Popular do Paquistão (PPP). Benazir estivera vivendo em auto-exílio em Dubai desde 1996, visitando ocasionalmente Londres para fazer compras e Washington para encontrar-se com seus contatos no Departamento de Estado. Por um mês inteiro antes de embarcar no voo Dubai-Karachi, o PPP esteve ocupado recrutando e pagando voluntários de todo o país para que viessem lhe dar as boas-vindas. Mais de 200 mil pessoas estavam nas ruas, mas não poderiam ser comparadas ao milhão de pessoas que foram a Lahore, em 1986, quando uma Benazir muito diferente voltou para desafiar o general Zia-ul-Haq. O plano era mover-se lentamente no Bhutto-móvel do aeroporto de Karachi em direção à tumba do fundador do país, Muhammed Ali Jinnah, onde ela faria um discurso. Mas isso não aconteceu. Quando caiu a noite, os homens-bomba surgiram. Quem eram e quem os enviou permanece um mistério. Ela saiu ilesa, mas 130 pessoas morreram, incluindo alguns dos guardas que a protegiam. A recepção virou uma desordem. Dedos foram imediatamente apontados para os grupos jihadistas no Paquistão, mas o líder do mais proeminente deles, Baitullah Masood, negou envolvimento. A própria Benazir destacou elementos trapaceiros de "dentro do governo" e ex-oficiais militares ligados ao Talibã.

O general, enquanto prometia colaborar com Benazir, estava friamente fazendo arranjos para prolongar sua presença na Casa Presidencial. Mesmo antes da chegada de Benazir, ele considerou adotar uma ação drástica impondo um estado de emergência para esquivar-se dos obstáculos que estavam em seu caminho, mas seus generais (e a embaixada americana) não pareciam convencidos, não lhes parecia um momento apropriado. O bombardeamento do cortejo de Benazir reabriu o debate. O Paquistão, se não era exatamente o vulcão em erupção retratado pela mídia ocidental, estava sendo sacudido por todo tipo de explosões. Os magistrados, extremamente indignados com a recente demissão do presidente da Suprema Corte por Musharraf, alcançaram uma vitória temporária, que resultou em um Supremo ferozmente independente. As redes de televisão independentes continuavam a transmitir reportagens que desafiavam a propaganda oficial. O jornalismo investigativo nunca fora popular entre governos, e o general muitas vezes contrastava a deferência com a qual era tratado por redes norte-americanas e pela BBC com o "desregrado" questionamento que enfrentava por parte do jornalismo local: que "engana o povo". Ele adorou a cobertura que seu livro recebeu nos Estados Unidos e, em particular, sua aparição com Jon Stewart, no *Daily Show*.

Em casa era muito diferente. Ele ficara obsessivo com a cobertura da mídia sobre a revolta dos advogados. Um declínio em sua popularidade aumentou a paranoia. Seus conselheiros eram pessoas que ele promovera. Generais que expressavam opiniões divergentes sobre o que ele se referia como "francos e informais encontros casuais" tinham sido aposentados. Seus aliados políticos estavam preocupados em saber se as oportunidades de enriquecimento poderiam ser reduzidas caso tivessem de dividir o poder com Benazir.

210 DUELO

E se a Suprema Corte decretasse sua reeleição por uma assembleia ilegal, nada representativa e meio morta? Para evitar o desastre, a ISI estava preparando filmes de chantagem: agentes haviam filmado secretamente flagrantes de alguns dos juízes da Suprema Corte. Mas Musharraf ficara tão impopular que nem mesmo a imagem de veneráveis juízes na cama faria alguma diferença. Era possível até que o tiro saísse pela culatra.[49] Musharraf decidiu que a chantagem não valeria a pena. Apenas uma ação firme poderia "restaurar a ordem" — ou seja, salvar sua pele. O tratamento usual em tais casos é a declaração da lei marcial. Mas e se o país já estiver sendo governado pelo chefe do exército? A solução é simples. Triplique a dose. Organize um golpe dentro de um golpe. Foi o que Musharraf resolveu fazer. Washington foi informada algumas semanas antes, Downing Street um pouco depois. Os patronos de Benazir no Ocidente disseram a ela o que estava a ponto de acontecer, e Benazir, agindo de forma tola para uma líder política que acabara de voltar ao seu país, partiu para Dubai.

No dia 3 de novembro de 2007, Musharraf, como chefe do exército, suspendeu a constituição de 1973 e impôs um estado de emergência: as transmissões de todos os canais de televisão não pertencentes ao governo foram interrompidas, os sinais das redes de telefonia móvel foram bloqueados, unidades paramilitares cercaram a Suprema Corte. O presidente do órgão judiciário convocou uma reunião de emergência de juízes, que — de forma heroica — declararam a nova ordem "ilegal e inconstitucional". Foram removidos sem cerimônia e postos em prisão domiciliar. Os juízes paquistaneses normalmente sempre foram condescendentes. Os que no passado tinham resistido a líderes militares logo foram descartados, por isso a decisão desse presi-

---

[49]Em 1986, um jornal sensacionalista pró-militar e direitista de Lahore publicou um artigo contra mim, afirmando que eu "estivera presente em seis orgias em uma casa de campo francesa, organizadas por [meu] amigo, o judeu Cohn-Bendit. Todas as cinquenta mulheres na piscina eram judias". Isso era totalmente falso, mas meus pais ficaram espantados com o número de pessoas que lhes congratulavam por minha virilidade.

A CASA DE BHUTTO

dente do Supremo pegou o país de surpresa e ele ganhou forte admiração. A cobertura da mídia global sobre o que acontece no Paquistão sugere um país de generais, políticos corruptos e lunáticos barbados; a luta para reintegrar o chefe do órgão judiciário pintou um quadro diferente.

Aitzaz Ahsan, proeminente membro do PPP, ministro do Interior no primeiro governo de Benazir, e então presidente da Ordem dos Advogados, foi preso e posto em confinamento. Vários milhares de ativistas de direitos civis e políticos foram presos. O ídolo nacional de críquete, Imran Khan, fervoroso e incorruptível oponente do regime, foi preso, acusado de "terrorismo de Estado" — o que é punido com a pena de morte ou a prisão perpétua — e levado algemado para uma remota prisão de segurança máxima. Musharraf, disse Khan, tinha começado outro capítulo desprezível na história do Paquistão.

Advogados foram presos em todo o país; muitos agredidos por policiais. A ordem era humilhá-los, e a polícia obedeceu. Um advogado, "Omar", fez circular um relato do que aconteceu:

> Enquanto eu estava de pé, falando com meus colegas, vimos a polícia enlouquecer sob as ordens de um oficial superior. Em tropa de choque (...) brandindo armas e cassetetes, cerca de cem policiais nos atacaram (...) e pareciam muito felizes ao fazer isso. Todos corremos. Alguns de nós, que não éramos muito ligeiros, fomos capturados pela polícia e espancados sem misericórdia. Depois fomos colocados em camburões usados para levar prisioneiros condenados. Todos ficaram perplexos com o espetáculo de força bruta, mas ele não terminou. A polícia prosseguiu com a desordem, agora no interior de instalações e edifícios dos tribunais (...) De nós, os que fomos presos fomos levados a várias delegacias de polícia e postos em celas. À meia-noite nos foi dito que seríamos levados a prisões. Não tínhamos direito à fiança, pois nossos direitos fundamentais haviam sido suspensos. Sessenta advogados foram postos em um camburão de três metros por menos de um e meio de largura e pouco mais de um metro e meio de altura. Ficamos ali como sardinhas em lata. Quando o veículo chegou à pri-

são, nos disseram que não poderíamos sair do veículo até que a ordem de nossa detenção fosse recebida pelas autoridades da unidade. Nossos colegas mais velhos começaram a sufocar, alguns desmaiaram, outros entraram em pânico por conta de claustrofobia. A polícia ignorou nossos gritos e recusou-se a abrir as portas. Finalmente, após três horas (...) nos deixaram sair e nos levaram a barracas infectadas de mosquitos, onde a comida que nos serviam cheirava como água de esgoto.

Geo, a maior cadeia de televisão paquistanesa, tinha há muito tempo estabelecido sua central em Dubai. Era uma sensação estranha assistir a sua programação em Londres, quando as telas permaneciam vazias no Paquistão. No primeiro dia do estado de emergência, vi Hamid Mir, jornalista odiado pelo general, fazendo sua reportagem de Islamabad e dizendo que a embaixada americana dera luz verde ao golpe, pois o presidente da Suprema Corte era visto como um estorvo e havia suspeitas, infundadas, de que seria "simpatizante do Talibã". Certamente, nenhum porta-voz americano ou adjunto do Departamento de Estado no Gabinete do Exterior criticou o afastamento dos oito juízes da Suprema Corte, ou sua prisão: foi uma espécie de troca de favores. Como Washington insistia em que Musharraf abandonasse a farda, ele se tornaria um civil, mas queria que todas as outras regras fossem a seu favor. Uma nova e favorável Suprema Corte logo o ajudaria com os problemas de governo. Assim como as autoridades em Dubai, que, para ajudá-lo ainda mais, suspenderam o funcionamento das instalações da Geo. Também Benazir Bhutto, nos primeiros dias após declarado estado de emergência, manteve um silêncio oportunista no judiciário.

Na noite do primeiro dia, e após vários atrasos, um aturdido general Musharraf, com o cabelo mal pintado, apareceu na televisão, tentando parecer o tipo de líder que quer ver todos entenderem a crise política como uma discussão que deve ser levada a cabo com gravidade e sangue-frio. Mas, em vez disso, parecia um ditador nada

A CASA DE BHUTTO

articulado, temeroso de seu próprio futuro político. Sua performance, enquanto falava ao público, primeiro em urdu, depois em inglês, foi incoerente. A essência era simples: ele precisava agir, pois a Suprema Corte tinha "desmoralizado tanto as nossas agências estatais que não podemos lutar na guerra contra o terror" e as redes de televisão tinham se tornado "totalmente irresponsáveis". "Eu impus a emergência", disse no meio de sua diatribe, com um gesto desdenhoso, "vocês devem ter visto na televisão." Estaria sendo sarcástico, já que a maior parte dos canais tinha sido fechada? Quem sabe? Mohammed Hanif, sagaz chefe do escritório local da BBC, que monitorou a emissão, confessou-se perplexo enquanto anotava o que ouvia. Não havia dúvida que a versão em urdu do discurso era trabalho do próprio general. A desconstrução de Hanif — que citou o general em urdu e inglês — mereceu uma emissão especial:

> Eis algumas das coisas aleatórias que disse. E acreditem em mim, tudo isso foi dito de forma muito fortuita. Sim, ele realmente disse: "Extremismo *bahut* extrem *ho gaya hai* [o extremismo ficou muito extremo] (...) Ninguém mais tem medo de nós (...) Islamabad está cheia de extremistas (...) Existe um governo dentro do governo (...) Oficiais estão sendo levados às cortes (...) Oficiais estão sendo insultados pelo judiciário."
>
> Em certo momento, parecia melancólico quando fazia reminiscências sobre os seus primeiros três anos no poder: "Eu tinha controle total." E todos poderíamos ficar tentados a perguntar: "Então, o que aconteceu, tio?" Mas, obviamente, ele não precisava de nenhuma deixa. E começou sua rotina sobre os três estágios da democracia. Disse que estava a ponto de atingir a fase terceira e final da democracia (e, da forma como falou, tentou fazer como se soasse uma espécie de Solução Final). E quando pensávamos que estava chegando ao ponto central, dava um giro abrupto e mergulhava fundo em autopiedade. Isso envolvia uma alardeada anedota sobre como os juízes da Suprema Corte preferiram ir ao casamento da filha de um colega em vez de reunirem-se para enfim decidir que ele era um presidente

constitucional. (...) Ouvi discursos de alguns ditadores na minha vida, mas nenhum foi tão longe a ponto de mencionar o casamento da filha de alguém como razão para impor a lei marcial no país.

Quando, nos últimos minutos de seu discurso, falou diretamente à sua audiência ocidental em inglês, senti imediatamente uma profunda humilhação. Essa parte do discurso seguia um roteiro. As frases começavam e terminavam. Eu me senti humilhado ao ver que meu presidente não apenas acha que não estamos suficientemente desenvolvidos em assuntos como democracia e direitos humanos, mas que não podemos nem ao menos manejar adequadamente a sintaxe e a gramática.

A versão em inglês enfatizava a "guerra contra o terror": Napoleão e Abraham Lincoln, ele disse, fariam o que ele tinha feito para preservar a "integridade dos seus países" — a menção de Lincoln era obviamente dirigida ao mercado americano. Nas academias militares paquistanesas, os heróis dos soldados são normalmente Napoleão, De Gaulle e Atatürk.

O que Benazir, então no escanteio, fez após assistir ao discurso na televisão em seu santuário em Dubai? Primeiro disse que estava chocada, o que foi levemente ingênuo. Mesmo que não soubesse explicitamente, e de antemão, que um estado de emergência seria declarado, dificilmente seria uma surpresa para ela. A secretária de Estado americana Condoleezza Rice já tinha feito um apelo público para que Musharraf não seguisse tal caminho, indicando claramente o que poderia vir adiante. Mas por outras 24 horas Benazir Bhutto foi incapaz de dar uma resposta clara. Em certo momento, chegou a criticar o presidente do Supremo por ser tão irritante.

Telefonemas nervosos do Paquistão a persuadiram a voltar imediatamente a Karachi. Para colocá-la em seu lugar, as autoridades mantiveram seu avião em espera. Quando finalmente chegou à sala VIP do aeroporto, seus colegas do PPP lhe disseram que, a menos que denunciasse a emergência, o partido se dividiria. Sobrepujada e abandonada por Musharraf, não poderia arriscar perder figuras-chave da sua própria organização. Então criticou o estado de emergência e seu perpetrador, estabelecendo contato com a oposição sitiada, e, como se passasse um novo batom, declarou que a partir de então lideraria a luta para livrar-se do ditador. Também tentou ligar para o presidente do Supremo para expressar sua simpatia, mas não foi permitida sua presença nas imediações da casa dele.

Poderia ter seguido o exemplo de seu colega preso Aitzaz Ahsan, ministro nos seus dois governos, mas tinha inveja dele, que se transformara em uma figura muito popular no Paquistão. Ele chegou a viajar a Washington sem o apoio de Benazir, onde foi educadamente recebido pela sociedade e sondado como possível substituto caso as coisas terminassem muito mal. Nem uma mensagem saiu do BlackBerry de Benazir congratulando-o por suas vitórias na luta pela reintegração do presidente da Suprema Corte. Ahsan a advertira contra qualquer acordo com Musharraf. Quando generais são postos contra a parede, comentou-se que ele teria dito a ela, tomam medidas desesperadas e irracionais. Outros que ofereceram conselhos similares em linguagem mais branda também foram afastados. Ela era a "chefe vitalícia" do PPP e não toleraria qualquer dissidência. Ahsan provou estar correto, irritando-a ainda mais. Qualquer noção de moralidade política fora enterrada há muito tempo. A ideia de um partido com crenças consistentes era vista como ridícula e ultrapassada. Ahsan estava a salvo na prisão, longe das hordas enlouquecidas dos jornalistas ocidentais, que ela recebeu polidamente nos poucos dias que passou em prisão domiciliar e também mais tarde. Disse algumas poucas e educadas palavras sobre sua prisão e nada mais.

Percebendo problemas, Washington enviou rapidamente um intermediário para resolver a confusão. Negroponte passou um tempo com Musharraf e falou com Benazir, ainda insistindo que deveriam seguir adiante com o acordo. Ela imediatamente atenuou as críticas, mas o general disse em público que Benazir nunca ganharia as eleições marcadas para janeiro de 2008. Talvez ele tenha imaginado que a ISI o apoiaria, da forma como fizera tantas vezes no passado. Pesquisas de opinião revelaram que o velho rival de Benazir, Nawaz Sharif, ainda estava à sua frente. A rápida peregrinação de Musharraf a Meca foi, sem dúvida, uma tentativa de garantir a mediação saudita, caso tivesse de levar a cabo um acordo com os irmãos Sharif — que estavam vivendo no exílio, na Arábia Saudita —, deixando Benazir completamente à margem. O rei saudita insistiu que a Nawaz Sharif deveria ser permitida sua volta ao país. Os dois lados negaram que um acordo poderia ser feito, mas Sharif retornou ao Paquistão logo após, com a bênção saudita e um Cadillac blindado como presente especial do rei. Parecia não haver dúvidas de que Riad o preferia a Benazir.

Com o Paquistão ainda sob um estado de emergência e a maior rede de comunicação recusando-se a assinar o juramento de aliança que lhe permitiria voltar ao ar, o escrutínio de janeiro só poderia terminar com a eleição do general. Não era segredo que a ISI e a burocracia civil decidiriam tudo, e por isso alguns partidos da oposição estavam considerando não participar nas eleições. Nawaz Sharif disse à imprensa que, em uma longa conversa telefônica, não foi capaz de persuadir Benazir a entrar no boicote, para que o processo fosse considerado nulo desde o início. Mas, uma vez de volta ao país, já não demonstrava tanta certeza. Seus partidários insistiam que sua popularidade no Punjab subira por conta de sua recusa em fazer um acordo com Musharraf, e que um boicote seria contraprodutivo. Sharif aceitou tal visão.

O que faria Benazir? A influência de Washington em Islamabad era limitada, e essa era uma das razões para a quererem envolvida. "É sempre melhor", disse o embaixador americano em tom brincalhão em uma recepção, "ter dois números de telefone em uma capital." Talvez fosse verdade, mas eles não poderiam garantir a Benazir o cargo de primeira-ministra, ou mesmo uma eleição justa. Esperando sua sentença de morte, três décadas antes, seu pai passou por problemas similares e chegou a conclusões um pouco diferentes. *If I Am Assassinated*, o último desejo e testamento de Zulfiqar Ali Bhutto, con-

A CASA DE BHUTTO

tinha algumas frases ácidas cujo significado não passou despercebido por seus colegas:

> Concordo inteiramente que o povo do Paquistão não tolerará a hegemonia estrangeira. Seguindo a mesma lógica, o povo do Paquistão nunca concordaria com uma hegemonia interna. As duas hegemonias se complementam. Se o nosso povo humildemente se submeter à hegemonia interna, *a priori*, teria de se submeter à hegemonia externa. Isso porque a força e o poder da hegemonia externa são muito maiores que os da hegemonia interna. Se as pessoas estão tão horrorizadas ao resistir a uma força mais fraca, não seria possível para elas resistir a uma mais forte. A aceitação ou permissão de uma hegemonia interna significa submissão à hegemonia externa.

Após Bhutto ter sido enforcado, em abril de 1979, o texto tornou-se algo semissagrado entre os seus seguidores. Mas, quando no poder, Bhutto pai falhou ao desenvolver qualquer estratégia ou instituições contra-hegemônicas além da constituição de 1973, desenhada pelo veterano advogado dos direitos civis Mahmud Ali Kasuri (cujo filho, Khurshid, era até pouco tempo ministro do Exterior de Musharraf). Um estilo de governo pessoal e autocrático neutralizou o espírito do partido de Bhutto, encorajou carreiristas e finalmente pavimentou o caminho para os seus inimigos. Ele foi vítima de uma grave injustiça; sua morte removeu todas as verrugas e o transformou em mártir. Mais da metade do país, especialmente os mais pobres, lamentou sua morte.

A tragédia levou o PPP a ser tratado como um feudo familiar, o que não foi saudável para o partido nem para o país. Ofereceu aos Bhutto um banco de votos e grandes reservas. Mas a experiência do julgamento e morte do pai radicalizou e politizou sua filha. Ela teria preferido, como me disse na época, ser diplomata. Seus dois irmãos, Murtaza e Shahnawaz, estavam em Londres, proibidos de voltarem pelo pai encarcerado. O fardo da tentativa de salvar a vida de Bhutto caiu nos ombros de Benazir e sua mãe Nusrat, e com a coragem que exibiram ganharam o respeito silencioso de uma maioria amedrontada. Elas se recusaram a deixar-se levar pela ditadura militar do general Zia, que além de tudo estava evocando o Islã para retirar direitos das mulheres que haviam sido conquistados nas décadas anteriores. Benazir e Nusrat Bhutto foram presas e liberadas várias vezes. A saúde das duas começou a sofrer. Em 1982, a Nusrat foi permitido deixar o país para buscar acompanhamento médico. Benazir foi liberada pouco mais de um ano depois, graças, em parte, à pressão dos Estados Unidos, levada a cabo por um antigo amigo de Harvard, Peter Galbraith, que tinha contatos úteis no Departamento de Estado. Mais tarde, ela descreveu o período em suas memórias, *Daughter of the East* [Filha do Oriente] (1988), que incluíam passagens como: "Pouco após o presidente Reagan ter elogiado o regime por ter feito 'grandes avanços em direção à democracia', os capangas de Zia dispararam contra manifestantes pacíficos no Dia da Independência do Paquistão. A polícia era tão brutal quanto os que protestavam no momento do ataque ao meu jipe, em janeiro de 1987."

Benazir se mudou para Londres, onde seu pequeno apartamento no Barbican, no coração da velha cidade, transformou-se em centro da oposição à ditadura, e onde muitas vezes discutimos uma campanha para nos livrarmos dos generais. Benazir construía sua posição com firmeza e resistindo calmamente aos militares, respondendo a cada calúnia com uma resposta afiada. Seus irmãos operavam em outro nível. Montaram um grupo armado, al-Zulfiqar, cujo objetivo declarado era atormentar e enfraquecer o regime tendo como objetivo "traidores que tivessem colaborado com Zia". O principal centro de recrutamento de voluntários era o Paquistão, e em 1980 ganharam uma base no Afeganistão, que estivera sob controle dos comunistas pró-Moscou três anos antes. Trata-se de uma história triste, com uma boa dose de sectarismo, julgamentos-espetáculo, rivalidades mesquinhas, fantasias de todo o tipo e morte para os membros menos afortunados do grupo.

## A CASA DE BHUTTO

Em março de 1981, Murtaza e Shahnawaz Bhutto foram postos na lista de procurados da FIA. Tinham sequestrado um avião da Pakistan International logo depois de ele ter levantado voo em Karachi (uma queda de energia paralisou as máquinas de raios X, permitindo que levassem suas armas a bordo); e o desviaram para Cabul. Lá, Murtaza tomou o controle e exigiu a liberação de presos políticos. Um jovem oficial militar a bordo foi morto. O avião reabasteceu e seguiu para Damasco, onde o lendário espião sírio general Kholi tomou o controle da situação e garantiu que não haveria mais mortes. Os generais levaram muito em consideração a existência de passageiros americanos no avião, e foi por esse motivo que libertaram os prisioneiros no Paquistão, atendendo também à exigência de enviá-los para Trípoli.

A operação foi considerada uma vitória e saudada pelo PPP no Paquistão. Pela primeira vez, o grupo começou a ser levado a sério. Um objetivo-chave dentro do país era Maulvi Mushtaq Hussain, chefe de justiça da Alta Corte de Lahore, que em 1978 sentenciara Zulfiqar Ali Bhutto à morte, e cujo comportamento no tribunal (entre outras coisas, acusou Bhutto de "fingir ser muçulmano", pois sua mãe era hindu convertida) deixou toda a família Bhutto enraivecida. Mushtaq estava no carro de um amigo, sendo levado para casa, na área da Model Town, de Lahore, quando homens armados do al-Zulfiqar abriram fogo. O juiz sobreviveu, mas seu amigo e o motorista morreram.

O amigo era um fundador dos Chaudhry do Gujrat: Chaudhry Zahoor Elahi, que já encontramos antes nesta narrativa. Trata-se da geração seguinte dos Chaudhry que ofereceu a Musharraf lastro civil: o filho de Zahoor Elahi, Shujaat, orquestrou uma dissidência com Nawaz Sharif e criou o PML-Q para que se pudesse levar melhor os problemas crescentes do novo regime. Ele ainda estabeleceu acordos políticos e queria ver um estado de emergência imposto muito antes para contornar o acordo com Benazir. Seria o cérebro da campanha eleitoral do general. Seu primo, Pervez Elahi, era ministro-chefe do Punjab; o filho deste, por sua vez, ocupou-se dando continuidade à tradição familiar de expulsar arrendatários e comprar todas as terras disponíveis nas fronteiras de Lahore.

Mas o sequestro deixou Moscou perturbada e o governo no Afeganistão pediu aos irmãos Bhutto que encontrassem outro refúgio. Ainda em Cabul, eles se casaram com duas irmãs afegãs, Fauzia e Rehana Fasihudin, filhas de um alto funcionário do Ministério de Relações Internacionais afegão. Junto com suas mulheres, deixaram o país e, após uma estada na Síria, e provavelmente na Líbia, terminaram na Europa. A reunião com a irmã aconteceu na Riviera Francesa, em 1985, cenário que servia bem ao estilo de vida dos três.

Os jovens temiam os agentes do general Zia. Os dois tinham uma filha pequena. Shahnawaz vivia em um apartamento em Cannes. Estivera encarregado do "aparato militar" do al-Zulfiqar, responsável pela compra de armas, e a vida em Cabul o afetara muito, estava nervoso e irascível. A relação com a sua mulher era confusa, e disse à irmã que estava preparando um divórcio. "Nunca houve um divórcio na família. O seu casamento não foi arranjado (...) Você escolheu casar-se com Rehana. Deve viver com ela", foi a resposta reveladora de Benazir, de acordo com as suas memórias. E a sua reação foi a mesma quando descobriu coisas sobre o seu marido. Mais tarde, em 18 de julho de 1985, Shahnawaz foi encontrado morto em seu apartamento. Sua esposa disse que tinha tomado veneno, mas, de acordo com Benazir, ninguém na família acreditou em sua história; havia marcas de violência no quarto e seus papéis tinham sido vasculhados. Rehana parecia intocada, o que perturbou a família. Foi presa por três meses sob a lei Boa Samaritana por não ter dado assistência a uma pessoa à beira da morte. Após ser solta, estabeleceu-se nos Estados Unidos. "Teria a CIA matado Shahnawaz como um gesto amigo frente ao seu ditador preferido?", especulou Benazir. E levantou outra questão: teriam as irmãs se transformado em agentes da ISI? A verdade continua desconhecida. Não muito tempo depois, Murtaza se divorciou de Fauzia, mas garantiu a custódia de sua filha de três anos de idade, Fatima, e se mudou para Damasco. Lá, teve muito tempo para refle-

A CASA DE BHUTTO

221

tir e disse aos amigos que muitos erros tinham sido cometidos na luta contra a ditadura. Em 1986, encontrou-se com Ghinwa Itaoui, jovem professora que deixara o Líbano após a invasão israelita de 1982. Com ela, se tornou mais calmo. Ela cuidou da educação de Fatima; eles se casaram em 1989, e um filho, Zufiqar, nasceu no ano seguinte.

Benazir voltou ao Paquistão em 1986 e foi saudada por multidões — quase um milhão em Lahore — que foram às ruas demonstrar seu apreço por ela e sua raiva contra o regime. Fez campanha por todo o país, mas notou que entre alguns dos jovens mais tradicionalmente religiosos, uma mulher solteira não seria aceita como líder. Como, por exemplo, poderia visitar a Arábia Saudita sem um marido? Uma oferta de casamento da família Zardari foi aceita, e ela casou-se com Asif em 1987. Os Zardari eram pequenos proprietários de terra. O pai, Hakim Zardari, apoiara o Partido Nacional Awami e era dono de alguns cinemas em Karachi. Não eram ricos, mas tinham o suficiente para custear a paixão de Asif Zardari por polo. Ele adorava cavalos e mulheres, e não estava interessado em política. Benazir me disse que estava um pouco nervosa por ser um casamento arranjado, mas esperava que terminasse bem. Estava preocupada, pois qualquer homem poderia sentir dificuldade em lidar com os períodos de separação derivados de sua vida política nômade, mas isso nunca chatearia Zardari, que era perfeitamente capaz de ocupar-se.

Um ano mais tarde, o avião do general Zia explodiu no ar. Nas eleições que se seguiram, o PPP conquistou o maior número de assentos. Benazir transformou-se em primeira-ministra, mas foi cercada pelo exército por um lado e pelo presidente, o burocrata favorito do exército, Ghulam Ishaq Khan, por outro. Naquele momento, ela me disse que se sentia sem poderes. Mas estar no poder, ao que parecia, já era uma satisfação muito grande. Dedicou-se às visitas de Estado: encontrou-se com Margaret Thatcher e gostou dela, e mais tarde, com seu novo marido ao lado, foi recebida polidamente pelo rei saudita. Ao mesmo tempo, conspirações estavam em andamento — a oposição estava literalmente comprando alguns de seus membros do parlamento — e, em agosto de 1990, o governo foi desfeito por decreto presidencial e os protegidos de Zia, os irmãos Sharif, postos de volta no poder.

Quando foi reeleita, em 1993, tinha abandonado toda a ideia de reforma, mas estava com pressa de fazer algo, o que deixou claro ao nomear seu marido como ministro de Investimento, nomeando-o responsável por todas as ofertas de investimento interno e externo. A imprensa paquistanesa alegou que o casal tinha acumulado um bilhão e meio de dólares. O alto-comando do PPP transformara-se em uma máquina de fazer dinheiro, mas sem qualquer mecanismo de controle. Esse período marcou a completa degeneração do partido. A única tradição que fora passada desde a fundação do partido era o centralismo autocrático. A palavra do líder era final. Como seu pai nesse assunto, Benazir nunca entendeu que o debate é o melhor meio de confrontação, de virar mesas ideológicas. E também a mais efetiva forma de persuasão. O debate precisava ser retirado urgentemente do campo da religião e posto em um espaço mais neutro. Isso nunca aconteceu.

Tudo o que envergonhados membros do partido podiam dizer sobre corrupção, quando perguntei a eles durante várias visitas ao Paquistão, era que "todo mundo faz isso em toda parte", portanto, tudo o que importava era aceitar a lógica do dinheiro. O dinheiro era o centro sagrado de toda a política. No âmbito externo, o legado de Benazir era variado. Ela recusou-se a sancionar uma aventura militar anti-indiana em Kargil, no declive do Himalaia, mas para isso, como escrevi na ocasião,[50] seu governo foi forçado a aceitar a tomada talibã de Cabul — o que transforma em dupla ironia o fato de Washington e Londres a terem promovido como defensora da democracia antes de seu trágico falecimento.

Murtaza Bhutto participou das eleições mesmo sem estar no país e ganhou uma cadeira na legislatura provincial do Sind. Voltou para casa e expressou seu descontentamento com a agenda da irmã. Os

---

[50] *London Review of Books*, 15 de abril de 1999.

A CASA DE BHUTTO

encontros de família ficaram tensos. Murtaza tinha suas fraquezas, mas não era corrupto, e argumentou em favor do manifesto radical do velho partido. Deixou claro que para ele Zardari era um intruso interessado apenas em dinheiro. Nusrat Bhutto sugeriu que Murtaza fosse feito ministro chefe do Sind; Benazir respondeu tirando sua mãe do cargo de presidente do PPP. Toda simpatia que Murtaza poderia sentir pela irmã se transformou em ódio. Já não se sentia obrigado a controlar sua língua e a cada oportunidade falava mal de Zardari e do regime corrupto presidido por sua irmã. Era difícil culpá-lo diante dos fatos. O então ministro chefe do Sind era Abdullah Shah, uma das criaturas de Zardari. Ele começou a atormentar os que apoiavam Murtaza, e este decidiu confrontá-lo diretamente. De acordo com alguns relatos, ligou para Zardari e o convidou para uma conversa informal para tentar resolver os problemas familiares. Zardari concordou. Quando os dois estavam andando pelo jardim, homens de Murtaza apareceram e agarraram Zardari. Alguém levantou uma lâmina e água quente, e Murtaza cortou metade do bigode de Zardari, para o delírio de seus partidários, e depois ordenou que desaparecesse. Um irritado Zardari, que provavelmente temera coisa muito pior, foi obrigado a cortar a outra metade do bigode em casa. A mídia, confusa, foi informada de que o consorte havia aceitado o conselho dos serviços de inteligência de que o bigode fazia dele um alvo facilmente reconhecível. A versão de Benazir para os amigos era um pouco diferente. Disse que as crianças não gostavam do bigode porque pinicava quando o pai as beijava, por isso se livrou dele. Zardari negou as duas explicações, e deixou o bigode voltar a crescer imediatamente após ter sido cortado.

Alguns meses mais tarde, em setembro de 1996, quando Murtaza e seu *entourage* voltavam de uma reunião política, sofreram uma emboscada em frente à casa dele por cerca de setenta policiais armados, acompanhados de quatro oficiais superiores. Vários atiradores foram deixados de tocaia em árvores ao redor. As luzes da rua tinham sido desligadas. Murtaza entendeu imediatamente o que estava acon-

224 DUELO

tecendo e saiu do carro com as mãos para o alto; seus guarda-costas foram instruídos a não usar suas armas. Mas a polícia abriu fogo. Sete homens foram mortos, entre os quais Murtaza. A bala que o matou fora disparada praticamente à queima-roupa. A armadilha fora muito bem montada, mas como sempre acontece no Paquistão, a brutalidade da operação — falsas entradas em registros da polícia, evidências perdidas, testemunhas presas e intimidadas, o governador provincial do PPP (visto como nada confiável) enviado a um evento insignificante no Egito, um policial que poderia dizer algo foi morto — deixou óbvio que a decisão de executar o irmão da primeira-ministra partira de cima. Shoaib Suddle, inspetor-geral do Sind quando Murtaza foi morto, foi acusado de envolvimento no assassinato, mas o caso foi arquivado antes de um julgamento. Subsequentemente, ele foi promovido a inspetor-geral por Zardari, em abril de 2008. Dois meses mais tarde, foi nomeado diretor-geral do Escritório de Inteligência, em Islamabad.

Enquanto a cilada estava sendo preparada, a polícia cercou a casa de Murtaza (a mesma de onde o pai fora retirado por comandos de Zia, em 1977). A família lá dentro sentia que algo estava errado, e uma incrivelmente calma Fatima Bhutto, de 14 anos, ligou para a tia na casa do primeiro-ministro. A conversa que se seguiu está impressa em suas memórias, mas alguns anos atrás ela me fez um relato. Zardari atendeu o telefone.

FATIMA: Quero falar com minha tia, por favor.
ZARDARI: Não é possível.
FATIMA: Por quê? [Neste momento, Fatima diz ter ouvido altos lamentos e o que parecia um falso choro.]
ZARDARI: Ela está histérica, não está ouvindo?
FATIMA: Por quê?
ZARDARI: Você não sabe? Seu pai foi baleado.

A CASA DE BHUTTO

Fatima e Ghinwa descobriram para onde tinha sido levado o corpo de Murtaza e correram para fora de casa. A rua não mostrava qualquer sinal de que algo acontecera: a cena da morte fora limpa, sem deixar qualquer evidência, sem qualquer traço de sangue ou de distúrbios. Foram de carro direto para o hospital, mas era tarde demais: Murtaza estava morto.

Quando Benazir chegou ao funeral do irmão em Larkana, multidões raivosas atiraram pedras em sua limusine. Ela teve de bater em retirada. Em outra inusual mostra de emoção, o povo local encorajou a viúva de Murtaza a estar presente na cerimônia de enterro, provocando a tradição islâmica. De acordo com Fatima, um dos seguidores de Benazir instigou procedimentos legais contra Ghinwa em uma corte religiosa por transgredir a lei islâmica. Nada era sagrado.

Todos os que presenciaram o assassinato de Murtaza foram presos; uma das testemunhas morreu na prisão. Quando Fatima ligou para Benazir para perguntar por que as testemunhas estavam sendo presas e não os assassinos, a tia lhe disse: "Veja bem, você é muito jovem. Não entende as coisas." Talvez por isso a gentil tia decidiu encorajar a mãe biológica de Fatima, Fauzia, que antes denunciara como assassina do general Zia, que voltasse ao Paquistão e reivindicasse a custódia da filha. Não há mistério sobre quem pagou sua passagem da Califórnia. Fatima e Ghinwa Bhutto resistiram e a tentativa falhou. Benazir tentou então uma aproximação mais suave, e insistiu que Fatima a acompanhasse a Nova York, onde se dirigiria à assembleia das Nações Unidas. Ghinwa Bhutto buscou amigos em Damasco e seus dois filhos deixaram o país. Mais tarde, Fatima descobriu que Fauzia estivera em conversas informais com Benazir em Nova York.

Em novembro de 1996, Benazir mais uma vez foi deposta do poder, desta vez por seu próprio presidente, Farooq Leghari, um partidário do PPP. Ele citou corrupção, mas o que também o deixou raivoso foi a grosseira tentativa de chantagem por parte da ISI — as agências de inteligência fotografaram a filha de Leghari com um namorado e ameaçaram publicar as imagens. Na semana em que Benazir caiu, o ministro-chefe do Sind, Abdullah Shah, que ajudara a organizar o assassinato de Murtaza, subiu em um barco a motor e saiu de Karachi em direção ao Golfo, e dali para os Estados Unidos.

Um tribunal foi nomeado pelo governo de Benazir para inquirir sobre as circunstâncias que levaram à morte de Murtaza. Chefiado por um juiz da Suprema Corte, investigou provas detalhadas de todos os partidos. Os advogados de Murtaza acusaram Zardari, Abdullah Shah e dois oficiais superiores de polícia de planejarem o assassinato. Benazir (então fora do poder) aceitou que tudo fora uma conspiração, mas sugeriu que "a mão escondida responsável por tudo aquilo era a do presidente Farooq Ahmad Leghari". Sua intenção, ela disse, era "matar um Bhutto para livrar-se de outro Bhutto". Ninguém levou isso a sério. Depois de tudo o que acontecera, tratava-se de uma insinuação nada convincente.

O tribunal concluiu que nenhuma prova ligava Zardari ao incidente, mas disse que "esse é um caso de mortes extrajudiciais cometidas pela polícia", e que os assassinos agiram com autorização de superiores. Nada aconteceu. Onze anos mais tarde, Fatima Bhutto acusou publicamente Zardari; também alegou que muitos dos envolvidos na morte de seu pai pareciam ter sido recompensados por suas ações. Em uma entrevista para uma cadeia de televisão independente pouco tempo antes da emergência ser decretada, pediram a Benazir que explicasse como seu irmão sangrara até a morte na porta de casa quando ela era primeira-ministra. Benazir saiu do estúdio.

Um duro texto de opinião de Fatima Bhutto apareceu no *Los Angeles Times* de 14 de novembro de 2007. Ela não mediu as palavras:

> A postura política da senhora Bhutto é pura pantomina. Suas negociações com os militares e sua disposição imprópria até poucos dias atrás em participar do regime de Musharraf demonstraram de uma vez por todas às crescentes legiões de fundamentalistas por todo o Sul da Ásia que a democracia é apenas um disfarce para a ditadura. (...)

A CASA DE BHUTTO

Meu pai era o irmão mais jovem de Benazir. Até hoje, não se tem uma resposta adequada sobre o papel dela em seu assassinato, ainda que o tribunal convocado após a sua morte, sob a liderança de três respeitados juízes, tenha concluído que tal ato não poderia ter acontecido sem a aprovação de uma autoridade política "muito mais alta". (...)

Tenho razões pessoais para temer o perigo que uma presidência da senhora Bhutto no Paquistão pode significar, mas não estou sozinha. Os islamitas estão esperando no portão. Esperam pela confirmação de que as reformas pelas quais lutava o povo paquistanês são uma farsa, apoiadas pela Casa Branca. Desde a tomada do poder por Musharraf, em 1999, há um sério movimento popular por reforma democrática. A última coisa de que precisamos é sermos ligados a uma agenda neoconservadora através de uma marionete "democrática" como a senhora Bhutto.

O que fez nascer a seguinte resposta por parte de seu alvo: "Minha sobrinha tem raiva de mim." E realmente tinha.

Musharraf pode ter retirado as acusações de corrupção contra Benazir, mas outros três processos estavam ativos na Suíça, Espanha e Grã-Bretanha. Nos dois últimos, os casos pareciam ter sido arquivados, mas a corte Suíça se recusava a fechar o caso.

Em julho de 2003, após uma investigação de vários anos, Daniel Devaud, magistrado de Genebra, condenou o senhor e a senhora Asif Ali Zardari, *in absentia*, por lavagem de dinheiro. Eles tinham aceitado 15 milhões de dólares em forma de suborno por duas empresas suíças, SGS e Cotecna. O casal foi sentenciado a seis meses de prisão e a devolver 11,9 milhões de dólares ao governo do Paquistão. "Certamente não tenho qualquer dúvida sobre os julgamentos que levei a cabo", disse Devaud à BBC. Benazir apelou, forçando uma nova investigação. No dia 19 de setembro de 2005, apareceu em uma corte de Genebra e tentou separar a si mesma do resto da família. Não estivera envolvida, disse: era assunto de seu marido e de sua mãe, que sofria de Alzheimer. Ela não sabia nada sobre as contas. E quanto ao

228 DUELO

acordo assinado por seu agente Jens Schlegelmilch dizendo que, em caso da sua morte, ou da morte de Zardari, os bens da Bomer Finance Company seriam divididos igualmente entre as famílias Zardari e Bhutto? Tampouco sabia nada sobre isso. E quanto ao colar de diamantes de 120 mil libras guardado num cofre de banco pago por Zardari? Tinha sido comprado para ela, mas Benazir rejeitara o presente como "inapropriado". O caso ainda está aberto. Em novembro de 2007, Musharraf disse a Owen Bennett-Jones, do BBC World Service, que seu governo não interferiria nos procedimentos: "Isso está com o governo suíço. Depende deles. É um caso das suas cortes."

Na Grã-Bretanha, os problemas legais envolviam a propriedade Rockwood, de 3,4 milhões de dólares, em Surrey, comprada por empresas extraterritoriais em nome de Zardari, em 1995, e remobiliadas seguindo o seu gosto. Zardari negou ser dono da propriedade. Depois, quando o tribunal estava a ponto de instruir os liquidantes a vender a propriedade, devolvendo o caso ao governo paquistanês, Zardari voltou atrás e confirmou ser o dono. Em 2006, o juiz Collins decidiu que apesar de não haver fato confirmado, havia uma "razoável perspectiva" de que o governo paquistanês pudesse estabelecer que Rockwood fora comprada e mobiliada com "os frutos da corrupção". Um amigo próximo de Benazir Bhutto disse que ela realmente não estava envolvida neste caso, pois Zardari não tinha intenção de passar muito tempo com ela em tal propriedade.

Mesmo tais fragmentos do passado emergem apenas de forma passageira e raramente na televisão. Interessante era a curta memória da imprensa americana. Em 1998, o *New York Times* publicou uma acusação dura sobre a corrupção de Bhutto-Zardari. John F. Burns descreveu como "Asif Ali Zardari transformara seu casamento com a senhora Bhutto em uma fonte de poder praticamente inabalável" e seguiu em frente, citando vários casos de corrupção. O primeiro envolvia um mercador de barras de ouro em Dubai que depositara 10 milhões de dólares em uma conta de Zardari como recompensa por ter ganhado o monopólio das importações de ouro vitais à indústria

A CASA DE BHUTTO

229

joalheira do Paquistão. Os outros casos envolviam a França e, uma vez mais, a Suíça:

> Em 1995, um empreiteiro francês militar de destaque, Dassault Aviation, concordou em pagar ao senhor Zardari e a um parceiro paquistanês 200 milhões de dólares por um jato de caça de 4 bilhões, acordo que caiu quando o governo da senhora Bhutto foi desfeito. Em outro negócio, uma empresa suíça importante, contratada para conseguir uma redução na fraude aduaneira no Paquistão, pagou milhões de dólares entre 1994 e 1996 para empresas offshore controladas pelo senhor Zardari e a mãe viúva da senhora Bhutto, Nusrat. (...)
> Em 1994 e 1995, [Zardari] usou uma conta de banco suíça e um cartão American Express para comprar joias no valor de 660 mil dólares — incluindo 246 mil dólares em lojas Cartier e Bulgari de Beverly Hills, Califórnia, em apenas um mês.[51]

Dada a escala de corrupção, por que Washington estava tão preocupada? Daniel Markey, ex-funcionário do Departamento de Estado e atual delegado sênior para a Índia, o Paquistão e o Sul da Ásia no Conselho de Relações Exteriores, explicou por que os Estados Unidos estavam tão interessados no casamento de conveniência: "Uma ala progressista, com mentalidade de reformas e mais cosmopolita no governo ajudaria os Estados Unidos." Como revelaram suas finanças, os Zardari eram mesmo muito cosmopolitas.

O que preocupava tanto Washington no Paquistão? "A preocupação que tenho", disse Robert Gates, secretário americano de Defesa, ao mundo, "é que a persistência dos problemas internos distraia o exército e os serviços de segurança do Paquistão da ameaça terrorista em sua área fronteiriça." No entanto, um dos motivos para a crise interna foi justamente a excessiva confiança de Washington em Musharraf e nos militares paquistaneses. O apoio e o financiamento

---

[51]John. F. Burns, "House of Graft: Tracing the Bhutto Millions ... A Special Repor", *New York Times*, 9 de janeiro de 1998.

230 DUELO

de Washington deram a eles a ousadia para operar como queriam. Porém, a impensada ocupação militar do Afeganistão é obviamente crucial, pois a instabilidade em Cabul escoa para Peshawar e para as áreas tribais entre os dois países. O judiciário, os políticos de oposição e a mídia independente se tornaram alvo do estado de emergência. Todos os três grupos estavam, de formas diferentes, desafiando a linha oficial em relação ao Afeganistão, a "guerra contra o terror", o desaparecimento de prisioneiros políticos e o uso cada vez mais comum da tortura no Paquistão. Tais assuntos eram debatidos na televisão local de forma muito mais aberta do que em qualquer lugar do Ocidente, onde um consenso sobre o Afeganistão apagava qualquer divergência. Musharraf argumentou que a sociedade civil estava dificultando a guerra contra o terror. Por isso o estado de emergência. O que não faz sentido, claro. Era a guerra nas regiões de fronteira que criava dissidências dentro do exército. Muitos não queriam lutar. Daí a rendição de dezenas de soldados às guerrilhas talibãs. Esse era o motivo dos prematuros pedidos de afastamento de oficiais de mais baixa patente.

Especialistas ocidentais não se cansavam de tagarelar sobre o dedo jihadista no gatilho nuclear. Isso é pura fantasia, reminiscência de uma campanha similar de quase três décadas antes, quando a ameaça não eram os jihadista que lutavam junto ao Ocidente no Afeganistão, mas os nacionalistas militares radicais. A capa da revista *Time* de 15 de junho de 1979 tratava do Paquistão; um alto diplomata ocidental foi citado dizendo que o grande perigo era "que existe outro Kadafi lá, um certo major ou coronel radical do exército paquistanês. Poderíamos acordar e finalmente encontrá-lo no lugar de Zia certa manhã e, acredite em mim, o Paquistão não seria o único local desestabilizado".

O exército do Paquistão tem força de quase meio milhão. Seus tentáculos estão por todas as partes: terra, indústria, utilidades públicas e muito mais. Seria preciso um cataclismo (uma invasão e ocupação americana, por exemplo) para que tal exército se sentisse ameaçado por um levante jihadista.

A CASA DE BHUTTO 231

Duas considerações uniram os oficiais superiores: a unidade da organização e manter os políticos ao seu alcance. Uma razão era o medo de que poderiam perder os confortos e privilégios que ganharam após décadas no governo; mas também tinham uma profunda aversão à democracia, como é comum na maior parte das forças armadas. Desacostumados a delegar responsabilidades entre eles mesmos, é difícil para eles aceitar o mesmo na sociedade em geral.

Enquanto o sul do Afeganistão afunda no caos e a corrupção e a inflação descontroladas tomam controle, os talibãs ganham mais e mais recrutas. Os generais que uma vez convenceram Benazir que controlar Cabul usando os talibãs lhes daria uma "profundeza estratégica" já deviam estar aposentados, mas seus sucessores sabiam que os afegãos não tolerariam uma ocupação longa por parte do Ocidente. Esperavam pela volta de um Talibã renovado. Em vez de encorajar uma solução regional que incluísse Irã, Índia e Rússia, os Estados Unidos preferiam ver o exército do Paquistão como sua força policial permanente em Cabul. Mas isso não funcionaria. No próprio Paquistão, a longa noite seguia em frente enquanto o ciclo recomeçava: lideranças militares prometendo reformas que degeneravam em tirania; políticos prometendo apoio social, mas que terminavam sendo oligarcas. Tendo em conta que um vizinho em melhor situação provavelmente não interviria, o Paquistão oscilaria entre essas duas formas de governo para o futuro. O povo, que sentia como se tivesse tentado de tudo, e que tudo tivesse falhado, voltaria a um estado de semiadormecimento, a menos que algo imprevisto os acordasse mais uma vez. O que é sempre possível.

Antes que a história pudesse seguir seu curso, outra tragédia atingiu o Paquistão e a Casa de Bhutto. Determinada a cumprir sua parte do pacto faustiano firmado em Washington, Benazir Bhutto, apesar de alguma hesitação, concordou em tomar parte em umas eleições encaradas na época como profundamente equivocadas por quase todos os comentaristas políticos independentes do Paquistão, e mesmo por várias pessoas de seu próprio partido.

Ela decidiu começar a campanha na capital militar do país, Rawalpindi, onde chegara, em 27 de dezembro de 2007. Foi ao encontro do público em Liaquat Bagh (antigo Parque Municipal), um espaço público popular que ganhou o nome do primeiro primeiro-ministro do país, Liaquat Ali Khan, morto naquele local em outubro de 1951. O assassino, Said Akbar, foi morto imediatamente por ordem de um oficial de polícia envolvido no caso. Não longe dali, houvera uma estrutura colonial onde nacionalistas eram presos. Era a cadeia de Rawalpindi. Nela, o pai de Benazir, Zulfiqar Ali Bhutto, foi enforcado em abril de 1979. O tirano militar responsável pelo processo judicial que decretou a morte de Bhutto quis ter certeza de que o local da tragédia fosse completamente destruído.

O comício não foi interrompido dessa vez, mas os assassinos estavam esperando pela vítima nas imediações do seu carro. Quando ela estava a ponto de sair, decidiu dar um último adeus aos seus simpatizantes e às câmeras de televisão. Uma bomba explodiu e ela parecia ter sido atingida por balas atiradas na direção de seu carro. Os assassinos, atentos para não repetir a falha ocorrida um mês antes, em Karachi, tomaram dupla precaução dessa vez. Queriam vê-la morta a qualquer custo. Patologistas do governo alegaram que Bhutto bateu a cabeça no teto solar do carro de onde falava enquanto entrava nele, fraturando o crânio, e foi essa a causa de sua morte. O partido não concordou. Foi solicitada a ajuda da Scotland Yard. Após uma breve investigação, concordaram com o dito pelo governo. Exumar seu corpo e fazer uma nova autópsia poderia ser definitivo, mas Zardari não permitiu.

Sua morte foi seguida de demonstrações de raiva por todo o país. O povo de sua província natal, Sind, respondeu com manifestações violentas, tendo como alvo os prédios do governo e carros de cidadãos não nativos do Sind. Enquanto as redes globais de informação presumiam, sem qualquer investigação, que ela fora morta por terroristas jihadistas locais ou pela Al Qaeda, o povo no Paquistão tinha uma opinião diferente e apontou seus dedos acusadores ao presidente,

A CASA DE BHUTTO

enquanto nas ruas ressoavam cantos dos simpatizantes do Partido Popular: *"Amreeka ne kutta paala, vardi wallah, vardi wallah"* ("A América treinou um cão, o que usa farda, o que usa farda").

Mesmo os que criticavam ofensivamente o comportamento e as políticas de Benazir Bhutto — enquanto estava no cargo e mais recentemente — ficaram perplexos e ultrajados com o seu assassinato. A indignação e o medo espreitavam mais uma vez o país. Esse evento deixou as eleições de fevereiro de 2008 praticamente impossíveis de serem realizadas. Uma estranha coexistência de despotismo militar e anarquia criou as condições que levaram ao seu assassinato. No passado, o regime militar foi concebido para preservar a ordem — e o fez por alguns anos. Não muitos. Hoje, cria desordem e promove a falta de leis. De que outra maneira poderia ser explicada a demissão do presidente do Supremo e de outros juízes da Suprema Corte do país pela tentativa de conter as agências de inteligência do governo e a polícia para que assumissem responsabilidade perante os tribunais? Seus substitutos não tinham determinação para fazer nada, muito menos realizar um inquérito adequado sobre a sordidez das agências na tentativa de esconder a verdade por trás do assassinato cuidadosamente organizado de um importante líder político. Presume-se que os assassinos eram fanáticos jihadistas. Isso pode ser verdade, mas estariam agindo sozinhos? Teorias de conspirações brotaram após sua morte. O general Hamid Gul, ex-diretor geral da ISI durante o primeiro mandato de Benazir como primeira-ministra, disse à mídia que, mesmo que ela tivesse prometido aos Estados Unidos que entregaria A.Q. Khan, autoproclamado "pai da bomba paquistanesa", para interrogatório e permitisse a entrada de tropas e aviões norte-americanos para lutar contra a Al Qaeda no Paquistão, ela "tirou isso de sua agenda" após o seu retorno e depois de sofrer o primeiro atentado contra a sua vida. Hamid Gul insistiu que "o lobby israelita nunca estaria em paz até que tivesse arrebatado nossas armas nucleares. Na guerra contra o terror, o Paquistão é o alvo". Por isso, segundo o general

Gul, ela foi eliminada. Trata-se de uma opinião muito comum entre segmentos aposentados da burocracia civil e militar, mas será crível?

É certamente verdade que Musharraf se recusou a enviar A. Q. Khan a Washington. Funcionários do governo me contaram que os Estados Unidos estavam desesperados para perguntar a Khan sobre suas ligações com o Irã, e o que ele dissesse sob interrogatório poderia ser usado como pretexto para bombardear os reatores nucleares do Irã. Se Benazir Bhutto concordou com isso, o que era possível, nada sugere que ela tenha sofrido qualquer transformação política após o seu retorno. Benazir atrelou seu futuro aos Estados Unidos por vários motivos. Eles a ajudaram a limpar seu passado e devolvê-la ao poder, e ao conseguir retornar ao poder, ela continuaria precisando da ajuda de Washington para lidar com o exército. Ela não teria como se opor aos Estados Unidos, o único poder imperial. Aqueles que, como seu falecido pai, não se curvaram, acabaram assassinados. Por isso ela havia se decidido por um acordo histórico e prometeu o pronto reconhecimento de Israel, para apaziguar Washington. Isso explica a cobertura pouco usual da mídia israelita de sua morte como "enorme perda" e vários anúncios de página inteira no *New York Times* e em outros jornais pagos por uma organização israelita baseada em Los Angeles, o Simon Wiesenthal Center. Uma grande foto de Bhutto foi publicada debaixo das palavras: "TERROR SUICIDA: O que mais o mundo precisa para agir?" E o anúncio pedia às Nações Unidas que convocassem uma sessão especial dedicada ao assunto. "A menos que coloquemos os homens-bomba suicidas no topo da agenda internacional, esse câncer virulento poderá nos engolfar a todos", dizia. "As iminentes ameaças de armas de destruição em massa nas mãos de homens-bomba suicidas vão fazer com que o já sofrido em mais de trinta países pareça pouca coisa." O anúncio pedia que as Nações Unidas declarassem os homens-bomba como um "crime contra a humanidade".

Benazir, de acordo com alguns amigos próximos, esteve tentada a boicotar as eleições paquistanesas, mas não teve coragem política suficiente para desafiar Washington, que insistia nas eleições, que de-

# A CASA DE BHUTTO

veriam seguir conforme planejadas. Ela certamente tinha bastante coragem e se recusou a curvar-se a ameaças de oponentes locais. Decidiu-se por um comício em Liaquat Bagh. Sua morte envenenou as relações entre o PPP e o exército. Isso começou em 1977, quando seu pai foi deposto por um ditador militar e assassinado. Ativistas do partido, especialmente na província do Sind, foram brutalmente torturados, humilhados e, algumas vezes, dados como desaparecidos ou mortos.

A turbulenta história do Paquistão, resultado de contínuos governos militares e alianças globais impopulares, oferece à elite governante sérias escolhas. Elas parecem não ter qualquer objetivo positivo. A imensa maioria do país desaprova a política externa do governo. E estão raivosos com a falta de seriedade na política interna, exceto no que diz respeito ao enriquecimento de uma indiferente e gananciosa elite que inclui um militarismo inchado e parasita. Agora veem, sem saber o que fazer, políticos serem assassinados à sua frente.

ENCONTREI BENAZIR pela primeira vez na casa de seu pai, em Clifton, Karachi, no ano de 1969, quando era uma divertida adolescente, e oito anos mais tarde, em Oxford, quando me convidou para uma palestra na Oxford Union, que presidia na época. Naquele momento, não estava particularmente interessada em política, e me disse que sempre pensou ser diplomata. A história e a tragédia pessoal a levaram em outra direção. A morte do pai a transformou em outra pessoa, determinada a destruir o ditador militar do momento. Discutiríamos eternamente o futuro do país em seu pequeno apartamento de Londres. Ela corcordava que reforma agrária, programas de educação em massa, serviço de saúde e uma política externa independente eram objetivos construtivos e cruciais para o país, caso quisesse ser salvo dos abutres com ou sem farda. Seu eleitorado eram os pobres, e ela estava orgulhosa disso.

Eu mantinha contatos regulares com ativistas políticos e intelectuais em Lahore. Sua opinião quase unânime era que, como o seu retorno seria a primeira oportunidade para o povo demonstrar o luto pela execução de seu pai, poderia haver pelo menos meio milhão de pessoas nas ruas para saudá-la. Tendo experimentado em primeira mão os terrores da ditadura de Zia, ela estava menos certa sobre esse comparecimento, e sobre quem a poderia culpar. O país fora silenciado pela repressão, mas meus instintos eram os mesmos dos amigos em Lahore. Ela me pediu que escrevesse o seu discurso. Certo dia, Benazir me telefonou: "Ontem à noite sonhei que tinha chegado a Lahore, que as multidões estavam lá, que fui ao palanque, abri minha bolsa, mas o discurso havia sumido. Você não pode agilizar?" Agilizei, e ensaiamos uma semana antes que partisse. Seu urdu era rudimentar, mas quando sugeri que fizesse às massas reunidas uma pergunta em punjabi, ela empacou. A pergunta era simples: *"Zia rehvay ya jahvay?"* (Zia deve ficar ou partir?) Sua pronúncia era terrível. Ela sorriu e começou outra vez, até chegar à melhor pronúncia possível. Houve outro momento de pânico. "O que devo fazer se o povo responder que ele deve ficar?" Dessa vez, eu ri. "Não estariam lá se pensassem isso." Ela foi filmada fazendo a pergunta em punjabi, e também se pode ouvir a resposta decidida do povo, que chegava próximo de um milhão de pessoas. Essa campanha foi o ponto alto de sua vida, uma mistura de coragem política e temeridade que criou uma onda de esperança no país incivilizado.

Ela mudou mais uma vez após se tornar primeira-ministra. Nos primeiros dias, quando nos encontramos em várias ocasiões em Islamabad, conversaríamos gentilmente. Em resposta às minhas várias reclamações, tudo o que dizia era que o mundo tinha mudado. E que ela não estaria no "lado errado" da história. E assim, como muitos outros, fez a paz com Washington. Isso levou ao acordo com Musharraf e ao seu retorno a casa após mais de uma década no exílio. Em várias ocasiões, ela me disse que não tinha medo da morte. Era um dos perigos de se fazer política no Paquistão. A última vez que nos encontramos foi na residência da primeira-ministra, em 1995, um ano antes de sua demissão do gabinete, acusada de corrupção. Eu perguntei se estava preocupada com a ameaça de assassinato. Já sofrera uma, ela me disse, e o assassino, Aimal Kansi, quase explodiu a si mesmo, mas terminou fugindo. Ela sorriu. Eu fiquei paralisado ao ouvir a revelação.

Kansi era um ex-agente da CIA recrutado durante a primeira guerra afegã. Ele se sentiu traído pela agência quando cortaram seu salário após os russos terem deixado o Afeganistão. Seu comportamento subsequente parecia o roteiro de *A identidade Bourne*. Em 1993, Kansi voltou aos Estados Unidos, foi até Langley, no estado de Virgínia, esperou de tocaia com um rifle de longo alcance e abriu fogo, matando dois funcionários da CIA, incluindo seu antigo chefe, e ferindo vários outros. Voltou ao Paquistão e estava na lista dos mais procurados pela CIA e pelo FBI. Em 1997, foi finalmente capturado pelos agentes do FBI em um hotel decadente de Islamabad. Fora traído por seus próprios guarda-costas, e a CIA gastou mais de 3,5 milhões de dólares pagando informantes e outras pessoas para capturá-lo. Foi extraditado para os Estados Unidos, onde foi julgado e condenado à morte. Até que ela me contasse, eu não tinha ideia de que também tentara matar Benazir.

É difícil imaginar qualquer coisa boa derivando da tragédia de sua morte, mas havia uma possibilidade. O Paquistão precisava desesperadamente de um partido político que oferecesse uma voz às necessidades sociais do grosso da população. O PPP, fundado por Zulfiqar Ali Bhutto, foi construído por ativistas do único movimento popular de massas que o país conhecera: estudantes, camponeses e trabalhadores que lutaram por três meses entre 1968-9 para destituir o governo do primeiro ditador militar paquistanês. Essas pessoas o enxergavam como o seu partido, e tal sentimento persiste em algumas partes do país até hoje, apesar de tudo.

A terrível morte de Benazir poderia ter representado uma oportunidade para os seus colegas refletirem. Ser dependente de uma pessoa ou família pode ser necessário algumas vezes, mas trata-se de uma fraqueza estrutural, não uma força, no que diz respeito a uma organização política. O PPP precisava ser reformado em uma organização democrática e moderna, aberta ao debate sério e à discussão, defendendo os direitos humanos e sociais, unindo os muitos grupos dispersos e os indivíduos do Paquistão desesperados por qualquer alternativa medianamente decente, que surgisse com propostas concretas de estabilização para o país ocupado e destruído pela guerra no Afeganistão. À família Bhutto não deveriam ter sido pedidos novos sacrifícios. Mas não seria assim. Quando as emoções voam alto, a razão passeia pelo subsolo, e no Paquistão pode permanecer enterrada por um bom tempo.

Seis horas antes de sua execução, Mary, rainha da Escócia, escreveu ao seu cunhado, Henrique III da França: "Quanto ao meu filho, eu o confio a você tanto quanto ele mereça, pois não posso responder por ele." O ano era 1587. No dia 30 de dezembro de 2007, um conclave de senhores feudais se reuniu na casa de Benazir Bhutto para ouvir a leitura de seu testamento, e seu último desejo foi em seguida revelado à mídia mundial. Onde Mary pareceu hesitante, sua equivalente moderna não deixou espaço para dúvida. Certamente responderia pelo filho.

Seu testamento especificava que o filho de 19 anos, Bilawal Zardari, estudante na Universidade de Oxford, deveria sucedê-la como presidente do partido. Seu marido, Asif Zardari (um dos políticos mais venais e desacreditados do país, ainda enfrentando acusações de corrupção em duas cortes europeias), lideraria o partido até que Bilawal fosse maior de idade. Depois seria seu presidente vitalício, como de costume. Que isso agora seja oficial, não torna a decisão menos grotesca. O PPP formalmente se transformou em um feudo familiar, uma propriedade que poderia ser governada segundo o desejo de seu proprietário.

O Paquistão e os simpatizantes do partido mereciam algo melhor que essa farsa medieval, desagradável. A última decisão de Benazir, ai

A CASA DE BHUTTO

de mim!, seguiu a mesma linha autocrática de seus predecessores, postura que tragicamente custaria... a sua vida. Se tivesse aceitado o conselho de alguns líderes do partido e não concordado com o acordo desenhado por Washington de comprometer-se com Musharraf ou, mesmo mais tarde, se tivesse se decidido por boicotar a eleição parlamentar de Musharraf em troca de garantias para a sua própria segurança, talvez ainda estivesse viva.

Grande parte do círculo interno do PPP consiste em servidores de toda a vida que vivem vidas frustradas e melancólicas, mas isso não é desculpa para uma sucessão falsa. Tudo poderia ser transformado se a democracia fosse implantada dentro do partido. Uma pequena camada de políticos não corruptos e com princípios está no partido, mas foi posta de lado. Uma dinastia política é sinônimo de fraqueza, não de força. Benazir gostava de comparar seu clã aos Kennedy, mas preferiu ignorar o fato de que o Partido Democrático americano não é instrumento de uma única família.

O assunto da democracia é enormemente importante em um país que vem sendo governado por militares por mais da metade de sua vida. O Paquistão não é um "Estado falido" como o Congo ou Ruanda. É um Estado disfuncional, e assim foi por quase quatro décadas.

No centro desta disfunção está a dominação do exército, e todos os períodos de governos militares só pioraram as coisas, evitando a aparição de instituições políticas estáveis. Nesse ponto os Estados Unidos têm responsabilidade direta, pois sempre enxergaram os militares como única instituição com a qual poderiam negociar e, infelizmente, ainda agem dessa forma. Essa pedra lutou contra águas revoltas e contra a corrente.

A fraqueza militar é bem conhecida e está amplamente documentada. Mas os políticos não estão em posição de atirar pedras. Até porque não foi Musharraf quem primeiro atacou o judiciário de forma tão conveniente, sob os olhares de John Negroponte, do secretário de Estado substituto dos Estados Unidos, e David Miliband, secretário do Exterior britânico. O primeiro ataque à Suprema Corte foi orquestrado pelos capangas de Nawaz Sharif, que agrediram os juízes porque estavam irritados com uma decisão que contrariou os interesses de seu mestre quando ele era primeiro-ministro.

Os que esperavam que, após a morte de Benazir, o PPP pudesse iniciar um novo capítulo provavelmente ficarão desapontados. Com a ascensão de Zardari é quase certo que o partido sofrerá uma ruptura nos próximos anos. O viúvo de Benazir era odiado por muitos ativistas, que o responsabilizavam pela derrocada de sua esposa. Agora ele é o líder.

O consenso global de que jihadistas ou a Al Qaeda mataram Benazir Bhutto desmoronou na primeira quinzena após a sua morte. Tornou-se público que, quando ela pediu aos Estados Unidos por um grupo de seguranças contratados formado por ex-fuzileiros americanos ao estilo da falange de Karzai, o governo do Paquistão interpretou o pedido como uma ameaça à soberania e desdenhosamente rejeitou a sugestão. Hillary Clinton e o senador Joseph Biden, presidente do Comitê de Relações Exteriores do Senado, insinuaram publicamente que a insígnia de condenado pelo assassinato deveria ser posta no general Musharraf, não na Al Qaeda, um sinal seguro de que seções do *establishment* dos Estados Unidos estavam pensando que já era hora de se livrar do presidente paquistanês. Ele, claro, irritado, negou qualquer associação com o assassinato de Bhutto e disse que, mesmo que ela tivesse sobrevivido, não teria sido capaz de lidar com a crise no Paquistão:

Os Estados Unidos pensam que Benazir era a pessoa certa para lutar contra os terroristas. Quem é a melhor pessoa para lutar? Três qualidades são necessárias para lutar contra os extremistas e terroristas hoje. Número um, deve-se ter os militares ao seu lado. E ela era muito impopular no meio militar. Muito impopular. Número dois, não deve ser vista por todo o lobby religioso como um alienígena — uma pessoa não religiosa. E o terceiro fator: não pode ser vista como uma extensão dos Estados Unidos. Agora sou visto como uma extensão,

A CASA DE BHUTTO

mas não tanto quanto ela era vista. Os paquistaneses sabem que posso ser duro. Posso levantar a voz contra Hillary Clinton. Posso levantar a voz contra qualquer um. São estes os elementos. Cabe a você julgar.[52]

O problema de Washington é que, com a morte de Benazir, o único número de telefone que tem em Islamabad é o do general Ashfaq Kayani, chefe do exército treinado em Fort Leavenworth. Nawaz Sharif é considerado em Washington como peso-pena e cachorrinho dos sauditas (sua proximidade nos negócios e afinidade religiosa com o reino são bem conhecidas) e por isso não se trata de uma pessoa cem por cento confiável, apesar de, dada a aliança Arábia Saudita-Estados Unidos, o pobre Sharif não entender por que não deveria ser considerado. Ele e seu irmão estão prontos para cumprir as ordens de Washington, mas preferiam ver o rei saudita como mensageiro imperial, não Musharraf.

Uma solução temporária à crise estava disponível. Mas seria preciso substituir o general Musharraf por outro presidente menos contencioso, um governo unitário de todos os partidos para preparar a base de eleições genuínas em seis meses, e a reintegração dos juízes da Suprema Corte afastados para investigar o assassinato de Benazir sem medo ou favores. Musharraf finalmente livrou-se da farda e deixou os militares com Kayani. Ao mesmo tempo, deveria ter renunciado à vida política, pois era a farda que lhe permitia sentar-se na cadeira de presidente. Seria um novo começo, mas a história do Paquistão está repleta de líderes que não demonstram qualquer desejo de manchar-se com novas ideias. Política de curto prazo está sempre no comando. Este ano turbulento quase condensou toda a história do país, exceto por uma província à beira da deserção. Uma das características mais depressivas da elite burocrática e militar do Paquistão — que governou o país quase continuamente desde sua fundação, em

---

[52]Entrevista à *Newsweek*, 12 de janeiro de 2008.

1947 — é sua flagrante falta de originalidade. Repete regularmente velhos erros. E isso nunca foi tão óbvio quanto durante os longos períodos de governo militar direto ou indireto (1958-71, 1977-89, 1999-2008).

O status social e político em grande parte do mundo atual é determinado pela riqueza. O poder e o dinheiro coabitam o mesmo espaço. O resultado é uma democracia mutante cuja função é vedar todas as possibilidades de redistribuição de riqueza e poder ou reforçar sua própria posição com a cidadania. Algumas exceções permanecem. Na China, por exemplo, a hierarquia do partido continua a ser dominante, um reflexo parcial, talvez, da antiga tradição mandarim que insistia na qualificação educacional como o principal critério para a promoção social. No Paquistão, o sonho dos meninos mais inteligentes é se tornarem corretores da bolsa de valores de Nova York; os mais ambiciosos se imaginam vestindo fardas. A imensurável importância do exército determina toda a cultura política do país. O chefe militar é a única pessoa sobre a qual a mirada da comunidade política do Paquistão se posta quase permanentemente. O seguinte em importância é o embaixador dos Estados Unidos. A incapacidade de compreender essa realidade básica torna realmente difícil entender o passado ou o presente do país.

Por todos os seus sessenta anos de história, a vida política no Paquistão foi dominada por uma série de embates entre generais e políticos, com burocratas civis pretendendo ser padrinhos imparciais, embora a maior parte favorecesse os militares. O árbitro final é normalmente Washington. As estatísticas revelam o vencedor. Burocratas e políticos não eleitos governaram o Paquistão por 11 anos, o exército por 34 anos, e representantes eleitos estiveram no poder por 15 anos. É um registro triste, mas que teve forte aprovação de Washington, como revelado pela inspeção de cada uma das ditaduras.

# 8

# NA ROTA DE VOO DO PODER AMERICANO

O Relatório da Comissão para o 11 de Setembro, publicado em julho de 2004, diz, entre outras coisas, que o governo de Musharraf era a melhor, se não a única esperança de estabilidade a longo prazo para o Paquistão e o Afeganistão. A turbulência precisava de um homem forte, e enquanto o Paquistão estivesse envolvido na "guerra contra o terror" e preparado para lutar contra as forças do extremismo, os Estados Unidos dariam apoio a longo prazo e compreensivo a um regime comprometido com uma "moderação esclarecida".

A palavra associação me força a uma breve digressão e a lembrar-me do falecido senador conservador Barry Goldwater e de seu discurso aceitando a sua indicação como candidato republicano à presidência em 1964: "Eu lembro aos senhores que o extremismo na defesa da liberdade não é vício! E permitam-me recordar-lhes outra coisa, a moderação na perseguição da justiça não é uma virtude." Malcolm X defendeu essa visão eloquente em uma de suas últimas aparições públicas, à qual eu estive presente. Deixando de lado importantes diferenças nas interpretações de "liberdade", esta é também a opinião de muitos que hoje resistem aos Estados Unidos no Iraque e no Afeganistão, embora a maioria deles, infelizmente, não concordaria com a avaliação do mesmo senador, em 1981, quando ofereceu conselho sábio a seu próprio partido e que se aplicava igualmente aos afegãos insurgentes apoiados por Washington e que lutavam contra os russos sem Deus daquele momento:

> Em assuntos religiosos, pode haver pouco ou nenhum acordo. Não existe posição na qual as pessoas estejam tão pouco predispostas a mudar como em suas crenças religiosas. Não pode existir aliado mais poderoso em um debate que Jesus Cristo, Deus, Alá, ou seja lá como se chame o ser supremo. Mas assim como qualquer arma poderosa, o uso do nome de Deus em favor próprio deveria ser parcimonioso. As facções religiosas que estão florescendo em nossa terra não estão usando suas influências religiosas com sabedoria. Estão tentando forçar os líderes do governo a seguirem completamente a sua posição. Se alguém discorda de tais grupos religiosos ou de um assunto moral particular, eles reclamam, e o ameaçam com perda de dinheiro, voto, ou as duas coisas.
>
> Estou francamente cansado e aflito com os pregadores políticos que, por todas as partes deste país, vão me dizendo que como cidadão, se eu quero ser uma pessoa virtuosa, devo acreditar em A, B, C e D. Quem eles pensam que são? E como podem presumir o direito de ditar suas crenças morais sobre mim? E estou ainda mais irritado como legislador que deve suportar as ameaças de cada grupo religioso que imagina ter algum dom de Deus para controlar a minha escolha em cada votação nominal do Senado. Escrevo hoje a eles: vou lutar contra eles em cada passo do caminho, se tentarem impor suas convicções morais a todos os americanos em nome do "conservadorismo".

Tais palavras tiveram pouco impacto real. O fundamentalismo religioso logo ocupou a Casa Branca, e seu inimigo igualmente fundamentalista tinha como alvo o Pentágono e Wall Street. O conselho do Relatório do 11 de Setembro foi em seguida aceito pelo Congresso e pelo Decreto de Reforma da Inteligência e Prevenção contra o Terrorismo, de 2004 (Public Law 108-458). As recomendações no

NA ROTA DE VOO DO PODER AMERICANO      245

que diz respeito ao Paquistão foram colocadas em prática em um programa sustentado de ajuda americana a esse país, e instruindo o presidente que reportasse ao Congresso o que implicaria uma estratégia e apoio americano a longo prazo. O que foi feito em 2005 por uma avaliação subsidiária dos comissários, oferecendo apenas grau C aos esforços dos Estados Unidos no encorajamento das políticas antiextremistas do Paquistão, e contendo um aviso de que o país "continua sendo um santuário e campo de treinamento para terroristas". Essa visão, muito difundida nos Estados Unidos e na Europa, reflete-se com regularidade na mídia e parece ter infectado a cultura política das duas regiões.

Stanley Kurtz, do Hudson Institute e da Hoover Institution, recentemente escreveu: "De uma maneira global, o Islã é hoje um Waziristão (...) O Waziristão agora busca despertar o lado jihadista tribal da alma muçulmana global." Não é incomum ler bobagens como essa vinda de vários gurus neoconservadores. Como sugeri antes neste livro, seus equivalentes expressavam opiniões igualmente sem sentido nos anos 1980, quando áreas tribais eram vistas como áreas de liberdade e vários jornalistas ocidentais dóceis seguiam o "conselho" e se referiam aos mujahideen como "lutadores pela liberdade". As mesmas pessoas continuam habitando a mesma região. Antes necessários para combater os russos, agora parecem merecer o esquecimento. O que mudou foram as prioridades globais dos Estados Unidos. E é isso que explica a nova linguagem. É relativamente fácil para os intelectuais de Estado nos EUA (empregados por pensadores instrumentalistas e com envolvimento acadêmico) darem saltos em direção a novas posições e seguirem as necessidades imperiais, conforme lhes seja pedido. É muito mais difícil aos Estados clientes agirem da mesma forma. Isso explica a crise que irrompeu nas fronteiras ocidentais do Paquistão.

O Império Britânico já esteve enredado na mesma região. Também para eles, o Waziristão era o próprio diabo. Suas ideologias (e mais tarde suas imitações do Paquistão) produziram grande parte da literatura sobre essa região áspera, uma antropologia grosseira para justificar a guerra e a dominação imperial. O que hoje é atribuído somente ao Islã foi naquela época visto como característica genética da raça pashtun e de alguns de seus mais recalcitrantes componentes tribais. Eis o senhor Temple, um alto funcionário britânico em 1855, dividindo suas opiniões com seus colegas em termos e linguagem que teriam sido apreciados pelo general Custer:

> Agora estas tribos são selvagens — nobres selvagens, talvez — e não sem certa virtude e generosidade, mas ainda absolutamente bárbaras. (...) Em seus olhos, seu grande mandamento é o sangue por sangue, e fogo e espada para os infiéis. (...) São uma raça sensual (...) muito avaros (...) ladrões e predatórios ao último grau. (...) A mãe pathan reza para que seu filho seja um ladrão de sucesso. (...) Nunca passaria por suas mentes que isso poderia ser visto como uma blasfêmia pelo Corão (...) São virulentos e sedentos por sangue.[53]

Eis outro inteligente oficial imperial, senhor Ibbetson, escrevendo em 1881:

> O verdadeiro pathan talvez seja o mais bárbaro de todas as raças com as quais entramos em contato. (...) Tem sede de sangue, é cruel e vingativo ao mais alto nível. (...) Não sabe o que é a verdade ou a fé. (...) É fácil convencê-los da boca para fora; eis alguns de seus provérbios: "Uma inimizade pathan arde como fogo em estrume"; "fale boas palavras a um inimigo de maneira doce; gradualmente destrua-o pela raiz".

Para demonstrar que os escoceses não seriam deixados para trás, eis algumas palavras do senhor MacGregor, alguns anos atrás:

---

[53]Coronel H. C. Wylly, *From the Black Mountain to Waziristan* (Londres: 1912).

## NA ROTA DE VOO DO PODER AMERICANO

(...) Não há dúvida, como outros pathans, eles não desistiriam frente a qualquer falsidade, quão atroz fosse, para alcançar um objetivo. O dinheiro pode comprar o seu serviço para as ações mais loucas.

O autor que cita essas dezenas de referências similares também revela:

Os wazir são muhammadans da seita sunita, mas, como qualquer outra tribo pathan, não são particularmente rigorosos na performance de seus deveres religiosos. Os mulás têm influência apenas na medida das observâncias da religião, e não têm qualquer poder em assuntos políticos, mas os wazir são um povo especialmente democrático e independente, e mesmo seus próprios malik [líderes tribais] têm pouco controle verdadeiro sobre eles.[54]

As guerras afegãs do século XX mudaram tudo isso, e os mulás ficaram muito mais poderosos, mas ainda é verdade que o uso da força, como descobriram os britânicos, nunca foi uma solução permanente. O Estado sucessor dos britânicos na região seguiu um padrão similar, primeiro usando mercenários tribais para invadir a Caxemira, em 1948, e depois usando-os na primeira guerra afegã, de 1979 a 1989. O que levanta interessantes questões sobre o lugar ocupado pelo Paquistão frente aos Estados Unidos.

Aliás, que interesses estão realmente sendo servidos pela política externa do Paquistão de 1947 até hoje, considerando ou não os últimos anos de Zulfiqar Ali Bhutto no governo? É verdade que alguns ministros de gabinete, generais, diplomatas e seletos funcionários públicos com frequência reportaram diretamente a Washington, contornando suas próprias cadeias de comando? E, se for verdade, por que foi assim por sessenta anos? Não é um conto muito bonito.

O Grande Líder tentou alugar sua casa ao poder do novo mundo e falhou. Seus colegas eram todos ainda mais ambiciosos. Com o

---

[54]Ibid.

encorajamento de Jinnah, os novos governantes do Paquistão desenvolveram logo cedo um entendimento de que para sobreviverem deveriam alugar seu país. Um leilão aberto era considerado nada realista. Havia apenas um possível comprador. Eram muito francos nesse aspecto e disseram a Washington que após um encargo de 2 milhões de dólares para pagar suas "despesas administrativas" para os primeiros anos, ainda precisariam de "uma fonte regular de finanças" para seguir adiante. Tal demanda foi uma constante na política paquistanesa. Como seu lobista nos Estados Unidos em 1947, o astuto burocrata Ghulam Mohammad, depois duplicado como primeiro-ministro de Finanças do país, escolheu o Chase National Bank de Nova York. Jinnah enviou um assistente confiável, Laiq Ali, com um memorando expondo as necessidades do país ao presidente do banco Winthrop W. Aldrich. Ele leu o memorando cuidadosamente, melhorou sua linguagem e sugeriu algumas alterações, depois foi oficialmente encaminhado a Foggy Bottom.

Quando Laiq se encontrou com os funcionários do Departamento de Estado, ele enfatizou que o novo país "neste momento enfrenta uma ameaça soviética nas suas fronteiras ocidentais". Isso foi uma tola invenção, como o Departamento de Estado bem sabia. A União Soviética, em ruínas após a guerra, estava concentrando suas energias na reconstrução do país e na sustentação da Europa do Leste. Os Estados Unidos estavam ocupados ajudando a Europa Ocidental e o Japão, bem como mantendo um olho na China, onde havia a ameaça de uma vitória comunista. A oferta de compra do Paquistão e de suas forças armadas perpetuamente não tinha apelo real naquele momento. Um memorando interno circulou no Gabinete para Assuntos com o Oriente Médio, e era brusco: "Ficou óbvio pela sua aproximação que o Paquistão estava pensando em ter os Estados Unidos como principal fonte de força militar, e como isso poderia envolver a responsabilidade dos militares americanos em seu novo domínio, nossa resposta ao Paquistão foi negativa."

NA ROTA DE VOO DO PODER AMERICANO    249

Isto ficou claro para Laiq Ali, ainda que uma oferta mais doce na forma de um empréstimo de emergência tenha sido feita para ajudar a aliviar necessidades sociais. Um desanimado Laiq perguntou se o dinheiro poderia ser disponibilizado para certos projetos especiais de desenvolvimento. Quando seus interlocutores americanos perguntaram se tais projetos tinham sido detalhados, ele respondeu ter conhecimento apenas do projeto de uma fábrica de papel, no que estava pessoalmente interessado. Infelizmente, os documentos oficiais não registram as reações informais dos funcionários. Washington nem se preocupou em responder à generosa oferta paquistanesa de vender seu exército.

Confrontado com essa rejeição inesperada, o enviado especial do Grande Líder perguntou se algum dinheiro poderia ser oferecido para comprar cobertores e remédios para os refugiados da Índia. Tal pedido também foi negado, mas com a possibilidade de que os Estados Unidos poderiam vender excedentes do exército ao Paquistão a um valor consideravelmente mais baixo que o preço de mercado. Durante todo o tempo, Laiq dizia a Jinnah que as negociações iam bem. Mas o Grande Líder deve ter tido suas dúvidas. Instruiu um veterano líder pró-Liga Muçulmana Britânica e mais tarde primeiro-ministro, Sir Feroze Khan Noon, naquele momento a caminho da Turquia, que telefonasse ao embaixador americano em Ancara e pusesse um pouco mais de pressão. "Escuridão ao meio-dia" ["Darkness at Noon"] (apelido que mais tarde lhe deu o *Pakistan Times*) cumpriu a tarefa com entusiasmo e escreveu o seguinte "memorando confidencial", tão grosseiro que deve ter chocado e divertido o que naquele tempo era um sofisticado Departamento de Estado sob a liderança de George C. Marshall:

> Os mussalmans no Paquistão são contrários ao comunismo. Os hindus têm uma embaixadora em Moscou, senhora Pandit, que é irmã do primeiro-ministro hindu em Délhi, senhor Nehru, e os russos têm um embaixador em Délhi, capital hindu. Nós, os muçulmanos do Paquis-

tão, não temos embaixador em Moscou nem eles têm embaixador em Karachi — nossa capital (...) por isso o povo do Paquistão irá lutar até o último homem contra o comunismo, para manter sua liberdade e preservar sua forma de vida.

Não houve resposta. Um desesperado Noon apelou ao governo turco por equipamentos militares, mas eles recusaram e imediatamente informaram Washington sobre sua decisão. A razão para tal indiferença não era um mistério. Os Estados Unidos, Grã-Bretanha e União Soviética concordaram que o país mais importante da região era a Índia. Em 1948, o Paquistão tentou resolver o problema da Caxemira com a Índia usando a força. A Caxemira era uma província de maioria muçulmana da Índia, mas seu marajá hindu assinou os papéis da acessão e uniu-se à federação indiana sem consultar seu povo. Isso provocou uma reação violenta de fúria, e para manter os nacionalistas locais ao seu lado, o primeiro-ministro indiano Jawaharlal Nehru prometeu um referendo que permitiria aos habitantes da Caxemira determinar seu próprio futuro. Promessa nunca cumprida. Existe muita literatura sobre o assunto, eu mesmo escrevi sobre isso detalhadamente.[55] Aqui é necessário apenas recordar que os irregulares enviados pelo Paquistão para tomar a Caxemira eram os mesmos "tribais terroristas" que hoje ocupam as manchetes de jornais. Eram muito menos disciplinados naquela época, liderados pelos oficiais do exército paquistanês, mas normalmente fora de controle. Seu selvagem egoísmo tribal — assaltando e violando freiras no caminho — levou ao desastre militar, impedindo o assalto a Srinagar. Tropas indianas cercavam o aeroporto dessa capital, permitindo que mais tropas aterrissassem, e a guerra logo foi concluída. Os generais britânicos que lideravam os dois exércitos chegaram ao limite e se recusaram a tolerar um aumento do conflito. Uma Linha de Controle foi estabelecida

---

[55]*Confronto de fundamentalismos* (Rio de Janeiro, Record: 2002), capítulo 18, "A história da Caxemira".

NA ROTA DE VOO DO PODER AMERICANO 251

e a Caxemira foi dividida de forma injusta. A Índia obteve o que o primeiro-ministro descreveu como o "seio nevado" dessa linda região, deixando ao Paquistão o que só poderia ser visto como sua parte mais ossuda. Desde então, tal disputa levou a uma tensão quase permanente entre os dois países. Mesmo no auge da Guerra Fria, época em que, como será dito mais adiante, o Paquistão se aproximou ainda mais dos aliados, os Estados Unidos mantiveram sua visão sobre a Caxemira, sinal claro que não estavam preparados para pôr em perigo seus interesses a longo prazo no sul da Ásia.

O Paquistão continuou tentando vender-se. Jinnah, profundamente hostil ao governo trabalhista britânico, disse ao embaixador norte-americano que não fosse "enganado pelo Reino Unido", que era pró-Índia, mas que entendesse que o Paquistão poderia ser um aliado crucial contra o expansionismo soviético. Jinnah, que deve ter lido muitos livros de Rudyard Kipling, insistiu que os agentes soviéticos estavam presentes em Kalat e Gilgit, buscando uma base no Baluchistão. Era fantasia pura. Mais do mesmo estava sendo ofertado pelo ministro do Exterior paquistanês, Zafarullah Khan, em Nova York. Sua linha era ligeiramente mais sofisticada. Aceitando que a Índia era o poder principal, ele implorou aos Estados Unidos que sustentassem o Paquistão, cujo povo era geneticamente anticomunista, pois seria a melhor maneira de proteger a Índia contra a União Soviética, que mandaria seus exércitos através do passo de Khyber. Essa tática tampouco funcionou, mas a persistência paquistanesa finalmente teria resultado.

Durante a Guerra da Coreia (1950-53), os Estados Unidos finalmente se voltaram ao Paquistão e lentamente começaram a incorporar seus militares e sua burocracia em seus novos arranjos de segurança para a região. Em 1953, o antigo embaixador paquistanês nos Estados Unidos Mohammad Ali Bogra era primeiro-ministro e, enquanto abria uma assembleia na fábrica da General Motors em Karachi, mais uma vez sugeriu que "laços de boa vontade e amizade podem ser criados de forma permanente".

252                           DUELO

Os Estados Unidos responderam enviando trigo como "ajuda". Na verdade, era parte de um esquema interno de apoio ao preço do trigo montado pelo governo norte-americano, que tentava reduzir um grande excesso de produção. Simultaneamente, John Foster Dulles, secretário de Estado, fez uma declaração caracterizando o Paquistão como "baluarte da liberdade na Ásia". O primeiro-ministro paquistanês respondeu de forma obsequiosa.

O maior jornal em língua inglesa do país, *Pakistan Times*, não ficou impressionado e fulminou a declaração no editorial de 27 de julho de 1953:

> Eles [os paquistaneses] terão alguma dificuldade para entender o sentido da afirmação do primeiro-ministro, na ocasião do primeiro envio de comida dos Estados Unidos, de que o Paquistão e a América falam "a mesma língua sobre os ideais de liberdade e democracia". Será também difícil para eles encontrar um fator comum entre seus ideais de liberdade e as expressões concretas da política externa americana, enquanto várias bases estratégicas circundam o globo, abrindo apoio aos Impérios Ocidentais em desestruturação e suas marionetes indígenas no Oriente, as alianças com tais elementos retrógrados como o Kuomintang e o bando Rhee, além da pressão de Wall Street em várias economias do Oriente Médio. Também terão de imaginar como reconciliar seus mais queridos sonhos de uma ordem política e social democrática com as realidades cruéis da vida americana, tal como a discriminação racial e o linchamento de negros, a perseguição aos intelectuais e a caça às bruxas.[56]

---

[56]Tais jornais eram parte da cadeia Progressive Papers Ltd, que incluía um semanário político-cultural em urdu, *Lail-o-Nahar* (Noite e Dia). Estabelecidos em Lahore com o apoio de Jinnah em 1946, tais jornais pertenciam e eram editados, na verdade, por intelectuais de esquerda, alguns deles simpatizantes ou mesmo membros do pequeno Partido Comunista Paquistanês. Entre eles estavam o poeta Faiz Ahmed Faiz, o crítico literário Sibte Hasan e Ahmed Nadeem Qasmi. Meu pai, Mazhar Ali Khan, foi editor do *Pakistan Times*. Eu recentemente encontrei uma carta do embaixador americano em seus arquivos desconvidando-o a um jantar por conta de um editorial "hostil" aos Estados Unidos. A cadeia, irritação permanente a todos os regimes, passou a ser controlada pela ditadura militar de Ayub Khan, em abril de 1959.

Ajudas e pactos militares chegaram juntos e logo seriam seguidos por ditaduras militares. Em setembro de 1954, o Paquistão declarou publicamente que se transformara em uma ferramenta ao unir-se à Organização do Tratado do Sudeste Asiático, junto com Tailândia e Filipinas. Os outros países do sudeste asiático eram Estados Unidos, Grã-Bretanha, França, Austrália e Nova Zelândia. Exatamente um ano mais tarde, em setembro de 1955, o Paquistão uniu-se a outra criação do Ocidente conhecida como Pacto de Bagdá, que incluía o Iraque do rei Faisal, o Irã, a Turquia e a Grã-Bretanha. Naturalmente, tudo isto aconteceu sem o benefício de qualquer eleição geral no Paquistão. O descontentamento público não poderia ser registrado de forma democrática. Um relatório do Senado dos Estados Unidos, "Technical Assistance: Final Report of Committee on Foreign Relations", publicado no dia 12 de março de 1957, confirmou o que muitos paquistaneses estavam começando a suspeitar: "De um ponto de vista político, a ajuda militar dos Estados Unidos aumentou a força dos serviços armados paquistaneses, *a única grande força de estabilização do país* [grifos meus], e encorajou o Paquistão a participar em arranjos coletivos de defesa."

EM JULHO DE 1959, o general Ayub, agora firmemente no controle, concordou com o acordo pelo estabelecimento de uma base militar superconfidencial dos Estados Unidos em Badaber, próximo a Peshawar. O objetivo era espionar a União Soviética. Em maio do ano seguinte, os russos capturaram um avião espião U-2 que levantara voo em Peshawar, aprisionando o piloto, Gary Powers. Quando os Estados Unidos negaram o uso de aviões espiões, os russos apresentaram o pobre piloto. O líder soviético, Nikita Khrushchev, conversando com o general Maxwell Taylor em um banquete em Moscou, teria subido na mesa e gritado com raiva, segundo alguns relatos: "Vocês americanos são como cães. Comem e cagam no mesmo lugar." Khrushev mais tarde participou de uma coletiva de imprensa na qual anunciou saber de onde o avião tinha vindo e que Peshawar era então um alvo soviético, marcado com um círculo vermelho. Lembro-me bem do pânico que tomou conta dos militares paquistaneses, para não mencionar os bravos cidadãos de Peshawar, dentre os quais alguns saíram correndo da cidade. Foi uma ameaça vazia, mas acendeu uma luz sobre o status dependente do Paquistão. Poucos anos antes, o então ministro do Exterior Zulfiqar Ali Bhutto perguntou à embaixada dos Estados Unidos se poderia visitar a base. Polidamente, disseram a ele que não seria possível, mas que os comandantes da base ficariam contentes de lhe oferecer café e bolos na cafeteria. Décadas mais tarde, um general escreveu sobre como o "Paquistão sentiu-se enganado porque os Estados Unidos os mantiveram no escuro sobre tais operações clandestinas de espionagem baseadas em território paquistanês", mas claro que isso não faz qualquer sentido. Ayub Khan sabia muito bem que a base USAF não era um campo de descanso e recreação para tropas a caminho do Oriente.

Na sequência do incidente com o U-2, os planejadores das políticas em Washington (sempre mais preocupados com a Índia) sugeriram a Ayub Khan que a melhor maneira de salvaguardar o subcontinente contra o comunismo era montando um sistema "associado de defesa". O general concordou e sugeriu o mesmo ao primeiro-ministro indiano, Jawaharlal Nehru, que cuidadosamente manteve a Índia não alinhada na Guerra Fria. A resposta de Nehru foi uma clara rejeição. "Defesa associada contra quem?", perguntou, friamente.

Ayub fez como lhe foi pedido, e sua recompensa foi uma visita oficial de Estado a Camelot, em 1961, onde recebeu tratamento de tapete vermelho, reservado a clientes especiais. Um iate presidencial o transportou a Mount Vernon, junto aos Kennedy. Mais tarde, em uma sessão conjunta no Congresso, dirigiu-se à audiência dizendo: "Os únicos que ficarão ao seu lado na Ásia é o povo do Paquistão — desde que estejam dispostos a apoiá-lo." Não foi uma afirmação completamente acurada, e o uso da palavra *povo* irritou muita gente no Paquistão. Tratava-se de um ditador que negara o direito de voto ao

NA ROTA DE VOO DO PODER AMERICANO     255

povo, portanto, não parecia autorizado a falar em nome desse povo. Sua fala gerou muita raiva e muitos poemas foram escritos.

No ano seguinte, a Índia sofreu uma forte derrota na misteriosa guerra da fronteira sino-indiana, iniciada pela China para conquistar território de pouca significância. A curta guerra foi na verdade uma tentativa de impedir o avanço da União Soviética via sua amiga Índia e a primeira indicação de sérios problemas entre a União Soviética e a China, ainda que poucos tenham interpretado dessa maneira na época. Para os Estados Unidos se tratava de um caso de "agressão comunista não provocada" por parte da China. Os Estados Unidos e a Grã-Bretanha começaram a prover armas de última geração às forças indianas. Ayub estava lívido, mas impotente. Somente após uma década do rompimento de Pequim com Moscou, Washington começou a pensar seriamente em cultivar amizade com a China. E nesse ponto o Paquistão provaria ser extremamente útil como intermediário, papel que seus líderes sempre gostaram de exercer.

Quando ficou óbvio, mesmo para Ayub Khan, que os Estados Unidos nunca apoiariam um conflito militar entre o Paquistão e a Índia, ele começou a ficar ligeiramente nervoso. A opinião pública se opusera ao pacto de segurança por um tempo. Após a guerra entre o Paquistão e a Índia, em 1965, os Estados Unidos interromperam sua ajuda militar ao Paquistão, o que abalou o regime militar-burocrático em seu núcleo. Zulfiqar Ali Bhutto, ministro do Exterior, foi demitido por exigir um novo rumo com base em relações bilaterais. Mais tarde explicaria sua posição:

> Todos os compromissos militares bilaterais e multilaterais do Paquistão se tornaram inúteis no momento em que os Estados Unidos interromperam unilateralmente a assistência militar ao Paquistão. Com a remoção da reciprocidade, os acordos se tornaram nulos *ipso facto*. Mesmo com tal posição incontesté, o governo de Ayub Khan, negligente de seu compromisso com o povo do Paquistão, recusou-se a renunciar aos acordos. Escolheu arriscar a segurança do Paquistão sem

256 DUELO

qualquer traço de proteção correspondente. Não podemos esquecer que o Paquistão assumiu as suas obrigações na Guerra Fria em troca de assistência militar e apoio político na Caxemira. A assistência militar terminou três anos atrás, e o apoio político antes. A posição dos Estados Unidos na Caxemira começou a mudar imperceptivelmente desde o primeiro conflito sino-indiano, em outubro de 1959. Isso ficou claro quando o Paquistão aceitou a disputa pelo Conselho de Segurança, em 1964. Os Estados Unidos impuseram um embargo na entrega de equipamento militar ao Paquistão quando o país lutava por sua sobrevivência contra um agressor cinco vezes maior que ele. Por três anos, foi completamente banida a venda de armas e outros equipamentos ao Paquistão. O governo de um país envolvido em três alianças militares teve de rodar em busca de armamentos, de centros de mercado negro a notórios mascates de armas. Por todo esse período difícil, Ayub Khan recusou-se a liberar o país dessas obsoletas alianças. Ao contrário, ele permitiu aos Estados Unidos a criação de uma base em Peshawar, que operaria até que expirasse a licença, em julho de 1969. Nem mesmo países que são pilares da Otan considerariam possível assumir tais onerosas obrigações militares unilaterais em nome dos Estados Unidos ou qualquer outro país.[57]

Como esse comprido extrato revela, mesmo em sua fase mais radical, quando estava fora do poder, o líder político mais inteligente e menos provinciano do Paquistão estava obcecado com a ideia da Índia como inimigo número um. Tal visão foi a pedra fundamental da política externa do país desde 1947. Afetou a forma como o país funcionava internamente e produziu uma cultura política deformada. Durante uma longa conversa com Bhutto, no verão de 1969, em sua residência Clifton, em Karachi, eu lhe perguntei sobre isso, sublinhando que brincar sobre o chauvinismo nacional não faria avançar qualquer causa progressista. O encontro aconteceu logo após a guerra de 1965 com a Índia, que ele apoiara fortemente. "De que outra forma

---

[57]Zulfiqar Ali Bhutto, *Pakistan and Alliances* (Lahore: 1972).

## NA ROTA DE VOO DO PODER AMERICANO      257

você acha que poderíamos nos livrar deste exército terrível que governa o país? A derrota nesta guerra os enfraqueceria. Foi por isso que tal grande movimento teve êxito."[58] Bhutto era capaz de formas extremas de cinismo, mas ele realmente acreditava nisso? Não sei. Entre amigos, era grande admirador de Jawaharlal Nehru, e tinha lido todos os seus livros, referindo-se a um deles em suas memórias escritas na prisão, antes de morrer. Talvez tivesse entendido, de certa forma, que Jinnah criara um Estado, mas não uma nação. O nacionalismo paquistanês era incrivelmente fraco, e as identidades bengali, pashtun, sindi e balúchi muito mais fortes. Bengala logo seria independente, mas os outros permaneceriam. A única forma de forjar uma identidade paquistanesa era identificando um inimigo. A Índia, ou os "hindus". Era grosseiro, mas altamente ineficaz fora do Punjab. E, mesmo nessa região, muitos estavam prontos para ouvir uma mensagem diferente do chauvinismo e dos slogans constantes dizendo que "a Caxemira está em perigo", repetidos por grande parte dos políticos para ganhar apoio barato. E foi assim que o "anti-indianismo" transformou-se em substituto para qualquer nacionalismo anticolonial genuíno, problema que a Índia nunca teve de confrontar. Mesmo com o grande número de etnias, linguagens e tradições culturais variadas, com um sentimento de sua própria literatura épica e lugar na região, nunca houve qualquer problema sério sobre as pessoas se considerarem indianas, com algumas poucas e temporárias exceções — os sikhs no Punjab, tribais na Nagalândia — resultantes da estupidez política da elite governante.

---

[58]Também presentes estavam Mustafa Khar e Mumtaz Bhutto, leais membros do PPP. Nossa conversa rapidamente mudou de curso quando o filho do general Yahya foi anunciado. Eu tinha acabado de escrever uma furiosa "Letter from Pakistan" para a revista satírica *Private Eye*, na qual denunciei filho e pai. Ao me ver, Yahya filho virou-se para Bhutto e perguntou: "Senhor, quem acha que escreveu aquelas mentiras sobre mim e sobre a minha família na *Private Eye*?" Bhutto respondeu com um piscar de olhos. "Pergunte a Tariq. Ele vive lá." Yahya filho olhou para mim. "Não tenho ideia", foi a minha resposta, "mas suspeito que foi o diretor da revista, Richard Ingrams, que conhece muito sobre este mundo." Nos divertimos muito depois que Yahya filho foi embora. Que tal conversa surreal tenha acontecido me surpreende ainda mais hoje do que me surpreendeu naquele momento.

258                           DUELO

Lendo os discursos feitos pela primeira leva de burocratas trans-
formados em políticos do Paquistão, somos assolados por um permanente "complexo de inferioridade" frente à Índia. Por isso, evitavam
mencionar que o Paquistão tinha uma história curta. Preferiam voltar aos guerreiros muçulmanos do primeiro período medieval e algumas vezes aos imperadores mogul, mesmo que estes nem sempre
fossem um bom exemplo para os jovens paquistaneses, pois a religião não importava muito a tais imperadores, e mesmo Aurungzeb
— o último dos grandes mogul — preservou um exército imperial
liderado por generais hindus e não fez qualquer tentativa de pôr a
mesquita no centro do poder estatal. Por isso a história paquistanesa
nunca foi escrita como uma história comum à da Índia até 1947,
mas como um cru relato separatista de muçulmanos indianos e seu
passado glorioso.

Enquanto os Estados Unidos se aproximavam da Índia após a
guerra da fronteira sino-indiana de 1959, o Paquistão fez um esforço
concentrado para estreitar seus laços com a China. A viagem de Ayub
Khan a Pequim, em 1964, antecipou a de Richard Nixon, feita uma
década mais tarde. As "boas-vindas maciças" organizadas pelos chineses subiram à cabeça de Ayub, e mesmo tendo passado um bom
tempo desde sua saída do poder por uma genuína insurreição de massas
no seu próprio país, em casa ele assistia aos filmes de seu triunfo chinês. Washington não ficou muito contente, mas o relacionamento
parecia útil, e os paquistaneses que trabalhavam para a CIA algumas
vezes foram usados para espionar a China, incluindo pelo menos um
piloto, conhecido por mim, que levava passageiros para a China pela
PIA-Pakistan International Airlines. A amizade era interessante para
os dois lados, e os burocratas paquistaneses e os ministros do governo foram muitas vezes interrogados em Washington. O poeta Habib
Jalib brincou em um longo poema satírico intitulado "Conselheiro",
no qual o herói diz ao presidente:

## NA ROTA DE VOO DO PODER AMERICANO 259

*Foi isto o que disse a ele:*
*"China é agora nosso mais querido amigo*
*Do qual depende nossa vida*
*Mas o sistema que lá prevalece*
*Não chega próximo disso,*
*Saúde a distância*
*Saúde a distância."*

Em pouco tempo, também o sistema chinês seria posto de pernas para o ar, transformando-se em um modelo para o capitalismo asiático e oferecendo um abraço muito desejado pelo Paquistão. Mas a Guerra Fria com a Índia permaneceu uma constante. A visão oficial de que a Índia, mais do que a crise estrutural inerente ao Paquistão desde sua fundação, levou à explosão em Bengala Oriental permanecia incorporada ao pensamento oficial enrijecendo a base para a formulação de políticas. Mas era impossível ignorar que em 1971 nem a China nem os Estados Unidos ajudaram a "salvar o Paquistão", como tinha sido previsto por alguns e esperado por outros. Deixaram que sangrasse. Qual seria a visão dominante na Índia?

Será que a liderança triunfalista da Índia estava planejando eliminar também o Paquistão Ocidental? Havia visões divergentes. A primeira era a de Indira Gandhi, primeira-ministra indiana naquela época, como revelado ao autor durante uma longa conversa confidencial em 1984, alguns meses antes de seu assassinato.

Após uma entrevista formal para um livro sobre a Índia no qual eu estava trabalhando naquela época,[59] a senhora Gandhi se virou para mim e disse: "Agora é a minha vez de perguntar algumas coisas. Eu li o seu novo livro [*Can Pakistan Survive?*]. Você conhece esses generais e sabe como eles pensam e agem. Meu pessoal aqui me disse que o Paquistão está preparando um ataque surpresa sobre nós na Caxemira. O que você pensa sobre isso?" Fiquei mudo. A primeira coisa que passou

---

[59]O livro era *The Nehrus and the Gandhis: An Indian Dynasty*, cuja última edição foi publicada em 2005.

pela minha cabeça foi que um ataque preventivo estava sendo considerado por parte da Índia. Fui brusco em minha resposta, argumentando que com o Paquistão altamente envolvido com os mujahideen em nome dos Estados Unidos era inconcebível que quisesse abrir outro *front* de guerra. Seria tão irracional que, mesmo se alguns cabeças-duras no alto-comando considerassem isso, seria imediatamente vetado por Washington. Ela insistiu em seu questionamento, e eu, por minha vez, recusei a aceitar que tal plano existisse ou fosse possível. Usei a palavra *irracional* com tanta veemência que ela olhou para mim.

"Fico impressionada que alguém como você pense que os generais são seres humanos irracionais."

Eu caí na risada. Havia certa ironia. Eu, com um terror quase hidrofóbico dos ditadores militares, fora posto na posição de "defender" o exército do Paquistão.

"Mas isto seria tão irracional que seria insano", respondi. "Significaria um Estado e seus generais decidindo cometer suicídio. Eles não fariam isso, e o digo como uma pessoa que se opõe a eles veementemente e que ainda é considerada *persona non grata* por conta de minhas opiniões sobre o que fizeram em Bengala."

E a discussão tomou um rumo incrível.

"Vou lhe dizer uma coisa", ela falou. "E isso é sobre os *nossos* generais. Após a capitulação do Paquistão, o general Manekshaw veio até este escritório e me saudou."

A senhora Gandhi, assim como Zulfiqar Bhutto, fazia boas imitações, e foi muito divertida. O que descreveu me surpreendeu bastante. Após a saudação, Manekshaw perguntou a ela se o alto-comando militar tinha permissão para "terminar o serviço". Isso significava cruzar a fronteira e tomar o Paquistão Ocidental. Dado o estado desmoralizante do exército paquistanês, a vitória seria fácil caso os Estados Unidos ou China não entrassem no conflito.

"Como estamos na Índia", prosseguiu Indira Gandhi, "agradeci ao general e disse que o gabinete consideraria sua sugestão."

Depois convocou uma reunião urgente de gabinete.

NA ROTA DE VOO DO PODER AMERICANO        261

"Quando informei sobre o pedido militar, os ministros inicialmente ficaram muito animados, e muitos pareciam preparados para seguir adiante. Quando a reunião começou, eu estava sozinha. Quando terminou, tinha um voto unânime para um imediato cessar-fogo. Estou contando isso para que veja que, na Índia, os generais também podem ser muito irracionais. No Paquistão, governam o país."

Eu repeti o que tinha dito antes, e a discussão sobre o assunto terminou. Depois ela me contou que os israelenses tinham proposto um ataque à instalação nuclear do Paquistão, caso pudessem usar uma base área indiana.

"Eu recusei tal oferta. Disse a eles que poderíamos cuidar desse problema sozinhos, se quiséssemos."

Nossa conversa terminou com ela falando algo sobre Bhutto e sua visita a Simla para firmar o tratado de paz após a guerra em Bangladesh, e sobre como ela estava nervosa. Ela perguntou sobre os filhos dele e pediu que transmitisse os seus pêsames a Benazir.

"Você sabe, eu também estava na prisão quando enforcaram Bhutto. Isso me deixou muito transtornada. Se fosse primeira-ministra, não deixaria que isso acontecesse", e a senhora Gandhi parecia falar sério sobre esse assunto.

No dia seguinte, fui convidado para uma conversa "em off" no India International Centre, onde também se encontravam umas vinte ou mais pessoas, a maior parte delas servidores civis, oficiais de inteligência, jornalistas representando os lobbies da União Soviética e dos Estados Unidos etc.

"Nos disseram que você teve uma conversa muito interessante com a nossa primeira-ministra ontem", disse o presidente da mesa. "É sobre isso que gostaríamos de conversar."

Por duas horas, tentaram me convencer de que eu estava errado e que o Paquistão estava preparando um ataque na Caxemira. Mantive a paciência, explicando por um bom tempo por que isso seria impossível, graças ao envolvimento afegão e à extrema impopularidade do general Zia no Sind, no Baluchistão, em partes da Fronteira e do

Punjab. Zia não poderia lidar com as consequências de se envolver numa guerra louca que com certeza perderia. Por isso estava desesperado por algum tipo de reconciliação e não parava de visitar a Índia, mesmo sem convite, sob o pretexto de assistir a jogos de críquete. Grande parte dos espiões presentes não estava convencida, e finalmente eu disse a eles que, se a Índia estivesse buscando uma guerra preventiva contra o Paquistão, eu não os deteria, mas deveriam pensar em uma desculpa melhor, pois ninguém no mundo acreditaria que a Índia poderia ter sido atacada primeiro.

Essa história tem uma nota de rodapé divertida. De volta a Londres, vários meses mais tarde, eu descrevi tal conversa a Benazir Bhutto. Ela ouviu cuidadosamente, depois perguntou: "Mas por que disse a eles que nossos generais não estavam preparando um ataque?" Naquele momento, ela me fez lembrar seu pai. Benazir também pensava que a melhor forma de destruir a aliança dos militares com a política era ajudando-os a perder guerras.

Lembrei mais vividamente de minhas conversas em Délhi quando Indira Gandhi foi assassinada por seus dois guarda-costas sikh, em outubro de 1984. Mais tarde soube que um deles estivera em campos de treinamento no Paquistão. Ainda que nenhum ataque direto estivesse sendo preparado, a sede de vingança entre seções militares nunca evaporou. Os problemas internos da senhora Gandhi com a comunidade sikh eram fabricações suas, e o Paquistão tirou vantagem de tal descontentamento treinando terroristas sikh. Caso tivesse sido considerada seriamente a hipótese de uma "guerra preventiva" iniciada pelo Paquistão, a CIA e a DIA poderiam ter obtido informações de seus agentes de dentro do governo indiano? Isso certamente poderia desestabilizar toda a operação afegã, para não mencionar a ditadura militar no Paquistão. Uma decisão secreta de alto escalão deve ter levado Washington na direção de livrar-se da primeira-ministra indiana usando homens sikh treinados no Paquistão. Essa certamente era a visão dos altos funcionários de Nova Délhi, que me contaram que o relatório interno enviado ao novo primeiro-ministro ligava o Paquistão

NA ROTA DE VOO DO PODER AMERICANO

aos assassinos, relatório que não foi aberto ao público por medo de criar um novo movimento de guerra.

Outras evidências do mesmo calibre me foram oferecidas em uma viagem ao Paquistão, em 2006. No voo de volta a Londres encontrei um velho conhecido. Eu o vi ainda no saguão de saída do aeroporto, cercado por policiais à paisana, enquanto esperava para subir no voo da PIA. Ele tomou um assento não muito distante do meu, na classe executiva, que estava praticamente vazia. Eu estava mergulhado em um livro de ficção quando ele se aproximou e parou ao lado de meu assento. Trocamos *salaams*.

— Você me reconhece? — ele perguntou.

— Desculpe-me — respondi. — Eu...

— Nunca o desculpei quando era mais jovem. Por que deveria perdoar agora? Olhe mais perto e tente outra vez.

Fiz o que ele pediu. Lentamente, formou-se em minha mente a figura de um adolescente que, décadas atrás, costumava sair com meu grupo de amigos durante os deliciosos meses de verão que passávamos no sopé do Himalaia, em Nathiagali. Primeiro me lembrei de sua mãe, que cozinhava a melhor *halwa* de semolina do país, e isso me ajudou a lembrar-me de seu nome. Ele rugiu, deliciado.

— O que você faz agora? — eu lhe perguntei.

— Você vai querer me matar.

— Experimente.

— Fui oficial de segurança de Bhutto e, mais tarde, de Zia.

— Trabalhou para os dois.

— É o meu trabalho.

Suspirei, em desespero.

— E depois?

Era então um oficial de segurança ainda mais graduado, a caminho de uma conferência europeia para discutir melhores formas de combater o terrorismo.

— OBL ainda está vivo?

Ele não respondeu.

— Quando você não responder, vou supor que a resposta seja sim.

Perguntei outra vez. Ele não respondeu.

— Sabe onde ele está?

E ele caiu na gargalhada.

— Não sei, e, mesmo que soubesse, você acha realmente que te contaria?

— Não, mas eu perguntaria da mesma forma. Alguém sabe onde ele está?

Ele deu de ombros.

Eu insisti.

— Nada no nosso maravilhoso país é exatamente um segredo. Alguém deve saber.

— Três pessoas sabem. Talvez quatro. E você pode imaginar quem são.

Eu podia.

— E Washington?

— Não o querem vivo?

— E seus homens não o podem matar.

— Ouça, amigo, por que mataríamos a galinha dos ovos de ouro?

O oficial parecia estar dizendo que, enquanto Osama estivesse vivo, o fluxo de dólares não cessaria. Tinha uma lógica, mas seria verdade? Mudei de assunto. Por que o assassinato do general Zia nunca foi apropriadamente investigado? Ele deu de ombros, dizendo que Washington não estava interessado em cavar mais fundo. Ele mesmo acreditava que a responsabilidade seria dos russos. Não era uma opinião incomum entre seções da inteligência paquistanesas. Para a maior parte delas, a explicação tem a ver com o Afeganistão: vingança por parte de Moscou. O que eu julgo ser pura fantasia. Mas o que o meu informante sugeriu era mais original e picante. De acordo com ele, os russos deviam um favor aos indianos (não explicou por quê), e o primeiro-ministro indiano Rajiv Gandhi (filho de Indira) pediu a cabeça de Zia.

— Por quê? — perguntei no tom mais inocente que pude.

NA ROTA DE VOO DO PODER AMERICANO    265

— Em troco pela morte de sua mãe.

Foi a única informação semioficial que pude receber do lado paquistanês sobre a morte de Indira Gandhi.

Tudo isso é passado. A obsessão atual é com o status nuclear dos dois países, que poderia, como é temido, levar à destruição grandes áreas do subcontinente. A tributação de uma "ameaça jihadista" às instalações nucleares paquistanesas é particularmente virulenta, e não apenas na blogosfera. Pessoas inteligentes insistem em declarações que chegam à beira da histeria. Os três exemplos seguintes são representativos dessa reação exagerada, e vários outros são ainda menos refreados. Matthew Bunn, do Managing the Atom Project, de Harvard, disse:

> Se é possível que mais de quarenta terroristas fortemente armados surjam no meio de Moscou e se apossem de um teatro; quantos poderiam aparecer nas instalações de armazenamento de armas nucleares em alguma área remota do Paquistão? Sabemos que nesse país ainda estão operando substanciais remanescentes da Al Qaeda armadas. Homens capazes de controlar grandes fatias do exército regular paquistanês nas províncias da fronteira por semanas. Se uma grande força da Al Qaeda chegar a um desses locais de armazenamento de armas nucleares, o que os guardas poderão fazer? Lutarão, colaborarão? Essa questão me deixa desnorteado porque não tem resposta.

Art Brown, antigo diretor de operações da CIA na Ásia, enxerga Musharraf como um ativo vital, sem o qual poderia haver sérios problemas:

> Acho que se Musharraf for removido de seu gabinete, especialmente se for assassinado e houver um lapso de poder, o controle sobre o programa nuclear paquistanês seria obviamente uma preocupação. Deveríamos nos preocupar com qualquer governo que detenha esse tipo de programa e perca seu líder em um golpe sangrento. Os próprios laboratórios são uma preocupação menor porque levaria um

tempo até que pudessem fazer algo com esse tipo de material, retirá-lo do país e vendê-lo. Devemos ser capazes de interceptar isso em algum momento, mas as armas nucleares que já estão entre o arsenal do Paquistão poderiam sair pela porta de alguém e aparecer na caixa de correio do oponente do dia para a noite.

Robert Joseph, da seção de Controle de Armas do Departamento de Estado norte-americano, está igualmente preocupado:

O que mais me preocupa é que um terrorista só precisa ter êxito uma vez em sua operação no sentido de adquirir o material nuclear e detoná-lo em uma cidade americana ou em qualquer cidade do mundo. Então, o que precisamos fazer é ter uma abordagem abrangente para lidar com essa ameaça. Estamos enfatizando dois elementos-chave. Um, claro, é a prevenção. Devemos negar aos terroristas o acesso ao material físsil ou a qualquer outra arma de destruição em massa de materiais relacionados. Também devemos colocar em prática, e estamos trabalhando duro por isso, as capacidades de proteção e a habilidade de detectar a transferência deste tipo de material, por exemplo. Bem como interditar tal material.

Some a isso a visão do historiador nuclear Scott Sagan em seu livro e emerge uma nova dimensão:

O Paquistão é claramente a maior preocupação a curto prazo. As armas paquistanesas não têm os dispositivos avançados de segurança Permissive Actions Link (PAL) que dificultam a um terrorista ou outro indivíduo não autorizado usar uma arma nuclear roubada. Em junho de 2001, oficiais paquistaneses também souberam que não existem equipes nacionais especializadas e treinadas para confiscar ou desarmar uma arma nuclear, caso ela seja roubada. Nenhum Personnel Reliability Program (PRP) está disponível para garantir a estabilidade psicológica e confiabilidade dos funcionários e guardas das forças nucleares do Paquistão. Ao contrário, os soldados e cien-

NA ROTA DE VOO DO PODER AMERICANO          267

tistas paquistaneses com responsabilidades nucleares foram examinados e aprovados pela ISI para assumir tarefas desde que não houvesse suspeita de serem agentes indianos.

Isso explica parcialmente o apoio norte-americano à liderança militar paquistanesa à custa da democracia e das instituições democráticas. Se analisarmos cada argumento, o que é dito é risível, e poderia ser aplicado igualmente à Índia e a Israel. O que aconteceria se quarenta homens fortemente armados de grupos de ultradireita judeus tentassem se apoderar de armas de destruição em massa de Israel? Ou um pequeno grupo de duros fundamentalistas hindu tentasse fazer o mesmo na Índia? Assim como no Paquistão, seriam presos e o problema resolvido. Nenhum desses países tem uma força de segurança conhecida por sua brandura frente a dissidentes de qualquer variedade. Quanto aos "substanciais remanescentes armados" da Al Qaeda, citados por Matthew Bunn, relatórios de inteligência mais confiáveis dizem que seu número não passa de quinhentos. O exército do Paquistão tem hoje uma força de quase meio milhão.

E se Musharraf renunciar ou for deposto da presidência, seu alto-comando militar não seria afetado em nada. Continuaria a controlar a segurança das instalações nucleares. Quanto à aquisição de material nuclear por "um terrorista", isso seria muito mais provável na Rússia governada por Yeltsin do que no Paquistão atual. Afinal de contas, grande parte do material físsil comprado pelo Paquistão veio da Europa do Leste. Os pontos de Sagan são bem mais relevantes, mas como escreveu seu livro em 2003, todas as medidas cuja falta ele notou, de acordo com os especialistas em segurança militar do Paquistão, já foram tomadas, e os Estados Unidos sabem disso. A brecha que existia no que diz respeito à venda de tecnologia nuclear a Estados amigos foi desde então lacrada.

Como sugeri em outra parte deste livro, a única forma de grupos jihadistas penetrarem em instalações nucleares seria se o exército desejasse tal ação. O que seguirá sendo praticamente impossível enquan-

## 268 DUELO

to o exército não sofrer uma ruptura, ainda que tal possibilidade seja factível caso os Estados Unidos insistam em expandir a guerra do Afeganistão ocupando partes do Paquistão ou bombardeando sistematicamente vilarejos pashtuns suspeitos de oferecer abrigo a "terroristas". A pressão contínua dos Estados Unidos sobre a postura do Paquistão frente a Israel também está ligada ao status nuclear do país. Oficiais paquistaneses foram instruídos a reconhecer Israel, e caso fizessem isso, parte da pressão sobre o assunto nuclear se dissiparia.

No início de março de 2008, Shireen Mazari, diretora-geral do Instituto de Estudos Estratégicos, com sede em Islamabad, revelou que Washington enviou ao Paquistão uma lista de 11 pedidos. Entre eles oferecer aos militares americanos e *staff* auxiliar o direito de entrar e deixar o país sem restrições de visto; portar armas; e vestir uniformes em todo o território paquistanês. Apenas a jurisdição americana incidiria sobre cidadãos americanos, como no Japão. Também seriam livres para importar e exportar qualquer coisa, como acontece no Iraque. Além disso, queriam a livre movimentação de todos os veículos e equipamentos aéreos e imunidade total frente a todas as demandas de danos a propriedades e pessoal. Os pedidos foram rejeitados. Mazari concluiu seu relatório com o seguinte conselho:

> Então, para quem acha que existe *bonhomie* e completo entendimento entre os militares paquistaneses e os americanos, e que só existe problema em nível político, é hora de uma importante reavaliação. O primeiro passo para lidar racionalmente com nosso terrível problema terrorista de forma holística e crível é criando um espaço entre nós e os Estados Unidos. Como diz o ditado americano: "Não há almoço grátis."*

Dois meses mais tarde, a doutora Mazari foi destituída sem cerimônia de seu trabalho pelo Ministério de Relações Exteriores e teve

---

*Shireen M. Mazari, "US Yearns for Pak Capitulation", *News* (Islamabad), 8 de março de 2008.

NA ROTA DE VOO DO PODER AMERICANO          269

15 minutos para esvaziar seu gabinete. Ficou ainda mais colérica com um telefonema de Husain Haqqani, embaixador designado em Washington, que chegou com um buquê de flores para sua despedida e desculpando-se pela maneira como fora destituída. Mazari foi dura em sua resposta: "Sei que minhas visões independentes chatearam o lobby americano no Paquistão, que domina o PPP. Por isso fui destituída."

Se isso foi o prelúdio de algo maior, como, por exemplo, uma ocupação parcial da província da Fronteira Noroeste, poderia levar a uma crise severa no exército, já sob tensão com as instruções do Centcom sobre a fronteira paquistanesa-afegã. A poeira da explosão poderia ter consequências impensáveis.

QUANTO ÀS ARMAS NUCLEARES, as normas contraditórias do Ocidente não são úteis e são vistas com desdém em várias partes do mundo. Ainda assim, é fato que nem a Índia nem o Paquistão obtêm benefícios desse armamento, que se transformaram em uma nova forma de propriedade sagrada. Os números falam por si mesmos. Seguindo os testes nucleares de 1998, o governo indiano anunciou uma alocação de 9,9 bilhões de dólares para gastos com defesa em 1999, um aumento de 14% em relação ao ano anterior. O Paquistão, por sua vez, subiu seu aporte 8,5%, para 3,3 bilhões de dólares. O sul da Ásia é hoje uma das regiões do mundo mais pesadamente militarizadas. Os exércitos indiano e paquistanês estão entre as dez maiores máquinas de guerra do mundo. A taxa de soldados e médicos é de seis para um. O custo social de tais armas é horrendo.

Seria muito vantajoso para os dois países se os bilhões gastos em armas nucleares fossem usados para construir escolas, universidades e hospitais, e para prover água limpa aos vilarejos. Mas a razão é a primeira vítima quando os dois países lutam. Durante as escaramuças militares nos desertos nevados de Kargil, ameaças nucleares foram trocadas pelos dois Estados em 13 diferentes ocasiões, no espaço de três meses. O que foi seguido de novos ataques terroristas na Índia. O Paquistão negou qualquer responsabilidade, mas Nova Délhi não ficou convencida.

No dia 13 de dezembro de 2001, cinco terroristas suicidas armados com rifles automáticos, granadas e explosivos mataram nove pessoas e feriram outras duas dúzias antes de matarem a si mesmos em uma batalha de 45 minutos com as forças de segurança do lado de fora do prédio do Parlamento indiano. Por sorte, o Parlamento não estava em sessão naquele dia. Caso políticos indianos tivessem sido mortos no ataque, outra guerra entre os dois países poderia ser dada como praticamente certa.

O ministro do Interior indiano, L. K. Advani, líder do partido hindu chauvinista Bharatiya Janata (BJP), então no poder, apontou como responsáveis dois conhecidos grupos de terroristas islamitas — Jaishe-Mohammed e Lashkar-e-Taiba — criados e apoiados pelo Serviço de Interinteligência do Paquistão. Ele descreveu o acontecido como "o mais alarmante ato de terrorismo na história de duas décadas de terrorismo apoiado pelo Paquistão na Índia (...) Os terroristas e seus mentores (...) [queriam] limpar na sua totalidade a liderança política da Índia". Esse era claramente um convite a uma resposta militar, e levou a um intenso e duro debate por parte da elite indiana sobre se o país deveria levar adiante um ataque cirúrgico em campos de treinamento na área da Caxemira governada pelo Paquistão. No final, e agradecemos por isso, decidiram não fazer nada disso.

Os grupos que atacaram o Parlamento indiano não tinham apenas a Índia como alvo. Seu objetivo era claramente provocar um conflito entre os dois países. Eles desprezavam Musharraf por ter traído a causa e se unido a Washington após o 11 de Setembro. Seu ódio frente à Índia "hindu" não era nada novo e fora acentuado pelo fato de o BJP estar governando aquele país. A tragédia é que chegaram muito perto de incitar uma guerra. Estrategistas indianos argumentaram que, se os Estados Unidos podiam bombardear um país e trocar o seu governo enquanto buscavam os terroristas que ordenaram o ataque ao Pentágono, por que a Índia não poderia fazer o mesmo? A lógica era impecável, mas o resultado poderia ter sido uma catástrofe de proporções imensas. Os governantes do Paquistão responderam com uma ameaça nuclear: caso a soberania de seu país fosse ameaçada, não hesitariam em usar armas nucleares. Uma nuvem negra tomou conta da atmosfera.

Washington tentou tranquilizar a Índia. Ao mesmo tempo, pressionou Islamabad para voltar atrás. No dia 12 de janeiro de 2002, Musharraf fez um discurso que se transformou em referência. Ofereceu à Índia um pacto de paz, com a desnuclearização do sul da Ásia, o fechamento dos campos de treinamento jihadista no Paquistão e uma total transformação das relações indo-paquistanesas. Enquanto as manchetes dos jornais fundamentalistas o atacavam, o país permaneceu calmo. Nenhum pássaro abriu o bico, nenhum cão ladrou. Isso deixou claro que os paquistaneses comuns estavam obcecados com a "bomba islâmica". A capacidade nuclear paquistanesa foi muitas vezes usada por grupos jihadistas como garantia de serem intocáveis. Mas já não era assim. Uma resposta positiva da Índia era vital e poderia ter alterado todo o cenário político para o benefício dos dois países. Mas a Índia se recusou a ceder. Seus porta-vozes continuaram a murmurar banalidades, e recusaram a oferta de um pacto de não agressão.

Rejeitando a oferta de desnuclearização do Paquistão, o governo indiano expôs o vazio de seu professado comprometimento com o desarmamento nuclear. A insensatez foi agravada com o teste de fogo de um novo míssil Agni na manhã das celebrações do Dia da República, 26 de janeiro de 2002. Além de ter sido um gesto irresponsável e provocativo, o teste foi a reafirmação da decisão de Nova Délhi de seguir com seus armamentos nucleares.

Os defensores de uma curta e dura guerra contra o Paquistão estavam em grande parte confinados às classes médias urbanas da Índia. Os pobres, em sua maioria, eram contrários ao conflito. Eles sabiam o quanto isso seria perigoso na Índia, com seus 200 milhões de muçulmanos. Eles sabem que a guerra tem seu custo, e que teriam de suportar o peso do sofrimento. Trezentos milhões de indianos ainda vivem abaixo da linha de pobreza.

Mesmo entre a classe média o desejo de uma guerra desapareceria ao ter de encarar o recrutamento para lutar. Ao contrário dos seguidores de Bin Laden, estes são fundamentalistas de poltrona.

Enquanto isso, os exércitos paquistanês e indiano estavam em alerta total e confrontaram-se em uma fronteira minada. As minas eram especialmente concentradas em terras cultivadas próximas à fronteira internacional e da Linha de Controle da Caxemira. Os habitantes dos vilarejos locais sofreriam as consequências por anos a fio. E haveria várias baixas civis.

Nova Délhi se vê como um potencial poder mundial. Anseia por um assento no Conselho de Segurança das Nações Unidas. Ela diz que se países europeus pequenos como Grã-Bretanha e França podem ter armas nucleares, por que não a Índia? A resposta mais simples seria estender o desarmamento nuclear para a Europa, para iniciar o processo. O Ocidente não parece propenso a aceitar. O orçamento militar dos Estados Unidos permanece inflado, somando a metade dos gastos mundiais com armamentos. O velho inimigo já não existe, mas os cenários da Guerra Fria permanecem vivos. Os planos militares americanos continuam apontados para Rússia e China. A última onda expansionista da Otan, que precedeu e se seguiu à guerra na Iugoslávia, aumentou a oposição russa ao desarmamento nuclear. Quando a Otan patrulha o mar Negro, qual o preço da "Partnership for Peace"?

Eis o x da questão. A menos que o Ocidente inicie o desarmamento nuclear, ele não terá moral ou base material para pedir a outros que façam o mesmo. Apenas uma lógica torta aceitaria que Londres e Paris podem ter a bomba, mas não Nova Délhi e Islamabad. A Índia e o Paquistão sabem muito bem que a chuva nuclear e a radiação não respeitam fronteiras. É improvável que sejam os primeiros a usar tais armas, mas isso não é segurança suficiente para os cidadãos de seus países.

Enquanto a principal preocupação do Paquistão continua sendo a Índia, seus parceiros em Washington tentam com todas as forças mudar o foco de Islamabad para a fronteira ocidental. Isso foi brevemente discutido em um capítulo anterior, mas o impacto do Afeganistão ocupado pelos Estados Unidos sobre o Paquistão é tal que se faz necessário um mapeamento mais detalhado da nova turbulência que agita a região.

# 9
# OPERAÇÃO LIBERDADE DURADOURA
## Miragem de uma guerra "boa"

A ERA BUSH-CHENEY ESTÁ CHEGANDO AO FIM, MAS SEUS SUBSTITUTOS, mesmo após a *débâcle* no Iraque, não parecem dispostos a pôr o gigante americano para dormir. O *leitmotiv* da política externa de Cheney era "ou você está conosco ou a favor do terrorismo e contra nós". A aplicação disso significa isolamento, intimidação ou invasão de Estados que não aceitarem estar sob a proteção americana.

Em 2004, quando o caos no Iraque aumentou, a guerra no Afeganistão transformou-se na "boa guerra" em comparação àquela. Fora legitimada pela União Europeia — mesmo que a resolução não tenha sido aprovada antes de as bombas começarem a cair — e apoiada pela Otan. Se diferenças táticas se aguçaram no Iraque, elas poderiam ser resolvidas no Afeganistão. Primeiro Zapatero, na Espanha, depois Prodi, na Itália, e mais recentemente Rudd, na Austrália, compensaram retirando tropas do Iraque e despachando-as para Cabul.[60] França

---

[60]Visitando Madri, após o triunfo eleitoral de Zapatero, em março de 2008, fui informado por um alto funcionário do governo que uma retirada total do Afeganistão havia sido considerada poucos meses antes das eleições, mas que tal movimento fora contornado por uma promessa americana à Espanha de que seu chefe militar estava sendo considerado para comandar as forças da Otan, e que a retirada de Cabul interromperia a possibilidade. A Espanha recuou, para mais tarde perceber que fora enganada.

276 DUELO

e Alemanha podiam exaltar sua manutenção da paz e papéis civilizatórios por lá. Para os países escandinavos, tornou-se uma guerra agradável.

Entretanto, o número de civis afegãos mortos excedia quase cem vezes os 2.746 que morreram em Manhattan. O desemprego roçava os 60%, e os níveis de mortalidade materna, infantil e no nascimento são agora os mais altos do mundo. A produção de ópio elevou-se, e o "Neotalibã" cresce e fica mais forte a cada ano. Um comunicado da CIA, do final de 2006, pintou uma figura sombria de Karzai e seu regime como corrupto sem salvação e incapaz de defender o Afeganistão contra o Talibã.[61] Mais e mais comentaristas ocidentais evocaram o espectro do fracasso — normalmente para estimular *encore un effort*. Mas todos os que apoiaram a loucura devem dividir o azar.

Dois argumentos principais são apresentados, muitas vezes sobrepostos, quando se pretende explicar "o que deu errado" no Afeganistão. Para intervencionistas liberais, a resposta pode ser resumida em quatro palavras: "não foi o bastante."[62] A invasão organizada por Bush, Cheney e Rumsfeld foi feita "de maneira econômica". Os "vestígios sutis" pedidos pelo Pentágono significam que muito poucas tropas estavam no terreno entre 2001-2. O comprometimento financeiro com a "construção da nação" era insuficiente. Ainda que possa ser muito tarde, resposta é enviar mais tropas, mais dinheiro — "múltiplos bilhões" por "muitos anos", de acordo com o embaixador americano em Cabul.[63] A segunda resposta sobre o que dera errado — antecipada por Karzai, pela Casa Branca, mas também pela mídia ocidental em geral — pode ser resumida em uma palavra: Paquistão. Nenhum desses argumentos se sustenta.

---

[61]"CIA Review Highlights Afghan Leader's Woes", *New York Times*, 5 de novembro de 2006.
[62]Veja "The Good War, Still to Be Won", *New York Times*, 20 de agosto de 2007; "Gates, Truth and Afghanistan", *New York Times*, 12 de fevereiro de 2008; Francis Fukuyama, ed., *Nation-Building: Beyond Afghanistan and Iraq* (Baltimore, 2006); e vários relatórios de International Crisis Group.
[63]*New York Times*, 5 de novembro de 2006.

## OPERAÇÃO LIBERDADE DURADOURA

Enquanto os casos de homens-bomba suicidas aumentavam em Bagdá, o Afeganistão se transformou — para os democratas americanos loucos para provar suas credenciais de "segurança" — o "verdadeiro front" da guerra contra o terror, apoiado por todos os candidatos nas prévias das eleições de 2008, com o senador Barack Obama pressionando a Casa Branca para violar a soberania do Paquistão sempre que necessário. No dia 15 de março de 2007, por exemplo, Obama disse à NBC: "Se você observar o que está acontecendo no Afeganistão hoje verá o Talibã ressurgindo, verá a Al Qaeda se reforçando. Não demos prosseguimento ao que havia começado bem no Afeganistão, em parte porque retiramos muitas forças e as colocamos no Iraque. Acho que é muito importante para nós começar uma transferência planejada do Iraque, incluindo manter o Afeganistão no alvo." Poucos meses mais tarde, no dia 1º de agosto, com a bandeira dos Estados Unidos provendo um pano de fundo apropriado, ele se dirigiu ao Woodrow Wilson Center, em Washington, e deixou claro que se fosse necessário autorizaria as tropas americanas a entrarem no Paquistão em missões de busca e destruição: "Quero deixar isso claro. Existem terroristas escondidos nas montanhas que assassinaram 3 mil americanos. Estão tramando para atacar outra vez. Foi um erro terrível falhar ao agir quando tivemos a chance de tomar uma reunião de líderes da Al Qaeda, em 2005. Se tivermos informações sobre alvos terroristas importantes e o presidente Musharraf não agir, nós o faremos."

Sua forte rival, a senadora Hillary Clinton, não o deixaria seguir em frente tão facilmente. Um de seus mais fiéis simpatizantes, o senador Chris Dodd, de Connecticut, criticou Obama no mesmo dia (como a Casa Branca) e disse: "É perigoso e irresponsável deixar nem que seja uma impressão de que os Estados Unidos iriam, sem necessidade e publicamente, provocar um poder nuclear." Uma semana mais tarde, durante um debate presidencial democrático, Hillary Clinton pegou seu rival pelo calcanhar ao tocar no tema da possibilidade de um dedo jihadista alcançar o gatilho de armas nucleares do Paquistão:

Bem, eu não acredito que pessoas que estão concorrendo para serem presidentes deveriam entrar em hipóteses, e é provável que a estratégia que tenhamos de seguir esteja na base da inteligência — mas lembre-se, tivemos algumas experiências realmente difíceis com tal estratégia. (...) Acho que é um grande erro telegrafar isso e desestabilizar o regime de Musharraf, que está lutando por sua vida contra extremistas islâmicos, que dividem a mesma cama com a Al Qaeda e o Talibã. E lembre-se, o Paquistão tem armas nucleares. A última coisa que queremos é ter seguidores ao estilo Al Qaeda tomando conta do Paquistão, com acesso às armas nucleares. Então, você pode pensar alto, mas lembre-se, não deve dizer sempre o que pensa quando estiver concorrendo a candidato à presidência, pois isso poderá ter consequências por todo o mundo, e não precisamos disso agora.

Com diferentes níveis de resolução, a ocupação do Afeganistão também é apoiada pela China, Irã e Rússia, ainda que, no caso da última, sempre tenha existido um forte elemento de *Schadenfreude*. Veteranos soviéticos do Afeganistão estavam chocados ao ver seus erros agora sendo repetidos pelos Estados Unidos, mesmo com todas as tentativas de revestir este como um conflito humanitário. Isso não evitou que os veteranos russos, especialmente pilotos de helicóptero, se oferecessem como mercenários no Afeganistão. Mais de duas dúzias estão atualmente envolvidos em ações sobre um terreno que conhecem bem.

Logo após seu início, a guerra da Otan no Afeganistão foi referida — mesmo por Cherie Blair e Laura Bush — como uma "guerra para liberar as mulheres do Afeganistão". Se fosse verdade, seria um conflito único: a primeira guerra imperial na história da humanidade a liberar as mulheres. Mas não era verdade. E ficou claro mesmo antes que a dura realidade começasse a dissipar a neblina providenciada especialmente para que as crianças em casa não se sentissem mal pelo bombardeio de uma terra estrangeira (ainda que isso não convencesse Jenna Bush, que confidenciou à viúva de Daniel Pearl que se opu-

OPERAÇÃO LIBERDADE DURADOURA

nha ao bombardeio do Afeganistão). E os últimos relatórios de organizações femininas do Afeganistão pintam um quadro deprimente sobre a condição das mulheres no país ocupado pela Otan. Saíram-se muito melhor no período russo.

HISTORICAMENTE, TENTATIVAS de setores mais esclarecidos da elite afegã de melhorar a condição do país foram regularmente sabotadas pelo Império Britânico. Desde o século XIX, todos os poderes políticos e administrativos no Afeganistão, bem como quase toda a terra, estavam sob o controle do rei, seus nobres e um mosaico de chefes tribais. O rei era visto como símbolo da unidade afegã e responsável pelas relações com poderes estrangeiros, mas sua autoridade efetiva estava limitada à região pashtun do país. Grande parte da população era formada por camponeses e pastores, com artesãos e mercadores concentrados nas antigas cidades medievais, que incluíam Herat, Ghazni, Kandahar e Cabul.

As duas tentativas do Império Britânico de ocupar o país no século XIX não foram exatamente bem-sucedidas. Após a retirada da segunda força expedicionária, em 1893, os britânicos tomaram conta da política externa do país ao mesmo tempo que concordavam com seu status como um Estado-tampão entre a Índia britânica e a Rússia czarista. Na sequência, houve um enfraquecimento dessa função quando os britânicos dividiram as tribos pashtuns e suas terras traçando a Linha Durand através das montanhas como sua fronteira semipermanente com o Afeganistão. Seu propósito era enfraquecer as tribos pashtuns e reduzir seu potencial político, mas também tornar a Índia britânica inexpugnável. O tratado, imposto pela força, teria a duração de cem anos, após os quais as fronteiras já não existiriam e as terras reverteriam ao Afeganistão — ainda que tal interpretação seja, como seria previsível, contestada pelo Paquistão.

Durante o século XX, influências externas eram indiretas, como o impacto das revoluções russas e kemalista após o colapso do czarismo e do Império Otomano, respectivamente. Na segunda década do último século, um monarca reformador, Amanullah, propôs uma constituição que incluía um parlamento eleito e o direito de voto às mulheres. Os britânicos importaram T. E. Lawrence "da Arábia" para ajudar a organizar a revolta tribal e derrubar a monarquia. A campanha de propaganda montada pelos britânicos para convencer os conservadores tribais incluía fotografias da rainha afegã, uma protofeminista, em traje de banho.

A estagnação continuou após a Segunda Guerra Mundial, e poucos consideravam a possibilidade de uma república, sem falar em uma saída mais radical. Zahir Shah, o último rei do Afeganistão, era um moderado nacionalista, mas com forte antipatia pelo Império Britânico e por isso manteve relações amistosas com Mussolini e o Terceiro Reich até 1945.

Quando Zahir Shah, menos despótico que os que o sucederam, foi removido do poder após um golpe palaciano levado a cabo por seu primo Daud, em 1973, e exilado na Riviera italiana, vários observadores concordaram que o país fizera muito pouco progresso nos últimos 150 anos. Sua economia rentista e a falta de acesso ao mar o deixaram pesadamente dependente de ajuda externa, com um enorme abismo entre a elite rica e o grosso da população. O mundo moderno mal era visível mesmo nas cidades, com exceção de Cabul. Cinco anos mais tarde, Daud também foi destituído por aliados em um golpe de Estado liderado por comunistas, terminando com o período de governo dos Durranis. Mas esse regime também implodiu. Em 1979, para prevenir o seu colapso, a União Soviética enviou o Exército Vermelho pela fronteira para tentar salvar um regime isolado e a ponto de desmoronar. Era óbvio, no momento em que as tropas soviéticas entraram, que haveria uma terrível contrarreação e afundaria a região por décadas. Poucos, no entanto, conseguiram enxergar a velocidade com a qual um antes valorizado aliado dos Estados Unidos seria transformado em um antagonista ferrenho, criando desordem no vizinho Paquistão, país vital para a operação naquele momento, assim como hoje.

## OPERAÇÃO LIBERDADE DURADOURA

Quando o bombardeio começou, em outubro de 2001, eu discuti o seguinte cenário:

> ... o Talibã está efetivamente cercado e isolado. Sua derrota é inevitável. Tanto o Paquistão quanto o Irã estão lutando contra eles em duas importantes fronteiras. É improvável que durem mais do que algumas poucas semanas. Obviamente, algumas de suas forças irão às montanhas, esperar até que o Ocidente saia do terreno para atacar o novo regime, que deverá ser instalado em Cabul quando o octagenário rei Zahir Shah for removido de sua confortável villa romana aos menos salubres arredores de Cabul.
>
> A Aliança do Norte, apoiada pelo Ocidente, é marginalmente menos religiosa que o Talibã, mas sua participação em tudo o mais é igualmente abismal. No último ano, controlaram o mercado de heroína em larga escala, zombando do clamor de Blair de que esta guerra era também uma guerra contra as drogas.
>
> A noção de que representarão um avanço frente ao Talibã é risível. Seu primeiro instinto será de vingança contra seus oponentes. No entanto, a Aliança foi enfraquecida nos últimos dias com a deserção de Gulbuddin Hekmatyar, que já foi o "lutador pela liberdade" favorito do Ocidente, bem recebido na Casa Branca e em Downing Street, por Reagan e Thatcher.
>
> Este homem agora decidiu apoiar o Talibã contra os infiéis. Sustentar um novo Estado cliente no Afeganistão não vai ser fácil graças às rivalidades regionais e locais. O general Musharraf já disse aos paquistaneses que não aceitará um regime dominado pela Aliança do Norte. O que não deveria ser uma surpresa, já que seu exército lutou contra a Aliança por mais de uma década.
>
> Até hoje, o exército do Paquistão (ao contrário de seus correlatos árabes) evitou um golpe montado por coronéis e capitães. Sempre foram os generais quem se apossaram do poder e mantiveram o exército unido, em grande parte por repartir a prata.
>
> Ainda não se sabe se isso será suficiente dessa vez. Vai depender muito do que acontecer depois da guerra atual. Uma forte preocupação para a grande maioria dos paquistaneses é que o Talibã, encurra-

282

DUELO

lado e vencido em seu próprio país, poderia se voltar para o Paquistão, e causar estragos em suas cidades e em seu tecido social. Peshawar, Quetta, Lahore e Karachi são especialmente vulneráveis. Nesse momento, o Ocidente, tendo alcançado uma "vitória", fechará os olhos para a confusão deixada para trás.

Quanto ao suposto objetivo dessa operação — a captura de Bin Laden — dificilmente será fácil. Ele está muito bem protegido nas remotas montanhas Pamir, e poderia muito bem desaparecer. Mas a vitória mesmo assim será proclamada. O Ocidente confiará na memória curta de seus cidadãos. Mas vamos supor que Bin Laden seja capturado e morto. Como isso poderia ajudar a "guerra contra o terror"? Outros homens decidirão imitar os acontecimentos do 11 de Setembro de formas diferentes.[64]

Naquele momento, toda a liderança do mundo ocidental, com quase nenhuma exceção, estava convencida de que o bombardeio e a ocupação eram justas e necessárias. Que a "boa guerra" tenha se transformado em má já não é discutido entre os analistas mais bem informados. No entanto, não existe qualquer acordo sobre as prescrições para lidar com os problemas, e para algumas pessoas tampouco é possível enxergar o futuro da Otan, encalhada bem longe do Atlântico em um terreno montanhoso, entre um povo que, após oferecer uma pequena oportunidade aos ocupantes, percebeu que se tratava de um erro e se tornou teimosamente hostil à ocupação. Em 2003, uma reportagem especial comissionada pelo Conselho Norte-Americano de Relações Exteriores pintou um quadro melancólico:

Dezenove meses após a derrota do Talibã e de seus aliados da Al Qaeda, o Afeganistão permanece muito distante de alcançar o objetivo dos Estados Unidos de um autogoverno estável que já não sirva de paraíso para os terroristas. Na verdade, uma falha na percepção do deterioramento das condições de segurança e no estímulo da reconstrução

---

[64]"Into Pakistan's Maelstrom", *Guardian*, 10 de outubro de 2001.

## OPERAÇÃO LIBERDADE DURADOURA

econômica poderia levar à reversão, chegando a uma anarquia dominada por caudilhos, marcando uma derrota ainda maior para os Estados Unidos na guerra contra o terrorismo. Para evitar que isto aconteça, a força-tarefa recomenda que os Estados Unidos deem mais poder ao presidente Hamid Karzai e intensifiquem o apoio pela reconstrução da segurança, da diplomacia e da economia do Afeganistão. Ainda que Karzai esteja tentando definir sua autoridade fora de Cabul, ele não tem meios de alcançar a cumplicidade de recalcitrantes caudilhos e líderes regionais que controlam grande parte do interior do país. A atual política para os 9 mil homens americanos no Afeganistão oferece apoio a Karzai contra esses chefes militares regionais e também participação ativa no esforço planejado de desmobilizar as milícias com força de 100 mil homens. No cenário afegão, onde os Estados Unidos são o principal poder militar, tal aproximação é um erro e deixa um vazio de segurança perigoso fora de Cabul, onde as Forças Internacionais de Assistência de Segurança (International Security Assistence Force — ISAF) mantêm a paz.

Cinco anos mais tarde, no dia 28 de fevereiro de 2008, o marechal Michael McConnell, diretor do serviço de informação nacional, firme partidário do vice-presidente Cheney, informou ao Comitê dos Serviços Armados no Senado que Hamid Karzai, apoiado pelos Estados Unidos, controlava menos de um terço do Afeganistão e que o Talibã controlava 11%, com presença ativa em quase todas as partes. Perguntado se a insurgência fora contida, o marechal não foi capaz de oferecer mais que um pequeno consolo: "Não posso dizer que tenha sido controlada. Foi contida no sul; mas cresceu um pouco no oeste e no norte." Dada a extensão da crise, poderiam os Estados Unidos aumentar a escala e mudar o estilo da operação Liberdade Duradoura?

Eles certamente parecem pensar que sim no forte Riley, no Kansas, onde seletas tropas americanas e 31 soldados afegãos estavam treinando em março de 2008. Os afegãos estavam presentes para ajudar os soldados norte-americanos a absorver sua "sensibilidade cultural".

284 DUELO

O serviço oficial de radiodifusão internacional dos EUA, Voice of America, reportou: "O treinamento acontece em uma reprodução de um vilarejo afegão completo, incluindo atores, normalmente americanos de origem afegã, que representam o papel de homens do vilarejo e combatentes. Os soldados devem entrar de forma segura no vilarejo, localizar a casa dos insurgentes e entrar sem causar dano a qualquer civil que esteja nas ruas próximas. (...) O tenente-coronel John Nagi, um dos autores do manual de contrainsurgência usado pelos militares norte-americanos, diz que entender melhor o povo afegão é um fator-chave para vencer Al Qaeda e o Talibã."[65]

Mas e se o povo do Afeganistão obstinadamente se recusar a aceitar que uma ocupação de estrangeiros é de seu interesse e continuar a ajudar os que resistem a ela? Essa questão elementar tende a escapar aos especialistas, mas deveria ocupar as mentes do Pentágono.

O objetivo inicial da guerra parecia estar limitado à captura de Osama bin Laden, vivo ou morto, e à destruição das bases da Al Qaeda no Afeganistão. Não havia qualquer hostilidade profunda entre o Ocidente e o regime Talibã antes do 11 de Setembro. Mesmo imediatamente após os eventos ficou claro ao Paquistão que se os líderes da Al Qaeda fossem entregues, o regime poderia permanecer. O mulá Omar recusou-se a entregar Bin Laden dizendo que se tratava de um convidado e que não havia provas disponíveis ligando-o aos ataques nos Estados Unidos. Omar estava, no entanto, como o Relatório da Comissão sobre o 11 de Setembro deixou claro, preparado para seguir com as negociações com os Estados Unidos. O Conselho Nacional de Segurança esteve brincando com a ideia de usar o 11 de Setembro para invadir o Iraque, mas a recusa de Omar em capitular imediatamente deixou o conselho sem opção além de concentrar-se no Afeganistão. Uma avalanche de medo, ódio e vingança desceu sobre o país. Com o Paquistão oficialmente comprometido com o lado dos

---

[65]Greg Flakus, "Afghan Soldiers Train at U.S. Army Base", Voice of America, 25 de março de 2008.

# OPERAÇÃO LIBERDADE DURADOURA

Estados Unidos, o regime Talibã em Cabul caiu sem uma luta séria. A razão por que tantos fanáticos da causa debandaram tão rapidamente era óbvia. O Paquistão proibiu qualquer conflito frontal e, apesar de algumas defecções da ISI, conseguiu o que queria. A mais recalcitrante facção do mulá Omar decidiu, por ela mesma, evacuar para as montanhas e esperar pela sua hora. Por isso Cabul caiu sem luta, e os heróis da Aliança do Norte entraram na cidade logo após os correspondentes de guerra da BBC.

O papel-chave do Paquistão em garantir essa "vitória" foi mal avaliado pela mídia ocidental. Ao público foi dito que as unidades de elite das Forças Especiais e os "especialistas" da CIA tinham liberado o Afeganistão, e triunfado, e que então poderiam ser enviados ao Iraque. Foi um grande erro de cálculo em todos os níveis. Uma vez que a situação começou a desembaraçar-se e já não podia ser escondida, antigos embaixadores americanos começaram a falar em público sobre falta de recursos, dinheiro insuficiente e soldados insuficientes. "Somos duros, somos determinados, somos implacáveis", informou o presidente americano ao mundo, em abril de 2002. "Vamos permanecer até que a missão seja cumprida."

No mesmo mês, uma onda de novos refugiados fugiu do terror da história e grande parte dos quadros médios do Talibã cruzou a fronteira em direção ao Paquistão para se reagruparem e planejar o futuro. Zalmay Khalilzad, o procônsul afegão-americano no Afeganistão, começou a dura tarefa de reunir um novo governo. Era impossível transplantar toda uma geração de americanos (ou afegãos-americanos) para governar o país da forma como antes tinham feito os antigos poderes coloniais. Mesmo naquela época, eles recrutavam aliados locais. Khalilzad sabia que os Estados Unidos não poderiam governar o país sem a Aliança do Norte, e por isso atenuou a retórica emancipatória que até então era usada para justificar a ocupação.

A coalizão construída por Khalilzad foi pensada como um polvo, sendo Karzai o seu olho. Milícias de grupos rivais, unidas apenas pela oposição ao destronado Talibã, ocuparam Cabul, e seus representantes tinham de ser acomodados em todos os níveis. Nessas condições era difícil instalar um regime de substituição. Ao mesmo tempo, forças americanas estacionaram em antigas bases soviéticas e as prisões voltaram a ecoar os gritos de vítimas torturadas. Os "Chicago boys" levaram a paz dos cemitérios ao Chile de Pinochet; a "Máfia de Berkeley" injetou "estabilidade macroeconômica" na Indonésia de Suharto. Poderia o enxame de gafanhotos das ONGs que descia sobre Cabul levar algo similar ao Afeganistão? Tanto Pinochet quanto Suharto terminaram com a oposição à base de sangue, com quase um milhão de cadáveres na Indonésia. O Afeganistão não poderia ser subjugado da mesma maneira tanto por causa da sua mais "primitiva" estrutura social baseada na dominação tribal como por sua descentralização institucionalizada representada pela Aliança do Norte. O caos encontrado no Afeganistão estava mais próximo da *débâcle* da Somália, em 1993.

O regime Talibã foi um modelo mais "puro" do Estado Wahhabi, da Arábia Saudita. Repressivo e cruel, mas no entanto capaz de restaurar a ordem em um país arrasado por guerras civis e com países estrangeiros desde 1979. De acordo com quase todas as fontes, o estupro que antes fora endêmico no país teve fim com a execução pública dos estupradores, ainda que uma dominante ala feminista radical do Talibã tenha sugerido que a castração seria uma punição suficiente. Também foram feitas tentativas de reduzir o comércio de heroína, com algum sucesso. No front econômico, o Islã Wahhabi sente-se perfeitamente em casa com a desobrigação neoliberal que governa o mundo. Os literalistas corânicos são capazes de encontrar passagens em favor do livre comércio, e a delegação Talibã recebeu honras totais quando visitou a sede da Unocal (Union Oil Company of California — hoje parte da Chevron), no Texas. No dia 17 de dezembro de 1997, o jornal inglês *Daily Telegraph* trazia a manchete: "Corte Talibã dos barões do petróleo no Texas", e informou aos seus leitores que os visitantes barbados estavam preparados para assinar um "contrato de 2 milhões de libras com uma companhia petroleira americana para

OPERAÇÃO LIBERDADE DURADOURA 287

construir um duto por todo o país destruído pela guerra" e, mais misteriosamente, notou que "os guerreiros islâmicos parecem ter sido persuadidos a assinar o acordo, não através de uma negociação delicada, mas seguindo a antiquada hospitalidade texana. (...) Vestidos com o tradicional *salwar kameez*, coletes afegãos e turbantes negros, a delegação de alto nível recebeu tratamento VIP durante seus quatro dias de estada". Um acordo é um acordo, seja quais forem as diferenças, e as poucas imagens registradas no encontro foram mais tarde imortalizadas no filme *Fahrenheit 9/11*, de Michael Moore. O projeto dos dutos foi adiado, não tanto por dúvidas dos talibãs, mas por ofertas rivais que surgiram da Rússia, apoiadas por Teerã. Apesar disso, a companhia de óleo dos Estados Unidos estava confiante de seu sucesso, e um acordo final estava a ponto de ser fechado quando os aviões atingiram as Torres Gêmeas.

O que grande parte dos afegãos esperava de um novo governo era um nível similar de ordem, sem a repressão e as restrições sociais, além de uma libertação do espírito do país. Mas o que receberam foi um espetáculo melancólico que destruiu todas as suas esperanças.

O problema não foi falta de fundos, mas o próprio projeto ocidental de construção do Estado. Por natureza, um processo "de cima para baixo", tinha como objetivo um exército composto não para defender o país, mas para impor a ordem sobre seu próprio povo, em nome de poderes estrangeiros; uma administração civil que não teria controle sobre o planejamento, a educação, a saúde etc., pois tudo isto seria gerido por ONGs cujos empregados seriam muito mais bem pagos que os locais, e que deveriam explicações não à população local, mas a seus mantenedores estrangeiros; e um governo cuja política externa era idêntica à de Washington. Em setembro de 2006, uma correspondente alemã em Cabul enviou um comunicado ao seu jornal explicando as razões da hostilidade local ao Ocidente e por que tantos afegãos estavam se unindo à resistência. O contraste entre a riqueza demonstrada pelos ocupantes, incluindo gastos corporativos que cobriam os custos de prostitutas, e a pobreza de grande parte dos

288      DUELO

afegãos criou ressentimento e raiva. Some a tudo isso as festas de fim de semana em Cabul:

> Novas hordas de ocidentais são levadas por motoristas aos ministérios pela manhã, e recolhidas em carros com ar-condicionado à tarde. Os estrangeiros trouxeram novos costumes à capital; agora se vendem jeans, ainda que muitas mulheres sigam andando pelas ruas vestindo burcas. Toda quinta-feira, antes que tenha início o fim de semana afegão, UNHAS — o serviço aéreo das Nações Unidas que transporta funcionários de embaixadas e de organizações de ajuda pelo país — registra um milagroso pico de passageiros que vão das províncias a Cabul: é hora da festa! E a agitação por trás das fachadas das antigas mansões da capital é tão desenfreada quanto qualquer coisa que pode ser vista em Berlim ou Nova York.
>
> Em uma festa de toga de uma companhia de navegação francesa, homens se vestem com falsos lauréus de flores, destapam seus torsos, se envolvem em lençóis e passeiam como imperadores romanos. Em uma festa num jardim organizada por uma firma de consultoria internacional, centenas de estrangeiros festejam até altas horas da madrugada, dançando em meio a um cenário decorativo com camelos.[66]

É uma incrível arrogância colonial não notar que um país ocupado já não é soberano, mesmo se a ocupação tenha sido legalmente sancionada pelo Conselho de Segurança das Nações Unidas. Como pode qualquer governo em tais condições ser considerado legítimo?

A Conferência de Bonn, organizada dois meses após a ocupação, de 27 de novembro a 5 de dezembro de 2001, não poderia discutir esse assunto fundamental, e em vez disso ficou atolada com os arranjos para a divisão de poderes. Joschka Fischer, o ministro do Exterior alemão, ignorante das realidades locais, pressionou por uma solução federal ao estilo alemão para neutralizar o encanto separatista, mas isso não era um problema real. O assunto contencioso era sobre quem

---

[66]Susane Koelbl, "The Wild East", *Der Spigel*, 29 de setembro de 2006.

OPERAÇÃO LIBERDADE DURADOURA          289

exercia o poder e onde. Para concentrar as mentes ocidentais, componentes da Aliança do Norte organizaram ao menos três diferentes tentativas de golpe para derrubar Karzai entre 2002 e ⌐003. Foram obstruídos pela Otan, oferecendo um retrato vivo de soberania e legitimidade ao grosso da população.

A realidade no local era bastante clara. Após a queda do governo talibã, quatro principais grupos armados reemergiram como grandes jogadores regionais. No Norte, rico em gás e mais industrializado, na fronteira com as repúblicas da Ásia central do Uzbequistão e Tajiquistão, e sua capital Mazar-i-Sharif, o chefete militar uzbeque Rashid Dostum estava no comando. Antes aliado dos comunistas, mais tarde dos talibãs e depois da Otan, o general Dostum demonstrou sua mais recente lealdade massacrando centenas de prisioneiros talibã e árabes.

Não longe de Dostum, no montanhoso noroeste do país, região rica em esmeraldas, lápis-lazúli e ópio, o falecido Ahmed Shah Massoud construiu sua organização de luta dos tajik, que regularmente emboscam tropas na estrada Salang, que ligava Cabul a Tashkent durante a ocupação soviética. O mais dinâmico, se não ultraelogiado, líder de guerrilha dos grupos anti-Talibã, Massoud vinha da província do Panjshir. Durante a guerra antirrussa transformou-se em *pinup* favorito em Paris, normalmente retratado como um romântico rude, um muçulmano, um Che Guevara anticomunista, um homem do povo. Sua filiação ao Jamaat-e-Islami, liderado por Burhanuddin Rabbani, e sua própria visão reacionária em quase todos os assuntos sociais quase nunca eram mencionadas. Eram pequenos defeitos num tempo em que grupos islâmicos eram considerados dedicados aliados do Ocidente.

Caso Massoud não tivesse sido assassinado por um homem-bomba dois dias antes do 11 de Setembro, seria o mais óbvio candidato à liderança de um governo pós-Talibã. O governo francês lançou um selo postal com seu retrato e a Otan deu seu nome ao aeroporto de Cabul. Mas Massoud nunca seria um cliente tão confiável quanto o transplantado Hamid Karzai, e ficou em aberto se o engenhoso líder

290                                    DUELO

de guerrilha teria aceitado uma longa ocupação estrangeira ou concordado com bases militares americanas permanentes no país. Fora líder do braço armado do grupo islamita Burhanuddin Rabbani, que operava em cooperação com um líder islamita aliado, Abdul Rasul Sayyaf. Os dois eram conferencistas sobre a *xariá*, ou lei islâmica, na Universidade de Cabul, em 1973. Seus movimentos estavam sendo incubados e, até 1993, foram financiados pela Arábia Saudita, quando este país gradualmente transferiu seu apoio ao Talibã. Massoud manteve uma semi-independência durante o período talibã. Para os seus simpatizantes no Ocidente, apresentava uma imagem de masculinidade pura e incorruptível. Mas em casa não era assim. Estupros e comércio de heroína não eram incomuns em áreas sob o seu controle. Seus partidários estão no governo, mas não são confiáveis como Karzia, o que preocupa a Otan.

No ocidente, com o abrigo oferecido pelo vizinho Irã, está a antiga cidade de Herat, antes centro de ensino e cultura, onde poetas, artistas e intelectuais floresciam. Neste local, por três séculos, importantes livros foram escritos e ilustrados, incluindo o clássico do século XV *Miraj-nameh*, relato islâmico da baixa Idade Média sobre a ascensão do Profeta aos céus, saindo do Domo da Rocha, e sobre as punições que ele recebeu ao passar pelo inferno. Alguns estudiosos europeus ainda dizem que uma tradução latina desse trabalho inspirou Dante. O livro apresenta 61 pinturas, criadas com grande amor pelo Profeta do Islã. Ele é descrito ao modo da Ásia Central e pode ser visto voando aos céus em um corcel mágico, com cabeça de mulher. Também existem ilustrações de um encontro com Gabriel e Adão, uma visão de lindas virgens nos portões do paraíso e representações de bebedores de vinho sendo punidos no inferno. Essas incríveis ilustrações são acompanhadas de uma linda caligrafia, feita por Malik Bakshi, em alfabeto uighur.

A sofisticada cultura necessária à produção de tal obra está muito distante da moderna Herat e suas regiões limítrofes, onde hoje o senhor xiita Ismail Khan é dominante e onde vive a maior parte dos

OPERAÇÃO LIBERDADE DURADOURA 291

hazaras. Ex-capitão de exército inspirado pela revolução islâmica no vizinho Irã, Ismail alcançou fama instantânea ao liderar uma revolta de guarnição contra o regime pró-Moscou, em 1979. Apoiado por Teerã, ele construiu uma força poderosa que uniu todos os grupos xiitas e que criaria muitos problemas para os russos, enquanto eles estivessem por ali. Milhares de refugiados dessa região (onde um dialeto persa é a língua usada pelo povo) receberam asilo, treinamento e trabalho no Irã. De 1989 a 1992, a província foi governada sob linhas autoritárias. O duro regime e a presunção de Ismail Khan começaram a alienar seus apoiadores. Suas políticas de altas taxas e doações de guerra forçadas deixaram raivosas as famílias de camponeses. Quando o Talibã tomou o poder em Cabul, o senhor já tinha perdido grande parte do seu apoio. Herat caiu sem luta. Ismail e seus apoiadores, sem alarde, cruzaram a fronteira em direção ao Irã, onde esperaram sua hora, antes de voltar em outubro de 2001, sob o manto da Otan.

O Irã certamente ofereceu apoio às ocupações do Iraque e Afeganistão, que removeram seus inimigos do poder. O que se provou mais benéfico no Iraque, onde partidos pró-iranianos receberam uma grande fatia do governo na Zona Verde. No Afeganistão a situação foi outra. Lá, os tajik formam 27% da população; os uzbek e hazara, 8 e 7%, respectivamente; e 54% dos afegãos são pashtuns, que vivem no sul e leste do país, junto à fronteira com o Paquistão. Durante a primeira Guerra Afegã (1979-92), três grupos militantes sunitas foram dominantes, e logo após tomarem Cabul a pequena minoria não muçulmana de hindus e sikhs, em grande parte donos de lojas e comerciantes, foi removida. Alguns foram mortos. Dez mil fugiram para a Índia. Gulbuddin Hekmatyar, ativo membro da ISI, provisionado pelo Paquistão, foi treinado pelos sauditas para tomar o controle, mas foi confrontado por Massoud e outros. O jihad terminara há tempos e os jihadistas estavam uns na garganta dos outros. A brutal luta pelo poder deixou o país estilhaçado e não tinha quase nada a ver com religião. Eram todos, no final das contas, muçulmanos. Muito mais

## 292 DUELO

do que uma questão de fé, o que estava em jogo era o controle do comércio de drogas.

Ao mesmo tempo, sérios problemas se apresentavam diante das forças de ocupação. A brutalidade das tropas americanas e britânicas alienou a população, e um falatório de "vitória" começou a soar oco nos ouvidos afegãos. Por volta de 2003-4 facções de guerrilha talibãs já existentes montavam sérios movimentos de resistência, atacando transportes de tropas, ocasionalmente derrubando helicópteros e punindo colaboradores. A retaliação da Otan resultou em muitas baixas civis, levando a um maior desentendimento com a ocupação. Com algumas exceções, isso foi muito pouco divulgado no Ocidente. A revista *Time* transformou-se em séria transgressora (e não foi a única) ao oferecer relatos não filtrados pela Otan, como a reportagem de Tim McGirk, de 28 de março de 2005, que resume todos os tipos de clichê favoráveis ao caso oficial:

> "O Talibã é uma força em declínio", diz o major general Eric Olson, que conduzia a batalha militar de contrainsurgência americana até o mês passado. (...) A queda do Talibã era prevista há muito tempo (...) o que reverteu a maré? Em poucas palavras: a reconstrução do país. (...) A eleição presidencial do último mês de outubro foi crucial. (...) "Foi uma derrota moral e psicológica para o Talibã", disse Olson à *Time*. (...) Agora o Talibã é uma descarga em explosão. (...) Diz o major Mike Myers, porta-voz das forças americanas em Kandahar: "A turma do Talibã em 2004 era menor que a de 2003." (...) Em Cabul, Karzai espera que o Talibã esteja agora desmoralizado o suficiente para considerar uma anistia. Em pouco tempo, imagina-se que Karzai anuncie uma "reconciliação" com todos os talibãs, exceto Omar e seus principais comandantes.

Que isso se tratava de pura propaganda logo ficaria óbvio aos editores da *Time*. Em menos de um ano, no dia 26 de fevereiro de 2006, Dick Cheney sofreu uma tentativa de assassinato por parte do Talibã enquanto visitava uma base aérea norte-americana "segura"

OPERAÇÃO LIBERDADE DURADOURA     293

em Bagram (antes também uma segura base aérea soviética). A sobrevivência de Cheney provocou alguma controvérsia na televisão norte-americana quando o apresentador do *Real Time*, Bill Maher, expressou consternação, dizendo que comentários publicados naquela mesma semana no site do Huffington Post tinham sido retirados pois "expressavam lamento pela falha no atentado contra Dick Chaney". Maher disse: "Não tenho nenhuma dúvida de que, se Dick Cheney não estivesse no poder, pessoas não morreriam à toa amanhã. (...) Estou apenas dizendo que se ele morrer, outras pessoas, mais pessoas, seguirão vivendo. Isso é um fato." Nenhum especialista da televisão europeia ousaria fazer tal comentário em público. Estavam muito adestrados pela "guerra contra o terror".

Dois soldados americanos e um mercenário ("empreiteiro") morreram no ataque contra Cheney, bem como vinte outras pessoas que trabalhavam na base. Esse episódio, sozinho, deveria ter tornado claro para o vice-presidente dos Estados Unidos a real escala da *débâcle* afegã. As estatísticas de baixas subiam substancialmente em 2006, enquanto as tropas da Otan perdiam 46 soldados, mortos em helicópteros ou capturados em conflitos com o que começou a ser chamado de neotalibã. No confronto com seus antagonistas afegãos, os Estados Unidos estavam tendo de encarar vários problemas inter-relacionados.

O primeiro foi a falha da "reconstrução da nação". Poucas lágrimas foram vertidas no Afeganistão e em qualquer outro lugar pela queda do Talibã, mas as esperanças levantadas com a demagogia do Ocidente não permaneceram vivas por muito tempo. Logo ficou claro que a nova elite transplantada se apossaria de uma boa parte da ajuda estrangeira e criaria sua própria rede criminosa de corrupção e clientelismo. Além disso, havia as ONGs. Mesmo os complacentes com a ocupação perderam a paciência com tais organizações. O governo de Karzai não gostava delas pois achava que todo o dinheiro enviado para o Paquistão deveria ser canalizado para o governo. Mas o descontentamento com as ONGs perpassava toda a população. Em um Estado com quase zero de estabilidade, a noção de "sociedade civil",

294  DUELO

que as ONGs estavam comprometidas em construir, tinha pouco apelo. Além do mais, os recursos disponíveis a elas provocaram considerável ressentimento. "As ONGs", de acordo com um experiente e bem versado acadêmico americano, "levaram vários jovens regiamente remunerados às comunidades, onde exibiram seus altos salários e carros novos. Pior, suas atividades bem custeadas destacavam a pobreza e ineficácia da administração pública e desacreditavam os líderes locais frente aos olhos da população local."[67] Não foi surpresa quando começaram a se transformar em alvos pelos insurgentes e tiveram de contratar proteção de mercenários.

Há poucos sinais de que os 19 bilhões de dólares para "ajuda e reconstrução" devotados ao Afeganistão tenham servido como paliativo para o sofrimento de sua população. O suprimento de eletricidade é pior hoje que há cinco anos. Como disse um comentarista: "Enquanto estrangeiros e ricos afegãos usam ar-condicionado, aquecedores de água, computadores e televisões via satélite com geradores particulares, os habitantes médios de Cabul enfrentam o verão sem ventiladores e o inverno sem aquecedores."[68] Como resultado, centenas de afegãos sem teto estão literalmente morrendo de frio a cada inverno.

No geral, a "construção da nação" no Afeganistão até agora só produziu um presidente fantoche que, para sobreviver, depende de mercenários estrangeiros, de uma força policial corrupta e abusiva, de um poder judiciário "que não funciona", de uma florescente camada criminosa e de uma cada vez mais profunda crise social e econômica. Mesmo os próprios especialistas ocidentais e suas instituições admitem que essa é a realidade. É absurdo argumentar que mais do mesmo seja a resposta para os problemas do Afeganistão.

---

[67] S. Frederick Starr, "Sovereignty and Legitimacy in Afghan Nation-Building", em Francis Fukuyama, ed., *Nation-Building: Beyond Afghanistan and Iraq* (Baltimore: 2006).
[68] Barnett Rubin, "Saving Afghanistan", *Foreign Affairs*, janeiro-fevereiro de 2007, 8.

OPERAÇÃO LIBERDADE DURADOURA 295

EM SETEMBRO DE 2005, eleições foram organizadas às pressas e a alto custo com a ajuda de firmas de relações públicas dos Estados Unidos. A parte do leão dos ganhos foi embolsada pelo Rendon Group, de Washington, D.C., que recebeu contratos no valor de milhões de dólares. As eleições foram organizadas, ao menos em parte, para os olhos da opinião pública ocidental, mas a realidade local logo atropelou o impacto temporário de boas vibrações. Tropas da Otan protegiam cabines de eleição em algumas áreas, e as da Aliança do Norte em outras. Havia muita notícia de repressão, e residentes das províncias de Baghlan, Kapisa e Herat disseram aos repórteres da agência Pajhwok Afghan News que alguns cabos eleitorais e oficiais de polícia os forçaram a votar em certos candidatos. Karzai teve de votar em uma cabine especial montada dentro do palácio presidencial.

Os resultados não endossaram o apoio à Otan no país. Enquanto 12 milhões de afegãos podiam votar, apenas 4 milhões o fizeram. A violência que precedeu as eleições simbolizou o absurdo do processo. Mesmo que recentemente eleito, o presidente Karzai simbolizava seu próprio isolamento, assim como um bem-testado instinto de autopreservação ao recusar ser protegido por homens de sua própria base étnica pashtun. Ele queria e recebeu fuzileiros americanos ao estilo Exterminador do Futuro. Mais tarde foram substituídos por mercenários ou soldados contratados.

Em setembro de 2006, exatamente um ano após as eleições terem sido trombeteadas como um enorme êxito pela mídia ocidental, um atentado a bomba na embaixada americana chegou próximo de atingir o seu alvo. A CIA, naquele mesmo mês, pintou um retrato sombrio, descrevendo Karzai e seu regime como corruptos sem salvação e incapazes de defender o Afeganistão contra o Talibã. Ronald E. Neumann, embaixador americano em Cabul, concordou com a CIA e disse ao *New York Times* que os Estados Unidos enfrentaram "duras escolhas": uma derrota só poderia ser evitada com "múltiplos bilhões" ou "múltiplos anos".[69]

---

[69]*New York Times*, 5 de novembro de 2006.

296 DUELO

Assim como Neumann, outros que ainda apoiavam a guerra no Afeganistão, que incluíam a mídia e partidos políticos do *mainstream* por toda a América do Norte e terras da Europa, argumentaram que mais construção de Estado, ao estilo do Japão pós-guerra ou da Europa ocidental, estabilizaria o país. Outros argumentaram que o modelo de governança imperial deveria seguir o estilo britânico. Nenhum argumento era defensável. Poderia o Afeganistão ser salvo com uma intervenção ao estilo de um limitado Plano Marshall, como argumentaram vários partidários da guerra que culpam a Casa Branca por não ter gastado dinheiro suficiente em projetos sociais? Claro, é possível que a construção de escolas livres e de hospitais, que o subsídio de casas aos pobres e que a reconstrução da infraestrutura social destruída após a retirada das tropas soviéticas, em 1989, poderiam ter estabilizado o país. Mas nem os Estados Unidos nem a União Europeia, sua aliada, estavam seriamente interessados em tal projeto, contrário à corrente normal de neocoloniais. O Plano Marshall era a única resposta a uma severa crise de confiança em um sistema arrasado por uma guerra feroz. Foi concebido para garantir a Europa ocidental em face de uma ameaça comunista. Foi uma operação especial, sem precedentes antes ou depois: foi a primeira vez na história que um poder vitorioso (os Estados Unidos) ajudou a reviver seus rivais econômicos a fim de confrontarem um inimigo em comum, cujo sistema econômico na época foi considerado um desafio. No Afeganistão, a situação era completamente diferente e foi tratada como uma operação colonial mais tradicional. Construtores de mitos, muitas vezes britânicos, sugeriram que tudo deveria ser feito ao estilo britânico de "bom" imperialismo, em vez da cruel e brutal variante dos americanos. Tal distinção não era tão clara entre os afegãos incultos, que há muito tempo tinham entendido que, mesmo podendo ser competentes administradores, os britânicos eram tão selvagens como seus primos do outro lado do Atlântico, como foi demonstrado repetidas vezes em pontos da África, do Oriente Médio e da Índia. O que os britânicos legaram ao desenvolvimento dos países que ocuparam foi igualmente

OPERAÇÃO LIBERDADE DURADOURA 297

sombrio. Em 1947, ano em que os britânicos deixaram a Índia, 85% da economia indiana era rural, e a grande maioria dos filhos da meia-noite eram iletrados. O legado colonial foi resumido de forma dura no *Cambridge Economic History of India*, volume 2, c. 1757-c. 1970:

> A formação de capital (por volta de 6% do NDP) foi insuficiente para permitir rápido incremento na renda per capita, que era cerca de um vigésimo do nível então atingido em países desenvolvidos. A disponibilidade média de alimentos não só foi deficiente em quantidade e qualidade, como ficou ressaltado, pelas recorrentes situações de fome, mas também precária. O analfabetismo chegava aos 84% e a maior parte (60%) das crianças entre 6 e 11 anos não frequentava escolas; doenças altamente transmissíveis (malária, varíola e cólera) estavam por todas as partes e, na falta de um bom serviço de saúde pública e saneamento, as taxas de mortalidade (27 a cada 1.000) eram muito altas. Os problemas de pobreza, ignorância e doenças eram agravados pela desigual distribuição de recursos entre grupos e regiões.

Rory Stewart, que servia como administrador colonial no sul do Iraque ocupado pelos britânicos, mostrou-se irritado com os ocupantes tanto no Iraque quanto no Afeganistão, e não parece muito impressionado com o que as ONGs da sociedade civil importam a terras antigas. Ele escreve, por exemplo:

> Especialistas em política externa vão dizer que aos Estados pobres falta o papel da lei, uma sociedade civil vibrante, imprensa livre, um serviço público transparente (...) empregados de grandes agências internacionais muitas vezes reclamam que afegãos ou iraquianos ou quenianos "não são capazes de planejar" ou "não são capazes de implementar".
> Na pior das hipóteses, essa atitude é racista, difamante e ignorante. Mas existem explicações menos sinistras. Como diplomata, eu era elogiado por "realismo" se enviava para casa telegramas críticos. Agora, trabalhando para uma organização sem fins lucrativos, percebi que

298 DUELO

o propósito de doadores nos encoraja a enfatizar os aspectos negativos da sociedade local. (...) Afegãos e iraquianos são muitas vezes genuinamente corajosos, charmosos, generosos, inventivos e honrados. Suas estruturas sociais sobreviveram a séculos de pobreza e danos cometidos por estrangeiros e décadas de guerra e opressão, e lhes permitiram superar um trauma quase inimaginável. Mas reconhecer isso parece embaraçosamente romântico ou mesmo uma atitude paternalista.

Porém, a única chance de reconstruir uma nação como o Iraque ou o Afeganistão, em face da insurgência ou guerra civil, é identificando, desenvolvendo e usando alguns desses valores tradicionais. (...) Isso pode ser desconfortável para a comunidade internacional. Um líder que possa restaurar a segurança, reconciliar partidos em guerra e polir as aspirações de um povo pode ser mais parecido com Atatürk que um presidente dos Estados Unidos. Não se trata de um chamado à ditadura. O verdadeiro progresso deve ser sustentado pela vontade livre do povo. Isso inclui, no Afeganistão, pessoas com fortes valores liberais bem como conservadoras comunidades rurais. Esses vários desejos devem ser protegidos tanto do distorcido controle de um Estado autoritário quanto de um efeito mordaça da ajuda externa.[70]

Os escritos de Stewart têm um toque de romantismo imperial, o que o ajuda a sobreviver a muitas desilusões. Uma mente fria e filosófica imediatamente diria que não é apenas a ajuda externa que sufoca, mas a própria presença imperial. Sempre foi assim.

É algumas vezes instrutivo estudar a história por meio da evolução de uma cidade. Tome Cabul, por exemplo, lugar de várias invasões e ocupações nos últimos 3 mil anos, poucas delas benignas. Localizada em um vale, quase 2 mil metros acima do nível do mar, existia muito antes do cristianismo. Historicamente, a cidade foi um entroncamento de civilizações limítrofes por incontáveis séculos, pois comandou os passos de vários conquistadores, começando por Alexandre da

---

[70]Rory Stewart, "The Value of Their Values", *New York Times*, 7 de março de 2007.

OPERAÇÃO LIBERDADE DURADOURA          299

Macedônia até o sultão Mahmud, Genghis Khan, Babar e outros com nomes menos familiares que passaram um tempo por ali em seu caminho para a Índia. Babar amava essa cidade e fez dela sua capital por vários anos antes de marchar em direção ao sul. Apaixonado agricultor, fundador da dinastia mogul, ele supervisionou a irrigação de grandes faixas de terra, plantou orquídeas e construiu jardins com riachos artificiais que tornaram o verão quente e o ambiente carregado de poeira da cidade mais fáceis de serem suportados.

A cidade foi um triunfo da arquitetura medieval mogul. Em Cabul, Mardan Khan, governador mogul do século XVII e renomado arquiteto e engenheiro especializado em obras públicas, construiu um bazar *char-chala* (de quatro lados) com teto e arcadas, ao modelo dos mercados que antes existiam, e ocasionalmente ainda existem, em várias antigas cidades muçulmanas, incluindo o Cairo, Damasco, Bagdá, Palermo e Córdoba. Era o único na região. Nada na mesma escala foi construído em Lahore ou Délhi. Esse mercado foi deliberadamente destruído em 1842 pelo general escocês George Pollock e seu "Exército de Retribuição" (também lembrado como um dos piores assassinos e ladrões que jamais chegaram ao Afeganistão — competição até hoje dura de ser vencida). Derrotados em várias cidades e forçados a deixar Cabul, os britânicos puniram seus cidadãos riscando o mercado do mapa.

Um século e meio depois, logo após a saída dos russos, que tinham construído seus próprios edifícios sem alma e de vários andares para guardar suas tropas e pessoal fora da cidade antiga, os senhores afegãos e facções islâmicas em competição, lutando uns contra os outros, chegaram próximo de destruir a cidade por completo. Jade Maiwand, uma importante rua de comércio, aberta no centro da cidade na década de 1970, foi reduzida a pó durante a guerra de 1992-96. Ajmal Maiwandi, arquiteto afegão-americano, descreve como Cabul foi transformada durante a sua história:

300          DUELO

A maior destruição de Cabul aconteceu entre 1992 e 1996, após a retirada da União Soviética, em 1989, e a queda de Cabul nas mãos de várias facções em guerra, em 1992. Durante toda a guerra, a identidade urbana de Cabul foi transformada continuamente de uma moderna capital ao quartel-general militar e político de um exército invasor, ao sitiado centro do poder de um regime fantoche, à linha de frente de um conflito de facções que resultou na destruição de dois terços de sua massa urbana, a campos de teste de fanatismos religiosos que apagaram da cidade as últimas camadas de vida urbana, a alvo de uma guerra internacional contra o terrorismo, a uma porta segura ao Afeganistão para os esforços de paz apoiados internacionalmente e, hoje, a um símbolo da nova fase do unilateralismo internacional.[71]

A aparência de Cabul após a saída da Otan ainda será vista, mas as grandes favelas que nascem em todas as partes já nos deixam uma pista. A cidade poderá se transformar em uma atração turística no roteiro mundial de "planeta das favelas".[72]

Mas a arquitetura está longe de ser o mais importante entre os problemas do país neste momento. A presença norte-americana é hoje largamente refratada, o poder aéreo é amavelmente chamado de "Grande Papai" por jovens e temerosos soldados americanos em terrenos nada amistosos, mas está longe de ser paternal quando diz respeito à discriminação entre civis e combatentes. A verdadeira questão não é tanto a feia arrogância do Ocidente, ainda que em seus melhores momentos, mas sim que alternativa poderia haver em uma sociedade onde a intervenção ocidental desencadeou uma oposição similar à desencadeada por guerras prévias e pelas ocupações britânica e soviética. Não há uma solução simples, mas está claro que uma "comu-

---

[71]Dr. Ajmal Maiwandi, www.xs4al.nl/~jo/Maiwandi.html.
[72]Mike Davies, *Planet of Slums* (Londres e Nova York: 2006). Este trabalho é um brilhante relato sobre como a globalização está transformando o nosso mundo.

OPERAÇÃO LIBERDADE DURADOURA 301

nidade internacional" que prospera baseada em uma dupla moral é vista pela população como parte do problema.[73]

Profundas dificuldades também são encontradas entre os lucrativos florescimentos nos luxuriantes campos de papoula do Afeganistão. A missão da Otan não fez qualquer tentativa séria de alcançar uma redução significativa do comércio de heroína. E como poderia? Os próprios simpatizantes de Karzai, poucos em número, porém existentes, desertariam rapidamente caso fosse feita qualquer tentativa de interromper suas atividades comerciais. Seria preciso uma maciça ajuda do Estado à agricultura e às indústrias artesanais por muitos anos para reduzir sua dependência do cultivo da papoula. Noventa por cento da produção mundial de ópio estão baseados no Afeganistão. As Nações Unidas sugerem que a heroína seja responsável por 52% do empobrecido produto interno do país, e o setor do ópio na agricultura continua a crescer. Na verdade, houve alegações persistentes — bem como persistentemente negadas por causa do seu tema — de que o irmão mais jovem do presidente Karzai, Ahmad Wali Karzai, é atualmente um dos mais ricos barões de drogas do país. Em um encontro com o presidente do Paquistão, em 2006, quando Karzai falava sobre a inabilidade do Paquistão em deter o contrabando em suas fronteiras, o general Musharraf calmamente sugeriu que talvez Karzai devesse dar o exemplo pondo o seu irmão sob controle. O ódio mútuo destes dois aliados de Washington não é segredo na região.

---

[73]Um exemplo clássico de cegueira e dubiedade moral foi a declaração do secretário de Defesa dos Estados Unidos Robert Gates, na Austrália, dia 24 de fevereiro de 2008, quando lhe pediram para comentar sobre a entrada de tropas turcas no Iraque para combater uma organização turca listada como "terrorista" pela "comunidade internacional": "Nossas experiências no Iraque e Afeganistão mostram que o músculo militar deveria ser complementado com esforços para dirigir-se às queixas dos grupos minoritários. Essas medidas econômicas e políticas são realmente importantes, pois após certo ponto as pessoas ficam imunes aos ataques militares. Se não as mesclarmos com certas iniciativas não militares, em algum momento os esforços militares ficarão menos e menos efetivos. (...) Pediria com urgência à Turquia que respeitasse a soberania do Iraque."

302 DUELO

Junto ao problema do ópio, está a corrupção da elite, que cresce a cada mês como um tumor maligno. Os fundos do Ocidente destinados à ajuda para a reconstrução do país foram desviados para a construção de casas luxuosas para os mandantes nativos. Em 2002, em um escândalo gigante, ministros do gabinete premiaram a si mesmos e favoreceram amigos com terras em Cabul. Os preços de terras na cidade subiram muito após a ocupação, quando os ocupantes, empregados de ONGs e seus seguidores construíram grandes villas para si mesmos, às vistas dos pobres.

Também há, claro, a resistência. O "neotalibã" controla ao menos vinte distritos em Kandahar, Helmand e Uruzgan, províncias onde as tropas da Otan substituíram os soldados americanos. Não é segredo que muitos oficiais nessas áreas apoiam os guerrilheiros. A situação está fora de controle, e as agências de inteligência do Ocidente sabem muito bem disso. Quando a ocupação começou, o secretário de Estado Colin Powell explicou que o seu modelo era o Panamá: "A estratégia tem de ser a tomada de controle de todo o país pela força militar, policial ou qualquer outro meio." Seu conhecimento do Afeganistão era claramente limitado. O Panamá, com uma população de 3,5 milhões de habitantes, não poderia ser mais diferente do Afeganistão, que tem uma população de quase 30 milhões, e geograficamente são também muito distintos. Tentar uma ocupação militar de todo o país requereria um mínimo de 200 mil homens. Um total de 8 mil americanos foram enviados para alcançar a vitória; os 4 mil "mantenedores de paz" enviados por outros países poucas vezes deixaram Cabul ou ficaram em regiões mais pacíficas ao norte do país. Os alemães se concentraram na criação de uma força policial, e os italianos, sem qualquer ironia, estavam ocupados "treinando um judiciário afegão". Os britânicos, mais odiados pelos afegãos que os próprios americanos, estavam em Helmand, entre os campos de papoula. Incapazes de vencer qualquer resistência, eles tentaram comprar a resistência até que isso fosse vetado por um enraivecido presidente Karzai.

OPERAÇÃO LIBERDADE DURADOURA 303

A ignorância de Colin Powell também se estendia às complexidades étnicas e regionais. Durante um encontro fechado em Islamabad, logo após a ocupação, ele abertamente falhou ao demonstrar domínio sobre a diferença entre etnia e ideologia, equacionando o Talibã com os pashtuns. Khurshid Mahmood Kasuri, ministro do Exterior paquistanês, corrigiu a má interpretação dizendo de forma gentil que dois dos oficiais do Ministério do Exterior presentes eram pashtuns, mas definitivamente não eram talibã.

Finalmente, enquanto as condições econômicas não melhoravam, os ataques da Otan muitas vezes atingiam civis inocentes, levando a violentos ataques de protesto aos Estados Unidos na capital afegã, em 2006. O que foi inicialmente visto por alguns locais como uma política necessária contra a Al Qaeda, consequência dos ataques do 11 de Setembro, passou a ser encarado por uma grande maioria na região como uma nova ocupação imperial. O neotalibã está crescendo e criando novas alianças, e não porque suas práticas religiosas sectárias se tornaram mais populares, mas por ser o único refúgio possível para a libertação nacional. Como os britânicos e russos descobriram com altos custos nos dois séculos anteriores, os afegãos nunca gostaram da sensação de estarem sendo ocupados.

A repressão, surpreendentemente cega, deixa o povo sem qualquer opção além de apoiar os que tentam resistir, especialmente em uma parte do mundo onde a cultura de vingança é forte. Quando toda uma comunidade se sente ameaçada, isto só faz reforçar a solidariedade, mesmo frente a total inadequação dos que lutam. Muitos afegãos que detestam o Talibã ficaram tão ultrajados com as falhas da Otan e o comportamento de suas tropas que apoiariam qualquer oposição. Um problema relacionado é a natureza indisciplinada dos mercenários que auxiliam os exércitos da Otan. Eles não são fiéis aos comandos militares, e mesmo observadores compreensivos admitem que "seu comportamento, incluindo abuso no consumo de álcool e patrocínio de um número cada vez maior de bordéis por Cabul (proibidos de forma efetiva aos militares norte-americanos), está levantando

304                                    DUELO

raiva pública e ressentimento".[74] A isso podem ser somados inúmeros casos de estupro, mortes ilícitas de civis, missões indiscriminadas de busca e apreensão e o duro tratamento das mulheres por parte dos soldados. Movimento que criou uma sede por dignidade que só poderia ser saciada com uma independência genuína.

O talibã médio que cruzou a fronteira em novembro de 2001 reagrupou-se e começou pequenos movimentos de guerrilha no ano seguinte, atraindo novos recrutas em madraças e campos de refugiados no Paquistão. Em 2003, o movimento começava a ganhar apoio nas mesquitas — primeiro de mulás de vilarejos, em Zabul, Helmand, Ghanzi, Paktika e Kandahar, depois nas cidades. De 2004 em diante, um número cada vez maior de habitantes do Waziristão se radicalizou após os ataques de norte-americanos e militares paquistaneses e das incursões policiais em áreas tribais empobrecidas. Em 2006, houve notícias sobre mulás de Cabul que antes apoiavam aliados de Karzai e que naquele momento passavam a lutar contra os estrangeiros e o governo: chamamentos por jihad contra a ocupação foram ouvidos na fronteira nordeste, nas províncias de Takhar e Badakhshan.

Mas a maior rede de recrutas, de acordo com uma bem informada e recente estimativa, estavam em "comunidades antagonizadas pelas autoridades locais e forças de segurança". Em Kandahar, Helmand e Uruzgan, seguidores de Karzai — governadores distritais ou provinciais, chefes de segurança e da polícia — enraiveceram a população local com assédios e extorsões, isso quando não dirigiam tropas americanas contra ela. Em tais circunstâncias, o Talibã era a única força de defesa disponível. De acordo com o mesmo relatório, os próprios talibãs clamaram que famílias levadas aos campos de refugiados por ataques aéreos indiscriminados dos Estados Unidos sobre seus vilarejos foram a maior fonte de recrutas. Por volta de 2006, o movimento estava ganhando o apoio de comerciantes e homens de negócios de

---

[74]Barnett R. Rubin, "Afghanistan: A U.S. Perspective", em *Crescent of Crisis*, ed. Ivo H. Daalder, Nicole Gnesotto e Philip H. Gordon (Washington: 2006).

OPERAÇÃO LIBERDADE DURADOURA

Kandahar e levou a uma pequena "Tet ofensiva" nesta cidade, naquele mesmo ano. Uma razão sugerida para o aumento do apoio aos talibãs nas cidades é que o neotalibã relaxou suas regras estritas, ao menos para os homens — já não exigem uso de barba nem proíbem a música — e melhoraram sua propaganda (produzindo CDs e fitas de cantores populares, e DVDs de atrocidades praticadas pelos Estados Unidos e Israel no Iraque, Líbano e Palestina).

A reemergência do Talibã não pode ser creditada simplesmente à falha de Islamabad em controlar a fronteira ou cortar linhas de "comando e controle", como algumas vezes disse Washington. Enquanto a ISI desempenhou um papel de comando na retirada de 2001, não teve o mesmo grau de controle sobre um movimento mais difuso e espalhado, para o qual a própria ocupação foi o principal agente recrutador. Não se pode pôr a culpa sobre a falha da Otan apenas no governo paquistanês.

Trata-se de uma manobra colonial tradicional culpar os "de fora" por problemas internos: Karzai é um especialista nesse assunto. A guerra no Afeganistão criou uma situação crítica nas duas províncias de fronteira do Paquistão. A maioria pashtun no Afeganistão sempre teve muitos laços com os pashtuns paquistaneses. A atual fronteira foi uma imposição do Império Britânico, mas sempre se mostrou porosa. É quase impossível construir uma cerca texana ou um muro israelita pela montanhosa e em grande parte não demarcada fronteira que separa os dois países. A solução é política, não militar, e deveria ser encontrada na região, não em Washington ou Bruxelas.

Os ventos frios do Hindu Kush têm, há séculos, congelado tanto o reformador nativo quanto o ocupante estrangeiro. Para acontecer, um verdadeiro processo de paz deveria estar organicamente ligado à composição geográfica e étnica do país. Os que argumentam que a única necessidade é que dinheiro seja atirado sobre os afegãos para comprar líderes tribais, como costumavam fazer os britânicos, têm pouca ideia do que realmente está acontecendo por ali. A resistência está assumindo proporções clássicas. Se compararmos os relatos grá-

# 306                           DUELO

ficos de Elizabeth Rubin sobre o Afeganistão no *New York Times* e uma cobertura do Vietnã do Sul no mesmo jornal, quarenta anos antes, semelhanças incríveis são aparentes. Rubin, como David Halberstam, no Vietnã, está alarmada pela alta taxa de morte de civis creditada à Otan: "A forte carga de metal que cai sobre o Afeganistão causa confusão mental: um milhão entre janeiro e setembro de 2007, comparado a meio milhão em todo o ano de 2006." Depois, ela descreve a guerra na província de Kunar, onde guerrilhas afegãs mantêm um alto nível de ataques. Tropas americanas receberam fogo no lado de fora de seu próprio quartel-general:

> As balas atingiram a sujeira bem na nossa frente. Kearney me empurrou para um barracão onde um afegão fazia pão. Alguns tiros mais foram disparados. Era "One-Shot Freddy", como os soldados se referiam a ele, um atirador insurgente sobre o qual todos tinham uma teoria ao ver a antiguidade de sua pistola, sua identidade, suas táticas — mas nem os guardas de Kearney nem Shadow, o escravo, poderiam atacá-lo. Eu, acidentalmente, fiz um talho no meu antebraço em um prego no barracão, e enquanto olhava o rio de sangue imaginei que, se tivesse de viver com Freddy e sua laia por meses sem fim, também veria línguas bifurcadas em todos os homens do vilarejo e começaria a pensar em vingança.[75]

Os objetivos estratégicos de Washington no Afeganistão podem parecer mal focados em relação aos aliados europeus não disciplinados que os traíram no Iraque e em outros testes. Em março de 2008, o secretário-geral da Otan, Jaap Scheffer, tinha muitos elogios para os croatas no Afeganistão: "A participação croata, e isto vale para muitos outros parceiros, é muito importante. Um dos padrões (...) pelo qual nações que estão batendo à porta da Otan (...) são medidas é sua vontade de serem exportadoras de segurança como nós, não apenas consumidoras de segurança, mas também exportadoras de segurança. A

---

[75]Elizabeth Rubin, "Battle Company Is Out There", *New York Times*, 24 de fevereiro de 2008.

OPERAÇÃO LIBERDADE DURADOURA                      307

Croácia é claramente uma dessas nações que tem um bom registro como exportadora de segurança, e estou feliz por ouvir de meu amigo montenegrino que Montenegro, eu sei disso, também está no processo."

Os alemães, ainda treinando a força policial afegã, deveriam parar para pensar se as habilidades que estão passando hoje aos jovens afegãos seguindo os "elementos de procedimento de uma estratégia transatlântica de construção de nação" não serão usadas contra a Otan amanhã, como aconteceu no Iraque, quando soldados recém-adestrados, ao serem ordenados a matar seu próprio povo, muitas vezes desertaram para o outro lado.

Claramente, a captura dos líderes da Al Qaeda não pode ser o objetivo central dos ocupantes da Otan. Mesmo se a ISI localizar e levar os líderes a Washington, a Otan provavelmente não sairia do país. Vestir a invasão como "guerra de autodefesa" para a Otan é brincar com as leis internacionais, já por sua vez corrompidas para que um ataque de êxito cometido por um pequeno grupo terrorista árabe pudesse ser transformado em desculpa para uma invasão militar americana sem data para terminar no Oriente Médio e na Ásia central.

Junto a isso estão as razões para uma quase unanimidade entre os formadores de opinião do Ocidente de que a ocupação não deve apenas ser continuada, mas também expandida — "muitos bilhões por muitos anos". As razões devem ser buscadas não apenas nas montanhas do Afeganistão, mas em Washington e Bruxelas. Como resume o *Economist*: "A derrota seria um banho de sangue não apenas para os afegãos, mas" — e mais importante, claro — "para a aliança da Otan." Como sempre, a geopolítica prevalece sobre os interesses afegãos seguindo os cálculos dos grandes poderes. As bases do acordo assinado com os Estados Unidos em Cabul, em maio de 2005, dão ao Pentágono o direito de manter uma presença militar maciça perpétua no Afeganistão. Que Washington não está buscando bases permanentes nesse terreno atormentado e inóspito, mas simplesmentente em busca de "democratização e boa governança" foi deixado claro pelo secretário-geral da Otan, Jaap Scheffer; na Brookings

308 DUELO

Institution, em março de 2008: a oportunidade de alojar instalações militares — e potencialmente mísseis nucleares — em um país que faz fronteira com a China, Irã e Ásia central era boa demais para ser perdida.

De forma mais estratégica, o Afeganistão tornou-se um teatro central para unificar e estender o poder do Ocidente e seu mando na ordem mundial. Por um lado, dizem, oferece uma oportunidade para os Estados Unidos de livrar-se de suas falhas impondo sua vontade no Iraque e persuadindo seus aliados a aceitarem um papel mais amplo por lá. Em contraste, como Obama e Clinton sublinharam, os Estados Unidos e seus aliados "têm maior unidade de propósitos no Afeganistão. O resultado final do esforço da Otan para estabilizar o Afeganistão e a liderança americana nesse esforço podem muito bem afetar a coesão da aliança e a capacidade de Washington em moldar o futuro da Otan".[76] Além disso, os estrategistas da Otan que observam o crescimento da China propõem uma grande expansão do papel da aliança militar ocidental. Antes *focada* na área Euro-Atlântica, "no século XXI a Otan deve se transformar em uma aliança *fundada* na área Euro-Atlântica desenhada para projetar uma estabilidade sistêmica além de suas fronteiras":

O centro de gravidade do poder neste planeta está se movendo inexoravelmente em direção leste. A região da Ásia-Pacífico oferece muitos aspectos dinâmicos e positivos ao mundo, mas este terreno de rápidas mudanças ainda não é estável nem está envolto em instituições estáveis. Até que isso seja alcançado, é responsabilidade estratégica de europeus e norte-americanos, e também das instituições que eles tenham construído, abrir caminho (...) a segurança efetiva em tal mundo é impossível sem legitimidade e capacidade.[77]

---

[76]Paul Gallis, "NATO in Afghanistan", CBS Report for Congress, 23 de outubro de 2007.
[77]Julian Lindley-French, "Big World, Big Future, Big NATO", *NATO Review*, inverno de 2005.

OPERAÇÃO LIBERDADE DURADOURA 309

A única forma de proteger o sistema internacional que o Ocidente construiu, continua o autor, é "reenergizando" a relação transatlântica: "Não pode haver segurança sistemática sem a segurança da Ásia e não pode haver segurança da Ásia sem um papel forte para o Ocidente."

Hoje, tais ambições ainda são fantasias. No Afeganistão, demonstrações de rua raivosas aconteceram por todo o país em protesto contra Karzai ter assinado o acordo permitindo as bases norte-americanas — uma clara indicação, caso ainda fosse necessária, de que a Otan teria de levar Karzai junto, caso saísse do terreno.

O Uzbequistão respondeu pedindo aos Estados Unidos que retirassem sua base e pessoal do país. Os russos e chineses dizem ter protestado fortemente em particular, e subsequentemente levado a cabo operações militares conjuntas nos territórios um do outro pela primeira vez. "A preocupação com os aparentes planos dos Estados Unidos de montar bases permanentes no Afeganistão e na Ásia central" foi uma causa importante para a sua aproximação. De forma mais direta, o Irã respondeu aumentando suas taxas de importação, detendo a construção no Herat. Em resposta aos pedidos de Karzai, Teerã propôs um tratado acordando que nenhum dos dois países permitiria operações de inteligência; é difícil ver como Karzai poderia encarar isso com o rosto levantado.

As opções de Washington são limitadas. A solução mais favorável, balcanização e criação de protetorados étnicos, pode não funcionar no Afeganistão. Os habitantes do Kosovo e os da antiga Iugoslávia eram desejosos clientes de nacionalismos, mas os hazaras estão perfeitamente satisfeitos com a proteção indireta do Irã, e Teerã não favorece a partição do Afeganistão. Nem o fazem os russos e seus aliados na Ásia central, que apoiam os tajik. Alguns oficiais da inteligência americana informalmente discutiram a criação de um Estado pashtun que uniria as tribos e dissolveria a Linha Durand, mas isto desestabilizaria o Paquistão e o Afeganistão em tal grau que as consequências

310 DUELO

poderiam ser imprevisíveis. Seja como for, ninguém está comprando essa ideia em nenhum dos dois países neste momento.

Se esse assunto for entendido, surge então uma segunda alternativa, mais preferível e factível. Ela envolveria a saída das forças da Otan precedidas ou seguidas de um pacto regional para assegurar a estabilidade afegã para os próximos dez anos. O Paquistão, o Irã, a Índia, a Rússia e possivelmente a China poderiam garantir e apoiar um governo nacional compromissado com a preservação da diversidade étnica e religiosa do Afeganistão. Um sério plano social e econômico de reconstrução do país e provisão das necessidades básicas para o seu povo seria um pré-requisito para a estabilidade.

Isso não seria somente do interesse do Afeganistão, mas também do seu povo, cansado de décadas de infinitas guerras e duas grandes ocupações estrangeiras. Porém, a ocupação da Otan fez com que tal acordo seja ainda mais difícil. Sua previsível falha reviveu o Talibã, unindo um número cada vez maior de pashtun pobres sob o seu manto. Mas a saída da Otan poderia facilitar um sério processo de paz. E também poderia beneficiar o Paquistão, já que seus líderes militares abandonaram as tolas noções de "profundidade estratégica" e passaram a enxergar a Índia não como inimigo, mas como possível parceiro na criação de uma coesão regional dentro da qual muitos assuntos contenciosos poderiam ser resolvidos. Seriam os políticos e líderes militares paquistaneses capazes de segurar seus países e levá-los adiante? Poderiam se afastar do plano de voo desenhado pelos Estados Unidos?

Ao mesmo tempo, a instabilidade no Afeganistão está avançando a fronteira em direção ao Paquistão. Mesmo o secretário-geral da Otan está começando a entender os possíveis perigos, caso o movimento se arraste por muito mais tempo. Respondendo a uma pergunta depois de um discurso proferido em Washington, Jaap Scheffer disse: "Se a instabilidade no Paquistão e a instabilidade na fronteira significam instabilidade no Afeganistão, o contrário também é verdade. (...) Devemos nos afastar da noção de que o Paquistão não seja parte da

OPERAÇÃO LIBERDADE DURADOURA

solução, e não devemos pôr apenas o Paquistão como parte do problema. (...) Devemos fazer tudo o que for possível para ajudar e oferecer assistência aos paquistaneses. (...) É minha intenção, logo que haja um novo governo no Paquistão, viajar mais uma vez a Islamabad para conversar com o presidente, para conversar com o governo, para ver como poderíamos subir o nível de nosso diálogo político com o interesse de minimizar a instabilidade na fronteira por ali."

O novo governo no Paquistão tomou posse dia 26 de março de 2008, e já deixou claro suas intenções com os militantes do Waziristão. John Negroponte e Richard A. Boucher, representando o Departamento de Estado dos Estados Unidos, não foram calorosamente recebidos quando chegaram a Islamabad para encontrar-se com Asif Zardari e Nawaz Sharif. O maior jornal do país, *News*, publicou um editorial, "Hands Off Please, Uncle Sam" [Tire as mãos, Tio Sam], extremamente crítico à interferência americana no país. Sharif também foi surpreendentemente afiado, recusando-se a oferecer a Negroponte qualquer garantia ou comprometimento na "luta contra o terrorismo". Sharif disse à imprensa: "Se os Estados Unidos querem se ver livres de terroristas, nós também queremos que nossos vilarejos e cidades não sejam bombardeados. Não gostamos do fato de que nosso país seja hoje um campo de mortes. Vamos negociar com os militantes para que tentem parar tudo isso." O problema para o governo paquistanês eleito é que sem uma resolução no Afeganistão será difícil estabilizar as áreas tribais na sua fronteira ocidental.

Os insurgentes no Afeganistão estão ficando mais audaciosos a cada mês. Em junho de 2008, um contingente de guerrilheiros em motocicletas atacou uma prisão em Kandahar e libertou mil prisioneiros. Karzai, confuso, imediatamente culpou o Paquistão e ameaçou cruzar a fronteira e dar uma lição a Islamabad.

Na verdade, as necessidades estratégicas dos Estados Unidos estão desestabilizando a região. E se o povo local rejeitar tais fantasias imperiais? Será que eles, como seus Estados, também serão dissolvidos e mais uma vez recriados?

# 10

# PODERIA O PAQUISTÃO SER RECICLADO?

EM FEVEREIRO DE 2008, UM DOS MAIS VENERÁVEIS FORMADORES DE opinião dos Estados Unidos, a Brookings Institution, de Washington, D.C., organizou um exercício de abstração sob a rubrica "A relação estratégica Estados Unidos-Paquistão". O painel do evento refletiu o novo pluralismo, consistindo em grande parte de velhos amigos. Nesse caso, dois filósofos militares, o general Anthony Zinni, que já foi chefe do Centcom, e o general Jehangir Karamat, ex-chefe do exército paquistanês e antigo embaixador em Washington, ao lado de Richard Armitage, do Departamento de Estado, que, como já disse antes, ganhou muito prestígio em alguns setores após o 11 de Setembro por ameaçar fazer o general Musharraf e o Paquistão regredirem à Idade da Pedra. O general Karamat, decente e honrado homem, leal ao império, que resistiu à tentação e nunca tomou o poder no Paquistão, entendeu imediatamente o que era esperado dele na plataforma da Brookings. A relação estratégica não era sobre as inevitáveis tensões de um casamento de sessenta anos, mas sobre as necessidades imediatas dos Estados Unidos, que moldaram a política paquistanesa por décadas.

"Senhoras e senhores", começou o pobre general Karamat, "as questões que agora estão sendo postas sobre o relacionamento Esta-

314                    DUELO

dos Unidos-Paquistão refletem exatamente o que está acontecendo
nas fronteiras ocidentais do Paquistão, por que está acontecendo e o
que o Paquistão está fazendo sobre isso." Ele tentou explicar o melhor que pôde como tal situação era complexa, disse que o Paquistão
não deveria ser culpado pelo aumento da militância e que os líderes
tribais tradicionais tinham sido quase totalmente eliminados e substituídos por militantes. Advertiu gentilmente contra qualquer tentativa
de erodir a soberania paquistanesa, pois seria contraproducente, e
concluiu reafirmando a importância da "relação estratégica, que tem
grande futuro".

O general Zinni estava em seus piores momentos de condescendência. Ele mesmo disse que conhecia o exército do Paquistão muito
bem. Seu primeiro contato direto foi com um batalhão que lutou na
Somália no início da década de 1990, e que se saiu muito bem de
uma situação difícil. Zinni conhecia Karamat, e estava feliz de poder informar à audiência que o "general Karamat foi graduado em
Leavenworth, no Leavenworth Hall of Fame, para ser exato. Ele tem
orgulho disso, é fato. Esse tipo de conexão, esse tipo de comunicação,
construiu nossa capacidade de nos comunicar e operar um com o
outro, mesmo quando o clima político não é muito efetivo". Zinni
foi efusivo ao descrever como todos tinham sido prestativos em sua
viagem de 1999 ao Paquistão, quando chegou para ajudar na guerra
de Kargil contra a Índia. Na verdade, o general americano chegou armado com um ultimato de Bill Clinton: saiam do território indiano
ou de qualquer outro. Dennis Kux, outro antigo funcionário do Departamento de Estado na mesa do Sul da Ásia, descreveu o que realmente aconteceu:

> Surpreso e consternado pela aventura em Kargil, o governo america-
> no respondeu de forma vigorosa — muito mais forte que a reação da
> administração Johnson durante os primeiros momentos da guerra da
> Caxemira, em 1965. O presidente Clinton telefonou a Nawaz Sharif
> instando-o a retirar suas forças e enviou o general Anthony Zinni a

## PODERIA O PAQUISTÃO SER RECICLADO?

Islamabad para encaminhar a mesma mensagem diretamente ao primeiro-ministro e ao general Pervez Musharraf, que substituíra Karamat como chefe do exército. Ignorando a alegação paquistanesa de que o país não estava diretamente envolvido com a operação em Kargil e que não tinha controle sobre os mujahideen, o general americano pediu a Islamabad que enxergasse o fato de que os intrusos estavam passando pela linha de controle da Caxemira. Quando nem mesmo os chineses, muito menos os americanos, estavam desejosos de apoiar a posição paquistanesa, Islamabad encontrou-se isolada internacionalmente (...) e decidiu reduzir suas perdas.[78]

Foi inteligente por parte de Zinni não embaraçar-se no que se previa, no final das contas, um encontro amigável com um propósito fixo. Zinni apoiava a opinião de Karamat de que o Paquistão não deveria ser muito pressionado em sua fronteira ocidental. O país já tinha perdido muitos soldados. Na verdade, ainda que Zinni não tenha dito, mais soldados paquistaneses que americanos ou mercenários morreram na guerra afegã, que cruzou as fronteiras. Os militares paquistaneses, de forma deliberada, subestimaram as baixas. O exército diz que mil homens foram mortos durante as campanhas no Waziristão, de 2004 a 2006. Quando eu estava em Peshawar, em 2007, frequentemente ouvia dos jornalistas locais que o número real superava os três mil mortos e muitos milhares de feridos.

O espetáculo ganhou vida quando Richard Armitage tomou o microfone. Deixando de lado amenidades diplomáticas, Armitage disse que o Paquistão era uma confusão, que era assim desde 1947, e já não era um país, mas quatro (referência às quatro províncias do país), ou um pouco mais caso se enxergue o Waziristão como Qaedistão. Ele aceitou apenas responsabilidade parcial dos Estados Unidos por tal situação e relacionou-a ao modo de intervenção americana du-

---

[78]Dennis Kux, *The United States and Pakistan: 1947-2000: Disenchanted Allies* (Washington e Baltimore, 2001). Trata-se de um relato extremamente útil e sóbrio, se não totalmente abrangente, sobre o "relacionamento estratégico".

rante a guerra entre União Soviética e Afeganistão: "Sabíamos exatamente o que estávamos fazendo no Paquistão naquele momento, e sabíamos exatamente o que aconteceria no Afeganistão quando saíssemos dali. Isso não era segredo." Em outras palavras, eles sabiam muito bem que tinham deixado o país nas mãos de grupos religiosos e da ISI. O que estavam fazendo era usar o Paquistão como "Kleenex" (como um alto funcionário informou a Dennis Kux) ou, mais especificamente, como "preservativo", como disse um general raivoso e aposentado ao referir-se à "relação estratégica" em uma conversa comigo. Como já disse muitas vezes neste livro, as prioridades americanas determinaram as políticas internas e externas do Paquistão desde 1951. O longo período de preliminares culminou com o clímax afegão. Tão fascinados estavam os militares paquistaneses com a experiência que ficaram desesperados para repeti-la na Caxemira e em Kargil, esquecendo-se que um preservativo não é capaz de fazer o seu papel sozinho.

De forma crucial, Armitage, assim como Zinni e Karamat antes dele, opôs-se tachando de contraproducente a pressão em cima do governo paquistanês para conseguir a permissão para que tropas americanas pudessem operar em solo paquistanês, discussão que aconteceu por trás de portas fechadas em Washington por quase um ano. O aspirante a presidente americano, senador Barack Obama, fez na época uma intervenção pouco inteligente, demonstrando de forma pública sua virilidade em assuntos militares ao apoiar os falcões e clamando por ataques americanos ao Paquistão. Armitage diz que enxergou o futuro do Afeganistão intimamente relacionado a uma política democrática mais estável no Paquistão, mas não uma democracia ao estilo venezuelano — afirmação estranha, já que não existe a menor possibilidade disso, mas que certamente revela sua outra preocupação. Nada disso parecia impactar a Casa Branca. No dia 12 de abril de 2008, o presidente americano informou à rede ABC News que a área mais perigosa do mundo não era o Iraque nem o Afeganistão, mas sim o Paquistão, pela presença da Al Qaeda, que prepa-

PODERIA O PAQUISTÃO SER RECICLADO?          317

rava ataques aos Estados Unidos. A lógica era óbvia, ainda que não explícita: preparar a opinião pública para possíveis missões de busca-e-destruição dentro do Paquistão. A lenga-lenga, por si só, não era suficiente. O problema, que não foi tocado por Armitage nem pelos generais aposentados, era a guerra no Afeganistão e os problemas de governo em Cabul, onde um regime apoiado e supervisionado pelos Estados Unidos está supostamente no comando.

O futuro dos dois países está inter-relacionado, certamente, mas, como demonstraram as eleições paquistanesas de 2008 e alguns de nós estamos dizendo há algum tempo, os grupos religiosos e partidos têm pouco apoio das massas, sem contar as correntes jihadistas armadas. A crise resultante da operação Liberdade Duradoura está criando distúrbios dentro do Paquistão e afetando o moral de seu exército. A solução para isso está em Cabul e Washington. Islamabad e a União Europeia são apenas auxiliares leais com pouca influência real para resolver a crise.

O mais importante vice-rei britânico na Índia, Lord Curzon, disse que 'nenhum esquema de colcha de retalhos vai resolver o problema do Waziristão. (...) Não haverá paz até que o rolo compressor militar tenha sido passado no país de ponta a ponta. Mas não quero ser a pessoa responsável em pôr tal máquina em funcionamento". Esperar que o exército do Paquistão faça isso, e como resultado mate milhares de seus próprios cidadãos nas regiões onde recrutar soldados, é seguir em direção suicida. Mesmo a mais dura estrutura de comando deve julgar difícil manter uma unidade em tais condições.

Se isso for tentado diretamente pelos Estados Unidos, o exército do Paquistão se dividiria, e hordas de oficiais mais jovens poderiam subir às montanhas e resistir. O alto-comando militar, que regularmente recebe notícias de número substancial de soldados entrando para contingentes menores de guerrilhas, sabe muito bem que a guerra na província da Fronteira é extremamente impopular entre suas tropas. Os soldados desertam porque não querem lutar a "guerra americana" ou matar correligionários. Jovens oficiais pedem aposentadoria mais cedo para evitar uma segunda incursão à fronteira afegã. Se isso acontece hoje, não é difícil imaginar o resultado de uma intervenção direta dos Estados Unidos no Paquistão.

No momento em que escrevia este trecho, a guerra do Iraque custava 3 trilhões de dólares. Uma guerra dentro do Paquistão custaria muito mais. O exército do Paquistão aceitaria dinheiro e armamento para se transformar no rolo compressor a que se referia Lord Curzon, e "o dedo jihadista na ameaça nuclear" tão frequentemente citado pelo Ocidente poderia se transformar em uma profecia verdadeira. A solução regional, como eu já disse no capítulo anterior, é a única saída séria da crise.

Armitage aceitou que o extremismo religioso tem pouco apoio no Paquistão, mas falou muito sobre a crise da liderança e de governança, e também sobre a falta de um substituto óbvio ao presidente Musharraf:

> Infelizmente, a falecida Benazir Bhutto tinha chance como líder democrática eleita, e imagino não ter sido à toa que passou tantos anos em Dubai, e o senhor Nawaz Sharif também tinha suas dificuldades. Não estou sendo particularmente desagradável, estou apenas mostrando o fato de que uma das coisas com as quais temos de lidar hoje em dia é que não temos um candidato preparado para soldado do mês.

Tal visão não é muito diferente da minha, com a seguinte ressalva. A busca por um *pin up* militar para salvar a crise deveria chegar a uma pausa permanente. O último incumbente, como seus predecessores, foi uma abjeta falha, como revelou a imposição de uma emergência. Sobre isso, Stephen Cohen, outro especialista da Brookings em Paquistão, foi muito mais incisivo em um debate comigo no site do *Financial Times*, no período pré-eleições:

> Eu diria que mais americanos agora enxergam [Musharraf] como uma responsabilidade, e isso começa com os militares norte-americanos que se encontraram com talibãs baseados no Paquistão. (...) Na me-

# PODERIA O PAQUISTÃO SER RECICLADO? 319

lhor das hipóteses, vejo Musharraf sendo destituído por uma combinação do exército paquistanês, que hoje deve enxergá-lo como uma vergonha, e por apoiadores estrangeiros, incluindo os Estados Unidos, mas certamente a China e os europeus, que perceberam que o Paquistão deve ser coerente e efetivamente liderado para superar seus muitos problemas, entre eles a crescente onda da violência na sociedade.

Ainda que exista verdade nisso, Cohen, como grande parte dos analistas americanos, subestima a forma pela qual contínuas intervenções militares apoiadas por Washington interferiram na evolução orgânica da política no Paquistão, deixando-a nas mãos de políticos medíocres que, até hoje, demonstraram poucos sinais de aprender com os seus erros do passado e cuja única habilidade é a busca por enriquecimento pessoal. Musharraf assinou sua própria sentença de morte política quando se uniu a uma facção política — os Chaudry do Gujrat — para tentar manter-se no poder. Era um sinal de que, sob o seu mando, nada mudaria.

E, além disso, se o atual ciclo da luta pelo poder no Paquistão pudesse ser interrompido, não seria impossível que um novo movimento ou partido emergisse para fundamentalmente alterar o sistema político. Uma espécie de precedente foi estabelecido. Quem poderia prever o surgimento de um grande movimento de advogados ou de juízes da Suprema Corte quebrando com a tradição e se recusando a oferecer carta branca a um governo militar encurralado? Isso aconteceu quando o regime ficou desacreditado e os partidos da oposição se demonstraram ineficazes. O judiciário, apesar de suas limitações, preencheu o vácuo. Era o momento certo para a Suprema Corte e sua liderança aceitar desafios legais a um regime impopular e corrupto. Suas ações reacenderam a participação popular no processo político, criando a base para a vitória da oposição nas eleições gerais de 2008.

É inegável que os vitoriosos das eleições gerais de fevereiro de 2008 — o marido de Bhutto, Asif Zardari, e os irmãos Sharif — são

320          DUELO

fracassos testados uma e outra vez. Uma atmosfera de pusilanimidade e conformidade prevalece em seus partidos políticos, onde compromissos e negócios são prerrogativas apenas do líder. Eles foram eleitos principalmente porque, como cada vez mais acontece também no Ocidente, quando as diferenças políticas em um mundo globalizado são mínimas, os eleitores tendem a votar contra o que está no poder. Musharraf perdera a sua chance. Seus seguidores não eram populares. A fraude foi vetada pelo novo chefe do exército, as eleições foram cautelosamente pensadas de modo a garantir que, nas eleições, nenhum partido sozinho pudesse obter maioria absoluta seguindo o acordo firmado entre os Estados Unidos e Benazir.

Benazir havia concordado com uma parceria subordinada a Musharraf, a trabalhar com ele e, se necessário, com seus amigos Chaudhry do Gujrat. Foi por isso que Anne Patterson, última embaixadora dos Estados Unidos no Paquistão, reuniu-se com o viúvo Zardari após sua vitória nas eleições para recordar-lhe, sem dúvida usando palavras mais diplomáticas, que ele havia herdado não apenas o Partido Popular de sua esposa, mas também o seu legado. Os seguidores de Musharraf aumentaram a pressão sobre Zardari informando à imprensa que os processos de corrupção contra ele na Europa e no Paquistão não tinham sido suspensos. A imunidade legal fora dada apenas à sua mulher. O que era um tanto estranho, já que trabalhavam juntos e a imunidade para um deveria ser aplicada ao outro, mas nada é tão simples quanto parece. Finalmente, as acusações no Paquistão foram retiradas.

Uma reciclagem do país e a sua modernização são perfeitamente possíveis, mas requerem reformas estruturais em grande escala. Isolar os problemas do Paquistão como relacionados ao extremismo religioso, à luta pelo poder no Waziristão ou à possessão de armas nucleares é perder o ponto, enterrar-se no horizonte, além das linhas inimigas. Tais assuntos, como deixei claro nos capítulos anteriores, são importantes, mas os problemas relacionados a eles são resultado direto de décadas seguindo os preceitos de Washington. O desequi-

PODERIA O PAQUISTÃO SER RECICLADO?    321

líbrio é óbvio. Em 2001, quando o interesse dos Estados Unidos no país caiu, a dívida e os gastos com defesa passaram a comer dois terços dos gastos públicos — 257 bilhões de rupias (4,2 bilhões de dólares) e 149,6 bilhões de rupias (2,5 bilhões de dólares) respectivamente, comparado aos ganhos com impostos de 414,2 bilhões de rupias (6,9 bilhões de dólares). Em um país com um dos piores sistemas de educação pública da Ásia — 70% das mulheres e 41% dos homens são oficialmente classificados como analfabetos — e no qual a saúde pública é praticamente inexistente para quase metade da população, meros 105,1 bilhões de rupias (1,75 bilhão de dólares) foram reservados para o desenvolvimento geral.

Por toda a década de 1990, o Fundo Monetário Internacional (FMI) ralhou com governos civis que falharam ao manter suas promessas de reestruturação. O regime de Musharraf, no entanto, recebeu elogios, de 1999 em diante, por aferrar-se às linhas do FMI "mesmo com as durezas impostas ao povo por medidas austeras". O empobrecimento e o desespero nas favelas e no campo — que ainda é casa de 67,5% da população — aumentaram. Cerca de 56 milhões de paquistaneses, quase 30% da população, vivem hoje abaixo da linha de pobreza; o número cresceu em 15 milhões desde que Musharraf subiu ao poder. Uma das quatro províncias do Paquistão, o Punjab, com quase 60% da população, continuou a dominar econômica e politicamente o país, com os punjabis tomando os maiores postos do exército e da burocracia, e canalizando o que resta para o desenvolvimento a projetos locais. O Sind, com 23% da população, e o Baluchistão, com 5%, continuam sedentos de fundos, de água e de suprimento de energia, enquanto as fortunas da Fronteira Noroeste foram em grande parte dilapidadas na guerra afegã e na economia de heroína.

Uma crise monetária em maio de 2008 foi temporariamente resolvida com um comprometimento saudita de prover petróleo com crédito a longo prazo.

322     DUELO

Permanecer indefinidamente como uma satrapia certamente não ajudará o Paquistão. Em vez disso, várias mudanças, se implementadas, poderiam levar o país a um caminho de rápido desenvolvimento econômico como experimentado em outras partes da Ásia, ao mesmo tempo que fossem sustentadas e construídas estruturas democráticas estatais.

Primeiro, uma séria reforma agrária é necessária para espalhar o poder econômico e político para o interior do país, reduzir a pobreza rural e prover ajuda e subsídios aos agricultores e cooperativas. Fazendeiros nos Estados Unidos e Europa foram em grande parte subsidiados, muitas vezes em detrimento da agricultura no terceiro mundo. Um programa de subsídios aos pequenos produtores do Paquistão poderia gerar grande benefício, mas a ligação da elite ao atual sistema global de prioridades de mercado milita contra seu desenvolvimento. As terras estão muito concentradas nas mãos de poucos. Apenas 20% de todos os donos de terras têm mais de 35 acres, e menos de 10% têm mais de 100 acres. Oitenta e seis por cento das famílias do Sind, 78% do Baluchistão, 74% do Punjab e 65% da Fronteira Noroeste não têm qualquer fatia de terra. Cinquenta e cinco por cento do total da população do país (170 milhões) não possui terras. A injustiça está no coração da pobreza rural.

O problema é estrutural. A economia ainda tem uma base de produção muito estreita, altamente dependente da safra de algodão, pouco confiável, e da indústria têxtil, que gera pouco lucro; a irrigação é deficiente, e a erosão do solo e sua salinidade surgem por todos os lados. Ainda mais prejudiciais são as relações sociais no campo. A baixa produtividade da agricultura só poderia ser revertida com a implementação de séria reforma agrária, mas a aliança entre o Estado *khaki* e os senhores de terras deixa tal possibilidade quase impossível. Como registrou um relatório da Economist Intelligence Unit:

PODERIA O PAQUISTÃO SER RECICLADO?

No mínimo, a dificuldade para a mudança está no *status quo* que favorece os ricos donos de terras que dominam o setor, bem como aos parlamentos federal e provinciais. Grandes proprietários de terras controlam 40% das áreas cultiváveis e uma boa parte do sistema de irrigação. Mas relatórios de agências independentes, incluindo o Banco Mundial, demonstram que são menos produtivos que os pequenos produtores. Também são sonegadores de impostos, pedem emprestadas grandes somas de dinheiro e são péssimos devedores.[79]

A frágil economia foi ainda mais distorcida durante décadas pelo vasto aparato militar paquistanês. Por "razões de segurança", seu orçamento detalhado nunca foi posto em termos oficiais: uma única linha registra o valor total. No Paquistão, o poder de qualquer corpo eleito de infiltrar-se nos negócios militares sempre foi estritamente podado. Os cidadãos continuam sem saber como os 2,5 bilhões de dólares são anualmente distribuídos entre o exército (com 550 mil homens, mais de 2 mil tanques e duas divisões armadas); a força aérea (dez esquadrões de guerra com quarenta aviões de combate cada um, bem como sistemas de mísseis franceses e americanos); e a marinha (dez submarinos, oito fragatas) — sem contar o que é gasto com armas nucleares e sistemas de entrega.

Em tais circunstâncias, o mais recente slogan do Ministério da Cultura ("Cresça e globalize") parece satírico, se não surrealista. Infelizmente, é levado a sério. A ideia por trás disso é a venda de grandes extensões de terra ao agronegócio global, como foi feito no Brasil, e no processo transformar os camponeses em empregados com contratos de curta duração. Recentemente, um funcionário do Ministério das Finanças, em Islamabad, deu a seguinte declaração à imprensa: "A era da reforma agrária acabou, agora o governo quer criar novos postos de trabalho através da liberalização, da privatização e da desregulação da economia. Reforma agrária sequer estará em pauta

---

[79]Economist Intelligence Unit, Pakistan, Afghanistan (Londres: 2002), 26.

no próximo planejamento." Face a tal nova e brutal abordagem, os senhores de terra da velha escola ganharam uma renovação de seu aluguel para toda a vida. No Sind, por exemplo, continuam a administrar a justiça, dominar a política, governar seus domínios com mão de ferro e também, à sua maneira, continuam a prover comida para não deixar seus camponeses morrerem de fome. Alguns, como Mumtaz Bhutto (tio de Benazir), dizem abertamente que as pessoas que trabalham em suas terras estão melhor sob um sistema pré-capitalista desse tipo que sob qualquer outro oferecido pela globalização. Claro que nunca considerariam uma terceira alternativa: redistribuição de terras aos pobres.

Junto com a reforma agrária, é urgentemente necessária a criação de uma infraestrutura social que funcione para o grosso da população. Isso requer uma transformação em três níveis: educacional, de saúde e barateamento da moradia, dos quais os dois primeiros fatores deveriam ser prioridade estratégica para qualquer governo. Números oferecidos pelas Nações Unidas em 2007-8 colocam o Paquistão no posto 136 de um total de 177 países listados pelo Índice de Desenvolvimento Humano, abaixo do Sri Lanka, da Índia, das Maldivas e de Myanmar. A taxa de analfabetismo cresceu e continuará a crescer a menos que medidas sejam tomadas. O número oficial de matriculados na escola primária, de 53%, é o menor do sul da Ásia, e certamente trata-se de um número superestimado. O Ministério de Educação, como me disseram em Islamabad, paga salários a professores não existentes, assume despesas elevadas com escolas vazias e vários outros esquemas que inflam os números divulgados. Mesmo assim, os gastos oficiais com educação somam 2,4% do PIB, consideravelmente mais baixo que no Nepal. Apesar do estado precário do ensino fundamental, mais de 50% do orçamento para a educação deixa de ser aplicado a cada ano por conta da pobre capacidade do sistema. Muitas cidades pequenas têm escolas vazias e dilapidadas, com poucos professores. Visto isso, não deve ser surpresa que famílias pobres e desesperadas estejam preparadas para enviar seus filhos às madra-

# PODERIA O PAQUISTÃO SER RECICLADO?

ças dos islamitas, onde são mais bem alimentados, vestidos e educados que no sistema estatal. O sistema educacional privado é caro e classista, algumas vezes rejeitando crianças provenientes de famílias pobres, mesmo quando elas obtêm os recursos necessários através de empréstimo ou ajuda filantrópica. Este curto-circuito maciço na sociedade paquistanesa é responsabilidade de todos os governos desde 1947. Os Bhutto, pai e filha, não foram melhores que Zia e Musharraf neste sentido. Um sistema de ensino de alta qualidade, com o inglês como língua compulsória (seguindo o modelo da Malásia), seria uma medida extremamente popular em qualquer província e poderia transformar inteiramente o país.

As oportunidades educacionais podem ser limitadas no Paquistão, mas os pobres não têm praticamente qualquer acesso à saúde. Números recentes mostram uma relação de apenas oito médicos e um dentista para 10 mil pessoas, e menos de quinhentos psiquiatras em um país com um grande número de habitantes traumatizados e com distúrbios. A desnutrição, agudas doenças respiratórias, tuberculose, além de doenças de vários tipos que poderiam ser prevenidas, estão espalhadas por todos os lados. Um em cada 11 habitantes sofre de diabete. Dada a falta de recursos, e com quase três quartos dos médicos especialistas do Paquistão trabalhando nos Estados Unidos, os hospitais do governo são uma desgraça. Grande parte dos médicos em atividade trabalha em consultórios próprios ou em hospitais privados a que apenas os ricos têm acesso. Não existe estatística oficial disponível, mas Karachi, Lahore e Islamabad juntas têm cem ou mais hospitais privados e bem-equipados. As condições nos hospitais públicos das grandes cidades são repulsivas, e a falta de remédios a preço acessível é um problema para os pobres. A tragédia é contínua. O governo de coalizão formado após fevereiro de 2008 anunciou seus vinte "ministérios" de destaque. E eles não incluíam "desenvolvimento humano e saúde".

Quanto à moradia, o poder público não oferece nada, exceto para aqueles a serviço do governo ou das forças armadas. No entanto, a privatização da terra nos redutos militares significa que novas colônias militares estão sendo criadas em áreas remotas ao redor das cidades. O sistema legal também está montado para favorecer os ricos. Não obstante, acontecimentos recentes envolvendo representantes da Suprema Corte, grande parte dos juízes do Paquistão é subserviente, covarde, negligente, preconceituosa e acima de tudo corrupta. A ditadura de Zia os assustou, levando-os à submissão. Seus herdeiros civis nomearam clones políticos, de forma que, especialmente durante a década de 1990, a justiça no Paquistão nunca foi cega; o que sempre pesava mais em suas balanças eram as cédulas de dinheiro, com poucas e honrosas exceções. Não é segredo no país que, em casos legais envolvendo propriedades ou demandas corporativas, advogados estimam seus honorários de acordo com a quantidade de juízes que os clientes estão dispostos a comprar.

A torrente do recente ativismo da Suprema Corte que levou à única crise judicial do Paquistão oferece uma esperança nesse campo, mas vale a pena lembrar que a podridão começa nos níveis mais baixos. Reformas legais e judiciais, incluindo uma completa separação de poderes entre o Judiciário e o Executivo, seriam um primeiro passo em direção a um Estado funcional. Salários dignos para reduzir a necessidade de dinheiro "ilegal" também ajudariam. A restauração do presidente do Supremo e de seus colegas, afastados de seus cargos por Musharraf, é um assunto político importante. Mas mesmo que as divisões nesta questão, tanto dentro do PPP quanto entre este partido e a Liga Muçulmana de Nawaz Sharif, fossem resolvidas e os juízes fossem reintegrados a seus cargos, os problemas estruturais não desapareceriam.

Logo ficou claro que Zardari era mais simpático a Musharraf do que aos ativistas do judiciário.

A "marcha" de Karachi a Islamabad foi, na verdade, uma viagem à capital em carros e ônibus. Foi grande, mas o governo insistiu que não haveria manifestação pacífica nem um cerco permanente do Parlamento. Os líderes capitularam e deixaram a assembleia. O resulta-

PODERIA O PAQUISTÃO SER RECICLADO? 327

do foi a desmoralização do movimento. Onde Musharraf falhou, o viúvo conseguiu vencer.

Um dos orgulhos do regime de Musharraf foi ter oferecido ao país uma imprensa livre pela primeira vez em sua história. Mas isso foi apenas um exagero parcial. Os dois primeiros ditadores militares do Paquistão esmagaram a mídia de forma espalhafatosa. Zulfiqar Ali Bhutto não era grande amigo da liberdade de imprensa, nem Nawaz Sharif. Ainda que Benazir Bhutto não interferisse com a imprensa escrita, ela e seu marido ofereceram conselhos ininterruptos e impossíveis de serem ignorados aos programadores da PTV, a rede estatal de televisão. Por contraste, Musharraf, durante seus primeiros dias no governo, quando estava cheio de autoconfiança, pôs fim ao monopólio estatal da televisão. Os canais de transmissão foram liberados. Como resultado, surgiram várias novas redes, muitas vezes oferecendo noticiários de alta qualidade e análises melhores do que as das televisões da Índia e Grã-Bretanha. Um petulante e arrogante general Musharraf não imaginou que poderia ser ameaçado pela imprensa livre. Ele sabia que os paquistaneses assistiam a mais canais a cabo e boletins de notícias indianos do que à sua própria televisão estatal e reconheceu que reformar a antiquada estrutura de transmissão beneficiaria os negócios locais e criaria uma competição saudável com os canais do exterior, e foi o que aconteceu.

Mas Musharraf subestimou a capacidade dos jornalistas paquistaneses, especialmente uma nova e mais jovem geração, não tocada pelos problemas do passado, com sede de buscar a verdade. Crises históricas como a partição do país foram, pela primeira vez, discutidas abertamente na mídia, e os generais foram confrontados com duras perguntas. Inevitavelmente, um aperto se seguiu ao primeiro afrouxo da censura. A cobertura feita pela mídia independente da revolta dos advogados foi um dos primeiros alvos na declaração do estado de emergência, em 2007. Geo, a maior cadeia de tevê, ficou fora do ar por vários meses. O governo introduziu procedimentos regulatórios que restringiram seriamente a transmissão de notícias. Musharraf in-

328 DUELO

sistiu que, para manter-se no ar, as redes de notícias deveriam assinar um código de conduta sob o qual os jornalistas que o ridicularizassem ou qualquer outro representante do governo estariam sujeitos a multas e sentenças de prisão. "A mídia não deve promover agitação", disse Musharraf. "Deve estar ao nosso lado na guerra contra o terror." Estava nostalgicamente pensando na CNN ou na BBC World.

O recém-eleito ministro do governo para a informação anunciou, em abril de 2008, que uma legislação estava a ponto de ser introduzida para restaurar a completa liberdade de imprensa.

A inter-relação entre a política interna e externa do Paquistão nunca foi disfarçada. Em vez de uma política externa dependente de grandes poderes, deveria haver uma concentração regional no sul da Ásia, trabalhando para uma ação conjunta nas relações internacionais. Uma reaproximação com a Índia e a criação da União do Sul da Ásia, melhor e mais coerente versão da União Europeia, a longo prazo pode ser de interesse para toda a região. Em uma época em que os Estados Unidos estão ativamente desmantelando Estados e encorajando nacionalismos em locais como Kosovo, Croácia e Kurdistão, a coesão regional oferece uma solução de não confrontação às disputas na Caxemira e no Tâmil, uma redução dos gastos militares e uma melhora social em todos os países da área. Também levaria a um aumento do poder político da região como um todo, permitindo relacionamentos mais saudáveis com os Estados Unidos e a China. O sul da Ásia não deve agir como uma região-tampão entre esses dois grandes poderes, mas sim como uma região forte e independente por si mesma. As relações do Paquistão com a China são um importante fator nesta equação. Em anos recentes, foram simbolizadas por um maciço investimento chinês transformando Gwadar, pequeno porto pesqueiro na costa Makran, no Baluchistão, em um grande porto. O vice-primeiro-ministro da China, Wu Bangguo, viajou até lá para lançar a pedra fundamental do novo empreendimento, em 22 de maio de 2002, quatro meses após a ocupação americana de Cabul. Quando for completado, no final de 2008, Gwadar será o mais profundo porto

## PODERIA O PAQUISTÃO SER RECICLADO? 329

de mar na região, oferecendo à China um terminal de petróleo próximo ao golfo Pérsico, que fornece três terços de sua energia. Alguns analistas da inteligência americana estão preocupados, pois Gwadar poderia se transformar em uma base naval chinesa, oferecendo rápido acesso ao oceano Índico. Tais ansiedades são recíprocas. Com bases americanas e exércitos agora postos nas fronteiras da China com o Afeganistão, Pequim está começando a sentir a tensão. Esta foi uma das razões que levou o primeiro-ministro chinês a visitar o Paquistão, em abril de 2005, para assinar uma série de 22 acordos concebidos para estimular as relações bilaterais entre os dois países. Um ano mais tarde, Musharraf visitou Pequim. A agenda oficial centrou-se no comércio e na luta contra o terrorismo, mas o desejo do Afeganistão e do Paquistão de uma cooperação nuclear civil foi discutido em detalhes. A China é vista por muitos líderes militares paquistaneses como um "amigo a toda prova", parceiro mais confiável e que interfere menos que Washington, que periodicamente embargou o suprimento militar; as últimas restrições foram levantadas após o 11 de Setembro.

A atual obsessão do Ocidente com o Islã está apenas parcialmente relacionada ao 11 de Setembro; a causa principal é o petróleo, em grande parte localizado no subsolo de terras habitadas por muçulmanos. Considerando os significados do Islã, os analistas ocidentais fariam bem reconhecendo-o como ele é: uma religião do mundo, e de nenhuma forma monolítica. Tanto como religião quanto como cultura, reúne várias tradições locais tão diferentes umas das outras quanto as do Senegal e da Indonésia, do sul da Ásia e da península Arábica, do Magreb e da China. Contém todas as cores do arco-íris e sua cultura permaneceu vibrante até hoje. A Arábia Saudita, o Egito e a Indonésia produziram três entre os melhores romancistas do século XX: Abdelrahman Munif, Naguib Mahfouz e Pramoedya Ananta Toer. O sul da Ásia produziu poetas de qualidade incomparável, incluindo Ghalib, Iqbal e Faiz. O Senegal e o Irã nos deram cineastas que podem ter sua produção comparada às melhores da Europa, e muitas vezes superior a Hollywood. Que isso tenha de ser dito nesse século XXI só demonstra o provincianismo do Ocidente, incapaz de olhar além de seus interesses e inconsciente sobre o mundo que traduz.

O domínio político é obscuro, mas também aqui há causas e consequências. A Indonésia, maior país muçulmano do mundo, já foi casa do maior Partido Comunista do mundo, com um milhão de membros e simpatizantes. Eles foram destruídos pelo general Suharto com as bênçãos dos *islânófobos* de hoje.[80] Quem derrotou os comunistas do Iraque com uma liderança que incluía sunitas, xiitas, judeus e cristãos? Saddan Hussein, apoiado pelos Estados Unidos. A repressão, a implosão do sistema comunista e a nova ortodoxia econômica produziram um vácuo em muitas partes do mundo islâmico. Como resultado, muitos se voltaram à religião. Uma série de artigos sobre o Egito no *New York Times*, publicada em fevereiro de 2008, sublinha o desemprego da classe média como maior fator que leva os jovens às mesquitas. O mesmo é verdade, ainda que em menor escala, no Paquistão. Para algumas pessoas, a religião diminui a dor.

Quanto ao Islã político, ele também se apresenta sob várias formas e cores distintas. Os islamitas da Otan na Turquia, neoliberais até a alma, são populares no Ocidente. A Irmandade Muçulmana no Egito estaria igualmente feliz de poder trabalhar com os Estados Unidos, mas talvez não concordasse com a Palestina, pois Gaza é um vizinho. Por todos os lados, novas forças e rostos emergem com algo em comum. Muqtada, Haniya, Nasrallah, Ahmadinejad: cada um emergiu organizando os pobres de suas localidades — Bagdá e Bazra, Gaza e Jenin, Beirute e Sidon, Teerã e Shiraz. É nas favelas que o Hamaz, Hezbollá, e que as brigadas Sadr e o Basij têm suas raízes. O contraste com os hariris, chalabis, karzais, allawis, que têm a confiança do Ocidente — de milionários do além-mar, banqueiros e homens da CIA — não poderia ser maior. Um vento radical está soprando dos aliados e balançando as desgraças da terra, especialmente nas áreas cercadas

---

[80]Benedict Anderson, "Exit Suharto", *New Left Reviw*, março-abril de 2008.

PODERIA O PAQUISTÃO SER RECICLADO?             331

pelas fabulosas riquezas do petróleo. Os limites do radicalismo, enquanto estiver nas garras do Corão, são bastante claros. Os impulsos de caridade e solidariedade são infinitamente melhores que os da ganância imperial e da submissão dos intermediários, mas enquanto oferecerem alívio social, e não reconstrução, mais cedo ou mais tarde poderão mais uma vez ser engolidos pela ordem existente. Líderes com uma visão capaz de transcender as divisões nacionais ou comunitárias, com um sentimento de unidade e autoconfiança capaz de dar-lhe voz, ainda estão por surgir.

Existe, claro, a Al Qaeda, mas sua importância na ordem geral das coisas é em grande parte superestimada pelo Ocidente. Leva a cabo esporádicos ataques terroristas e mata inocentes, mas isso não supõe qualquer ameaça séria ao poder dos Estados Unidos. Não pode nem mesmo ser remotamente comparável aos movimentos liberais do nacionalismo anticolonial que atormentaram a Grã-Bretanha, França e os Estados Unidos na África ou na Indochina durante o último século. O atual problema ainda está confinado a áreas do Oriente Médio onde por vinte anos ou mais o poder americano nunca penetrou de forma significativa: a Palestina, o Iraque bahaísta e o Irã khomeinista. As verdadeiras âncoras dos Estados Unidos na região estão em outras partes — no Egito, na Arábia Saudita, nos Estados do Golfo e na Jordânia. Lá, mesmo sendo muçulmanos, os clientes tradicionais da América sempre estiveram alerta e preparados para ajudar em problemas regionais. O Paquistão faz parte deste grupo por escolha própria.

É bobagem falar, como fazem muitos analistas ocidentais, em "Islã global" como "um codinome para o Waziristão", quando o que realmente significa é que a guerra da Otan/EUA no Afeganistão está causando sérios problemas e que os grupos do neotalibã estão cruzando as fronteiras e ganhando apoio no Paquistão. Referir-se a tal fenômeno como um aspecto do "Islã global" é tão acurado quanto referir-se ao genocídio de judeus na Segunda Guerra como um aspecto do "cristianismo global".

Um argumento muitas vezes utilizado por Bernard Lewis é que os Estados Unidos se tornaram uma válvula de escape ao mundo muçulmano para explicar seu próprio declínio e problemas. É pouco engenhoso trazer à tona tal argumento em um momento quando a ocupação militar e econômica do Ocidente no mundo árabe, excetuando a Síria e parcialmente o Líbano, é quase completa. Os fundadores da Al Qaeda foram incubados na Arábia Saudita e no Egito antes de serem despachados por Zbigniew Brzezinski, depois conselheiro de Barack Obama na campanha presidencial de 2008, para levar a cabo jihadistas no Afeganistão. As relações do Paquistão com a Arábia Saudita sempre foram próximas, com o dinheiro na frente, muito mais que a religião. Mas o reino saudita também é próximo de Washington. Certamente, Bernard Lewis sabe que o rei Faisal sinceramente acreditava que a única forma de vencer Nasser e os comunistas sem Deus era fazendo da religião o pilar central da ordem social saudita, usando-a contra o inimigo. O Islã esteve sob ameaça e precisou ser defendido em todas as frentes. Isso deixou felizes seus aliados em Washington, tolerantes mesmo frente a sua decisão de impor um embargo de petróleo ao Ocidente após a guerra de 1973, algo que nunca mais voltou a acontecer.

Mesmo após o petróleo saudita ter sido completamente estatizado em 1980, a elite político-militar de Washington manteve sua decisão de defender o regime local e seu Estado a qualquer custo. Por quê, algumas pessoas se perguntam, o Estado saudita não poderia defender-se a si mesmo? A resposta é que o clã saudita, vivendo sob medo permanente, estava assustado com o espectro dos radicais nacionalistas que tomaram conta do poder no Egito, em 1952, e no Iraque seis anos depois. Os sauditas mantiveram o tamanho do exército nacional e da força aérea no mínimo possível para diminuir o risco de um golpe de Estado. Muitos dos armamentos que compraram para agradar ao Ocidente estão perdendo lustro pacificamente em depósitos no deserto.

## PODERIA O PAQUISTÃO SER RECICLADO? 333

Por uma década e meia, no final dos anos 1970 e na década de 1980, o exército do Paquistão, patrocinado por um tesouro saudita, enviou vários contingentes para proteger a família real saudita no caso de levantes internos. Depois, após a primeira Guerra do Golfo, chegaram os militares americanos. E ainda estão por lá. As bases aéreas americanas na Arábia Saudita e no Qatar foram usadas para lançar a guerra contra o Iraque. Toda a pretensão de independência se perdeu. A única coisa que os príncipes sauditas puderam fazer foi pedir aos Estados Unidos que não tornassem público o que dificilmente poderia ser visto como um segredo de Estado. Praticamente não houve cobertura televisiva dos aviões levantando voo da Arábia Saudita em direção ao Iraque.

Ligado a esse argumento está a "nova" ideia que também é promovida por muçulmanos ansiosos por agradar, especialmente nas universidades americanas. A luta, eles dizem, não é entre o Islã e os Estados Unidos, mas entre o próprio Islã. Tudo isso significa que, com os Estados Unidos protegendo fortemente e apoiando seus amigos no mundo muçulmano, os que se opõem estão lutando contra. Em um momento no qual os nacionalistas e a esquerda estão praticamente eliminados, tal objetivo caiu nas mãos de grupos islamitas de diferentes vertentes. Al Qaeda é um desses grupos, mas é uma pequena minoria na Casa do Islã. Nem é nova. O Islã nunca foi unido.[81] Esta é uma das razões por que perdeu a Sicília e a Espanha no período medieval. O único momento no qual conseguiu manter suas armas unidas foi sob o sultão curdo Saladino, na tentativa de tomar Jerusalém de volta dos cruzados, no século XII, e trazer de volta o seu status de cidade aberta a todos os povos do Livro.

É uma bobagem esperar que o Islã fale com uma só voz mais do que fazem o cristianismo e o judaísmo, o hinduísmo ou o budismo. A ascensão de movimentos islamitas recentes com suas facções extre-

---

[81]Eu expliquei isso com algum detalhe em *Confronto de fundamentalismos* (Rio de Janeiro, Record: 2002).

334                           DUELO

mistas é um fenômeno moderno, produto dos últimos cinquenta anos da história mundial. É uma fase que passará, mesmo no Waziristão do Sul, caso as ocupações militares em terras muçulmanas cheguem ao fim. Há problemas maiores no mundo. Fazer do Islã o escape de todos os desastres da política externa dos Estados Unidos é tão destrutivo quanto a utilização da religião durante a Guerra Fria, quando os próprios Estados Unidos, pela primeira vez, sublinharam sua lealdade à religião. A razão é óbvia. A religião estava sendo usada para mobilizar o apoio no terceiro mundo contra o inimigo comunista sem Deus. O presidente Truman usou a religião como arma contra a União Soviética. Em 1952, a Suprema Corte americana aceitou uma autoridade mais alta que a sua quando disse: "Somos povos religiosos cujas instituições pressupõem um Ser Supremo." A palavra religiosos, mais do que cristãos, foi usada precisamente para marcar algo em comum com os muçulmanos. O presidente Eisenhower repetiu tudo isso em 1954: "Nosso governo não faz sentido, a menos que esteja fundamentado em uma profunda fé religiosa — e eu não me importo qual seja ela."[82] No Paquistão e em outros Estados muçulmanos, como o Egito e a Indonésia, a USIS apoiou abertamente a Irmandade Muçulmana e o Jamaat-i-Islami e seus braços estudantis. Como vimos, este processo chegou ao clímax durante a primeira guerra afegã, quando o general Zia, apoiado por Washington, criou, armou e treinou grupos jihadistas especializados em lutar contra os sem Deus no Afeganistão. O Waziristão, nesses anos, foi em grande parte anticomunista. Os Estados Unidos poderiam, ou pelo menos imaginaram poder, lavar as mãos e sair. O Estado paquistanês patinava no seu próprio legado sem sabor. Depois veio o 11 de Setembro que, ao contrário do que foi dito por George Bush no momento, não se tratou de um ataque inocente por parte de um demônio irracional, mas sim o resultado do que aconteceu em outras épocas.

Em 2003, após uma longa viagem ao Paquistão, eu escrevi:

---

[82]*Christian Century* 71 (1954).

## PODERIA O PAQUISTÃO SER RECICLADO? 335

O exército é hoje a única instituição reguladora: sua dominação do país é completa. Por quanto tempo isso poderá ser sustentado? (...) O corpo de oficiais já não é dominado exclusivamente por homens com posses — grande parte dos oficiais vem dos subúrbios das cidades e estão sujeitos às mesmas influências e pressões que os seus colegas civis. Os privilégios os mantiveram leais, mas o processo que destrói políticos já está em curso. Enquanto, no passado recente, foi Nawaz Sharif e seu irmão, ou Benazir Bhutto e seu marido, que pediam suborno antes de fechar negócios, agora é o gabinete do general Musharraf que sanciona os projetos-chave.

É claro que, altos — e mesmo estratosféricos — níveis de corrupção não são empecilhos para a longevidade quando um regime intimidou de forma suficiente sua população e tem sólido apoio em Washington, e um bom exemplo é Suharto, na Indonésia. Poderia Musharraf buscar algo parecido? O destino de sua ditadura provavelmente dependerá da interação de três forças principais. Primeiro, a coesão interna do próprio exército. Historicamente, ele nunca se dividiu — vertical nem horizontalmente — e a sua disciplina ao seguir um movimento de mudanças políticas de 180 graus frente ao Afeganistão, sejam quais sejam os reveses, até hoje foi impressionante. Não é impossível que algum dia um oficial patriota possa livrar o país de seu último tirano, assim como, em seu tempo, Zia foi misteriosamente enviado para *Gehenna*; mas, de momento, tal fim parece improvável. Tendo desgastado sua humilhação do abandono do Talibã, o alto-comando parece capaz de mostrar-se insolente a qualquer outro ato de obediência às ordens do Pentágono.

E quanto à oposição parlamentar ao mando militar? Irritados com o resultado das eleições de outubro de 2002, por toda a sua fraude, que provaram apoiar Musharraf, os partidos que dominam o cenário político no Paquistão têm pouca esperança de rebelar-se contra ele. O oportunismo dos clã Bhutto e Sharif conhecem poucos limites. O front islamita escondido em Peshawar e Quetta é barulhento, mas não tem muitos princípios — o dinheiro e os privilégios rapidamente roubam grande parte dos seus protestos. O descontentamento popular permanece sendo maciço, mas se ressente de qualquer canal efetivo

336 DUELO

de expressão nacional. Seria bom pensar que suas performances no governo desacreditaram o PPP e o clã Sharif para sempre, mas experiências sugerem que, caso o regime atual em algum momento comece a desmoronar, há poucas chances de prevenir que tais fênix não voltem a levantar voo, na falta de outras alternativas mais progressistas.

Finalmente, está a supremacia americana. O regime de Musharraf não pode querer ter o mesmo papel de gerente regional que um dia teve Zia. O Paquistão foi suplantado como instrumento imperial pelo Afeganistão, e compensou com renovadas incursões na Caxemira. Mas se Islamabad foi forçada a manter uma postura mais passiva em suas fronteiras ao norte, sua posição estratégica para os Estados Unidos aumentou. Washington faz hoje um grande investimento político na criação de um regime fantoche em Cabul, que será guardado por tropas americanas "por muitos anos", nas palavras do general Tommy Franks — sem falar em sua contínua busca por Osama bin Laden e seus seguidores. O Paquistão é um flanco vital na perseguição de tais objetivos, e seus homens de alta patente podem esperar o tipo de compensações pródigas, públicas e privadas, que os militares tailandeses receberam por décadas de coalizão com os americanos em sua guerra na Indochina. Além do mais, Washington é pragmática e sabe que Benazir Bhutto e Nawaz Sharif eram agentes tão servis aos seus pedidos em Cabul quanto o próprio Zia. Caso titubeie em assuntos internos, Musharraf será varrido pelo seu suserano, sem sentimentalismos. A Pax Americana pode levar adiante uma guerra com qualquer número de agentes. Será preciso um levante como o de 1969 para fazer com que o Paquistão se livre deles.[83]

Os acontecimentos não contradizem as minhas palavras, com apenas uma exceção. Era impossível prever o prazer da surpresa de que o país viveria o levante judicial que viveu. Seu impacto foi uma renovação da esperança, e a cobertura efetiva feita pela mídia do evento deixou Musharraf exposto. Ele precisou de uma mistura de repressão com uma capa civil, e tinha poucas opções além de aceitar um

---

[83]"The Colour Khaki", *New Left Review* 19 (janeiro-fevereiro de 2003).

PODERIA O PAQUISTÃO SER RECICLADO? 337

acordo montado pelos Estados Unidos de certa união com a falecida Benazir Bhutto. Ficou muito desacreditado no país, e a imposição da emergência foi a gota d'água para vários de seus partidários. O assassinato de Bhutto aumentou sua falta de popularidade. Logo veio a derrota.

Por mais que as eleições de fevereiro de 2008 no Paquistão tenham sido manipuladas, elas foram um problema para Musharraf bem como para a aliança islamita, que perdeu para o secular Partido Nacional Awami, duas vezes removido do poder e herdeiro de Ghaffar Khan, que ensinou aos pashtuns a valorizar a não violência e a combater o imperialismo. O Partido Popular emergiu como a maior força, com 120 do total de 342 assentos na Assembleia Nacional, seguido de perto pela Liga Muçulmana, de Sharif, com 90 assentos, e da ANP, com 13. A Liga Muçulmana, pró-Musharraf, ganhou 51 assentos, e o MQM, 25. A derrota era decisiva. Caso não houvesse qualquer voto pendente, seria o fundo do poço, especialmente para o MQM em Karachi, onde a violência e a corrupção eram abertas. A coalizão religiosa obteve seis membros do parlamento, e mesmo se o Jamaat-e-Islami não tivesse boicotado as eleições, sua representação não seria mais alta.

Até o assassinato de Bhutto, a campanha eleitoral foi medíocre. Os principais partidos tinham poucas diferenças ideológicas ou plataformas políticas, a nível nacional ou internacional. O Partido Popular há muito tempo abandonara seu populismo. A chave que interligava os assuntos era a presidência de Musharraf e a reinstalação do presidente do Supremo e de outras pessoas retiradas de seus postos durante o período de emergência. O PPP estava dividido neste ponto. Um de seus veteranos no Punjab, Aitzaz Ahsan, era uma figura central na campanha para trazer os juízes de volta. O viúvo de Bhutto, por outro lado, fora sentenciado por anos de prisão pelo mesmo judiciário e mostrava-se relutante frente a eles. Em um encontro de líderes de partido, em abril de 2008, deixou clara sua opinião sobre Ahsan.

Deixando de lado o fato de que a ANP, assim como o PPP, não é inimiga de Washington, seu triunfo eleitoral na Província da Fronteira

338 DUELO

confirma o que alguns de nós várias vezes argumentamos. O sexto país mais populoso do mundo, também Estado nuclear, não está a ponto de uma tomada jihadista do poder. Se neoconservadores da administração Bush ou seu sucessor querem ver vivas suas profecias, tudo o que precisam fazer é ocupar partes do Paquistão, destruir suas instalações nucleares e impor um regime fantoche. O inferno que é o Iraque logo se espalhará para o leste. Opção definitivamente não recomendada.

Os políticos deliciados do PPP e da triunfante Liga Muçulmana rapidamente concordaram em formar uma coalizão e dividir os espólios ministeriais. Nawaz Sharif, fora do parlamento, selecionou apoiadores testados e confiáveis para o trabalho que viria a seguir. Zardari, com poderes ganhos de sua viúva, pôde apontar o novo primeiroministro. Durante o seu exílio, Bhutto escolheu um amável e nada questionador senhor sindi como seu procurador. Era esperado pelo PPP que fosse o eleito para primeiro-ministro. Makhdoom Amin Fahim, proprietário de terras, político e religioso ao mesmo tempo, não poderia ser visto como um social liberal. De forma pouco comum, mesmo no Paquistão, todos os seus quatro cunhados são o Corão. A família de Fahim diz ser descendente dos primeiros muçulmanos a pisar no subcontinente, na corte de Muhammad bin Kasin, que tomou o Sind no ano 711. As mulheres, nos primeiros tempos do Islã, ganharam e herdaram propriedades em igualdade com os homens, tradição que se enraizou em algumas partes do Sind. Por isso, os senhores de terra buscaram uma solução engenhosa para prevenir que as mulheres se casassem fora das famílias, o que poderia levar à partição dos estados. As jovens herdeiras literalmente se casavam com o Corão — de forma similar às freiras, que se casam com Cristo. Tal manobra preservava a virgindade das meninas, o que por sua vez oferecia a elas poderes mágicos; mas acima de tudo assegurava que as propriedades permaneceriam sob o controle de seus pais e irmãos. O problema posto pelas quatro ricas irmãs do líder do PPP foi então piamente resolvido.

PODERIA O PAQUISTÃO SER RECICLADO?    339

Zardari decidiu-se contra Fahim por razões geopolíticas. Sentia que um senhor punjabi seria mais indicado para governar o país e escolheu outro divino-e-político da cidade santa de Multan. A escolha recaiu sobre Yousaf Raza Gillani, político bem entonado com o espírito do momento e farinha do mesmo saco de muitos de seus contemporâneos. As qualidades de Gillani foram reconhecidas pelo general Zia-ul-Haq, e como Nawaz Sharif, transformou-se em um dos primeiros favoritos do ditador, servindo lealmente em vários comitês destinados ao apoio do regime. Após a morte de Zia, Gillani virou um leal apoiador da Liga Muçulmana, mas logo uniu-se ao Partido Popular. Ficou com eles e não aceitou propostas dos Chaudhry de Gujrat de mudar de barco, entrando em sua Liga Muçulmana. Seu instinto serviu bem neste caso. Sua lealdade ao PPP quando este estava fora do poder foi muito bem recompensada pelo chefão do partido.

O impacto imediato do desastre eleitoral sofrido pelos correligionários de Musharraf arrefeceria a desilusão e o cinismo do povo. O clima moral parecia a ponto de melhorar. Mas não por muito tempo. O fervor e a *naïveté* logo se transformaram em raiva. As línguas de alguns políticos em pouco tempo voltariam à atividade. Dois assuntos importantes pegaram os vitoriosos de frente. O primeiro tinha a ver com o judiciário. Nawaz Sharif disse que, se eleito, seu partido reverteria as ações de meia-noite levadas a cabo durante o período de emergência e reintegraria o presidente da Suprema Corte e outros juízes afastados de suas funções. Logo após seu triunfo nas urnas, o viúvo Bhutto e Nawaz Sharif se encontraram em Bhurban e publicamente concordaram que esta seria uma grande preocupação e que os juízes teriam seus cargos de volta em até trinta dias após a tomada de poder pelo novo governo. Houve uma alegria geral no país. De 3 de novembro de 2007 até logo após as eleições, o chefe de justiça, Iftikhar Muhammad Chaudhry, foi prisioneiro do regime, detido em sua casa, que fora cercada com barricadas e arame farpado, e com um aparato policial sempre em guarda. Suas linhas de contato foram cortadas e seus telefones celulares inutilizados. Colegas e advogados que o

340 DUELO

defendiam eram sujeitos ao mesmo tratamento. Um deles, Aitzaz Ahsan, atirou contra o regime de Bush em um editorial do *New York Times*, de 23 de dezembro de 2007:

> As pessoas nos Estados Unidos ficam pensando por que os militantes extremistas do Paquistão estão ganhando. O que deveriam se perguntar é por que o presidente Musharraf tem tão pouco respeito pela sociedade civil — e por que tem essencialmente o apoio de oficiais americanos?
>
> As instruções da Casa Branca e do Departamento de Estado sobre o Paquistão ignoram todas essas remoções da justiça e todas essas detenções. Ao mesmo tempo, advogados, ordens de advogados e instituições de direito de todo o mundo notaram tal momento de bravura como um processo necessário e constitucional. Mostraram sua solidariedade com os advogados do Paquistão. Entre eles estão, só nos Estados Unidos, a Ordem dos Advogados Americana, e associações locais e estatais, de Nova York e Nova Jersey a Louisiana, Ohio e Califórnia, e cidadelas de educação legal como as faculdades de direito de Harvard e Yale.
>
> O detido presidente do Supremo continua recebendo grande reconhecimento. A faculdade de direito de Harvard conferiu a ele seu maior prêmio, deixando-o no mesmo pedestal de Nelson Mandela e da equipe de advogados no caso Brown x Board of Education. O *National Law Journal* apontou-o como advogado do ano. A Ordem dos Advogados da Cidade de Nova York o admitiu como raro membro honorário. Mesmo com tudo isso, o regime de Musharraf não demonstra qualquer sinal de abrandar.

O novo governo ordenou a liberação imediata dos juízes afastados e a remoção de todas as restrições. Isso foi em grande parte visto como um prelúdio à sua reintegração. Musharraf e seus apoiadores em Washington entraram em pânico. Se Chaudry e seus colegas retomassem seus cargos, John Negroponte informou ao novo governo (via Richard Boucher, secretário assistente de Estado), Musharraf

## PODERIA O PAQUISTÃO SER RECICLADO?

poderia ser legalmente removido, e isso seria inaceitável. Ele tinha de seguir, ao menos enquanto Bush permanecesse na Casa Branca. Sua partida seria vista como um passo atrás na guerra contra o terror.

Isso acelerou o processo político e trouxe à tona as diferenças nesse assunto entre a liderança do PPP e os irmãos Sharif. Em um encontro subsequente com oficiais americanos em Dubai, na presença de Musharraf e dos seguidores de Benazir Bhutto, a estes lhes foi pedido que confirmassem a exata natureza do acordo firmado entre a falecida Benazir com os americanos, antes do seu retorno ao Paquistão. Seu marido fora deixado de lado durante o processo e parecia não conhecer muito bem os detalhes.

Asif Zardari tinha suas próprias preocupações. A Portaria para a Reconciliação Nacional que desculpava políticos corruptos fora parte do acordo entre Benazir e Musharraf. Era uma portaria muito odiada e a Suprema Corte teve de ouvir um recurso questionando sua legalidade. Zardari, sabendo muito bem disso e da possibilidade de que os casos contra ele na Europa pudessem ser reabertos, capitulou. Simultaneamente, oficiais dos Estados Unidos no Paquistão ofereceram indultos a Chaudry na forma de altas posições na Corte Internacional de Justiça, com todos os benefícios do posto ou mesmo um posto acadêmico nos Estados Unidos. Chaudry disse a eles que não estava interessado.

Asif Zardari e Nawaz Sharif se encontraram em Londres, em abril de 2008, para polir suas diferenças. Cada um acompanhado de partidários confiáveis. Dois parlamentares eleitos da Liga Muçulmana flanqueavam Nawaz Sharif. Dois políticos não eleitos, Rehman Malik e Husain Haqqani (o primeiro, subversivo bajulador, e o segundo ligação crucial com Washington), sentaram-se com Zardari. Nenhum consenso poderia ser alcançado sobre a restauração do judiciário e isto inevitavelmente produziu rupturas na aliança. Após consultar seus colegas seniores, Nawaz Sharif afastou ministros da Liga Muçulmana do governo central, citando desacordos nesse assunto. É extremamente raro no Paquistão que qualquer político deixe seu gabinente

342   DUELO

por assunto de princípios. A popularidade de Nawaz Sharif no país aumentou. A ação de Zardari provocou uma profunda indignação entre os simpatizantes do judiciário e um grande número de membros influentes do PPP estava claramente infeliz com o aceno público a Musharraf. Mas, tendo aceitado Zardari como seu líder temporário, deixaram a si mesmos sem poder. Como guardião do partido, a família Bhutto o privou de qualquer identidade política, e nenhum grupo no interior do partido poderia formular um programa político independente. Políticos do PPP cresceram tão acostumados ao escudo Bhutto que não poderiam dar um passo sem ele. Isso é uma pena. Como eu disse antes, a família Bhutto já exauriu há muito tempo sua função histórica. O PPP deveria livrar-se desse grilhão, assim a democracia sairia ganhando, mesmo que tardasse alguns anos até que seus líderes e membros conseguissem superar sua dormência política e se articulassem outra vez. No meio-tempo, a iniciativa recai inteiramente sobre Zardari e seus mais próximos conselheiros. Eles tomam as decisões-chave, utilizando o primeiro-ministro Gillani e sua corte no parlamento como selo. Por enquanto, isso serve tanto a Musharraf quanto a Bush. O que vai acontecer após a sua saída permanece uma questão em aberto.

A campanha para defender o judiciário foi o primeiro sério movimento nacional contra a arbitrariedade do poderio militar desde 1969. As decisões da Suprema Corte que desafiaram o regime de Musharraf restauraram o autorrespeito do país. Seu caráter secular refutou o mito de que terroristas jihadistas estavam a ponto de tomar o país. Mas os juízes eram muito menos populares nos círculos de poder dos Estados Unidos e da Europa, onde a opinião da elite era neoimperialista e continha uma obsessão com a ocupação e a guerra. Os juízes do Paquistão não eram vistos como úteis por esses grupos. O emprego do estado de emergência por parte de Musharraf para dispensar o presidente do Supremo "turbulento" acelerou a decomposição do regime. Por defender os direitos civis dos pobres, Chaudry era visto por alguns jornais liberais do Ocidente como "ativista judicial" e "agitador".

## PODERIA O PAQUISTÃO SER RECICLADO? 343

Washington e seus aliados enxergavam o papel da guerra no Afeganistão e no Paquistão como sua prioridade central. Tudo o mais era um desvio. Qual seria a atitude dos novos políticos eleitos no Paquistão frente à tempestade no Afeganistão? Evitariam movimentos que poderiam envergonhar os Estados Unidos e ofereceriam uma mão a Washington? Em março de 2008, o marechal Eric T. Olson, chefe do Comando de Operações Especiais dos Estados Unidos, chegou a Islamabad para consultas com os militares paquistaneses e os surpreendeu ao pedir que fosse organizado um debate com os líderes eleitos, outra coisa inédita na história do país. Olson perguntou aos políticos como enxergavam a necessidade urgente dos Estados Unidos de incursões cruzando fronteiras. Nenhum dos paquistaneses que respondeu disse ver a ideia com bons olhos, e deixaram sua oposição bem clara. O homem mais antigo a servir nas fronteiras, Khalid Aziz, disse a Olson que "seria extremamente perigoso. Aumentaria o número de militantes, se transformaria em uma guerra de libertação para os pashtuns. Eles diriam: 'Estamos sendo massacrados. Nossos inimigos são os Estados Unidos'".

Para Nawaz Sharif, a possibilidade de matar cidadãos paquistaneses na Província da Fronteira por parte de tropas americanas transformava tal argumento em uma opção séria. Ele acreditava que negociações com os militantes no Waziristão e uma saída gradual dos militares da área eram essenciais para deter os ataques terroristas nas grandes cidades. O PPP foi mais brando, mas também firmemente contrário, sobre as incursões da Otan em território paquistanês. Os líderes da ANP na Fronteira, que até então apoiavam a presença americana no vizinho Afeganistão, não estavam preparados para oferecer um cheque em branco aos Estados Unidos e apoiaram negociações com Baitullah Masood, líder miliciano pró-Talibã do Waziristão do Sul, acusado pela CIA de chefiar o assassinato de Benazir Bhutto, o que foi negado por alguns dos mais próximos entre os amigos de Bhutto. Dois líderes importantes da ANP, Asfandyar Wali Khan (neto do falecido Ghaffar Khan) e Afrasiab Khattak, se reuniram em Washington para encontros com o Conselheiro de Segurança Nacional Stephen Hadley e John Negroponte. Havia apenas um assunto na pauta: incursões além da fronteira. Washington estava determinada a encontrar políticos paquistaneses que a defendessem. Os dois líderes da ANP se recusaram. Mais tarde, Khattak informou ao *New York Times*: "Dissemos a eles que uma intervenção física dos Estados Unidos em áreas tribais seria uma tolice. Criaria uma atmosfera na qual os terroristas ganhariam muito apoio popular." Que isso precisasse ser dito é preocupante.

Owais Ghani, governador da Província da Fronteira e, incrivelmente, amigo de Musharraf, também reiterou a mesma ideia: "O Paquistão vai cuidar de seus próprios problemas, e vocês, por sua vez, cuidem do Afeganistão. O Paquistão é um Estado soberano. A Otan está no Afeganistão. Chegou a hora de trabalharem um pouco como soldados."

No dia 18 de maio, para ressaltar que os Estados Unidos não estavam muito preocupados com as opiniões dos políticos eleitos, um Predator bombardeou Damadola, na agência de Bajaur, no Paquistão, matando mais de uma dúzia de pessoas. Os Estados Unidos disseram que tinham tomado como alvo e matado um "líder significativo". Akhundzada Chattan, membro do parlamento para a agência de Bajaur e veterano do PPP, reuniu uma coletiva de imprensa e denunciou os Estados Unidos, com linguagem dura, por "matar inocentes". Os líderes locais do PPP o apoiaram fortemente, sobretudo quando ele insistiu repetidas vezes que "o protesto do governo paquistanês contra o ataque dos mísseis não é suficiente. O governo deveria também cortar os laços diplomáticos com os Estados Unidos e expulsar seu embaixador imediatamente".

Chattan disse que um padrão claro se estabelecera. Assim que o governo paquistanês e os insurgentes locais começaram a conversar uns com os outros e discutir uma paz duradoura, a Otan dirigiu-se a áreas tribais do país e matou pessoas inocentes. Ele advertiu Washington para que cessasse tais atividades e enviou um apelo aos líderes

PODERIA O PAQUISTÃO SER RECICLADO? 345

tribais, aos insurgentes, ao exército do Paquistão e ao novo governo para que deixassem de lado todas as diferenças e se unissem contra a "agressão estrangeira". Esta dissidência no PPP sugere que a descendência de Zardari não está tão segura quanto ele pode imaginar. Também é outro lembrete de que a decisão de sucessivos governos do Paquistão por manter as áreas tribais separadas do resto do país é contraproducente. Tal anomalia impede que partidos políticos e outras organizações funcionem na região, deixando o controle político nas mãos dos líderes tribais, normalmente com resultados calamitosos.

Todos esses movimentos na fronteira do Paquistão não foram problemas grandes o suficiente para eles, o país como um todo está no meio de uma crise de alimentos e energia que cria dificuldades severas em todas as cidades. A inflação está fora de controle, chegando aos 15% em maio de 2008. O gás, que é usado nas cozinhas de muitas casas, aumentou 30% no último ano. O trigo, base da dieta da maioria dos habitantes, sofreu um aumento de 20% desde novembro de 2007 e, enquanto a Organização das Nações Unidas para a Agricultura e a Alimentação (FAO) admite que o estoque de alimentos do mundo alcançou baixas recordes, o Paquistão tem um problema adicional: grandes quantidades de trigo estão sendo contrabandeadas ao Afeganistão para servir às necessidades dos exércitos da Otan. Não é segredo no Paquistão que entre os contrabandistas estão parlamentares recém-eleitos. Suas faces triunfantes e sorridentes escondem odiosos calculistas. A política é um caminho para fazer dinheiro. As poucas esperanças levantadas pelas eleições desapareceram. Os pobres são os mais castigados, mas famílias de classe média também estão começando a ser afetadas.

A POLÍTICA EM UMA TERRA de ditaduras perpétuas e políticos corruptos é sem dúvida uma atividade deprimente, mas com alguns aspectos positivos. Por um lado, os políticos têm reavivado o interesse por histórias da literatura popular do primeiro período de regime muçulmano na região. A seguinte, primeiro narrada por um contador de histórias do século XVI, e que me foi repetida em Lahore, em 2007, resume, com algumas modificações, a vida no Paquistão de hoje: um homem não está nada satisfeito com a decisão de um magistrado. Este último, irritado, o provoca dizendo que deveria apelar ao *qadi* (um juiz de uma instância superior). O homem responde: "Mas ele é seu irmão, não vai me ouvir." O magistrado diz: "Vá ao *mufti* (especialista em lei muçulmana)." O homem responde: "Mas ele é seu tio." O magistrado diz: "Vá ao ministro." O homem responde: "Mas ele é seu avô." O magistrado diz: "Vá ao rei." O homem responde: "Sua sobrinha está noiva dele." E o magistrado, morto de raiva, diz: "Vá para o inferno, então." O homem responde: "Lá reina o seu estimado pai. E ele fará todo o possível para que eu não me sinta bem."

A história oficial é composta sobretudo de meias verdades e mentiras sinceras, nas quais tudo é atribuído a governantes nobres, a sentimentos devotos. Os que escrevem isso são adoradores de fatos realizados, e estão ao lado dos vitoriosos. Algumas vezes generais, outras políticos. O êxito justifica tudo. Mas existe outra história que se recusa a ser reprimida.

Os satíricos, escritores e poetas do Paquistão geralmente se recusam a silenciar suas vozes. Eles são a consciência coletiva do país, e a vida sem eles seria sombria. Normalmente enxergam vitórias em momentos de derrota. O poeta e novelista do Punjab, Fakhar Zaman, ativista do PPP que passou um tempo na prisão durante a ditadura de Zia, é um dos que se recusam a renunciar à esperança:

*Como pode o que perdeu a visão pintar?*
*Como pode o que perdeu suas mãos esculpir?*
*Como pode o que perdeu seus ouvidos compor música?*
*Como pode o que teve a língua cortada cantar?*
*Como pode o que tem as mãos atadas escrever poesia?*
*E como pode o que tem os pés presos a grilhões dançar?*
*Com nariz e boca tapados, como se pode sentir o cheiro das flores?*

## PODERIA O PAQUISTÃO SER RECICLADO?

*Mas tudo isso realmente aconteceu:*
*Sem olhos, nós pintamos*
*Sem mãos, esculpimos estátuas*
*Sem ouvir, compusemos músicas*
*Desprovidos de língua, cantamos*
*Com as mãos atadas, escrevemos poesias*
*Com as pernas presas a grilhões, dançamos*
*E a fragrância das flores penetrou nossas bocas e narinas tapadas.*

# ÍNDICE

11 de Setembro, 2001, ataques terroristas, 21, 29, 45, 83n, 187-88, 190, 191, 199, 270, 282, 284, 287, 289, 303, 313, 329, 334
"A aurora da liberdade" (Faiz), 58
Abdullah, Maulana, 28
Advani, L.K., 270
"Adviser" (Conselheiro) (Jalib), 259
Afeganistão, 28, 155-56, 195, 218, 220, 231, 237, 247, 279, 307, 345
  invasão americana e ocupação do, 36, 41, 43, 45-6, 157, 170, 190, 191, 196, 207, 243, 268, 273, 275-9, 281-9, 291-311, 315, 321, 331
  invasão soviética do, 30, 34, 36, 44, 154, 157, 158, 159, 160, 168-70, 171, 176-77, 191,237, 243, 245, 248, 278, 280, 289, 291, 296, 300, 303, 316, 334
  ver também Talibã
Agência de Inteligência de Defesa (DIA), 30, 150, 186, 262
Agência de Investigação Federal (FIA), 27, 206, 219

Ahmad, Mahmud, 187-9, 191
Ahmed, Mirza Ghulam, 68-9
Ahmed, Mushtaq, 21
ahmediyya, seita, 67-70, 143
Ahsan, Aitzaz, 211, 215, 337, 340
Ahsan, almirante, 112
Akbar, imperador, 35-6, 164
Akbar, Said, 80, 232
Akhtar, Haq Nawaz, 23
Al Qaeda, 29, 45, 178, 189, 191, 232, 240, 265, 267, 277, 282, 284, 303, 307, 316, 331, 332, 333
Aldrich, Wintroph W., 248
Alemanha, 72, 276, 302, 307
Alexandre, o Grande, 35, 42, 298
Ali, Chaudhry Rahmat, 72
Ali, Laiq, 248, 249
Aliança do Norte, 145
Aliança Nacional do Paquistão, 145
Alling, Paul H., 63-4
al-Tuwairqi, 23
Al-Walid bin Talal, 200
al-Zulfiqar, 167, 172, 218, 219, 220
Amanullah, rei do Afeganistão, 280

## DUELO

Amin, Hafizullah, 157, 158
Andropov, Yuri, 158
Angola, 110, 146, 147
Arábia Saudita, 23, 28, 32, 41, 67, 95, 160, 168, 221, 241, 286, 321, 331, 332-333
Arif Habib Securities, 23
Arif, K.M., 141
Armitage, Richard, 188-89, 191, 313, 315, 316, 318
Assembleia Constituinte do Paquistão, 65-66
Assembleia Nacional do Paquistão, 107, 136, 140, 182, 337
Asseri, Ali Saeed Awadh, 32
Atatürk, Mustafa Kemal, 214, 298
Attlee, Clement, 56
Ayub Khan, Mohammad, 65, 78, 82, 83, 84, 86, 89-90, 92, 94, 96-7, 99, 101, 103, 105, 111, 117, 137, 138, 139, 140, 166, 167, 186n, 192, 201, 252, 253, 254, 255, 258
Azad, Maulana Abul Kalam, 66, 67
Azhar, Masood, 196
Aziz, Abdul, 29-30, 31, 33, 34
Aziz, Khalid, 343
Aziz, Shaukat, 23, 200-1

Babar, Naseerullah, 177
Baha'is, 70
Bahini, Mukti, 115, 120
Bajaur, agência, 344
Baluchistão, 33, 111, 126, 131, 133, 136, 137, 138, 156, 159, 201, 251, 261, 321
Bangladesh, 109, 131
    ver também Paquistão Oriental
Bashir-ud-din, Mirza, 69
Basit, Hafiz Abdul, 27
BBC, 47, 207, 209, 213, 227-8, 285, 328

Bengala, 49, 50, 52, 57, 81-2, 93, 95, 96, 102, 1036, 107, 108, 128, 131, 140
fome de 1943 na, 124
Betrayal of East Pakistan, The (Niazi), 103n
Bharatiya Janata, partido (BJP), 270
Bhashani, Maulana, 94
Bhutto, Benazir, 19, 20, 89, 90, 125, 150, 153, 161, 172, 175-6, 177, 178-181, 182, 186, 199, 209, 211, 212, 214-7, 219, 220-3, 225-9, 231-232, 234-7, 262, 318, 320, 325, 336, 341
assassinato de, 13, 19, 232-5, 237, 238, 239-41, 336, 338, 343
nas eleições de 2008, 47, 205-8, 216, 231-232, 234-5, 320, 337
Bhutto, Fatima, 224, 225, 226-7
Bhutto, Mumtaz, 134, 257n
Bhutto, Murtaza, 172, 217, 219, 220, 222, 223-6
Bhutto, Nusrat, 153, 218, 223, 229
Bhutto, Shahnawaz, 217, 219, 220
Bhutto, Zulfiqar Ali, 72, 84, 90, 96-7, 103, 108, 112, 125, 126-7, 129, 136, 138-40, 143, 163, 166-67, 173, 182, 185, 193, 237, 247, 254, 255-7, 263, 325, 326-7
bomba nuclear adquirida por, 143-50, 154, 156
prisão, julgamento e execução de, 150-3, 156, 167, 217, 219, 232, 235, 236
Biden, Joseph, 240
bin Kasin, Muhammad, 338
bin Laden, Osama, 33, 168, 170, 185, 188, 189, 272, 282, 284, 336
Biswas, Tipu, 115, 120
Bizenjo, Ghaus Bux, 136
Blair, Tony, 281
Bogra, Mohammad Ali, 251

# ÍNDICE

Boucher, Richard A., 311, 340
Brejnev, Leonid, 158
Brown, Art, 256-66,
Brown, Gordon, 205
Brzezinski, Zbigniew, 147, 157, 158, 160, 332
Bulleh Shah, 34
Bunn, Matthew, 265, 267
Burma, 100, 103
Burns, John F., 228
Bush, George W., 188, 275, 276, 334, 338, 340, 341-2
Bush, Jenna, 278
Butt, Ziauddin, 185
Byroade, Henry, 149-150

Cabul, 45, 155, 157, 169, 177, 178, 184, 190, 191, 202, 219, 230, 275-6, 279, 285
*Can Pakistan Survive?* (Ali), 9, 17
Carnificina em Karachi, 26
Caroe, Olaf, 40
"Cartas ao Tio Sam" (Manto), 82-3
Carter, Jimmy, 158
Caxemira, 22, 28, 89, 90, 125, 153, 184, 247, 250, 251, 256, 257, 259, 261, 270, 271-2, 316, 328, 336
CBS News, 194
Centcom, 45, 269
Césaire, Aimé, 91
Chattan, Akhundzada, 344
Chaudhry do Gujrat (família), 163-4, 165, 167-8, 187, 200, 203, 219, 319, 320
Chaudhry Iftikhar Muhammad, 22, 23-4, 25-7, 339-340
Chaudhry Manzoor Elahi, 165, 167
Chaudhry Pervez Elahi, 219

Chaudhry Shujaat Hussain, 167, 187, 219
Chaudhry Zahoor Elahi, 165-67, 219
Chavéz, Hugo, 190
Cheney, Dick, 148, 275, 276, 283, 292-3
China, 18, 41, 89n, 94, 103, 106, 116, 118, 159, 168, 242, 248, 255, 258, 259, 260, 272, 278, 308, 310, 319, 328-9, 331, 336
Chou En-lai, 94
CIA, 30, 158, 168, 172, 188, 220, 237, 258, 262, 265, 276, 285, 295
Cingapura, 54
Citibank, 200
*Civil and Military Gazette*, 37
Clark, Ramsey, 152
Clinton, Bill, 182, 185, 194, 314
Clinton, Hillary, 240, 241, 277-78, 308
Cohen, Stephen, 318-9
Collins, juíz, 228
Comissão de Energia Atômica do Paquistão, 144
Comissão Internacional de Leis, 114n
Comissão de Planejamento, 126
Comissão dos Direitos Humanos do Paquistão, 26
Conferência de Não Alinhados, 190
Conselho de Relações Exteriores, 229
Conselho Nacional de Segurança, 85, 284
Convenção da Liga Muçulmana, 86
Corão, 36, 42, 43, 162, 169, 207, 246, 331, 338
Corte Internacional de Justiça, 341
Croácia, 307, 328
Crossette, Barbara, 171
Cruzadas, 333

## 352 DUELO

Cuba, 147, 157
Cultura, ministro paquistanês da, 323
Curzon, lorde, 100, 317, 318

Daca, universidade de, 93, 112
*Daily Telegraph* (Londres), 286
Daman, Ustad, 75
Daud, príncipe do Afeganistão, 155-56, 280
*Daughter of the East* [Filha do Ocidente] (Benazir Bhutto), 218
Daultana, Mian Mumtaz, 70
Dayan, Moshe, 66, 142
Departamento de Estado, EUA, 10, 19, 64, 85, 123, 171, 187-88, 191, 195, 205, 208, 212, 218, 229, 248, 249, 313, 314, 340
Devaud, Daniel, 227
Dodd, Chris, 277
Dostum, Rashid, 289
Dulles, John Foster, 252
Dupree, Louis, 153

*Economist*, 112, 307
Educação, Ministério Paquistanês da, 19-20, 84, 324
Egito, 42, 83, 110, 142, 158, 160, 168, 224, 329, 330, 331-2, 334
Eisenhower, Dwight D., 334
eleições paquistanesas, 12
  de 1959, 83
  de 1964, 111
  de 1970, 96, 107, 126, 131, 140
  de 1977, 145, 151
  de 1988, 175, 222-223
  de 1990, 176
  de 1993, 176
  de 1999, 182
  de 2002, 335
  de 2008, 47, 203, 205-7, 215, 231-232, 234, 319-20, 337
Encontro Islâmico, 143
Espanha, 227, 275, 333
Estados Unidos, 27, 42, 117, 248-9, 261
  Afeganistão invadido e ocupado pelos, 36, 41, 44, 45-7, 158, 169-171, 189, 190, 191, 196, 207, 243, 268, 273, 275-8, 280-9, 291-311, 315-6, 321, 331
  doutores paquistaneses no, 20
  embargo das armas ao Paquistão, 148, 149-50, 256, 329
  hostilidade paquistanesa frente aos, 10
  influência dos, no Paquistão, 9-11, 28, 29, 46-7, 53, 75, 82, 85-6, 87-88, 95, 116, 117, 145-7, 149-51, 153, 156, 158-9, 168, 185-6, 188-90, 193, 194, 205, 207, 229, 235, 238-9, 244, 247, 250, 251-52, 255-56, 315-6, 319, 320, 336-7, 338, 340-1
  na crise de Suez, 83
Exército Nacional indiano, 77

Faisal, rei da Arábia Saudita, 332
Faisal, rei do Iraque, 253
Faisal, Turki, bin, príncipe da Arábia Saudita, 168
Faiz, Faiz Ahmed, 57-8, 60, 78, 128, 252n, 329
*Farenheit 9/11*(filme), 287
Farooqi, Amjad, 199
Fasihudin, Fauzia, 220, 225
Fasihudin, Rehana, 220

## ÍNDICE

Federal Bureau of Investigation (FBI), 195, 206
Finanças, Ministério Paquistanês das, 201, 323
Fischer, Joschka, 288
Fisk, Robert, 169
Força de Segurança Federal, 135, 152
Ford, Gerald, 148
França, 30, 53, 72, 91, 110, 229, 238, 253, 272, 275, 331
Franks, Tommy, 336
Frente de Libertação do Povo do Baluchistão (BPLF), 137
*Friends Not Masters* (Ayub Khan), 89
Fukuyama, Francis, 158-160
Fundo de População das Nações Unidas (UNFPA, em inglês), 15
Fundo Monetário Internacional (FMI), 321

Gabinete de Inteligência e Análise, 85
Galbraith, Peter, 218
Gall, Carlotta, 200
Gandhi, Indira, 117, 119, 123, 143, 171, 259-60, 262
Gandhi, Mohandas, 38, 39, 40, 54, 55, 56
Gandhi, Rajiv, 171, 264
Gates, Robert, 229, 301n
Geo (rede de tevê), 24, 212, 327
Ghalib, 329
Ghani, Owais, 344
Ghazi, Abdul Rashid, 29, 30, 31
Gillani, Yousaf Raza, 339, 342
Godfrey, J.H., 54
Goldwater, Barry, 243
Gorbachev, Mikhail, 170
Gordon, Charles, 68

Goss, Porter, 188
Grã-Bretanha, 25, 26-7, 30, 37-40, 51-2, 72, 77, 79, 83, 86, 101, 111, 116, 152, 206-7, 227, 250, 253, 272, 297, 300, 302, 331
*ver também*, Império Britânico
Gracey, Douglas, 78-9, 102
Graham, Bob, 188
Griffin, Keith B., 88
Gromov, Boris V., 170
Guantánamo, baía de, 197
*Guardian*, 150
guerra contra o terror, 28, 45, 212-3, 214, 230, 243, 328
Guerra da Coreia, 89, 251
Guerra do Golfo, 333
Guerra do Iraque, 195, 305, 306-7, 318, 338
Guerra do Vietnã, 95-6, 159, 168, 184, 306
Guerra Fria, 41, 82, 155, 160, 251, 256, 272, 334
Guerra Irã-Iraque, 29
*Guerrilla Warfare* (Guevara), 120
Guevara, Che, 115, 120, 289
Gul, Hamid, 233-34

Hadley, Stephen, 344
Hameed, general, 124
Hanif, Mohammed, 213
Haq, Abdul, 168
Haq, Anwarul, 152
Haq, Fazle, 161
Haqqani, Husain, 207n, 341
Harkatul Ansar, 193
Hassan, Gul, 115, 125, 178-9
Hassan, Mubashir, 126
Hassan, Sibte, 61, 78
Hazelhurst, Peter, 121

354 DUELO

*Heer and Ranjha* (Waris Shah), 60
Hekmatyar, Gulbuddin, 281, 291
Henrique III, rei da França, 238
Hindu Kush, 159, 305
hindus, 35, 39, 49, 50, 51, 54, 59, 66,
  67, 68, 78, 101, 106, 114, 155,
  192, 219, 267
Hu Jintao, 32
Huq, Mazharul, 151
Hussain, Altaf, 25-6
Hussain, Maulvi Mushtaq, 167, 219
Hussain, Nasser, 197
Hussein, rei da Jordânia, 142
Hussein, Saddam, 206, 330

*If I Am Assassinated* (Zulfiqar Bhutto),
  146, 216
Iftikhar Khan, Mohammed, 78-9
Ijaz-ul-Haq, 30
Ilyas, Maulana, 21
Império Britânico, 19,37-8, 52-3, 62,
  65, 245, 279, 280, 305
Império Otomano, 280
*In the Line of Fire* (Musharraf), 184,
  186, 201
India International Centre, 261
Índia, 9, 21, 30, 31, 36, 39, 46, 66, 68,
  72, 79, 82, 85, 99-102, 118, 124,
  134, 155, 165, 171, 182, 183, 187,
  190, 201, 229, 231, 250-1, 254-55,
  256, 258, 279, 310, 324, 328
  armas nucleares da, 144, 267, 269-73
  economia da, 296-7
  greve na, 54-55
  guerras do Paquistão com a, 89-90,
    102, 183-5, 192, 250, 255, 256,
    259-61
  motim de 1857 na, 55n, 77-78
  na Segunda Guerra Mundial, 53-54,
    76-77, 101, 102

partição da, 17, 25, 49-52, 55-56, 58,
  59, 65, 192
serviço civil na, 101
Indonésia, 100, 113, 286, 329-330
Informação, Ministério Paquistanês da,
  19, 89
Interserviços de Inteligência (ISI), 30,
  33, 34, 47, 142, 145, 156, 168-9,
  170, 177-78, 184-5, 187-9, 190-4,
  196, 198, 200, 203, 210, 215, 216,
  220, 225, 233, 267, 285, 291, 305,
  307, 316
Inzamam-ul-Haq, 21
Iqbal, Allama, 17
Iqbal, Muhammad, 60-1, 70, 329
Irã, 45, 70, 136, 137, 148, 158, 194,
  202, 231, 234, 253, 278, 290, 308,
  309-10, 329, 331
Iraque, 136, 206, 243, 253, 284, 297,
  298, 334, 332
Ishaq, presidente, 176
Islã, 11, 28-30, 46, 54, 56-57, 62, 65,
  67, 79, 103-4, 142-3, 161-2, 271
  Ahmediyya, seita do, 68-73
  estabelecimento do Paquistão frente
    ao, 49-50, 81
  mulheres no, 41-43
  na partição da Índia, 49-51
Islamabad, 19, 25, 28, 30-32, 45, 325
Israel, 55n, 83, 110, 142, 161, 168, 172,
  190, 207, 221, 233-34, 261, 267-
  8, 305
Itália, 275
Itaoui, Ghinwa, 221

Jaish-e-Mohammed, 193, 270
Jalib, Habib, 95-6, 258-9
Jamaat-e-Islami (JI), 19, 41-3, 57, 66,

ÍNDICE

83, 95, 114, 143, 163, 207n, 289, 334, 337
Jamiat-Ulema-e-Islam (JUI), 41, 57, 133
Jamshed, Junaid, 21
Japão, 54, 77, 99-100, 248
Jinnah, Mohammed Ali, 17, 50, 53, 54, 56-7, 62, 63-66, 72, 79, 87, 101, 112, 113, 208, 248, 249, 251, 252n, 257
Johnson, Niel M., 149-150
Jordânia, 142, 150, 331
Joseph, Robert, 266-67

Kadafi, Muammar, 154, 230
Kakar, Wahid, 180
Kansi, Aimal, 237
Karachi, bolsa de valores, 117
Karachi, Paquistão, 23, 25-6, 28, 46, 51-2, 102, 193
Karamat, Jehangir, 180, 313-5, 316
Kartography (Shamsie), 160
Karzai, Ahmad Wali, 301
Karzai, Hamid, 44, 202, 207, 276, 283, 289, 292, 293, 295, 301, 302, 309
Kasuri, Ahmed Raza, 127, 151
Kasuri, Khurshid Mahmood, 217, 303
Kasuri, Mahmud Ali, 90, 136, 217
Kayani, Ashfaq, 47, 200, 202, 241
Kayani, juiz, 71
Keeler, Christine, 86
Kelsen, Hans, 139
KGB, 158, 170
Khalilzad, Zalmay, 285
Khan, A.Q., 145, 233-34
Khan, Akbar, 78, 135
Khan, Ali Kuli, 182, 201
Khan, Ali Mardan, 299
Khan, Chakar, 138n

Khan, Ghaffar, 38-9, 40, 43, 47, 337, 343
Khan, Ghulam Ishaq, 176, 221
Khan, Imran, 211
Khan, Ismail, 290, 291
Khan, Khan Qurban Ali, 80
Khan, Liaqat Ali, 51, 80, 81, 232
Khan, Meraj Mohammad, 126
Khan, Munir Ahmed, 145
Khan, Sahibzada Yaqub, 177
Khan, Tikka, 102, 141
Khan, Wali, 343
Khan, Zafarullah, 67, 251
Khattak, Afrasiab, 44, 343
Kholi, general, 219
Khrushchev, Nikita, 253
Khyber, passo de, 34, 251
Kipling, Rudyard, 37, 40, 251
Kissinger, Henry, 95, 146-8, 149
Kosovo, 194, 309, 328
Kosygin, Aleksey, 90
Kurtz, Stanley, 245
Kux, Dennis, 314-5

Lal Masjid, 28, 31-2, 33
Lal salaams, 94
Lashkar-e-Taiba, 270
Lee Kuan Yew, 127
Leghari, Benazir, 179
Leghari, Farooq, 178-80, 182, 225, 226
Levante camponês de Tebhaga, 120
Lewis, Bernard, 332
Líbano, 221, 305, 332
Líbia, 154, 220
Liga Awami, 89, 94, 103, 106, 107, 108-9, 110, 111, 112-3, 115, 116, 118, 122-23
Liga Muçulmana do Paquistão, 163

356      DUELO

Liga Muçulmana Sharif, 337
Liga Muçulmana, 39, 42, 43, 47, 51, 52,
   54, 55, 61, 65, 66, 67, 70, 80, 81,
   99, 101, 163, 166, 182, 187, 326,
   338, 341
Linha Durand, 45, 46, 154, 155-56,
   159, 160, 279, 309
Lodhi, Maleeha, 188-89
*Los Angeles Times*, 226
Ludhianvi, Sahir, 55

MI6, 197
MacMunn, George, 76, 78
Magnitogorsk Iron & Steel Works Open
   JSC, 23
Maher, Bill, 293
Mahfouz, Naguib, 329
Mahmood, Bashiruddin, sultão, 145
Mahmood, Masood, 152
Mahmud, Mufti, 41
Maiwandi, Ajmal, 299-300
Majlis-i-Ahrar, 66
Makhdoom Amin Fahim, 338, 339
Malik, Iftikhar, 206
Malik, Rehman, 206, 341
Manekshaw, general, 260
Manto, Abid Hasan, 25
Manto, Saadat Hasan, 58-60, 82
Mao Tse-tung, 89n, 94
Maomé, profeta, 68
Marri tribo, 137
*Martial Races of India, The* (MacMunn),
   76
Martin, Kingsley, 86
Mary, rainha dos escoceses, 238
Masood, Baitullah, 209, 343
Massoud, Ahmed Shah, 289-91
Mathew, John, 152

Matin, Abdul, 115, 120
Maududi, Abul Ala, 41, 95
Maududi, Maulana, 66, 67, 70
Mazari, Shireen, 268-9
McConnell, Michael, 283
McGirk, Tim, 292
Meio Ambiente, Ministério Paquistanês
   do, 33
Meir, Golda, 66
Membros da Assembleia Nacional
   (MNAs), 20
Mengal, Ataullah, 136
Mesquita Vermelha, 28, 30, 31, 32-33,
   34
Messervy, Frank, 78
Miliband, David, 239
Minto, lorde, 51
*Miraj-nameh*, 90
Mirza, Iskander, 65, 81, 82, 83, 84
Mitha, A.O., 124, 125
Moçambique, 110
moguls, 35-6, 144, 164, 258, 299
Mohammad Reza Shah Pahlavi, 136,
   137, 248
Mohammad, Ghulam, 65, 81, 248
Mohammed, Maulana Faqir, 33
Montgomery, Bernard, 102
Mossad, 172
Mountbatten, Edwina, 17
Mountbatten, lorde, 17
Movimento "Deixem a Índia", 54
Movimento dos Camisas-Vermelhas, 43
Movimento Nacional pela Restauração
   da Soberania Paquistanesa, 197
Mubarak, Hosni, 207
Mubarakmand, Samar, 145
mujahideen, 161, 168, 169, 177, 178,
   197, 245

## ÍNDICE

Mukti Bahini (Exército de Libertação), 115-6
Munif, Abdelrahman, 329
Munir, juiz, 71
Musa, general, 90
Musharraf, Pervez, 17, 19, 23, 31, 33, 45, 46, 182, 183, 187-88, 193-5, 197, 210, 212, 214, 226, 227, 239, 240,, 241, 243, 267, 270, 271, 277, 281, 301, 313, 315, 321, 325, 326, 327, 328, 335-6, 340, 341, 342
atentados contra a vida de, 31, 191, 192, 198
ativistas judiciais e advogados como ameaça a, 22-8, 33, 209, 211-5, 239, 319, 326, 336
nas eleições de 2008, 46-7, 203, 205-6, 215-6, 319, 320, 337
resposta ao 11 de Setembro, 189-90
subida ao poder de, 168, 186, 192
Mushtaq, Maulvi, 151
Muttahida Majlis-e-Amal (MMA), 33, 41-44
Muttahida Qaumi Movement/United National Movement (MQM), 25-27
Nações Unidas, 116, 125, 146, 170, 177, 207, 225, 234, 272, 288, 301, 324, 345
Nações Unidas, Fundo de População das, 15
Nagi, John, 284
Najibullah, Mohammad, 177
Nasser, Gamal Abdel, 83, 332
Nawaz, Asif, 180
Nazimudin, Khwaja, 81
NBC, 277
Negroponte, John, 205, 215, 239, 311, 340, 344

Nehru, Jawaharlal, 17, 39, 53, 54, 59n, 66, 134, 249-50, 254, 257
Neumann, Ronald E., 295
*New York Times*, 37, 84, 122, 171, 194, 200, 228, 234, 295, 306, 330, 340, 344
Niazi, "Tigre", 102, 115, 123
Nixon, Richard, 95, 258
Noon, Feroze Khan, 249-50

Obama, Barack, 277, 308, 316, 332
Olson, Eric T., 343
Omar Saeed, *sheik*, 196, 199
Omar, mulá, 45, 178, 188, 191, 284
Operação Grand Slam, 89
Operação Liberdade Duradoura, *ver* Afeganistão, Invasão americana e ocupação do
Operação Searchlight, 114
Organização do Tratado do Sudeste Asiático (Seato), 82, 253
Organização pela Libertação da Palestina, 142
Otan, 18, 42, 44-46, 169, 202, 256, 272, 275, 278, 279, 282, 289, 290, 291-3, 295, 300, 301-303, 305, 343, 344

Pacto de Bagdá, 82, 253
Pashtun, 40-1, 44, 45, 46, 155, 246, 257, 279, 295, 305
Pajhwok Afghan News, 295
*Pakistan Times*, 91, 249, 252
Palestina, 142, 305, 330-331
Papanek, Gustav, 87-88
Paquistão Ocidental, 9, 65, 76, 86, 88, 89, 92, 94, 104-5, 106, 107, 128, 132, 139, 140, 167

358 DUELO

invasão do Paquistão Oriental, 108,
111-126, 131-32, 191, 259
ver também, Paquistão
Paquistão Oriental, 9, 52, 76, 81-2, 86,
89, 91-2, 101-2, 106, 107, 108-
112, 127, 131, 140
exploração econômica do, 104-5
invasão do Paquistão Ocidental do,
108, 112-126, 131-32, 191-2,
259
veja também, Bangladesh
Paquistão, 9-13
agricultura no, 134
assassinatos no, 15, 28-9, 193, 195;
ver também Bhutto, Benazir,
assassinato de; Zia-ul-Haq,
Mohammad, morte de
analfabetismo no, 12, 89n, 135, 182,
321, 324
aniversário de sessenta anos do, 16
aniversário de vinte anos do, 18
bombardeio do, 33, 193, 194, 276
campanhas antivício no, 43
capacidade nuclear do, 18, 19, 72,
144-150, 154, 156-7, 172, 190,
230, 233, 261, 264-8, 269-71,
277, 328, 338
clima do, 16
comércio de heroína no, 12, 34, 44,
160, 161, 166, 201, 321
comunistas no, 41-42, 57, 59n, 77,
95, 105, 135
constituições do, 27, 53, 82, 176, 181
corrupção no, 20-21, 22-28, 65, 136,
179-181, 205, 206, 207-8, 211,
222, 223, 225, 227-8, 238-39
desastre com ciclone no, 107, 123
desemprego no, 117-8

economia do, 86-89, 95, 101, 103-6,
117-8, 134-5, 320-25
educação no, 15, 28, 46, 63, 71, 134-
5, 139, 144, 186-7, 236, 269,
321, 324, 325
elite x povo no, 9, 11-13, 15-16, 20-
21, 23-24
embargo das armas americanas no,
148, 149, 256, 328-29
estação das monções no, 16
estupros em massa no, 49-50
exército do, 10, 16, 28, 29, 53, 77-8,
79, 83, 93-4, 99, 102, 105-6,
107, 108, 115-6, 120, 123, 137,
140, 143-44, 151, 153, 160, 168,
175, 179, 182, 183, 184-6, 210,
230-1, 260-1, 271, 317-8, 335
falta de oportunidades econômicas
no, 15-16, 20, 46, 65, 78-80, 86-
88, 142-43, 144, 236, 345
golpe de 1977 no, 150-53, 155, 167
greves no, 26, 101-2, 108
grupos religiosos no, 10, 11-2, 15, 18,
19-20, 21-22, 28-35, 46, 161-62,
304, 319
guerras da Índia com o, 89-90, 12-3,
183-6, 192, 250, 255, 257, 259-
61
histórias do, 258
indústria do sexo no, 31-32, 42-43
influência americana no, 9-10, 28, 29-
30, 46-7, 53, 75, 79, 82, 85, 87-
88, 95, 115, 116, 145-47, 150,
153, 156-57, 158-59, 168, 185,
188-91, 192-93, 194, 205, 207-
8, 229, 235, 238, 244, 248-50,
251-52, 255-56, 285, 315-6,
319, 320, 336, 338, 340-41

ÍNDICE    359

invasão egípcia apoiada pelo, 83, 110
lei marcial declarada no, 151, 207-8,
  213
má nutrição no, 15
mercado negro no, 15, 160-62
mídia no, 20, 25, 26, 29, 33, 41-43,
  187, 201, 210, 223, 226, 230,
  252, 327
mortalidade infantil no, 135
movimento talibã no, 304, 319
nacionalizações no, 133, 143, 163-64
nascimento do, 51-53, 56, 63
parlamento do, 16
poetas do, 57-62, 5, 329, 346-47
políticos democráticos no, 13, 19-20,
  75, 86, 91, 231, 239, 242
pornografia no, 42-43
privatização no, 23, 323, 326
protestos no, 23-24, 91-92, 218
Qissa Khwani, 38-39
reforma agrária no, 187, 236, 322-23,
  324
regime de taxações no, 135
regime militar no, 9, 10, 11, 16, 20,
  23, 46, 132, 151-54, 167, 175,
  206-7, 235, 236, 239, 242; *ver*
  *também* Musharraf, Parvez;
  Paquistão, exército do; Zia-ul-
  Haq, Mohammad
saúde no, 46, 144, 236, 321, 324
tecnologia no, 15
terremoto de 2005 no, 11
trigo do, 345
*ver também* Linha Durand; Índia, partição da
Partido Democrático do Povo do Afeganistão (PDPA), 156, 157

Partido do Congresso Indiano *ver* Partido do Congresso
Partido do Congresso, 38, 39, 40, 53,
  54, 55, 56, 66, 79, 101, 109
Partido dos Estudiosos do Islã, *ver*
  Jamiat-Ulema-e-Islam
Partido Islâmico, *ver* Jamaat-e-Islami
Partido Nacional Awami (ANP), 43-44,
  133, 203, 337, 343-44
Partido Nacional Awami (NAP), *ver*
  Awami Partido Nacional
Partido Popular do Paquistão (PPP), 44,
  90, 126, 127, 132-4, 138, 140, 151,
  178, 203, 207, 208, 215, 217, 219,
  221, 222-5, 235, 237, 238-9, 240,
  257n, 269, 326, 336, 337, 338,
  339, 341, 342, 343-44
Partidos Combinados da Oposição, 111
*Pathan Unarmed, The* (Banerjee), 39n
Pearl, Daniel, 193, 194-96, 197, 200,
  278
Pearl, Mariane, 195, 278
*People* (Jornal), 108
Pervez, Tariq, 27
Peshawar, Universidade, 42
Petroline FZC, 206
Plano dos Seis Pontos, 94, 104-7, 116
Plano Marshall, 296
PML-Q, 219
Pollock, George, 299
Portaria de Reconciliação Nacional, 206,
  341
Powell, Colin, 190, 193, 302, 303
Powers, Gary, 253
Pramoedya Ananta Toer, 329
President to Hold Another Office Act
  (2004), 27 (emenda 17 à Consti-
  tuição)

360 DUELO

Primakov, Yevgeni, 170, 176
Pritam, Amrita, 60-61
Prodi, Romano, 275
Progressive Papers Limited, 84
Província da Fronteira Noroeste, 18, 34, 36, 41, 52, 92, 102, 111, 126, 155, 159, 160, 182, 269, 321, 322
Punjab, 49, 50, 52-3, 60, 61, 70, 72, 76, 80, 102, 126, 216, 219, 257

Qadir, Manzur, 84
Qadir, Saeed, 141
Qissa Khwani, 38-39
"Queda do Talibã" (seminário), 192
Quetta, Paquistão, 43, 137, 282
Qureshi, Moin, 176
Qureshi, Nawab Sadiq Hussain, 144

Rabbani, Burhanuddin, 289, 290
Rahman, Akhtar Abdul, 156
Rahman, Mujibur, 94, 105, 106, 109, 112-3, 122, 123, 136
Rana, Mukhtar, 126
Rangers, força paramilitar do Paquistão, 32-33
Raphael, Arnold, 171
Reagan, Ronald, 218, 281
Rehman, Asad, 138n
Rehman, Rashid, 138n
Reid, Richard, 195
Relatório da Comissão sobre o 11 de Setembro, 33, 243, 244, 284
Rendon Group, 295
Resolução de Lahore, 51
Resolução do Paquistão, 41
Rice, Condoleezza, 191, 214
Riedel, Bruce, 200
Robinson, Colin, 12

Roshan, Pir, 36
Roshnais, 36-37
Roy, Ranajit, 109
Royal Indian Navy, 52, 54
Rubin, Elizabeth, 306
Rumsfeld, Donald, 148, 276
Rússia, 23, 231, 267, 272, 278, 279, 287, 310

Sagan, Scott, 266, 267
Sahib, Khan, 38
Saladino, 333
Salam, Abdus, 72
Salazar, António de Oliveira, 110
Samdani, K., 151
Savak, 156
Sayyaf, Abdul Rasul, 290
Scheffer, Jaap, 306, 307, 310
Schlegelmilch, Jens, 228
Segunda Guerra Mundial, 53, 77, 90, 100, 101, 103, 150, 158, 280, 331
Serviço Civil do Paquistão (CSP), 65
Setembro Negro, 142
Shah, Abdullah, 223, 226
Shah, Safdar, 152
Shamim, Tia, 31-32
Shamsie, Kamila, 160
Sharif, família, 134, 166, 167-8, 175, 341
Sharif, Muhammad, 163
Sharif, Nawaz, 20, 21, 46, 47, 163, 175, 176, 182, 184, 185, 186, 193, 199, 201, 203, 206, 208, 216, 219, 222, 240, 241, 311, 314, 318, 326, 327, 337, 338, 339, 341, 343
Sharif, Shahbaz, 20, 21, 47, 163, 184, 185, 199, 203, 319-20

# ÍNDICE

Shoaib, Mohammed, 84, 87
sikh, 50, 54, 78
Singh, Maharaja Ranjit, 68
Síria, 142, 220, 332
Somália, 286, 314
Special Services Group (SSG), 124, 125
Stewart, Rory, 297-98
Suddle, Shoaib, 224
sufi, 61, 144, 185
Suharto, Mohammed, 286, 330
Suhrawardy, H.S., 110
Suíça, 227, 229
*Sunday Times*, 93
sunitas, 21, 29, 41, 66, 67, 162, 330
Suprema Corte, Paquistão, 22, 23-4, 25, 26-7, 152-53, 209, 210, 212, 213, 233, 239, 241, 319, 326, 341, 342
Supremo Conselho de Nawab de Kalabagh, 97, 139

Tabligli Jamaar (TJ), 21
Talibã, 30, 33, 43, 44, 45-46, 163, 177, 189, 190-91, 202, 209, 212, 222, 230, 231, 278, 281, 283, 284, 286, 291, 303, 304, 305, 310, 318
Taraki, Nut Muhammad, 157
Taylor, Maxwell, 253
Thakur, Muttabir, 119
Thatcher, Margaret, 221, 281
Thompson, Herbert, 38-39
*Time*, 230, 292
*Times* (Londres), 121, 169
"Toba Tek Singh" (Manto), 59
Tolstoi, Leon, 68
Tomalin, Nicholas, 93
Tratado de Tashkent, 90

Truman, Harry S., 334
Turquia, 42, 158, 249, 253, 301n, 330

União Europeia, 41, 43
União Soviética, 41, 45, 76, 82, 90, 136, 138, 250, 253, 254, 261, 264
    Afeganistão invadido por, 29, 34-35, 37, 44, 154, 157, 158, 159, 160, 168-71, 172, 176-77, 191, 237, 243, 245, 247, 278, 280, 291, 296, 299, 300, 303, 315, 334
Unidade de Inteligência Econômica, 322-323
Universidade de Cabul, 290
Usmani, I.H., 144
Uzbequistão, 289, 309

Vance, Cyrus, 146
von Vorys, Karl, 97

wahhabismo, 29, 41, 185, 286
*Wall Street Journal*, 193, 194
Waris Shah, 60
Warren, brigadeiro, 103
Waziristão, 36, 304, 315
Westinghouse, 148
Wilmers, Mary-Kay, 12
Wu Bangguo, 328
Xá do Irã, 136, 137, 156-57
*xariá*, 29, 31-32, 42, 83, 133, 162, 290
xiitas, 29, 66, 67, 162, 193, 290, 330

Yahya Khan, Agha Muhammad, 96, 99, 102, 106, 107, 112, 114, 115, 117, 119, 124-25, 257n
Yaqub, general, 112
Yeltsin, Boris, 23, 170, 267

Yousaf, Mohammed, 169, 192
Yousuf, Mohammad, 21

Zaheer, Sajjad, 78
Zahir Shah, 280, 281
Zaman, Fakhar, 346-47
Zapatero, José Luis Rodríguez, 275
Zardari, Asif Ali, 20, 179, 180, 181, 203, 207n, 221, 223, 224, 226, 227, 228-29, 232, 238, 240, 311, 319-20, 326, 338-39, 341-42
Zardari, Bilawal, 238

Zardari, Hakim, 221
Zia-ul-Haq, Mohammad, 9, 18, 19, 25, 28, 29, 30, 34, 44, 141-42, 150, 151, 152, 153, 154, 155, 156, 157, 160-61, 162, 163-64, 167, 168, 170, 175, 182, 184, 185. 190, 192, 193, 195, 201, 207n, 208, 218, 220-222, 224, 225, 230, 236, 261-63, 264, 326, 336, 339, 346
  morte de, 170-73, 175, 221, 264
Zinni, Anthony, 313, 314-15, 316

Este livro foi composto na tipologia Classical
Garamond, em corpo 11/15, e impresso em
papel off-white $80g/m^2$ no Sistema Cameron
da Divisão Gráfica da Distribuidora Record.